Finance

21 世纪高等学校

金融学系列教材

金融学

Finance

◆ 段军山 主编

人民邮电出版社

北京

图书在版编目（CIP）数据

金融学 / 段军山主编. -- 北京 : 人民邮电出版社, 2017.8
（21世纪高等学校金融学系列教材）
ISBN 978-7-115-46097-4

Ⅰ. ①金… Ⅱ. ①段… Ⅲ. ①金融学－高等学校－教材 Ⅳ. ①F830

中国版本图书馆CIP数据核字(2017)第210886号

内容提要

全书共 12 章，主要内容包括货币与货币制度、利率及利息的计算、金融系统与金融市场、商业银行、中央银行、货币供给、货币需求、利率的决定、物价水平、货币政策、汇率的决定与汇率制度、金融危机与金融监管。每章都配有学习目标和要求，讲解相关知识时都适当加入“延伸阅读”“相关案例”“相关思考”“本章小结”“本章重要概念”等内容，以培养学生分析、解决问题的能力。

本书可作为普通高等教育经济管理类专业教材，也可供相关专业人员参考。

◆ 主　　编　段军山
责任编辑　许金霞
责任印制　周昇亮

◆ 人民邮电出版社出版发行　　北京市丰台区成寿寺路 11 号
邮编　100164　　电子邮件　315@ptpress.com.cn
网址　http://www.ptpress.com.cn
大厂聚鑫印刷有限责任公司印刷

◆ 开本：787×1092　1/16
印张：16.25　　2017 年 8 月第 1 版
字数：461 千字　　2017 年 8 月河北第 1 次印刷

定价：45.00 元

读者服务热线：(010)81055256　印装质量热线：(010)81055316
反盗版热线：(010)81055315
广告经营许可证：京东工商广登字 20170147 号

前 言 Preface

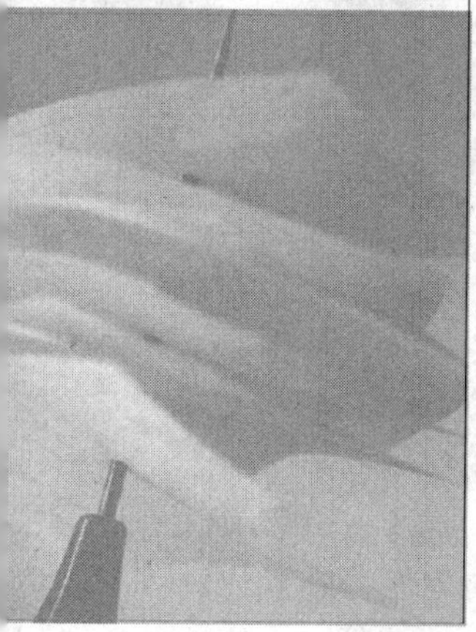

随着社会经济的发展，金融业的核心地位日益突显。当今时代，金融已成为世界经济领域内最活跃、最有能量的要素之一。金融创新与发展，在深刻改变着自身面貌的同时也对整个经济格局起着举足轻重的影响。我国自改革开放以来，特别是社会主义市场经济体制确立之后，金融业的发展不仅作为我国市场经济体系中的重要组成部分而具有重要意义，而且对整个市场体系的发展与完善起着催化、促进和巩固作用。

金融学是经济类学科中的前沿学科，是研究市场经济条件下金融活动和运行机制及其各主体行为规律的科学。我作为一名财经类高校讲授金融学课程的专业老师，通常选用国外教材或者国内经典的教材。随着高校培养计划的不断调整，课时压缩，教材内容不适宜当前教学需求的情况日益突显。本书根据应用型本科院校人才培养的特点和要求，系统化设计金融学的内容，力求突出以下特点。

- 基础性。根据金融学理论的基本框架，强调基础知识、基本原理的掌握。
- 实用性。根据应用型本科院校人才培养的特点和要求，将理论基础与金融实务结合，注重培养学生的实际应用能力。
- 通俗性。根据应用型本科院校人才培养目标和学时安排确定内容，力求简洁明了，在把握合理的理论深度的同时，减少抽象、艰深的理论推导，强化生动性、可读性。
- 本土性。力求贴合我国国情，注重理论联系实际，在对金融学理论进行阐述时尽量与国内金融的发展和改革相联系。

本书的编撰完成有赖于广东财经大学金融学院诸位同仁的努力和支持，各章节分工如下：第 1 章、第 5 章由黄正新教授执笔完成，第 2 章、第 3 章由赵建群副教授执笔完成，第 4 章由王向荣副教授执笔完成，第 6 章由李亚青博士执笔完成，第 7 章、第 8 章、第 11 章和第 12 章由段军山教授执笔完成，第 9 章由王少林副教授执笔完成，第 10 章由郭红兵副教授执笔完成。同时，杨佳、郭子强、陈月雯、吴逸云和王杰分别参与第 7 章、第 8 章、第 11 章和第 12 章的编写工作。全书由段军山教授审稿并定稿。

段军山

2017 年 6 月于广州

目 录 Contents

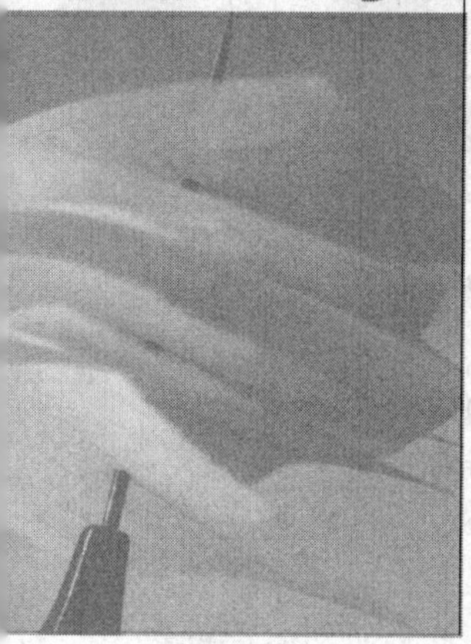

第1章 货币与货币制度

第2章 利率及利息的计算

第3章 金融系统与金融市场

第4章 商业银行

第5章 中央银行

第6章　货币供给

第7章　货币需求

第8章　利率的决定

第9章　物价水平

第10章　货币政策

第11章　汇率的决定与汇率制度

第12章　金融危机与金融监管

第1章 货币与货币制度

【学习目标】

（1）了解货币的历史起源。

（2）理解货币的内涵。

（3）理解货币有哪些职能，对经济社会有什么样的影响。

（4）了解货币形态发展的历史与现状。

（5）理解货币本质观的多重定义及发展演进。

（6）理解货币层次的划分、标准及其经济意义。

（7）了解货币制度及其构成要素、货币制度的类型及其演进。

货币俗称钱，几乎是人人都熟悉的东西。然而，往往是人们最熟悉的东西恰恰是最不了解的东西。马克思在《政治经济学批判》中，曾经引用英国国会一个议员的一段话："受恋爱愚弄的人，甚至还没有因钻研货币本质而受愚弄的人多。"西方经济学家也曾经说过："在一万个人中，只有一个人真正懂得货币问题。"尽管这样的描述不免有夸张之嫌，但客观现实告诉人们要了解货币的奥秘的确要下一番工夫。

1.1 货币的定义

货币的定义是什么？或本质内涵是什么？它有哪些层次和类型？这些都是货币理论的最基本问题。东西方学者长期以来一直在深入地研究和探讨这些基本理论问题，取得了积极成果的同时也存在着不少的争议。研究货币及定义必须从货币的起源开始，而揭开货币起源之谜则应从商品交换开始，并进一步从价值形式的发展进程中来揭示。

1.1.1 货币的起源

人类社会衍生于100多万年前，但货币出现在人类经济生活中却只有几千年的历史。它是随着人们的商品交换而产生的一种媒介，也是一种错综复杂且不断演变的社会经济现象。

1. 交换是货币之母

根据马克思的价值学说，货币产生于商品交换，是商品交换的必然产物，要说清楚货币的产生与发展，首先必须追溯到商品交换。商品交换必须具备两个前提条件：分工与私有制。人类的生存与进化依赖于生产劳动；不劳动，不论什么社会，都不可能生存。在远古的原始共同体中，人们的劳动是直接根据整个共同体需要并在共同体的统一安排下进行的，劳动产品则归整个共同体所有，并由共同体统一分配。这时，既不存在商品，也不存在货币。由于人们主客观条件的差异和提高劳动效率的需要，人们在劳动中逐渐形成了自然分工乃至社会分工。劳动分工的出现使劳动生产率大大提高，剩余产品出现了，随之产生了私有观念乃至私有制。在社会分工的条件下，每个生产者只能从事某种特定的具体劳动，生产一种或有限几种产品；而每个生产者又都是消费者，并且消费需要多种多样的产品来满足。而生产资料和产品的私人占有制制约了每个人占有他人劳动产品的权利：你的是你的，我的是我的，产权清晰、泾渭分明，我不能随便占有你的，你也不能随便占有我的。但由于劳动生产和产品所有的单一性同生活对商品需求多样性之间的矛盾，使得“我必须要得到你的，你也必须要得到我的”，那么解决矛盾的唯一途径就只有交换，就是用自己所生产的产品来交换别人所生产的产品。如果交换成功了，说明私人生产产品所投下的劳动为社会所需要，是社会分工体系的必要构成部分，从而私人劳动转化为社会劳动，通过交易取得了别人的劳动产品。这又同时实现了从社会总产品中分得一定份额的权利。与原始共同体的共同生产、共同消费不同，这时的产品是为交换而生产的。这种为交换而生产的劳动产品构成了一个新的经济范畴，即政治经济学中所说的商品。

2. 价值形式的发展与货币产生的过程

根据马克思的货币学说，价值形式起源与发展经历了以下 4 个阶段。

（1）简单的、偶然的价值形式。在漫长的历史进程中，交换在不断发展，商品价值表现出来的形式也相应地不断变化。在原始公社阶段，每个公社的共同体内部虽然不存在交换关系，但一个公社对其他公社来说，则是可以让渡物品的所有者。所以，共同体相互之间的交换是可能的。由于那时生产力甚为低下，不会经常有剩余的东西可用来交换，同时也还没有出现社会分工，所以，交换的发生非常偶然。不过，只要发生交换，就有了价值表现的问题，例如两个共同体之间偶然地发生了一只羊与两把石斧相交换的事件（W-W）。马克思把这个阶段称之为简单的、偶然的价值形式。

（2）扩大的价值形式。随着社会分工的出现，共同生产逐渐被个人生产所代替；而私有制的出现，公社与公社之间的交换，一步一步地为个人与个人之间的交换所替代，交换日益发展成为经常的现象。这时一种物品不再是非常偶然地才和另外一种物品发生交换关系，而是经常地与另外多种物品相交换（W-nW），即扩大的价值形式。

（3）一般价值形式。物物交换的矛盾不断凸显出来，是由于进入交换的物品越来越多，交换行为越来越频繁；但是当日益增多的物品进入频繁交易的过程中，必然会有某种物品进入交换的次数较多，其使用价值较多地为进入市场的人们所需要。当各种物品都频繁要求用这某种物品表现自身价值时，这某种物品就成为其他物品价值的表现材料，成为较多交换物品的等价物；而这某种物品一旦成为较多其他物品用来表现价值的等价物，那么它就具有了可以与较多其他物品直接交换的能力（nW-W）。这样，直接的物物交换就让位于通过媒介的间接交换：物品要交换时先要换成媒介品，即先要求媒介表现自己的价值；而一旦这个过程实现，就可方便地用媒介换取自己所需要的其他产品，所以，只要交换成一般等价物，那么这种物品生产劳动的社会性就已得到了证明。这个用来表现较多物品价值的媒介称之为一般等价物；用一般等价物表现较多物品价值，就称之为一般价值形式。

（4）货币形式。从扩大价值形式阶段过渡到一般价值形式阶段，说明为交换而生产的关系，也即商品生产关系在经济生活中日益确立。而随着商品生产的继续发展，从交替地充当一般等价物的几种商品中必然会分离出一种商品经常起着一般等价物的作用，它能同所有物品相交换。等价形式同这种特殊商品的自然形式社会地结合在一起，这种特殊商品成了货币商品，或者执行货币的职能（W-G-W）。当价值都用货币来表现时，则称之为货币形式。

1.1.2 货币的定义

目前多数学者一般将货币定义为：在购买商品和劳务或清偿债务时被普遍接受的东西。

马克思认为：货币是固定地充当一般等价物的特殊商品，是核算社会劳动的工具，并体现一定的社会生产关系，其本质内涵包括以下两层意思。

1. 货币是固定地充当一般等价物的特殊商品

货币首先是商品，具有商品的共性，即都是用于交换的劳动产品，都是价值的凝结体，同时又都有使用价值。货币作为商品，是在交换过程中由个别等价物、特殊等价物、一般等价物逐渐演变成货币的。如果货币本身不是商品，即没有普通商品的共性，那么它就失去了与其他商品相交换的基础，也就不可能在交换过程中被分离出来充当一般等价物。但是，作为一般等价物商品的货币，其价值和使用价值较普通商品又有所特殊。第一，普通商品的价值要通过和货币相交换才能表现出来，货币作为人类劳动的产品，其本身直接体现社会劳动，作为价值的直接代表而存在。第二，普通商品的使用价值是特殊的、具体的，用自身的自然属性满足人们的某种需要，而货币商品的使用价值则是双重的（指实物货币）：一方面，它作为商品而具有特殊的使用价值；另一方面，它又因发挥一般等价物的社会职能而产生一种形式上的使用价值。

正因为货币既有着普通商品的共性，又有着自己的特性，所以它充当一般等价物就具有两个基本特征。第一，货币是表现一切商品价值的材料。在货币出现以前，一种商品的价值要通过同另一种商品相交换来表现；在货币出现以后，商品的价值不再直接地由另一种商品来表现，而是通过与货币的交换来表现。在货币价值形式中，一种商品只要能交换到货币，就使生产它的私人劳动转化为社会劳动、具体劳动转化为抽象劳动，从而使商品的价值得到了表现。因此，货币成了表现、衡量一切商品价值的材料。第二，货币具有直接同所有商品相交换的能力。普通商品只能以其特定的使用价值去满足人们的某种需要，因而不可能同其他一切商品直接交换。货币则不同，它是价值的直接体现，是社会财富的直接代表。因此，货币成为每个商品生产者所追求的对象，货币也就具有了直接同一切商品相交换的能力。

2. 货币是核算社会劳动的工具

在商品货币关系中，商品价值的实现，具体劳动、个别劳动向抽象劳动、社会劳动的转化，是在市场竞争中进行的，并以能否实现向货币的转化为标志。因而在这里，货币作为一般等价物，自发地起着核算商品生产者的社会劳动的作用。在价值规律作用下，市场上供不应求的商品、个别劳动消耗低的商品就能换回较多的货币，从而使生产得到发展；反之，则因换回较少的货币而使生产受到限制，以致被淘汰。货币的这种作用，自发地调整了生产结构，调节了社会劳动分配的比例，同时也促进了劳动生产率的提高。应当指出，在私有制商品生产条件下，商品直接是私人劳动的产品。私人劳动转化为社会劳动，是在市场上盲目地进行的，因而，货币核算社会劳动的过程，完全是自发的、盲目的。社会主义市场经济同样存在个别生产单位劳动与社会劳动的矛盾。这决定了个别生产单位的劳动也有一个社会表现、衡量和实现的过程，从而货币同样也起着核算社会劳动的作用。

因此，货币也可以进一步定义为：在购买商品和劳务或清偿债务时被普遍接受的一般等价物。

专栏1.1

历史上充当过货币的材料

许多东西都充当过货币的材料，从贝壳等实物到金银等贵金属，再到纸币，以至目前已经广泛使用的电子货币都被当作普遍接受的交换媒介。亚当·斯密在《论货币的起源及其效用》中提到："在古代，据说曾以牲畜作为商品交换的通用媒介。牲畜无疑是极不便利的媒介，但我们却发现了，古代往往以牲畜头数作为交换的评价标准，亦即用牲畜交换各种物品。荷马曾说："迪奥米德的铠甲仅值牛九头，而格罗卡斯的铠甲却值牛一百头。曾经，阿比西尼亚以盐为商业变换的媒介；印度沿海某些地方以某种贝壳为媒介；弗吉尼亚用烟草；纽芬兰用干鱼丁；西印度殖民地用砂糖；其他若干国家则用兽皮或鞣皮。据我所闻，直到今日，苏格兰还有个乡村，用铁钉作媒介购买麦酒和面包。”从这段描述可以看出，牲畜、贝壳、烟草和铁钉等实物都曾充当过货币。

17世纪，在印度的许多地方，贝壳与“巴达姆”（badam，一种不能吃的波斯硬果）被民众广泛使用与铜币争夺地盘。在印度和中国的许多地方，由于开采铜和铸造铜币的成本比开采白银和铸造银币，甚至比开采黄金和铸造金币的成本还要昂贵，因此当铜短缺时或铸币成本太高时，在最偏远的市场上，贝壳就取代了铜币。直到18世纪，贝壳作为货币在非洲的奴隶贸易中仍有很大的需求。同时，枪支、巴西烟草、亚麻布、法国白兰地和火药也被用于黑人奴隶交易。当时，购买一个奴隶的价格分别是100磅贝壳、12支枪、5包巴西烟草、25匹亚麻布、1桶（约40升）法国白兰地或15磅火药。与贝币同时使用的还有盐币。在中国明代，楚雄府就曾用人工加工好的盐块作为货币，一个盐块重2两。在南太平洋的雅普岛上人们曾经用石头作为货币，而“二战”期间的集中营和战后的德国，以及20世纪80年代的苏联都曾把万宝路香烟作为货币。

1.2 货币的职能

由于货币本质观的不同，对货币职能的认识也就不同。货币的本质决定货币的职能，货币的职能是货币本质的具体体现。货币在交换发展中，逐渐形成了价值尺度、交易媒介、储藏手段、支付手段和世界货币 5 种职能。

1.2.1 价值尺度

货币的价值尺度，是指货币职能表现和衡量商品价值量大小的标准，也就是货币作为衡量和比较商品价值的质和量的大小的工具。它是货币的首要职能。

商品交换的基本原则是等价交换。等价交换的前提是不同的商品价值量可以进行比较和度量，但各种商品的使用价值难以直接进行比较，如绵羊、斧子和布匹等不同的商品我们无法衡量与确定它们的价值量及相互交换比例。就像尺子可以用来衡量物体的长度一样，货币作为一般等价物可以用自身的价值尺度来衡量一切商品价值量的大小，以便于比较与交换。

基于不同商品的价值量不同，表现为货币的数量也不同，要发挥货币价值尺度的职能，就必须比较货币的不同数量，因此需要规定一个货币计量单位。这种人为规定的货币单位及其等分称为价格标准，如人民币的价格标准为“元”。有了价格标准，所有的商品都可以直接标价以便交换。假如市场标价一只绵羊 300 元、一把斧子 30 元、一匹布 100 元，则一只绵羊可以交换 10 把斧子，也可以交换 3 匹布。

然而，商品价值量的大小是由凝聚在该商品中的劳动时间决定的，商品所凝结的劳动时间越多，价值量就越大，因此劳动时间是商品的内在价值尺度。但是，劳动时间不能自己表现出来，必须借助于货币这种外在形式。从这一意义上说，货币只是商品的外在价值尺度，是劳动时间的必然表现形式。

但是，货币在执行价值尺度的职能时，只是想象的或观念的货币。这是因为，当货币发挥价值尺度职能时，商品的价值形式就转化为价格形式，而价格只是一种观念形态，并不需要现实的货币。例如，我们走进琳琅满目的商场或热闹喧哗的集市，只要一看商标，一问价格便知商品价值几何，而不用出示现钞。商品生产者给予商品价值以价格形式时，他并没有把自己的商品转化为货币，而只是为了用货币来衡量众多商品的价值，并以此作为交换的依据。

1.2.2 交易媒介（或流通手段）

货币在商品流通中充当交换的中介和桥梁时，就发挥着交易媒介或流通手段的职能。价值尺度与交易媒介是货币的两个最基本的职能。

交易媒介是货币最基本的职能之一（W-G-W），这不仅因为货币的出现克服了物物交换的困难，方便了商品流通，这因为其使商品实现价值成为现实，货币执行交易媒介职能具有两个特点：第一，必须是现实的而不能是观念上的货币。商品流通过程中，商品出卖者要换得现实的货币，商品购买者必须支付现实的货币，即所谓一手交钱、一手交货。第二，作为商品交换的媒介物——货币，在商品买卖中“转瞬即逝”，其只是交换的手段，而不是交换的目的。只要货币能为大众所接受并具有购买力，至于货币是否足值无关紧要。因此，货币在执行交易媒介职能时，可用不足值甚至是毫无价值的符号如纸币等来代替。

货币出现之前是物物交换（W-W），以物易物的直接交换方式其交换成本高且交换效率低，其主要局限性表现为要使交换圆满实现必须满足以下两个基本条件。

第一个条件是“供需的双重巧合”。也就是说，要完成一项交易，首先必须使参加交易的两种产品恰好是双方互相需要的产品，即你的供给品恰恰是我的需求品，我的供给品恰恰是你的需求品。例如，羊的主人出售的羊必须是出售石斧的人恰好所需要的，而出售的石斧必须是恰好羊的主人所需要的。但是这种双方的供需同时彼此满足的情况很少见。所以，在大多数情况下，每一个希望能够达成交易的人都很难在市场上找到交易对象，他们需要反复在市场上寻觅合适的交易对象。这一寻觅过程，会使商品交换的效率大大降低，浪费大量的人力物力。

第二个条件是“时空的双重巧合”。也就是说，一个人要想卖出商品时，恰好有人在同一时刻、同一地点需要这种商品，在时间和空间上双方应当是统一的。这一点在现实的经济生活中也是非常少见的，例如羊的主人尽管需要石斧，但是他不一定马上就要购买。在这种情况下，交易就不能随时进行。尤其对于一些季节性较强的生产过程来说，其产品的出售与需求之间必然存在不同步的问题。

时空的双重巧合问题可以通过市场来解决。如我国古书中记载：神农氏时“日中为市，致天下之民，聚天下之货，交易而退，各得其所”，即中午时分人们都带各自的劳动产品到一个约定的集市进行交易。而供需的双重巧合问题则只有通过货币才能解决。因为在物物交换中（W-W），两种物品都是特殊等价物，人们交换时既要考量交易品的价值，但更重要的是要满足交易者对使用价值的需求。而货币充当中介时（W-G-W），货币作为一般等价物是在购买商品和劳务或清偿债务时被普遍接受的东西，可以同任何商品相交换，所以人们可以先将自己的劳动产品同货币交换，然后再用货币去交换任何自己想要的商品。因此，货币作为一般等价物替代了作为物品的特殊等价物之后，成为人们在交换中普遍接受的东西，供需的双重巧合问题也就迎刃而解了。

商品交换的效率还取决于进入市场的商品的交换比率。在物物交换条件下，如果把进入市场的商品种类定义为 N，那么人们在交换商品时，存在 $N(N-1)/2$ 个交换比率，而在货币交换条件下，只需要 $N-1$ 个交换比率即可。我们可以用表 1-1 来说明，只有在进入市场的商品极少的情况下，物物交换才是可行的。但是随着商品数量的增加，交换比率呈急剧增加的趋势。例如有 1 000 种商品，则交换比率多达 499 500 个。更何况在现代社会商品的种类何止千种，其交换比率之多将是难以计数。面对这样多的交换比率，在经济主体进行交换时，就必须花费时间和精力去收集交换信息，以便进行决策。这样所付出的各方面成本将会是相当大的，也使交换过程的不确定性增强。而在货币作为交换媒介的市场交换经济中，由于从商品世界中独立出来一个特殊商品（货币），由它来单独表现每个商品的交换比率（交换价值），则交换比率的数目就会从物物交换经济的 $N(N-1)/2$ 个减少为（N-1）个。这一数目比前者小了许多。结果使收集交易信息变得比较容易，因而使交易成本和交易的不确定性大大降低。交换双方因为使用货币作为媒介，可获得更多信息，很容易找到自己希望得到的商品，顺利地达成交易。这样会使交易双方节省更多的时间和精力，并将这些时间和精力用于其增加社会财富和福利的经济活动之中。

表 1-1　　物物交换与商品交换的效率对比

商品数目	物物交换	货币交换
2	1	1
5	10	4
10	45	9
50	1 225	49
500	124 750	499
1 000	499 500	999
10 000	4 995 000	9 999

从以上的分析可以看出，货币交易虽然是一种间接交换，但是，由于它能够免受供需“双重巧合”条件的限制，所以能够节省许多寻觅交易对象、搜集市场信息的时间和资源。这些节省的时间和资源可以用于生产更多的商品和劳务。

货币的产生不仅节省了交易费用，而且还使购买力一般化，从而为资源的市场化配置提供了有效工具、市场经济从根本上说是资源按照市场的原则进行配置的一种经济形式。而资源的市场化配置是与货币的运动分不开的。因为一旦货币作为交易媒介服务于商品交换，那么商品的所有者出售自己的商品之后，所获得的就是一般的购买力——货币。这些货币尽管也是一种商品，但它是一种特殊商品。由于它是人们普遍可接受的，所以它代表任何一种商品或劳务的购买力，持有货币的人可以享有购买任何自己所需要商品劳务的自由。这一点对于市场来说是至关重要的。总之，市场是交换关系的总和，货币是交换的媒介和桥梁，商品经济实质上是货币经济：货币方便了市场交换，使交易者各得其所，提高了市场效率；货币保证了社会需求的实现，促进了市场对资源的有效配置。

1.2.3　支付手段

当货币作为独立的价值形式，作单方面的价值转移时，就执行支付手段职能。它是交易媒介职能的扩大和延续。

支付手段职能最初是由商品交换中的赊销和预付而产生的。在赊销的情况下，先有商品实体即使用价值的转移，在契约到期时才有货币作为价值的单向运动。在预付的情况下，先有货币作为价值的单一运动，然后才有商品使用价值的转移。在这两个环节中，货币都不是直接在流通过程中充当交换的媒介，而是在商品流通的起始和终止环节中直接代表价值独立运动、单向转移。这种由支付手段产生的借贷行为，同时成为信用制度产生的基础和前提。如果说货币的产生和货币交易媒介职能的出现便利了交换，促进了商品经济的发展，那么货币支付手段的出现则更进一步促进了商品经济的飞速发展。在货币发挥流通手段职能时，商品交换必须是一手交钱、一手交货，钱货两清，否则，就不能成交。而各种商品生产时间有长短，季节有先后，销售市场有远近等，作为单个的商品生产者随时都可能因钱货在时空上的不均衡导致再生产过程终止。而货币支付手段职能出现后，没有钱可以先进货，没有货可以先收钱，在时间、地区、行业之间大范围地调节资金和货物的平衡，使社会生产得以顺利进行。特别是在当代社会经济中电子货币就是非常便捷地执行着支付手段的功能。但不能不看到支付手段所带来的新问题：由于赊销预付在全社会形成一个互相影响互相制约的债务链条，赊销的人不能按期收到货款，预付的人不能按期收到货物，以及货币价值的变化，都可能使债务关系不能如期清偿，而债务链条中的任何一个环节断裂，都可能导致全社会再生产的麻烦和困难，甚至酿成经济危机。此外，货币作为支付手段发挥作用时也要求市值稳定，否则会在债权人和债务人之间造成财富不合理的再分配。

1.2.4 价值储藏

当货币退出流通领域，被人们当作财富保存、收藏和积累起来时，货币就执行价值储藏的职能。货币储藏的重要条件是，必须是现实的货币，且具有实在的价值，否则就无法发挥这一职能。因为储藏货币的实质是利用货币积累和储存价值，没有价值的货币符号，就不可能发挥这种作用。因此，观念上的货币或者价值符号都不能执行价值储藏的职能。只有现实的、具有价值的货币，才能发挥价值储藏的功能，如金、银等，而纸币则不具有严格意义上的价值储藏的职能。

货币储藏最初是由交换的中断而强制出现的即 W-G↓…W。货币所以会从流通中取出，并且作为储藏货币储存起来，是因为商品在出售以后，没有接着进行购买。在商品交换还不很发达的时候，人们通常是为储藏而储藏，如把剩余生产物换成货币窖藏起来。这是最原始、最朴素的价值储藏形式。随着商品经济的发展，货币储藏渐渐变成了一种手段。这是由于市场的自发性和盲目性，使商品生产者面临各种风险。为了保证生活不发生困难和生产的顺利进行，商品生产者必须储藏一定数量的货币作为交换与支付的准备金，以应付意外事件。此外，通过储藏货币还可以换取财富，提高社会地位和增加支配别人的权力。

货币价值储藏的职能对经济的主要贡献是：第一，在金属货币流通条件下，可以自发调节市场货币流通量。流通中的货币需要量随商品流通规模和货币流通速度的变化而变化。当商品流通规模收缩或货币周转速度加快时，一部分多余的金属货币会自动退出流通领域，被人们所储藏，从而减少了市场货币流通量；相反，当商品流通规模扩大或货币周转速度减缓时，被储藏的金属货币又会重新投入流通领域，从而增加市场货币流通量，货币储藏既像蓄水池，又像排水池，自发调节着市场货币流通量，使之与商品流通所需的货币量相适应。但必须指出，关于货币蓄水池的作用是需要有一定条件的特殊社会经济现象，并不具有普遍意义。第二，为扩大再生产提供物质积累。扩大再生产的前提是一定数额价值物的存在。由于实物储藏存在着价值难以长久保存和使用价值的固定性等诸多缺陷，因此，货币就成了储藏的价值物。货币储藏不仅可以随时与任何商品相交换，而且还没有数量上的限制，因而更能适应扩大再生产对价值物储藏的要求。

在现实经济生活中，为了扩大再生产，生产单位需要积累和储存货币，个人为实现一定的消费目的或者为应付不时之虞也要储备货币，但是，金银已退出流通，以储藏金银来保存财富的现象已不再普遍存在，作为国际清算最后手段的金银，主要由国家集中储藏，而人们储藏的通常是价值符号。

价值符号本身并无价值或只有微小的价值。从理论上讲，价值符号不能发挥储藏的职能。那么，为什么人们乐意储藏价值符号以积累财富呢？这是因为价值符号是一般的购买手段和支付手段，掌握一定数量的价值符号，也就拥有了一定的购买和支付能力。但是，价值符号储藏和金属货币储藏是不同的。金属货币因具有内在价值而不会发生贬值，而价值符号的储藏是有条件的。价值符号只有在稳定地代表一定数额的价值前提下，即以币值的稳定为前提条件下，才能发挥价值储藏的功能。

1.2.5 世界货币

当货币超越国界，在世界市场上发挥一般等价物的作用时，其就开始执行世界货币的职能。

马克思在《资本论》中提到货币还有一个职能就是世界货币，即当一国货币脱下其自身的“民族服装”，走向世界时就成了世界货币。货币在充当世界货币时，其职能主要表现在以下几个方面。第一，作为一般的支付手段，用来支付国际收支差额。因为国际间的政治、经济、文化联系，会引起相互之间的货币支付关系。由于这种关系带有相互的性质，所以并不需要每笔支付都以现实的货币来支付，而只要对抵消后的差额用国际货币进行国际结算。第二，作为一般的购买手段，即用国际货币向外国购买商品。第三，作为国际之间一般财富的转移手段，即作为社会财富在国际间转移，如战争赔款、贷款、援助、赠与等。

最初，国际货币是由贵金属来充当的。在一国范围内，国家发行的货币凭借国家权利可以充分发挥其职能，但一旦越出国内流通领域，便失去了在这一领域内获得的价格标准、铸币、辅币和价值符号等地方形式，又恢复原来的贵金属的形式。如今黄金已经由于其天然稀缺性的制约而退出流通领域，各国流通的大多是不兑现的信用货币，但只有少数经济发达、实力雄厚的国家的信用货币，才有资格充当世界货币。尽管如此，当今世界各国都仍然保持一定数量的黄金储备，作为本国国际清偿能力和经济实力的象征。

专栏1.2

人民币首次纳入SDR货币篮子

国际货币基金组织（International Monetary Fund，IMF）在2016年10月1日将人民币首次纳入特别提款权（Special Drawing Right，SDR）货币篮子，美元、欧元、日元、英镑和人民币在SDR的相对权重重新确定，IMF将固定每隔5年进行一次重新检查。IMF表示，因为复杂的舍入计算（Rounding Calculations）以及其他问题，此前计算货币权重的方法已经引发结果和目标权重之间的偏差。在2010年的再平衡计算中，原有方法导致美元权重超出董事会目标权重近0.5个百分点；新方法将采用更简单的舍入计算至5位有效数字，并有可能舍入计算至6位有效数字，以更精确地符合目标权重。人民币于2016年10月1日成为该篮子中的第五种货币。SDR篮子纳入人民币后，各种货币的权重将分别为：美元41.73%，欧元30.93%，人民币10.92%，日元8.33%，英镑8.09%。IMF认为，人民币纳入SDR货币篮子将使得货币篮子多元化，并更能代表全球主要货币，从而有助于提高SDR作为储备资产的吸引力。人民币纳入了SDR的一篮子货币，作为世界各国货币支付与储藏的手段，人民币真正成为了世界货币。

以上货币的 5 个主要职能不是相互孤立的，由货币本质特征决定的货币职能具有内在的有机联系。它们分别从价值的衡量、价值的实现、价值的转移和价值的储藏等诸方面进一步表现货币作为一般等价物的特征。

1.3 货币的类型

货币形式的产生与发展过程有一个从金属币到纸币、从名副其实的价值到名不符实的价值符号、从真实价值到名义价值的演变过程。货币从金属到纸质、从实物到观念是货币发展史的一条基本线索。货币取材必须具备以下几个条件：第一，具有普遍接受性，即必须被社会公众所普遍接受和认同；第二，具有防伪性，即不被轻易地仿制、伪造；第三，便利性，便于携带、易于分割。

在现代社会的纸质货币，可以通过法律和科学技术来满足以上条件；但在古代社会人们就只能用稀缺性较大而不易得到和生产，具有较大而稳定价值的商品来充当货币，这就是最终找到贵金属的缘故，"金银天然不是货币，但货币天然是金银"。

随着经济的发展和交换的不断扩大，贵金属货币在使用中的弊端逐渐凸显。第一，贵金属货币的稀缺性、生产制造的复杂性不能满足商品交换不断增长和扩大的历史发展要求，最终由商品交换的媒介转变成商品交换的桎梏。第二，每次交易中都要称量重量和鉴别成色十分麻烦。第三，流通费用较高，金属货币的制作、分割、保管、运输等都要消耗相当多的费用，交易成本较高。再加上进入近代社会，货币材料为社会普遍接受的问题逐渐通过国家法制得以解决，而货币的价值尺度只要是"观念上的"就可以，流通手段也只是转瞬即逝，人们只是关心所要交换商品的价值和使用价值，并不在乎币材本身的价值。这样，纸质货币、电子货币替代金属货币就成了历史的必然。具体说，货币发展经历了实物货币、金属货币、代用货币、信用货币等4个阶段，并在逐步进入电子货币的新阶段。

1.3.1 实物货币阶段

实物货币又称为商品货币，其是货币形态发展的最原始形式。在物物交换制度（W-W）不能适应交换的发展时，人们就会在商品世界中发现一种特殊商品，并将其作为交换媒介（W-W-W）。这种商品必须是交换者普遍接受的，自身也需要有价值的物品。那么，任何货币，假如其作为非货币用途的价值，与其作为货币用途的价值相等，都可称为实物货币。假定一种商品，既可以作为货币进行流通，又可以作为一般商品进行消费和交换，其价值都是相等的，那么这种商品就是一种实物货币。在人类历史上，各种商品如谷物、木材、贝壳、布帛、家畜等，都曾经在不同时期内扮演过货币的角色。随着商品交换的发展，这些实物货币逐步显现出缺点，例如，一些实物货币体积笨重，不能分割为较小单位，携带运输都非常困难，无法充当理想的交换媒介。另外，实物货币一般都不是均质的，如果分割开就将出现价值与体积不成比例，而且有些商品质量极不稳定，这样就妨碍了货币发挥价值尺度和价值储藏的职能。

1.3.2 金属货币阶段

金属货币从某种意义上说，它是实物货币的一个特殊阶段。但是，严格地讲，实物货币与金属货币有着明显的区别。这主要表现在实物货币阶段，由多种商品交替地扮演货币的角色，这些特殊商品往往是多变的和不固定的。而在金属货币阶段，扮演货币角色的特殊商品就集中到几种商品身上，特别是贵金属黄金和白银。随着商品交换的发展，人们逐步发现黄金或白银具有稀缺性、单位体积价值高、价值稳定、均质而易分割、耐磨等特点，是作为货币的最佳材料，所以几乎世界各个国家都不谋而合地经历了贵金属货币阶段，而且这一货币形式成为古典意义上比较完美的货币形式：我们后面所分析的金本位制度，就建立在这个阶段的货币制度基础之上的。

从中国来看，从先秦到清代，铜一直是官方肯定的币材；但先是金，然后是白银与铜并行流通并大都为官方所认定。有时是3种币材同时存在，如宋的银、铜、铁的并行流通，不过铜、铁各有自己的主要流通地区。在西欧，则有很长一个金银并行流通的时期，当时政府明确金银都是法定币材。

1.3.3 代用货币阶段

代用货币通常是政府或银行所发行的纸币，既可在市面上流通，也可自由向发行机关兑换相应的金条、银条或金币、银币。代用货币本身的价值，低于其所代表的货币价值。代用货币比起贵金属货币有明显的优点。一是代用货币的制造、运送、保管等各种流通费用远远低于贵金属货币。二是可以避免或减少贵金属货币流通所产生的一些问题，例如，在金币制度下，不法之徒往往将十足重量和成色的金币切削图利后，再将之推出在市面上流通。如果金币的法定价值和实际价值发生差异，则按重量、成色计算的实际价值较高的金币，势必为人收藏、熔解或运送出国，而实际价值较低的金币则继续在本国流通，造成货币史所谓“劣币逐良币”的现象。三是纸币较金属货币更易携带和运输。

代用货币代表着十足的金属货币，所以代用货币的发行数量仍取决于金属准备量。这虽然能防止货币的过度发行，却限制了流通中需要增加的货币量。另一方面，大量作为发行准备而闲置在仓库里的贵金属是一种浪费。随着金本位制的崩溃，代用货币便由信用货币代替之。

代用货币最早出现在英国。在中世纪后期，英国的金匠为顾客保管金银货币时，所开出的本票形式的收据可以在流通领域进行流通。这是原始的代用货币。在顾客需要时，这些收据随时可以得到兑现，美国于 1878 年建立金本位制度以后，为减少公众持有大量黄金或金币所带来的麻烦，发行了黄金凭单。这种凭单全值代表存于财政部金库中的足值铸币及等值黄金，并可在市场上流通。一直到 1933 年美国放弃金本位制度，实施黄金国有化，黄金凭单由财政部收回，代用货币才消失。

1.3.4 信用货币阶段

信用货币就是以信用作为保证，通过信用程序发行和创造的货币。信用货币是代用货币进一步发展的产物，目前成为世界上几乎所有国家采用的货币形态。可以说，信用货币是金属货币制度崩溃的直接后果。20 世纪 30 年代，由于世界性经济危机和金融危机相继爆发，各主要西方国家先后被迫脱离金本位和银本位制度，所发行的纸币不能再兑换金属货币。在这种情况下，信用货币便应运而生。信用货币有以下几个特征。

第一，信用货币完全割断了与贵金属的联系，其发行主要不是以黄金作准备的，国家也不予承诺兑现黄金或法偿货币。当然也有的国家在其纸钞上保留有关的承诺，但这已是历史的遗迹，没有任何实际意义。例如，在美国，10 元或其他的美钞上都标明“可在美国财政部或任一联邦储备银行兑换为法定货币”的字样。问题在于现有的美钞已经是法定货币，用法定货币兑换法定货币没有任何意义。如果法定货币是指原来金本位条件下的金币，那么这种情况早已不存在。所以这种承诺实际是一句空话。

第二，信用货币的基本保证是国家政府的信誉和银行的信誉。根据经验，政府和银行发现，只要纸币发行量控制适当，则社会公众对纸币仍然能够保持信心，因此法定纸币并不真的需要金银准备。但是这并不意味着现代信用货币完全没有任何发行准备，实际上，目前大多数采用信用货币制度的国家，均具有相当数量的黄金、外汇、有价证券等资产作为发行货币的准备。但是，政府和货币当局显然不再受充足金银准备量的束缚，甚至可以在没有任何准备的情况下发行货币。从银行业的角度看，无论是中央银行还是商业银行都从经验中发现，只要社会大众对银行的信誉保持信心，则在一定时间内，存款人不可能要求将存款全部兑现。所以，银行体系只需保留部分现金准备即可，其余存款可运用于放款或投资。这就是所谓的“部分储备制”。在这种制度下，银行发行的货币没有相应的现金准备，至少是没有全部的现金准备。这些货币在流通领域之所以被接受，完全是由于人们信赖银行，相信这些货币的支付能力将会得到银行的保证。

信用货币不仅包括流通中的现钞（主币和辅币），还包括银行存款和各种银行承兑票据。因为银行存款和承兑票据也是通过银行信用程序创造出来的，其自身不需要任何贵金属作为保证。

1.3.5 电子货币阶段

电子货币是当今货币形式发展的新趋势，信用货币进一步符号化、电子化。世界各国家的银行正在采用电子资金转移系统，利用电子计算机记录和转移存款。银行在各销售场所安装终端机并与银行计算机中心连接，顾客购货时，只需将其专用的货币卡插入终端机，电子计算机便会自动地将交易金额分别记入买卖双方的银行账户，这样现金和支票的使用便成为多余了。这种储存在银行计算机硬盘上和银行卡芯片上的信用信息被为“电子货币”，其具有转移迅速、安全和节约费用等优点。

自20世纪70年代以来，在一系列重大技术革命与技术进步的推动下，以电子计算机为基础的货币革新成为继纸币革命之后货币形式的又一次重大变革。这种革新的形式是多种多样的，具有典型意义的是银行的自动出纳机，它可独立地为客户实行24小时的自动存款和取款服务。这些机器的设置，可超出银行的局限而出现在任何需要的地方。计算机终端的运用，消除了现金支付的麻烦。这时，顾客购买商品以电子自动记账的方式支付货款。电子货币区别于纸币的一个显著特征，是它的流通不需借助于任何有形的实物，而是依靠光波、电波进行信息传递和处理。如果说纸币作为价值符号还保留着一个物的外形，看得见摸得着，那么电子货币就完全属于无形货币，虽然人们不能具体感觉到它，但它实实在在发挥着货币的种种职能。可以预期，在卫星和大规模集成电路电子计算机的帮助下，电子货币将造就全球一体化的金融市场。

专栏1.3

中国货币史

货币是充当一般等价物的特殊商品。春秋时期，黄金已作为货币而出现，如子贡“家累千金”，越大夫范蠡“十九年之中三致千金”，都说明黄金已作为衡量财富的尺度、作为一般等价物而出现了。此外，春秋时出现了铜铸币。

春秋时期黄金与铜铸币虽已出现，但在实际生活中似乎普遍使用的还不够。《左传》中记载：“赏赐、馈赠、献纳、犒聘者二十九，或以器饰，或以车马牲畜，或以璧玉，或以帛锦，或以衣服，以生金者一，无以钱刀者”；“言掳掠盗窃夺者十四，或禾麦米粟，或木材，或璧玉，或实用之兵器，或马，或钟，夺币者一，不言为钱刀之币”。

战国时期，由于商品经济的发展，货币普遍使用，但当时处于金属铸币、贵金属货币和实物货币并用时期。到战国时期，除了黄金是各国的通用货币外，铜铸币是各国民间的通用货币。

古代中国的货币体系以铜币为基础。更早的货币形式目前尚未被发现。最初的铜币形状多种多样，有刀币、布币、蚁鼻钱等很多形式。秦始皇统一中国后，下令全国的铜币以秦国的铜钱为标准。由于浇注铜币使用砂模，铸造好的铜币带有毛边，所以在钱币中央留有方孔，以便用木棍串联起来打磨修锉。这种特殊的形状使它被赋予很多象征性的神秘主义解释：有人认为铜币的圆形代表“天”，中央的方孔代表“地”。铜币上面通常带有铸造时的皇帝年号。

金币在古代中国很罕见。春秋和战国时期，长江流域的楚国曾经使用过金饼和金片。但是在其他的地区和朝代里，黄金主要用于装饰和保值用途。公元前二世纪，西汉的汉武帝曾经发行过白色的鹿皮货币，用于赏赐贵族和军中的将领。除了铜币以外，棉布、丝绸、大米等生活物资也曾经作为货币的计算单位（而不是实际的货币）用来支付官僚和军队的薪饷。唐朝以后，白银货币逐渐得到广泛流通。虽然国库和官方银库里的白银按照统一的成色与重量铸造成元宝以便存放，但是流通的白银却不是铸币，而是以零碎的块状流通，在市场上使用时要经过计算成色、秤量重量这些繁琐的手续。大块的银锭要用夹剪切割，零碎的小块银锭需要在银匠那里重新铸造成更大的银锭。中国古代不使用白银铸币的原因有很多，但是最主要的原因是，由于政治的不稳定性，官方无法为发行的银币提供担保，同时由于战乱频繁，民众经常将白银窖藏起来，导致市场流通额不足以支持银本位货币系统。

由于携带大量的铜币极其不便，在经济高度发达的北宋时期，出现了交子的纸币。这也是世界上最早的纸币之一。但是比起现代意义上的纸币来，它更像是一种汇票。元朝沿用了纸币，并将其视为解决经济困难的妙法之一。他们不顾实际的货币流通额和经济水平，发行了大量没有保证的纸币，造成了最早的通货膨胀。元朝被新建立的明朝取代，后者的开国皇帝朱元璋是一位保守的农本主义者。他认为纸币是异族的东西，应该加以摒弃。但是明朝自己也发行了名为“大明宝钞”的纸币。这种纸币在民间很少使用。

明朝中后期，白银开始大量流入中国，成为和铜钱一样普遍的金属货币。清朝时期，白银已经成为国家的主要货币单位。清朝末年，墨西哥的银元开始在中国大量流通。光绪皇帝在位时期，中国铸造了自己的银币，并设立了户部银行，用于发行正规的纸币。1935年，中国实行法币制度，正式废除银本位。根据1936年《中美白银协定》，法币一圆等于0.265美元。

我国的现行法定货币叫做人民币，是由中国人民银行发行的。人民币的单位是元，辅币是角和分。1元为10角，1角为10分。元、角和分有纸币，元和五角及分也有铸币。元的票面有1元、2元、5元、10元、20元、50元、100元，角的票面有1角、2角、5角，分的面额有1分、2分、5分。人民币元的缩写符号是CNY（¥）。

1.4 货币的本质、层次划分及其度量

人们对于货币本质的认识是一个历史范畴，且随着货币形式的历史演进而不断发展丰富。在现实经济生活中，还需要依据货币的定义来确定货币的多种形式、具体范围及其度量方法。由于货币历史发展的不同阶段与币材的不断更新进步，人们对于货币本质与货币职能的认识也不尽相同，但整体上是呈现出一种与时俱进的、不断地深入与完善的动态演进格局，也就是说人们对于货币的认识与定义具有历史性、多样性与发展性。

1.4.1 早期的货币本质观

对货币本质的不同认识，实际上在货币出现之后便产生了。概括说来，20 世纪之前，西方学者基本上形成了两种截然不同的货币本质观：货币金属观和货币名目观。

1. 货币金属观

货币金属观是一种古老的观点，在早期资产阶级在经济学说中成了较为系统的理论。这种理论发展于资本主义初期，并在 19 世纪初达到其鼎盛阶段，按其发展过程及其主要流派，大致可分为重商主义的货币金属观和古典学派的货币金属观两大类。重商主义以威廉·斯塔福德、托马斯·孟等为代表。他们认为，货币天然是贵金属，天然是财富，因此，货币必须具有金属的内容和实质价值，不能被其他所代替；货币是唯一的财富，而把流通看成是增加财富的唯一源泉的观点则是错误的；货币并不等同于财富，流通更不是财富增加的唯一源泉，财富增加的源泉在于生产，流通只是生产的条件。以威廉·配第、亚当·斯密等为代表的古典学派，为了维护新兴的资产阶级利益，他们在货币本质观上主张，货币必须是金银，必须有十足价值，反对伪造货币（降低成本和减轻重量）。威

廉·配第不再把金银看成是“唯一财富”而看做是“一般财富”，他肯定了货币具有价值尺度的职能，同时还注意到金银作为购买手段和作为财富来保存即储藏手段的职能。亚当·斯密在其《国富论》中对货币的起源、货币的本质和职能等进行了较为集中的论述。斯密认为，货币是一种商品，其主要作用是媒介交换，其次是表现、衡量所交换的物品。关于货币的职能，他认为，货币主要有两种职能，即价值尺度和流通手段。斯密从货币是为了克服直接交换的不便而产生的观点，自然得出货币的基本职能是交换工具即流通手段。

2. 货币名目观

货币名目论者认为，货币不是财富，只是便利交换的技术工具，是换取财富的要素，是一种价值符号。因此，货币不具有商品性，没有实质价值，而只是名目上的存在。他们认为，虽然货币是由贵金属铸造的，但货币的价值不是货币本身所具有的，而是由国家权威所规定的。早期名目主义者是在对重商主义的理论基础——货币财富观进行批判的基础上产生的，其理论基础是：货币执行价值尺度职能时仅是观念上的货币，并不需要现实的货币；虽然货币在执行流通手段和支付手段职能时必须是实实在在的货币，但它完全可以用不具有实质价值的符号来代替。20 世纪 30 年代的大危机以后，国际金本位制崩溃，西方经济学家在货币本质观上大多接受了“管理通货论”形式的现代货币名目论的观点。但除约翰·梅纳德·凯恩斯以外，在他们的货币理论中，对货币的本质和职能的论述并不多，而是在货币定义上争论比较激烈。其实，早在 19 世纪 40 年代就发生过“通货学派”和“银行学派”之间的“通货论争”。通货学派认为，只有金属货币及其代表——银行券才构成一国的货币，而银行券以外的其他各种信用形态都不能算作货币；银行学派则认为，不仅金属货币和银行券是货币，而且由于活期存款等信用形态同样发挥着交换媒介的作用，因而也应该属于货币。这次关于货币定义的第一次大论争意义很大，受此影响，以后的争论再也没有停止过。20 世纪 60 年代以后，金属货币已完全退出流通，流通中的货币主要是不兑现的纸币，同时，银行存款作为货币在流通中大量使用，金融创新在西方国家也开始涌现。在这种情况下，大多数经济学家原则上同意银行存款也是货币，对货币定义之争的焦点放在存款的范围以及除存款以外是否还有充当货币的东西等问题上。这种争论大致可以归为两类：一是从货币只是支付手段或交换媒介的角度定义货币，形成交易媒介的货币本质观；二是从货币主要是价值储藏手段角度定义货币，形成价值储藏的货币本质观。从争论的进程看，价值储藏的货币本质观得到了迅速的发展。

1.4.2 货币定义的扩展

讨论货币的定义自然应该和货币构成结合在一起。在现实经济生活中，还需要依据货币的定义确定货币的具体范围及其构成形式。货币构成形式是货币定义的现实运用和表现。将货币定义为用来购买商品和劳务或清偿债务时被普遍接受的东西（一般等价物），表明货币的本质在于人们相信并运用它进行交换与支付，能够为别人普遍接受。长期以来，黄金、纸币直至存款账户等许多不同资产都具有这样的特征，所以它们都发挥着货币的功能。因此，货币定义的外延可以进一步由通货拓展至资产。

1. 凯恩斯的名目货币论

凯恩斯（Keynes）是个典型的名目主义者，其认为货币是用于债务支付和商品交换的一种符号，所以既无需有贵金属实体，也无需有内在的价值。这个符号关系是由“计算货币”派生出来的。所谓“计算货币”是一种观念上的货币，表现为一种计算单位，而这种计算单位用符号和称号来表示，如英镑、美元等。经济生活中的债务和一般购买力就是通过这种计算单位的符号来表现，货币本体即有形的货币，其作用主要是便利交换，如用于履行债务，在商品买卖中作为支付手段，或作为一般购买力的存在形式，但这一切首先必须通过计算货币的关系才能得以实现，没有计算货币，货币本体也就不存在，或者说即便存在也失去意义。所以货币本体是依赖于计算货币才成其为货币的。计算货币本身就是一种符号或称号，由它派生出的货币本体只能是相依于符号之物，所以货币不可能具有实质价值。正是因为通过计算货币可以完成买卖的分离，人们可以先在卖出商品持有货币，再进行未来的消费和投资，所以凯恩斯认为"货币之重要性主要是从货币现在与未来之联系这一点产生的"，货币之最主要属性在于"巧妙地联系现在与未来"。

2. 弗里德曼的储藏货币论

为了确定货币的具体构成，米尔顿·弗里德曼与H·A·施瓦茨考察了从南北战争到20世纪60年代中后期100年的美国货币史，得出这样的结论：货币包括公众所持有的通货和商业银行的全部贷款，即活期存款、定期存款和储蓄存款，这一范围较广的货币同经济的关系最为密切，也最为稳定。弗里德曼与施瓦茨除了在实证研究的基础上确定了货币的范畴，还根据货币的储藏功能，在理论上讲货币定义为"购买力的暂息所"，因为它将购买力行为从售卖行为中分离出来。

3. 拉德克利夫的流动性货币论

1957年5月，在英国财政部的领导下，成立了以拉德克利夫勋爵为首的"货币体系运行研究委员会"，来调查（英国）货币和信用体系的运行情况，并对此提出一份著名的"拉德克利夫报告"。该报告根据金融资产的流动性来定义货币，并确定货币供给量的范围。所谓金融资产的流动性也称作"货币性"，其取决于买卖的便利程度和买卖时的交易成本，也就是指一种金融资产迅速转换成现金而遭受有限损失的能力，又称为变现能力。流动性程度不同的货币在流通中转手的次数不同，形成的购买力不同，对商品流通和其他经济活动的影响程度也不同。例如，现金和活期存款可以直接作为流通手段和制度手段使用，直接引起市场商品供给的变化，因而具有完全的流动性。定期存款和储蓄存款的流动性较低，它也会形成一定的购买力，但需要转化为现金才能变为现实的购买手段，提前支取则要承受一定程度的损失，所以其流通次数较少，对市场的影响不如现金。

如果用流动性来定义货币，那么货币的定义范围，不仅包括传统意义上的货币供给，而且包括银行和非银行的金融机构所创造的所有短期流动资产。报告的另一个中心论点是，在大量非银行金融中介机构存在的情况下，真正影响经济的不是狭义的货币供给，而是包括这一货币供给在内的整个社会的流动性，因此，货币当局应该控制的不仅仅是这一货币供给，而且是整个流动性。这就是报告以流动性概念代替货币供给的逻辑延伸，也是报告强调流动性的原因所在。

总之，货币的定义可以进一步的概述为：货币是任何具有流动性或可以变现的资产。只要具有流动性的资产即可以变为现金的资产都是属于货币范畴。这是从传统狭义的货币定义转变为相对广义的货币定义，从货币的交换媒介职能拓展至价值储藏职能。

1.4.3 货币的层次划分及其度量

根据资产主要是金融资产的流动性划分不同层次的货币供给量，又产生了新的问题，即究竟流动性多大的金融资产才算作货币？经济学家们根据金融资产流动性强弱不同而将货币形式依次划分为多个层次，即通货M_0、狭义货币M_1、广义货币M_2和拓展货币M_3。

（1）M_0是现金或通货，即现实流通中货币。

（2）M_1是狭义货币，其主要职能是充当交易媒介，所以货币形式的范围只限于通货和银行体系的支票存款（银行卡存款）之和，只有通货和可以转账的支票存款才是人们普遍接受，变现成本最低、流动性最强的交易媒介。M_1与M_0的关系可通过如下等式表示。

$M_1 = M_0 +$ 支票存款（及银行卡存款）

（3）M_2 是广义货币，不仅包括狭义货币 M_1，而且还包括商业银行体系中的储蓄存款和定期存款，因为储蓄存款和定期存款也能够转化为支票存款和现金，尽管其变现成本较前者要高些。因此也是货币形式，也应计算在货币的范围内。显然 M_2 不仅具有交易媒介的职能还兼具有储藏价值的职能，其与 M_1 的关系如下。

$M_2 = M_1 +$ 商业银行的定期存款和储蓄存款

（4）M_3 包括 M_2 加上其他各种短期的流动资产如国库券、人寿保险公司保单、兑现票据等。在金融市场高度发达的情况下，这些短期流动资产贴现和变现的机会很多，都具有相当程度的流动性，与 M_1 只有变现难易程度的区别，没有货币本质的不同，因此也应纳入货币范畴。M_3 与 M_2 的关系可用如下等式表示。

$M_3 = M_2 +$ 其他短期流动资产

显而易见，随着货币层次范围的扩大从 M_0、M_1 到 M_2 和 M_3，货币形式的流动性和交易功能由强变弱，而资产性和储藏功能由弱变强。迄今为止，根据资产的流动性来定义货币与划分货币供应量层次，已为大多数国家政府所普遍接受。尽管货币供应量的层次划分尚未统一标准，但各国政府对货币供应量的监控重点大都逐渐由 M_1 转为 M_2 或更高层次的范围。

1.5 货币制度

1.5.1 货币制度及其形成

货币流通必须以一定的货币制度为前提。所谓货币制度，简称币制，是指国家用法律形式确定的货币流通的结构和组织形式。货币制度的形成经过了漫长的历史发展过程。在前资本主义社会，世界各国先后出现了铸币流通。

系统的货币制度是在资本主义经济制度产生之后形成的。资本主义经济制度的核心是统一的市场。这就需要有统一、稳定和规范的货币流通制度。为了改变当时货币流通的紊乱状况，各国政府先后以法令或条例的形式对货币的流通做出种种的规定。这些规定包括以下几个方面的内容：一是建立以中央银行为唯一发行机构的统一和集中货币发行体系，垄断货币发行；二是就相对稳定的货币单位做出相应的规定，以保证货币制度的稳定；三是就贵金属充当币材并自发调节流通中的货币量做出规定。西方国家政府在资本主义上升时期为克服货币流通混乱的状况，将已颁布的本位货币金属、货币单位、货币铸造、发行和流通程序、发行准备等法令和条例集中起来制度化的过程，就是资本主义货币制度的形成过程。

1.5.2 货币制度的构成要素

从理论上讲，任何形态的货币都可规定相应的货币制度。但实物形态的货币品质不一，价值不尽相同，价格标准不易确定，所以，难以形成统一的货币制度。只有在金属货币出现后，因其所固有的自然特性，才有可能形成货币制度。因此，真正意义上的货币制度是金属货币流通的产物。任何国家的货币制度的构成应包括以下几项要素。

1. 货币金属（币材）

货币金属是确定何种金属作为货币的材料，这是建立货币制度的首要步骤。确定的货币金属不同，就有不同的货币制度。例如，以白银作为货币材料就是银本位制；以黄金作为货币材料就是金本位制；以黄金、白银同时作为货币材料，就是金银复本位制。“本位”是货币制度中的一个术语，源于国家将其货币同某种特定商品固定地联系在一起，也就是选择币材。国家规定币材，并不是任意的，而是受生产力发展水平和资源条件的限制。

2. 货币单位（价格标准）

货币金属确定后，就要进一步确立货币单位，包括规定货币单位的名称和部位货币所包含的货币金属的重量。例如，如英国的货币单位命名为“英镑”（Pound Sterling）。1816 年 5 月的《金币本位制案》规定，1 英镑含成色 11 / 12 的黄金 123.744 7 格令，合 7.97 克。又如，美国的货币单位是“美元”（U.S.Dollar）。根据 1934 年 1 月的法令规定，美元含金量为 0.888 867 1 克。再如，1914 年，我国北洋政府颁布的《国币条例》规定货币单位为“圆”，每圆含纯银 0.648 两，合 23.977 克。

3. 本位币和辅币的铸造、发行和流通程序

本位币是国家法律规定的标准货币。在金属货币制度下，本位币是用货币金属按照国家规定的货币单位铸造而成的铸币。最初的金属货币是以条块形状流通的，每次交换都必须鉴定成色，权衡重量，然后按交易额的大小来进行分割。但是这样做会出现许多麻烦，一是金属货币的原始状态携带不便，二是由于分割困难往往引起交易纠纷。在这种情况下，一些在商界有影响的大的富商在货币金属上加盖自己的印戳并标明重量和成色，于是这块货币金属就成为以该富商信誉为保证的铸币。这种以个人信誉为保证的铸币流通，受到各方面因素的制约，因此有很大的局限性。所以后来逐步由国家来进行铸币的铸造，因为拥有政治权力的国家最具有权威。国家铸造具有一定形状、重量和成色，并打上印记的货币，能够起到稳定价值尺度，统一流通手段的作用。金属本位币在流通上具有以下三大特色。

（1）自由铸造

自由铸造即每个公民都有权把货币金属送到造币厂请求铸成本位币，造币厂代公民铸造本位币或者不收费用，或者收取很少的费用。自由铸造的意义主要体现在以下两方面。一是可以使铸币的名义价值与实际价值相符，也就是使铸币的名义价值与铸币所包含的金属价值保持一致。这是因为持有货币金属块的人可以随时把它转化为铸币，所以铸币就不会变质；也正因为持有铸币的人可以随时把它转化为金属块，所以铸币中的名义价值不会低于铸币所包含的金属价值。二是可以保证铸币量自发地适应流通中对铸币的客观需要。当流通中铸币不足时，居民就会持金属块请求政府铸造成铸币；如果流通中铸币过多，居民又会自发地把铸币熔化为金属块。所以，货币价值储藏的调节流通中货币量的功能，是借助于自由铸造得以实现的。

（2）无限法偿

无限法偿即国家规定本位币拥有无限制的支付能力。就是说，不论每次支付数额多大，如用本位币支付，出卖者和债权人都不能拒绝接受或要求改用其他货币。无限法偿确保了本位币的绝对权威，有利于国内金融市场的统一和货币流通的稳定。

（3）规定磨损公差

本位币是具有一定成色和重量的铸币，由于技术原因有时会出现铸币的实际重量与法定标准不符，或在流通过程中，出现因磨损而使重量减轻的铸币。为了避免因此而导致的本位币贬值，货币制度规定了每枚铸币实际重量不足法定重量的限度。这一限度就是磨损公差。超过磨损公差的铸币不能流通使用。

辅币是本位币以下的小额通货，供日常交易与找零之用，例如，英国的“先令”和“便士”，美国的“分”等。辅币按法律规定与本位币固定比价流通，其流通上的特点恰与本位币相反，主要表现在两个方面。第一，限制铸造。由于辅币通常用较便宜的金属铸造，其名义价值高于实际价值。

限制铸造可使铸造收益统归国家所有，并能防止辅币排斥本位币引起的流通混乱。第二，有限法偿，即法律规定辅币在一次支付行为中支付的最高限额，超过限额，出卖者和债权人有权拒收。例如，美国辅币 10 美分以上每次支付以 10 元为限，铜镍币限于 25 美分。有鉴于此，辅币也称作有限法偿。

随着经济的发展，金属货币远不能满足生产和流通扩大的需要，于是便出现了信用货币、纸币等价值符号的流通。这些流通中的货币统称通货，在当代不兑现的信用货币制度下，国家授权中央银行集中货币发行并授予这类价值符号具有无限法偿的能力。至于流通中的其他价值符号，如商业票据等都不是法定的支付手段，可以拒绝接受。

4. 规定准备制度

准备制度是一国货币流通的基础，因此，准备制度是货币制度的重要组成部分。从历史来看，金属准备制度长期以来一直是准备制度的主要内容。金属准备制度是指由国家集中储备货币金属，作为稳定货币和汇率的平准基金以及作为货币发行的准备金。货币金属准备主要有以下几种用途。

（1）作为国际支付的准备金。

（2）作为调节国内金属货币流通的准备金。

（3）作为支付存款和兑换银行券的准备金。

目前，在贵金属铸币停止流通的条件下，货币金属准备的（2）（3）用途已经消失，只有第一个用途还依然存在，因为黄金仍是国际支付和清算的最后手段。同时，各国建立了以特定国家货币如美元、英镑，还有国家债券、商业票据等作为准备金的制度，以便于国际支付。

1.5.3 货币制度的类型与演变

在货币发展史上，世界各国曾先后采用过银本位制、金银复本位制（平行本位、双本位、跛行本位）、金本位制（金币本位、金块本位、金汇兑本位）、不兑现的信用货币本位制等四大类货币制度。

1. 银本位制

银本位制是最早货币制度之一，是指以白银作为本位币币材的一种货币制度，其主要内容包括以下几方面。

（1）以白银为本位币币材，银币为无限法偿货币，并有强制流通能力。

（2）本位币的名义价值与它所含白银的价值相等。

（3）银币可以自由铸造、自由熔化，白银可以自由兑换银币。

（4）银行券可以自由兑现银币或等量白银。

（5）银币和白银可以自由输出输入。

银本位制从 16 世纪以后开始盛行，但作为一种独立的货币制度存在于一些国家的时间并不长，且实行的范围也不广。实行过银本位制的国家主要有墨西哥、印度、日本和中国等。中国于清宣统二年（1910 年）颁布《币制则例》，宣布实行银本位制，但实质上是银圆与银两混用。1933 年 4 月，国民党政府实行“废两改圆”，颁布《银本位币铸造条例》，才真正实行了银圆流通；1935 年 11 月又实行“法币改革”，废除了银本位制。其他国家早在 19 世纪末就放弃了银本位制，或改为金银复本位制，或改为金块本位制、金汇兑本位制。

银本位制之所以推行时间较短，其原因主要有两方面。一是白银价格不稳定，银贱金贵。自 19 世纪末以来，黄金需求大幅度增加但供应不足，而白银的需求减少但供应增加，结果使金银比价大幅波动，差距越来越大。以伦敦市场金银比价为例：1860 年为 1:15，1870 年为 1:15.5，1880 年为 1:18，1890 年为 1:19.7，1900 年为 1:53，1910 年为 1:39，1920 年为 1:51，1930 年为 1:53，1932 年为 1: 73.5。二是与黄金相比，白银体积大而价值小，给计量与运送等带来困难，不便于大宗交易。

2. 金银复本位制

金银复本位制是指以金、银两种金属同时作为币材的货币制度，其主要内容包括：金银两种本位币都可自由铸造、自由熔毁；都具有无限法偿的能力；两种金属都可自由输入与输出；两种本位币可以自由兑换。复本位制盛行于资本主义原始积累时期（15 世纪～16 世纪），这是由当时的经济发展状况所决定的。随着封建社会向资本主义社会过渡，商品生产和商品流通进一步扩大，导致对白银和黄金的需求都进一步增加。白银的价值含量较小，是小额交易所必需的；大宗交易需要有价值含量很大的黄金充当币材。这样，由于资本主义市场的扩大，对作为币材的黄金和白银的需求量增长了；又由于 17 世纪以后黄金产量的大量增长，终于导致了银本位被金银复本位所取代。

实行金银复本位制，必须确定金币和银币间的比价，按比价确定方式的不同，金银复本位制又有 3 种类型。

（1）平行本位制。在这种本位制度下，金币和银币间的比价由金银的市场价值决定。例如，英国在 1663 年铸造的金币“基尼”与银币“先令”并用，两种通货按金银的市场实际价值比价流通。

（2）双本位制。在这种本位制度下，金币和银币间的比价由国家法律规定。例如，美国在 1792 年规定：1 金元含金 24.75 格令，1 银元含银 371.25 格令，银元含银重量是金元的 15 倍，即金币与银币的法定比价是 1:15。

（3）跛行本位制。这是从复本位制向金单本位制过渡时出现的一种特殊的货币制度。18 世纪末至 19 世纪初，世界白银产量猛增，银价下跌，使实行复本位制的国家银币充塞，金币减少。为了不影响市场流通秩序，国家规定已发行的银币照旧流通，但停止自由铸造，金币仍准许自由铸造。这时金、银两种本位货币同时流通，但先是金币少，银币多，类似跛行者的“一足短，一足长”。经一定时期后，金币发行增多，银币减少，又形成“金足长，银足短”的跛行现象。

复本位制是一种不稳定的货币制度。因为货币作为一般等价物，具有排他性和独占性的特征，虽然法律认可金银皆作为货币金属，但却与货币的排他性、独占性这一本质特征相矛盾，平行本位制下，金币和银币的兑换比率随市场比价的变动而变动，这就使货币很难发挥价值标准的功能市场交易必然处于紊乱状态。为克服交易紊乱，于是产生了双本位制，即国家用法律规定金银比价。但这一规定又与价值规律的自发调节作用相悖，从而出现“劣币驱逐良币”的现象。

“劣币驱逐良币”又称“格雷欣法则”，是由英国财政学家汤姆斯·格雷欣首先提出，后被经济学家麦克劳德引用和命名。它是指两种实际价值不同而法定价值固定的通货同时流通时，实际价值较高的通货即良币，会被人们熔化和收藏，退出流通领域；而实际价值较低的通货，即劣币则会充斥市场，最终导致劣币将良币完全驱逐出流通领域。例如，金银法定比价是 1:15，市场实际比价是 1:16，黄金的实际价值高于法定价值，白银的实际价值低于法定价值。这时，金币会被熔化和退出流通，银币则充斥市场；反之，银币会被熔化和退出，市场上充盈的是金币。

金银复本位制的不稳定性，对迅速发展的资本主义社会起着阻碍作用，因为资本主义的发展要求有相对稳定的货币制度。随着资本主义的进一步发展，英国率先从复本位制过渡到金本位制。之后，欧洲诸国相继从复本位制过渡到金单本位制。到了 19 世纪末，主要的工业化国家都实行了金单本位制。

3. 金本位制

金本位制是指以黄金作为本位货币的货币制度，其具体形式分为 3 种：金币本位制、金块本位制和金汇兑本位制。

（1）金币本位制

金币本位制是典型的金本位制，具有以下特点。第一，金币可以身由铸造、自由熔毁。这一特点保证了黄金在货币制度中的主导地位，同时能自发地调节流通中的货币量，使金币的自身价值与面额价值保持一致。第二，辅币和银行券可自由兑换金币。自由兑换确保了各种价值符号能稳定地代表一定量的黄金进行流通，从而保证了价值符号流通的稳定，不致出现通货的贬值。第三，黄金可以自由输入与输出，因为黄金是足值货币，所以只要各国货币单位按其所含黄金的量折算成一定的比价，就可自由输入输出。这不仅有利于国际交往，而且为世界市场的统一和外汇市场的相对稳定提供了条件。第四，金准备全部是黄金。

上述特征决定了金币本位制是独具稳定性的货币制度。这种稳定性突出地表现在国内货币流通量的自发调节、通货的币值对黄金的不贬值、外汇行市的相对稳定等方面。

英国是最先实行金币本位制的国家，于 1816 年宣布、1819 年实施。此后，欧洲大陆上首先由德国推行了金币本位制，德国根据 1871 年与 1873 年的法案，实行了金本位制并随之废弃了以白银为基础的货币制度。此后，丹麦、瑞典与挪威于 1873 年实行了金本位。法国与其他同盟国于 1874 年限制银币铸造并逐步过渡到金本位制。到 19 世纪末，金本位制开始在美国和其他资本主义国家实行。20 世纪初，世界各国广泛实行金本位制。迄至 1914 年第一次世界大战爆发时开始中断，金币本位制盛行达 100 年之久。

金币本位制这一相对稳定的货币制度，巨大地推动了资本主义经济的发展，建立了历史性的功绩。因此，人们把金本位制下的货币流通称为货币的“黄金时代”。但是，就在金本位制促进了资本主义工业与现代银行业发展的同时，由于资本的大量输出，也促成了资本主义向帝国主义过渡的前提条件的形成；由于资本主义固有矛盾的加深以及资本主义各国发展中矛盾的激化，从根本上动摇了金本位制存在的基础，币值难以稳定，并引发了金本位制的最后崩溃。第一次世界大战以后，由于各资本主义国家经济发展不平衡与黄金存量不平衡的加剧，英、法等一些原发达国家的黄金存量锐减，资本主义各国要恢复战前那种典型的金本位制已不可能，于是就建立了变相的金本位制，即金块本位与金汇兑本位。

（2）金块本位制

金块本位制也称为生金本位制，是指没有金币的铸造和流通，而由中央银行发行以金块为准备的纸币流通的货币制度，其特点是：货币单位规定有含金量，但不铸造、不流通金币，仅流通银行券或纸币；纸币仍是金单位；黄金由政府集中储存；居民可按本位币的含金量（纸币的官方定价）在一定数额以上、一定用途以内兑换金块。例如，英国 1925 年规定，银行券在 1 700 英镑（合 400 盎司纯金）以上才能兑换黄金；法国 1928 年规定的最低限额为 215 000 法郎。在 1924—1928 年期间，实行金块本位制的国家有英国、法国、荷兰、比利时等。

（3）金汇兑本位制

金汇兑本位制又称虚金本位制，是实行银行券流通，只准以外汇间接兑换黄金的货币制度，其特点是：货币单位规定有含金量，但国内流通银行券，无铸币流通，无金块可供兑换；银行券不能兑换黄金，但可换取外汇，以外汇间接兑换黄金；各国中央银行将黄金与外汇存于另一个实行金本位制的国家，并规定本国货币与该国货币的法定比率；通过固定价买卖外汇以稳定币值和汇价。

第一次世界大战以前，菲律宾、印度等国曾实行过金汇兑本位制。1924—1928 年资本主义相对稳定时期，战败国和某些国家整顿币制，也实行过这种制度。这些国家包括法国、智利、意大利等 30 个国家。“二战”后建立的以美元为中心的资本主义货币体系，基本上也属于这种制度。实行金汇兑制的国家，实际上是使本国货币依附于一些经济实力雄厚的外国货币，如英镑、美元、法郎等，并成为它们的附庸，从而在经济上和货币政策上受这些国家的左右和控制。

金块本位制与金汇兑本位制是残缺不全、不稳定的金本位制。第一，这两种制度都是没有金币流通的制度，从而使典型金本位制下的货币自动调节流通中的需要量的作用即告消失，币值自动保持相对稳定的机制不复存在。第二，银行券不能自由兑换黄金，必然使银行券的稳定性大大削弱、金本位制稳定的基础受到动摇。第三，在金汇兑本位制下，国际金融市场的动荡不安进一步加剧。由于采用金汇兑本位制国家的货币依附于某个大国，并将外汇准备存于该国，被依附国币制的任何变动都将在一个广阔的范围内产生不可抗拒的连锁反应。依附国向被依附国大量提取外汇准备或兑取黄金，又会反过来影响被依附国的币制稳定。正因为如此，金块本位与金汇兑本位只是昙花一现，在1929—1933年的世界性经济危机的冲击下被摧毁，随之开始了通货膨胀与通货混乱的漫长时期。

资本主义周期性经济危机，特别是1929—1933年的世界性资本主义经济危机，使资本主义经济发生剧烈的振荡，迫使一切经济学家放弃了自发调节经济的思想，转而主张国家干预调节经济。在货币制度领域，所有资本主义国家先后实行了不兑现的信用货币制度，从而开始了纸币流通的历史。

4. 不兑现的信用货币制度

不兑现的信用货币制度，是一种不能兑换黄金、取消黄金保证的货币制度。由于银行券的纸币化，所以，不兑现的信用货币制度，实际上就是以纸币为本位的货币制度。当前，世界各国已普遍采用不兑现的纸币来代替货币金属流通，同时，黄金“非货币化”的过程也逐渐加剧。这表明以金本位制为代表的相对稳定的货币制度已被不稳定的纸币本位制度所代替。不过，黄金在实际上并没有完全失去它货币商品的作用，它仍继续执行着储藏手段和世界货币等职能。

不兑现的纸币本位制，也称自由本位制。这是当今世界各国普遍推行的一种货币制度，其主要特点如下。

（1）中央银行发行的纸币为本位货币，并由政府颁布法令，赋予无限法偿和强制流通的权力。

（2）不能兑换黄金，也不规定含金量。

（3）货币发行量一般根据国内经济需要来决定，并由中央银行根据流通中货币量的供求状况进行调节。

（4）纸币发行往往被用来作为弥补财政赤字的手段，所以，纸币经常处于贬值状态中，实际价值低于其名义价值。

1.5.4 我国的货币制度

人民币最早发行时间是1948年12月1日，1955年3月1日起发行新人民币，并规定以新币1元兑换旧币1万元，提高了人民币单位“元”所代表的价值量。人民币货币制度的建立与发展，对我国的社会主义建设起过重要的历史作用。

我国现行的货币制度包括以下基本内容。

（1）人民币是我国的法定货币，以人民币支付我国境内的一切公共的和私人的债务，任何单位和个人不得拒收。人民币没有法定含金量，也不能自由兑换黄金。

（2）人民币的单位是“元”，元是主币，辅币的名称是“角”和“分”，1元等于10角，1角等于10分。人民币的符号为“¥”，是取“元”字汉语拼音“Yuan”的首字母加两横线而成。

（3）人民币由中国人民银行统一印制、发行。国务院每年在国民经济计划综合平衡的基础上，核准货币发行指标，并授权中国人民银行发行。

（4）禁止伪造、变造人民币。禁止出售、购买伪造、变造的人民币。禁止故意毁损人民币。禁止在宣传品、出版物或者其他商品上非法使用人民币图样。

（5）任何单位和个人不得印制、发售代币票券以代替人民币在市场上流通。

（6）残缺、污损的人民币，按照中国人民银行的规定兑换，并由中国人民银行负责收回、销毁。

（7）中国人民银行设立人民币发行库，在其分支机构设立分支库。分支库调拨人民币发行基金，应当按照上级库的调拨命令办理。任何单位和个人不得违反规定，动用发行基金。

（8）对人民币的出入境实行限额管理。

以上内容都由法律法规的形式加以规范。

专栏1.4

虚拟货币：比特币

比特币（Bit Coin）是一种虚拟货币，概念最初由中本聪在2009年提出，根据中本聪的思路设计发布的开源软件以及建构其上的对等网络（Peer to Peer，P2P）网络而产生。比特币是一种P2P形式的数字货币。P2P实现的是点对点的传输。这意味着比特币交易需要一个去中心化的支付系统。

与大多数货币不同，比特币不依靠特定货币机构发行。它依据特定算法，通过大量的计算产生，比特币经济使用整个P2P网络中众多节点构成的分布式数据库来确认并记录所有的交易行为，并使用密码学的设计来确保货币流通各个环节安全性。P2P的去中心化特性与算法本身可以确保无法通过大量制造比特币来人为操控币值。基于密码学的设计可以使比特币只能被真实的拥有者转移或支付。这同样确保了货币所有权与流通交易的匿名性。比特币与其他虚拟货币最大的不同是其总数量非常有限，具有极强的稀缺性。该货币系统曾在4年内只有不超过1 050万个，之后的总数量将被永久限制在2 100万个。

比特币可以用来兑现，可以兑换成大多数国家的货币。使用者可以用比特币购买一些虚拟物品，例如网络游戏当中的衣服、帽子、装备等，只要有人接受，也可以使用比特币购买现实生活当中的物品。

本章小结

（1）交换是货币之母。商品交换必须具备两个前提条件：分工与私有制。价值形式的起源与发展孕育了货币，从简单的、偶然的价值形式，到扩大的价值形式，一般价值形式，最后到货币形式。

（2）货币是在购买商品和劳务或清偿债务时被普遍接受的一般等价物。

（3）货币在交换发展中，逐渐形成了价值尺度、交易媒介、储藏手段、支付手段和世界货币等 5 种职能。货币的 5 种职能，并不是各自孤立的，而是具有内在联系的，每一个职能都是货币作为一般等价物的本质的反映，其中，价值尺度和交易媒介职能是两个基本的职能，其他职能都是在这两个职能的基础上派生出来的。

（4）货币形式的产生与发展过程有一个从金属到纸币，从名副其实的价值到名不副实的价值符号，从真实价值到名义价值的演变过程。具体说，货币发展经历了实物货币、金属货币、代用货币、信用货币等 4 个阶段，并在逐步进入电子货币的新阶段。

（5）西方对货币的认识经历了一个从传统狭义定义转变为相对广义的定义，从货币的交换媒介职能拓展至价值储藏职能的过程。早期西方学者基本上形成了两种截然不同的货币本质观：货币金属观和货币后观。凯恩斯是“计算货币”的货币名目论者；弗里德曼是“购买力的暂息所”货币储藏论者；拉德克利夫用用“流动性”来定义货币。那么货币的定义范围，不仅包括传统意义上的货币形式，而且包括银行和非银行的金融机构所创造的所有短期流动资产。

（6）所谓货币的层次划分，是把流通中的货币量主要按照其流动性的大小进行相应的排列，分成若干层次并用符号代表的一种方法。货币量层次划分，目的是为了把握流通中各类货币的特定性质、运用规律以及在它们的整个货币体系中的地位，进而探索货币流通和商品流通在结构上的依存关系和适应程度，以便中央银行拟定有效的货币政策。各国对货币量层次的划分及每一个货币层次包括的内容都不尽相同，而且还随着时间的推移进行相应的调整。概括而言，货币量按其流动性可分为M_0、M_1、M_2、M_3。

（7）货币制度是指一个国家以法律形式规定的货币流通的组织形式，简称币制。货币制度的基本内容包括：货币金属与货币单位、通货的铸造、发行与流通程序、金准备制度等。货币制度的发展变化，在其历史发展过程中，经历过银本位制、金银复本位制、金本位制和不兑现的信用货币本位制四大类型。

关键概念

货币；价值尺度；交易媒介；储藏手段；支付手段；世界货币；信用货币；货币制度；M_0、M_1、M_2、M_3

复习思考题

（1）为什么说交换是货币之母？

（2）价值形式起源与发展经历了哪几个阶段？

（3）货币的定义是什么？有哪些主要内涵？货币的定义可以进一步的概述为什么？

（4）货币有哪些职能？说明货币职能的特点和在交换中的作用。

（5）货币形态发展经历了哪些阶段？

（6）货币有哪些层次？划分的主要依据是什么？

（7）什么是货币制度？它由哪些内容组成？

（8）货币制度有哪些主要类型？

（9）我国现行货币制度包括哪些内容？

利率及利息的计算　第2章

【学习目标】

（1）理解利率的基本概念，体会利率的时间价值特征，掌握复利的计算方式。

（2）能准确计算资产的现值与终值。

（3）能区分不同收益率概念的经济含义，并准确计算。

（4）能够灵活运用净现值和收益率对投资进行选择。

几乎每个人都会遇到这样的问题：你到银行进行定期存款，一年后你能得到多少利息呢？你打算向银行贷款购买房屋，一个月应该还银行多少钱？你从现在开始为子女准备教育基金，那么从现在开始一个月应该存多少钱？要对这些问题进行回答，你就必须对利率和利率的计算有一定的认识。本章将全面介绍利率及利率的计算，让读者掌握货币的时间价值这一基本的金融学概念。

2.1　利率的基本概念

2.1.1　货币的时间价值

假如有人早上向你借了 1 000 元钱，你希望他现在还给你，还是 1 年以后？你一定会不假思索地说：当然希望是现在！因为，只要存在时间的距离，必定带来风险，光是从风险的角度来看，你也希望这 1 000 元钱现在就落袋为安。但是，如果现在对方说：我给你两个选择，第一种方案是现在就还你 1 000 元，第二种方案是以协议方式确定一年后还你 1 200 元。也就是说，对方将这个一年期的时间距离给你所带来的风险进行了定价，对你进行相应的补偿。面对该选择，你的决定可能发生改变：将该货币“存”在对方手里也许更好一些；时间距离既给我带来了风险，也为我带来了收入。该例子说明，在存在时间距离的情况下，因为风险的原因，我们对现在的 1 000 元和未来的 1 000 元会有不同的看法，未来的 1 000 元是抵不上现在的 1 000 元的。

以上风险可以认为是来源于人类行为上的诚信问题。此外，时间距离还必定伴随着客观世界的“诚信”问题。例如，明年的物价可能比今年贵，今年的 1 000 元钱可以买 500 千克大米，明年可能只能买 400 千克；同时技术条件和环境条件也可能恶化，因此明年即使能买 500 千克，质量也可能比不上今年。当然，情况也可能正好相反，例如，物价下降、技术条件提高、环保改善等外因导致的价格变动。可是无论谁向我们做出保证说未来的世界会有多美好，我们总还是怀着一份戒备——在理性且保守的“社会人”眼里，未来总是不乐观的。

下面我们将考虑另外一种情况：在存在时间距离的情况下，即使没有风险，你是否会对现在的 1 000 元和未来的 1 000 元有不同的看法？例如，有人向你立下生死文书，或者时刻在你的监控之下，又或者他有千万家财抵押在你手里（当然，除非他没有还你钱，否则你是不能动这些资产的），你是否愿意将 1 000 元钱借给他，一年以后确定无误地仅仅收回 1 000 元？除非出于某种情操（例如亲情、友情、爱情，或者助人为乐的崇高思想），或者你的钱多得不得了，否则你将产生犹豫：也许我可以自己拿这 1 000 元钱去做个小投资，经过一年的倒腾，应该能产生点利润；又或者，我可以找个精明且保守只是缺少资金的合伙人一起投资，到时应该也可以得到比较可观的收入。总之，时间给了我们创造价值的无限可能，这种可能不可以被忽视，它必定在我们的价值判断中产生影响。

综上所述，我们认为，货币是有时间价值的，或者说当前所持有的一定量货币比未来持有的等量的货币具有更高的价值。例如现在的1元钱比明年的1元钱价值更高。造成这种现象的原因有以下几点：其一，出于对人类行为诚信问题的考虑，当存在时间距离时，我们希望可以得到风险性补偿；其二，作为一个理性的、保守的社会人，我们对未来的物价、技术、环境等总是存在疑虑；其三，我们总是在各种（可能）行为之间做出选择，投资利润的可能性使得我们对放弃货币有了更多的要求。

2.1.2 利息与利率

1. 利息

从前面的例子中，我们可以发现，对于现在交付出去的一定金额的本金，我们总是希望未来可以获得更多的货币回报，两者之间的差额被称为利息。同时，根据前文论述，我们知道，利息是时间价值的反应，必须与时间距离相对应。但是，利息的支付是否一定在经历该时间以后，则另当别论。例如，活期存款由于期限未知，所以它的利息必须在时间经历结束时才能核算并进行支付。定期存款的利息在实践操作当中通常也是到期才支付的，但是随着金融创新工具的发展，这种期限固定、利息总量固定的收益，在权利已经明确的情况下，是可以被分解并提前支取的，只是在支取时，它的价值量也将发生改变。例如，一些定期支付确定利息的债券，就被人们进行了重新包装，利息被拆分到不同时期进行支付。

2. 利率及利率机制

利率就是借款者为了获得对贷款资金的使用权，而向后者支付的价格，或者说是指借贷期满所形成的利息额与所贷出的本金额的比率。

利率既是一种成本概念，也是一种收益概率。例如，向银行贷款时，银行给出的贷款利率就是资金使用者必须承担的成本比率。相反地，当我们将资金存入银行时，银行给付的存款利率则构成我们的收益率。正是因为利率的这种特征，所以在现实经济中，利率充当着非常重要的角色。

在通过借贷进行投资时，我们首先会比较预期投资收益率与贷款利率之间的关系，以此判断该投资是否值得开展。如果预期投资收益率低于贷款利率，那么该项投资可以被认为是“入不敷出”的，应该撤销；如果预期投资收益率高于贷款利率，那么该项目的开展不会出现亏损，至少应该被纳入投资考虑的范畴（至于是否真正开展下去，则还需参照其他标准）。可见贷款利率在（通过借款进行的）投资问题上，一定程度地起到了筛选作用。基于该筛选机制，政府当局可以运用货币政策对市场投资进行调整。例如，在企业整体预期没有太大变化的情况下，通过降低贷款利率，可以使得更多的投资项目得到开展，投资规模增长（在高贷款利率条件下被淘汰的项目将因此而获得了开展的机会；预期投资收益率本来就比较高的项目则获得了更大的获利空间，可以采取更大的规模）；相反地，提高贷款利率，将导致更多投资项目被迫取消，投资规模缩减。

存款利率则起着在消费、储蓄、自融资型投资之间进行引导和筛选的作用。由于存款利息构成自有资金最便捷、稳定的收益来源之一，所以，人们在使用自有资金时，总是以它作为评判标准。以“储蓄—投资”选择为例，如果存款利率为10%，那么，当预期投资收益率低于10%时，自融资型的投资者将撤销该项目，而选择将资金存入银行；相反地，如果预期投资收益率高于10%，人们将会从银行提取储蓄，转向投资。以“消费—储蓄”选择为例，如果存款利率由10%降为5%，储蓄将变得没那么有吸引力，人们可能更倾向于将钱取出来，购买实物，体会即时消费带来的乐趣；

相反地，当存款利率上升时，人们可能压缩当前的消费，选择将钱存入银行。

3. 利率的表现形式

现实生活中的利息率都是以某种具体形式存在的，例如 3 个月期的贷款利率、1 年期的储蓄存款利率、6 个月期的短期公债利率、隔夜拆借的回购利率等。同时，基于生活习惯，人们又将利率根据时间长度，分为日利率、月利率和年利率，其中，年利率通常以百分数（%）表示，月利率用千分数表示，日利率则以万分数表示。

2.2 利率的分类

2.2.1 基准利率与一般市场利率

所谓基准利率，是指在多种利率并存的情况下起决定作用的利率，即这种利率发生变动时，其他利率也会相应变动。一般市场利率则指的是由市场主体基于成本、风险、收益要求等因素，通过供求关系决定的利率。

从前文的论述中我们可以发现，利息包含对机会成本的补偿（Compensation）和对风险的补偿，对应地，利率则包含机会成本补偿水平和风险溢价（Risk Premium）水平。

如何看待机会成本呢？就具体个人而言，实施某种选择的机会成本应该来自于他可以确定实施并稳定取得的其他行为收益。例如，一个大山深处的牧民，和银行发生关系可能是件比较困难的事情，购买国债更没有可能，那么，当他选择进行经济作物种植时，面临的则是失去进行羊群放养的机会，于是羊群放养的收益构成了他的经济作物的机会成本，而银行存款利率或者国债收益率是不应该作为他的机会成本来考量的。

从整个经济体系来说，可以认为所有投资者拥有起码的、共同的机会成本。这个机会成本来自于系统中对广大投资者公开、可以方便取得、比较稳定的收益来源。例如短期国债的收益、银行同业拆借的收益。短期国债的收益是比较稳定且可靠的，投资者在任何时候都可以方便地进行国债投资，因此，它可以被认为是金融市场的一种基础性收益，它的收益率也可以被认为是一种基准利率。银行同业拆借市场包含了几乎所有具有储、贷功能的金融机构，交易便捷、迅速，交易规模巨大，对金融机构的原始资金产生了决定性影响，该市场中的收益是大多数金融机构可以方便、稳定地取得的，因此构成了批发性业务的机会成本，由此形成的收益率可以认为是一种基准利率。

基准利率的分析除了机会成本的角度，还须考虑直接成本的影响。从整个金融体系来说，最初的货币，主要是从两个渠道获得：其一是商业银行向中央银行获得的再贷款，其二是商业银行向中央银行进行的再贴现（包括商业银行主动提出的贴现，以及中央银行在公开市场操作中对商业银行的债务工具回购业务）。这两个渠道的支付可以看做金融体系原始资金的直接成本，由此形成的利率则可以看做基准利率。

基准利率和一般市场利率之间既存在区别，又紧密联系。短期而言，基准利率是一般市场利率的基础，一般市场利率是各市场主体参照基准利率或者受基准利率的制约而决定的，基准利率处于主动的支配地位。但是从长期来看，一般市场利率也会对基准利率产生影响，即基准利率会根据一般市场利率的变化进行调整。同时，基准利率并非由某个主体任意决定，而是基于市场各因素共同决定的结果，因此可以认为基准利率不过是一种特殊的市场利率而已。

在我国，中国人民银行对商业银行等金融机构的存、贷款利率叫基准利率。在西方国家，传统上曾以各自中央银行的再贴现利率作为基准利率，现在已经发生了变化，各国不尽相同。美国主要是联邦储备系统确定"联邦基金利率"。该系统同时发布贴现率，不过象征意义大于实际意义。欧洲中央银行则发布3个指导利率：有价证券回购利率、央行对商业银行的隔夜贷款利率和商业银行在央行的隔夜存款利率。这些利率的发布对于诱导市场利率的形成有着关键作用，因此通常被视为基准利率。

专栏2.1

我国基准利率的形成与发布

2006年9月6日，中国人民银行发布了《中国人民银行关于构建中国货币市场基准利率有关事宜的通知》(银发[2006]316号)，确定上海银行间同业拆放利率（Shibor）作为我国的基准利率。

Shibor由隔夜、1周、2周、1个月、3个月、6个月、9个月及1年共8个公布品种和3周、2个月、4个月、5个月、7个月、8个月、10个月、11个月共8个参考品种组成。利率品种代码按期限长短排列为O／N、1W、2W、3W、1M、2M、3M、4M、5M、6M、7M、8M、9M、10M、11M、1Y（O／N代表隔夜，W代表周，M代表月，Y代表年）。8个公布品种在2016年1季度的统计如表2-1所示。

根据商业银行是否具有公开市场一级交易商或外汇市场做市商资格以及各商业银行的货币市场交易量、信用等级、定价能力、信息披露等条件，在试运行期间初步选择16家商业银行组成首批Shibor报价银行团，负责在每个交易日向上海银行间同业拆放利率网提供各期限档次的拆出、拆入双边报价。根据报价质量，对报价行按年实行末位淘汰制。

第一批Shibor报价银行团包括：中国工商银行、中国农业银行、中国银行、中国建设银行、交通银行、招商银行、中信银行、中国光大银行、兴业银行、上海浦东发展银行、北京银行、上海银行、南京市商业银行、德意志银行上海分行、汇丰银行上海分行、渣打银行上海分行等。

随后几年中都有小幅调整，例如，2008年，华夏银行和广东发展银行取代南京市商业银行和德意志银行上海分行；2009年，则由中国邮政储蓄银行取代广东发展银行；2010年，广东发展银行又取代了中国邮政储蓄银行；2011年国家开发银行则取代了上海浦东发展银行。

表2-1 Shibor统计表

	隔夜	1周	2周	1月	3月	6月	9月	1年
2016.01	1.989 0	2.330 0	2.916 0	3.168 0	3.103 0	3.122 5	3.183 6	3.265 0
2016.02	2.007 0	2.335 0	2.678 0	2.800 0	2.899 0	3.022 0	3.089 0	3.186 0
2016.03	2.017 0	2.325 0	2.788 0	2.807 0	2.824 8	2.870 0	2.970 0	3.051 0

贷款基础利率（Loan Prime Rate，LPR）是商业银行对其最优质客户执行的贷款利率，其他贷款利率可在此基础上加点生成。贷款基础利率的集中报价和发布机制是在报价行自主报出本行贷款基础利率的基础上，指定发布人对报价进行加权平均计算，形成报价行的贷款基础利率报价平均利率并对外予以公布。运行初期向社会公布1年期贷款基础利率。

LPR报价银行团现由9家商业银行组成。报价银行应符合财务硬约束条件和宏观审慎政策框架要求，系统重要性程度高、市场影响力大、综合实力强，已建立内部收益率曲线和内部转移定价机制，具有较强的自主定价能力，已制定本行贷款基础利率管理办法，以及有利于开展报价工作的其他条件。市场利率定价自律机制依据《贷款基础利率集中报价和发布规则》确定和调整报价行成员，监督和管理贷款基础利率运行，规范报价行与指定发布人行为。

全国银行间同业拆借中心为贷款基础利率的指定发布人。每个交易日根据各报价行的报价，剔除最高、最低各1家报价，对其余报价进行加权平均计算后，得出贷款基础利率报价平均利率，并于11:30对外发布。

来源：上海银行间同业拆放利率网（www.shibor.org）

2.2.2 名义利率和实际利率

1. 名义利率与实际利率的定义

以实际价值为标准，利率分为名义利率和实际利率。

名义利率就是以名义货币表示的利率。如果年名义利率 10%，100 元的存款在一年后将取得 110 元的本利和。看起来你手中的现金增加了 10%，但是如果该年度内物价上涨了 10%（以鸡蛋为例，年初 1 元钱买一只鸡蛋，年末变成了 1.1 元一只），那么拿着这笔钱，你心里肯定不是滋味，因为一年前可以买到 100 只鸡蛋的存款，一年后还是只能买到 100 只！诱人的 10% 的存款利率，仅仅是吸引你将资金借给银行使用了一年，其他贡献接近于 0。由此可见，以名义利率计算的只是名义货币，无法准确衡量实际效用或价值的变化。

实际利率指的是剔除通货膨胀影响以后的利率，也就是以实际价值衡量的本金增长率。例如，将 100 盎司黄金存入银行，如果一年后可以得到 110 盎司黄金，那么可以认为该次存款行为的实际利率是 10%。由于在生活中我们不可能对每次存、取款都采取实物形式，因此，实际利率的计算通常是利用名义货币进行计算的。

2. 名义利率与实际利率的关系

假定你手中有现金 A，准备将其存入银行。如果希望银行为你提供相当于 r_r 的实际利息，这意味着，如果当前用 A 现金能买入数量为 a 的商品（单位商品的价格为 A/a），一年后你希望该存款能给你带来 $a\times(1+r_r)$的商品。

显然，银行不可能用商品对你进行支付。银行只可能用名义货币对你进行支付，对应地，它是以名义利率计算名义利息，然后支付给你。如果通货膨胀率为 p，即一年后单位商品的价格为 $A/a\times(1+p)$，那么，除非银行的名义利率 r_n 满足以下条件，否则你是不会将该现金存入银行的。

$$a\times(1+r_r)\times[A/a\times(1+p)]=A\times(1+r_n) \quad (2\text{-}1)$$

等式的左边表示：按实际利率进行价值核算的本利和 $a\times(1+r_r)$，在通货膨胀情况下，对应的名义本利和为 $a\times(1+r_r)\times[A/a\times(1+p)]$。等式右边表示直接按名义利率计算的本利和。

对式（2-1）变形即可得到如下等式。

$$1+r_n=(1+r_r)\times(1+p) \quad (2\text{-}2)$$

该关系式也被叫做费雪效应。它体现了实际利率、名义利率和物价上涨率之间的关系。由式(2-2)变形可以得到如下等式。

$$r_n=r_r+p+r_r\times p \quad (2\text{-}3)$$

在通货膨胀率很低的情况下，可以近似得到：$r_n=r_r+p$，或者 $r_r=r_n-p$。

所以，如果银行给你提供了 10%的名义利率，在通货膨胀率为 5%的情况下，你的这笔存款在该年度内的实际利率却近似地只有 5%。

也可以从产出角度考虑。

例如在期初，我们有一个单位货币，可以进行两种投资：

一种是投资于具有生产性质的企业，假定企业的实际产量增长率为 i_r，则在具有通货膨胀的情况下，期末时我们将可以获得名义收入

名义收入=（1+实际产出增长率）×（1+通货膨胀率）

第二种投资可以选择存入银行，期末获得名义收入

$$名义收入=1+名义利率$$

两种投资方式所得结果必须是相同的，否则市场将出现套利行为。例如，如果银行的名义利率低于以上关系式中所得到的利率，那么，人们将会降低存款量，转而增加对实际产品的投资，银行被迫升高名义利率，同时随着资本品边际生产能力的降低，实际产品投资带来的产出增长率将下降，最终，我们可以得到以下等式

$$（1+实际利率）\times（1+通货膨胀率）=1+名义利率$$

如果银行名义利率高于上面，那么人们将降低对实际产品的投资，转而增加对存款的投资。这将促使银行降低存款利率，同时资本品的边际投资效果将提升，最终取得均衡。

3. 利息所得税、通货膨胀率与实际利率

有时候，政府并不希望我们努力去存钱，虽然储蓄对于现代社会来说是如此不可缺少。当国家内需不足，影响到企业家的信心时，政府将有可能对利息征收所得税，把某些人的储蓄“逼”出银行，拿去消费。这对那些不愿意从存款账户逃离的人来说，显然会产生不利影响。

若以 r_n 表示名义利率，p 表示通货膨胀率，t 表示利息税税率，r_{at} 表示剔除通货膨胀和税收影响后的实际利率；假定现金 A，在当前的物价水平下购买的商品为 a，即当前单位商品的价格为 A/a（同时可以得到一年后单位商品的价格为 $A/a\times(1+p)$）。

那么该现金存入银行一年后，将得到的现金可通过下式计算

$$A\times(1+r_n)-A\times r_n\times t=A\times(1+r_n-r_n\times t) \tag{2-4}$$

显然，在不考虑通货膨胀的情况下，你所得到的税后（名义）利率为 $r_n\times(1-t)$。

如果同时考虑通货膨胀的影响，那么需要用商品来进行比较。如上所示，一年后从银行支取的现金扣除利息税后剩下的现金可通过下式计算

$$A\times(1+r_n-r_n\times t) \tag{2-5}$$

由于届时价格水平已经变为 $A/a\times(1+p)$，所以该现金可以买到的商品量的计算等式如下

$$[A\times(1+r_n-r_n\times t)]\div[A/a\times(1+p)]=a\times(1+r_n-r_n\times t)\div(1+p) \tag{2-6}$$

基于以上关系以及前述定义，我们不难得到如下等式

$$a\times(1+r_{at})= a\times(1+r_n-r_n\times t)\div(1+p) \tag{2-7}$$

或者：

$$1+r_{at}=\frac{1+r_n(1-t)}{1+p} \tag{2-8}$$

当 $p\to 0$ 时，上式右边的极限为 $1+r_n(1-t)-p$，于是可以得到如下等式

$$r_{at}= r_n(1-t)-p \tag{2-9}$$

该关系式被称为达比效应，因为加州大学洛杉矶分校的达比教授首先发现了该问题而得名。

下面我们来看一个例子。假定你是个服装店的店主，10 000 元现金在当前物价水平下可以购买 100 件衬衣（每件衬衣 100 元）；如果你现在不想购买衬衣，而是将它存入银行，一年期存款利率是 10%，在政府不征收利息税的情况下，一年后你将得到 11 000 元。假定物价水平未变（衬衣价格没变），那么一年后你将可以购买 110 件衬衣。如果一般物价水平上升 10%（假定衬衣价格紧随一般物价水平，则达到了 110 元），那么你从银行取出来的钱只能购买 100 件衬衣（和一年前一样）。当政府对利息征税时，你的情况将变得更不乐观。假定利息税税率达到 10%，那么 10 000 存款一年后银行提供的利息是 1 000 元，扣除利息税 100 元，你实际得到本金和利息之和为 10 900 元，以发生通货膨胀后的 110 元/件计算，你将只能买到 99 件衬衣（余 10 元）。

2.2.3 固定利率与浮动利率

根据利率的决定方式，可以将利率分为固定利率和浮动利率。

如果利率是由协议或契约明确规定、不受市场影响的，那么该利率即为固定利率。如果利率的决定取决于市场，即随市场因素的变化而变化，那么该利率为浮动利率。

常见的固定利率（存）贷款有以下两种形式：在某确定的期限内使用确定的同一利率；在某确定期限内，各不同时段使用不同、但是确定的利率。前者如一笔 10 年期、利率为 5%的贷款。后者如一笔 5 年期贷款，各年的利率分别为 3%、4%、4.5%、5.5%、7%。后者虽然看起来每年的贷款利率都是不同的，但是它是由协议分时段确定的。

常见的浮动利率（存）贷款也有以下两种形式：完全按照某市场基准利率核算利息；在某市场基准利率的基础上加成（或者优惠）一个固定的比例。例如，某 30 天期的贷款，利息核算采取期间的隔夜 LIBOR（伦敦银行同业拆借利率），或者采取隔夜 LIBOR 上浮 50 个基点（0.5%）的方式。由于隔夜 LIBOR 是由市场决定，所以它是在协议外浮动的。

2.2.4 即期利率与远期利率、短期利率与长期利率

1. 定义

即期利率指的是从现在开始到未来某时点止，都适用的计息利率。例如银行服务大厅中通常的报价都是即期利率。远期利率指的是从未来的某个时点开始，到未来另一时点结束，都适用的计息利率。该种利率通常在一些特定产品或者特定主体中使用。

所谓短期利率，指的是计息区间短于一年的利率。所谓长期利率，则指在超过一年的时间内都适用的计息利率。

2. 基本形态

基于以上定义，将出现 4 种利率：即期报价的短期利率，即期报价的长期利率；远期报价的短期利率，远期报价的长期利率。

如图 2-1 所示，即期利率包括 $R_{0\times1}$，$R_{0\times2}$，$R_{0\times4}$，其中，即期报价中的长期利率包括 $R_{0\times2}$，$R_{0\times4}$；远期利率包括 $R_{1\times2}$，$R_{2\times3}$，$R_{3\times4}$，$R_{1\times3}$，$R_{1\times4}$，远期报价中的短期利率包括 $R_{1\times2}$，$R_{2\times3}$，$R_{3\times4}$，长期利率包括 $R_{1\times3}$，$R_{1\times4}$。

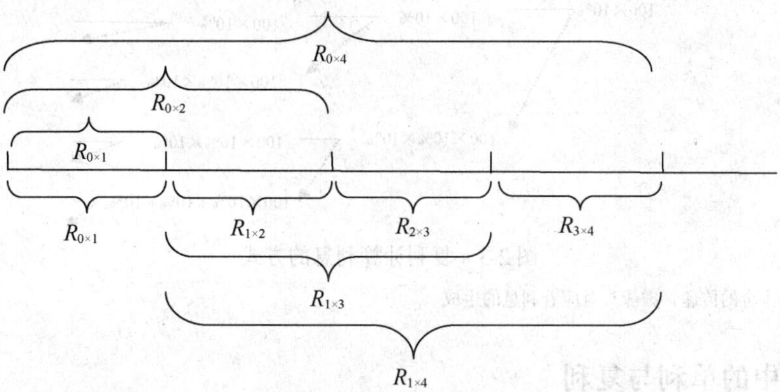

图 2-1 利率期限结构图

2.3 单利与复利

2.3.1 单利与复利的定义

单利和复利是两种计算利率的方式，而非两种不同的利率。

所谓单利，就是在计算存款利息时，每年的利息都以同一本金为基础进行计算，这也就意味着当前所得利息不再参与下一期的利息计算。例如，100 元的 4 年期银行存款，如果按年利率 10% 单利方式计算利息，那么，在未来 4 年内，该笔存款每年计提的利息都是 10 元，4 年内该存款的本金和利息之和为 140 元（即本金 100 元，4 年内的利息之和为 40 元），如图 2-2 所示。

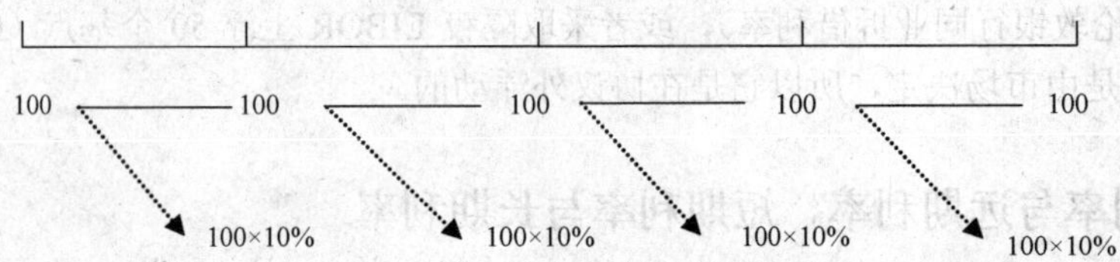

图 2-2　单利计算利息的方式

注：实线对应着本金的传递，虚箭头对应着利息的生成。

所谓复利，就是在计算存款的利息时，本期利息在下一期具有和本金相同的取得利息的权利，且按相同的利息率进行计算。例如，100 元的 4 年期银行存款，如果按年利率 10%、复利方式计算利息，那么该存款在未来 4 年内的利息情况如图 2-3 所示。

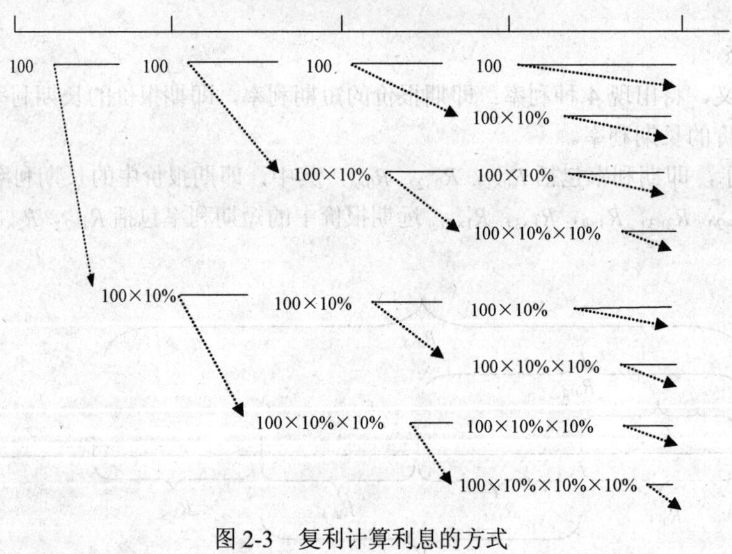

图 2-3　复利计算利息的方式

注：实线对应着本金的传递，虚箭头对应着利息的生成。

2.3.2 现实中的单利与复利

1. 关于单利的实践问题

前文中的单利定义只说明了利息的计算方式，没有涉及利息的支付方式。事实上，即使同时单利核算利息，由于利息支付方式不一样，所得的效果是不一样的。

借用前文的例子，若当前存入（或借出）的 100 元钱，在未来 4 年内采取单利方式计算利息，所有利息在到期时一次交付，则本金和利息的变化情况如图 2-4 所示。在到期前，似乎针对每期都会有利息计算，但是并不进行利息的支付，因此，每一期的利息都失去了在下一期获取利息的权利，与接下来将要提到的情况相比。这种“失去”是永远的、不可改变的。

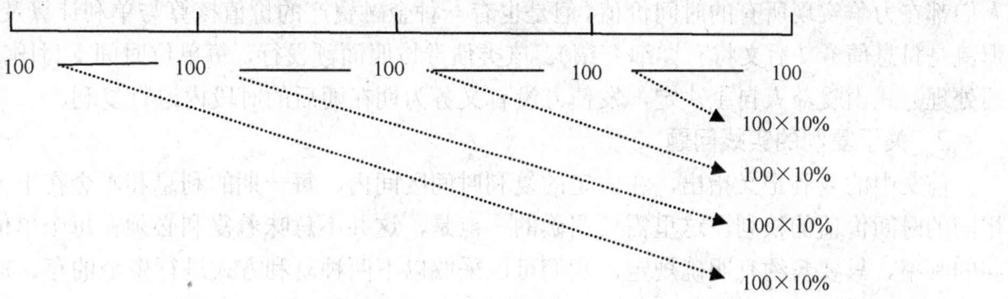

图 2-4　单利支付利息的方式：到期一次支付

注：实线对应着本金的传递，虚箭头对应着利息的生成。

如果以单利方式计算的利息，在支付方式上发生改变：每一期末都计算利息，并实施利息支付；该利息支付后，即失去了参与下一期利息计算的机会，如图 2-5 所示。由于利息在各期末被支付，不能和本金一期参与下一期的利息核算，因此这仍然属于单利情形。但是这种情形下的收益效果与前面的方式却有所不同。问题的关键在于受益人自己如何处理利息。如果受益人取得利息后，将利息取出，以现金方式持有到期，那么，该方式与上一种方式就没有区别。如果受益人在每次取得利息后，都选择继续存入银行，那么每一期的利息都在下一期取得时间价值，这种情况类似于复利方式，但是显然不可以和复利等同。因为在复利方式下，每一期的利息和本金在取得时间价值的权利上是等同的，即所使用的利息率是一致的。而本处所举例子中，每一期的利息在下一期进行利息核算时，所使用的利率却可能是不一样的。

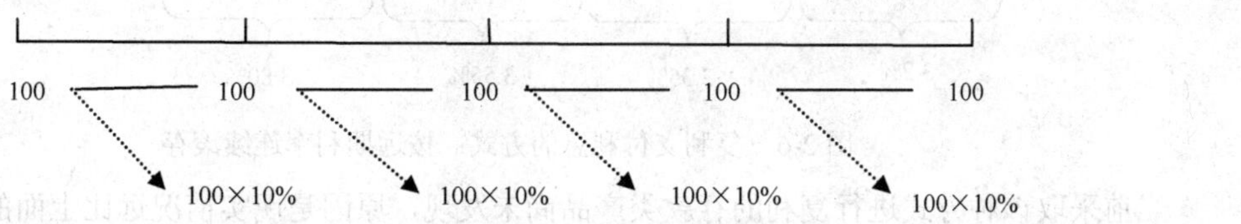

图 2-5　单利支付利息的方式：每期期末支付

注：实线对应着本金的传递，虚箭头对应着利息的生成。

采取与上面类似的例子。假定本金 100 元，银行给出的五年期单利利率为 10%；未来 5 年内银行的一年期定期存款利率分别为 6%、7%、8%、9%、10%；对于复利的情况，考虑两个复利利率，分别为 5 年期复利利率 10%，和 5 年期复利利率 6%。现在来比较一下，单利方式下两种不同利息处理方式的收益，以及它们与复利方式下收益之间的关系。

（1）采取单利方式，利息在第五年末时一次性支付。5 年后本利和为 150=100+10%×5。

（2）采取单利方式，利息在每期期末支付，但是被立即存入银行。5 年后的本利和为

$159.79=100\times10\%\times(1+7\%)\times(1+8\%)\times(1+9\%)\times(1+10\%)+100\times10\%\times(1+8\%)\times(1+9\%)\times(1+10\%)+100\times10\%\times(1+9\%)\times(1+10\%)+100\times10\%\times(1+10\%)+100\times10\%+100$

（3）采取复利方式。当复利利率为 10%时，5 年后的本利和为 $161.05=100\times(1+10\%)^5$；当复利利率为 6% 时，5 年后的本利和为 $133.82=100\times(1+6\%)^5$。

在利率相同的情况下，第一种单利操作方式所得的利息总量无疑是最少的。第二种单利操作方

式下，利息实现了利滚利，和复利已经没有实质性区别，不同地方有两个：其一，它的滚利利率在各时段可能不太一样；其二，单利情况下的滚利是否能够实现，必须由个人到银行去做出指令，银行不会自动实施执行。

现实生活中，单利计息方式通常流行于一些比较偏远的地区、邻里熟人之间，发达金融市场中基本不会存在单利计算，因为发达金融市场中的金融工具种类齐备、交易方便，资金很难被沉淀，人们都在力争实现所有的时间价值。但是也有一种金融资产的价值核算与单利计算及支付非常相似，那就是付息债券（后文将有详细介绍）。该类债券按照面额发行，每单位时间支付固定的利息，利息的处理方式由受益人自主决定，发债方没有义务为期在随后的时段内进行复利。

2. 关于复利的实践问题

前文中的复利定义指出，在协定的复利时间区间内，每一期的利息和本金在下一期都享有取得相同的时间价值的权利。这里需要明确的一点是，这并不意味着复利必须在每个单位时间内采取相同的利率。只要契约有明确规定，我们可以采取以下两种复利方式进行资金的存、贷。

例如，你现在想将钱存 4 年，可以有两种方式。

一种方式是选择以（即期）长期利率进行复利，对应的利率为 $R_{0\times4}$，如果当前本金为 10 000 元，那么 4 年后你将获得 $10\,000\times(1+R_{0\times4})^4$ 的本利和。以 $R_{0\times4}$=3.5%为例，则 4 年后的本利和为 11 519.64 元。

另一种方式是选择在契约中规定按远期利率连续滚存（即要求存储机构每年末自动将本利和一起转入下一期进行复利），对应的年利率分别为 $R_{0\times1}$，$R_{1\times2}$，$R_{2\times3}$，$R_{3\times4}$，如图 2-6 所示。如果当前本金为 10 000 元，那么 4 年后你的本利和为 $10\,000\times(1+R_{0\times4})\times(1+R_{1\times2})\times(1+R_{2\times3})\times(1+R_{3\times4})$。假如远期利率分别为 $R_{0\times1}$=3.2%，$R_{1\times2}$=3.35%，$R_{2\times3}$=3.55%，$R_{3\times4}$=3.80%，则 4 年后的本利和为 11 464.04 元，与前一种方式相比，要少 55.60 元，相当于对烦琐手续的补偿。

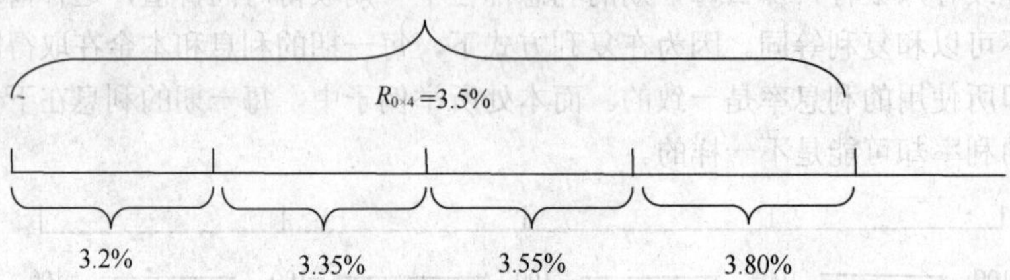

图 2-6　复利支付利息的方式：按远期利率连续滚存

当前采取该种方式进行复利的存款类产品尚未发现，原因是现实情况远比上面的例子复杂：现实的未来利率和预期的远期利率之间存在不确定的差异！因此利息的收、支双方都存在着利率变化的风险。沿用上面的例子，协议利率仍如图 2-6 所示，但是实际的利率却变为 $R_{0\times1}$=3.0%，$R_{1\times2}$=3.1%，$R_{2\times3}$=3.2%，$R_{3\times4}$=3.3%，利息的支付方将因此损失 143.27 元。相反地，如果未来的市场利率上升了，这种复利方式将导致利息收入方受损。

2.4 终值与现值

2.4.1 关于终值

1. 终值的概念

作为天使投资者，可能经常面对以下情况：前 3 年需要不断投入的一个项目，如果想在第 5 年末将它在市场上转卖了，至少应该卖出多高的价格？作为这类问题的简化，当前投入 1 000 万的某个项目，10 年后至少应该回收多少才是合理的？诸如此类的问题，都将涉及终值的计算。

所谓终值，就是指在考虑时间价值的情况下，某项资产或者某种支付在未来某个时刻的价值。

2. 终值计算公式的推导

我们对手中的现金有多种处理方式，每一种方式都包含着对成本、效用（效益）、风险的权衡。将现金存入银行被认为是最简单安全的一种处理方式，这种方式同时还可以获取一定的收益，即存款利息。正因为如此，人们在对资产进行其他选择时，总是会将银行存款作为一种参考的标准。

有鉴于此，我们不妨考察一下银行存款的收益情况。

假定未来若干年内的 1 年期银行存款利率维持不变，均为 r=10%，那么 1 元存入银行 1 年后将得到 $1+r$=1.10 元。将该存款的本金和利息取出后，同期再存入银行，1 年后再取出，此时的本利和将达到 $(1+r)\times(1+r)=(1+r)^2$=1.21 元。

以此类推，在未来若干年内，该 1 元 RMB 存款在年末的本利和如表 2-2 所示。

表 2-2　存款 1 元在 n 年年末的本利和

t	1	2	3	…	10	…	n
计算公式	$1+r$	$(1+r)^2$	$(1+r)^3$	…	$(1+r)^{10}$		$(1+r)^n$
数值	1.10	1.21	1.331	…	2.593 7		

将这个问题推演到任何一个年度都将成立，其基本原理如表 2-3 所示。

表 2-3　存款在 n 年年末的本利和的推导

t（期末）	0	1	2	3	…	$n-1$	n
0	1	$1+r$	$(1+r)^2$	$(1+r)^3$	…	$(1+r)^{n-1}$	$(1+r)^n$
1		1	$1+r$	$(1+r)^2$	…	$(1+r)^{n-2}$	$(1+r)^{n-1}$
2			1	$1+r$	…	$(1+r)^{n-3}$	$(1+r)^{n-2}$
3				1	…	$(1+r)^{n-4}$	$(1+r)^{n-3}$
…					…	…	…
$n-1$						1	$1+r$

假如期初的本金是 10 000 元，那么上面的结果只需要都乘上 10 000 即可。

基于以上逻辑，我们不难得出，当前资金 PV 在 n 年末的终值　$FV=PV\times(1+r)^n$。

其中终值系数为 $(1+r)^n$。

表 2-4 向我们展示了利率和期限对终值的影响。

表 2-4　不同期限和利率下 1 元 RMB 的终值

期限	利率 r 的变动					
n	2%	4%	6%	8%	10%	12%
1	1.020 0	1.040 0	1.060 0	1.080 0	1.100 0	1.120 0
2	1.040 4	1.081 6	1.123 6	1.166 4	1.210 0	1.254 4
3	1.061 2	1.124 9	1.191 0	1.259 7	1.331 0	1.404 9
4	1.082 4	1.169 9	1.262 5	1.360 5	1.464 1	1.573 5
5	1.104 1	1.216 7	1.338 2	1.469 3	1.610 5	1.762 3
10	1.219 0	1.480 2	1.790 8	2.158 9	2.593 7	3.105 8
15	1.345 9	1.800 9	2.396 6	3.172 2	4.177 2	5.473 6
20	1.485 9	2.191 1	3.207 1	4.661 0	6.727 5	9.646 3

以年利率 4%为例，当期限接近 20 年时，本利和将是原来本金的 2 倍以上。若年利率变为 8%，要实现本利和翻倍，则所需时间大约为 10 年。关于存款的本利和翻倍问题，存在所谓 72 法则。

72 法则：终值相对于现值翻一倍的时间大致等于 72 除以年利率，即有如下等式成立

$$\text{翻倍的时间}=\frac{72}{\text{利息率}} \tag{2-10}$$

例如，当年利率为 10%时，1 000 元在 7.2 年后将变为 2 000 元，14.4 年后将变为 4 000 元，21.6 年后将变为 8 000 元。

3. 不同计息周期下的终值计算

实际经济生活中，我们常常会面临一些其他周期的现金支付，例如，按季度交付房租，半年交付设备租金，按月支付按揭房款，按月交付汽车贷款，甚至按月交付手机、电脑借款等。

为了方便理解，我们将问题一般化。假定计息的周期为 T，在该周期长度内，利率是 y（也可以称为周期利率，例如天利率、周利率、月利率、季度利率、年利率等），那么，1 元钱的存款，在 1 个周期末的本利和为$(1+y)^1$，在两个周期末的本利和为$(1+y)^2$，以此类推，在第 k 个周期末的本利和为$(1+y)^k$。

如果现在给定的是年化利率 r，每年计息次数为 m，这就意味着计息的周期为 $1/m$ 年（每年有 m 个计息周期），该周期内的利率为 r/m。基于前面的分析，我们不难得到 n 年末的终值计算公式如下

$$FV = PV \cdot \left(1+\frac{r}{m}\right)^{m \cdot n} \tag{2-11}$$

对于一笔 10 000 元人民币的资金，在不同计息周期下，存入 5 年或者 10 年的终值如表 2-5 所示（假定未来 10 年内的市场年化利率为 5%）。

表 2-5　不同计息周期对终值的影响

计息方式	m	5 年		10 年	
		终值系数	终值	终值系数	终值
一年一次	1	1.276 282	12 762.82	1.628 895	16 288.95
半年一次	2	1.280 085	12 800.85	1.638 616	16 386.16
一季度一次	4	1.282 037	12 820.37	1.643 619	16 436.19
每月一次	12	1.283 359	12 833.59	1.647 009	16 470.09
每周一次	52	1.283 871	12 838.71	1.648 325	16 483.25
一天一次	365	1.284 003	12 840.03	1.648 665	16 486.65
连续计息	无穷	1.284 025	12 840.25	1.648 721	16 487.21

4. 计息周期对终值的影响

通常情况下，银行对存、贷款报的是年度计息利率，我们可以称其为年度百分率（如前文，仍用 r 表示），但是实践中并不做区分，而是直接表述为年利率。当使用其他周期进行计息时，以此年度百分率（年利率）进行折算。例如，在年度百分率（年利率）为 6%的情况下，如果计息周期为月份，则月利率将按 0.5%计算。这种方式将导致实际的年利率与折算前的标示利率出现差异。

首先来考虑一般情况。假如银行存款标注的年利率为 r，银行推出的某金融产品系列（可以连续购买，随时赎回）以此利率为计算基准，采取每年 m 次的计息方式，则每次的计息利率为 r/m。如果在每个单位计息期结束时都采取“赎回——再购买”的方式进行投资，那么 1 元 RMB 的该类投资，在一年年末所得年本利和将达到$(1+r/m)^m$，对应地，其年化收益率计算公式如下

$$\mathrm{EFF}=\left(1+\frac{r}{m}\right)^m-1 \tag{2-12}$$

表 2-6 向我们展示了这种计息方式导致的利率差异。

表 2-6　　6%的年度百分率在不同计息周期下的实际年化利率

计息方式	m	实际年化利率（%）
一年一次	1	6.000 00
半年一次	2	6.090 00
一季度一次	4	6.136 14
一月一次	12	6.167 78
一周一次	52	6.179 98
一天一次	365	6.183 13
连续计息	∞	6.183 65

表 2-6 中的最后一种情况由以下等式得到

$$\lim_{m\to\infty}\left(1+\frac{r}{m}\right)^m=\mathrm{e}^r \tag{2-13}$$

其中 e = 2.7182…

由表 2-6 可以看出，计息周期的改变对实际利率的影响并不是很大。一个月计息一次，相对于一年一次而言，利率的变化率也就 2.27%=（6.13614%−6%）÷6%；一天计息一次，相对于一年一次而言，利率的变化率为 3.06%=(6.18313%−6%)÷6%。

2.4.2　关于现值

1. 现值的概念

所谓现值，指的是未来的一笔资金或者现金流在当前的价值。

在资本市场上，我们通常会遇到这样一些资产的买卖问题：该项资产的价值不能完全以当前的物质状态来体现，因为它可能正处于一种价值创造过程中，它的价值更多地体现在未来所带来的现金流。所以对该资产当前价值的核算即相当于对它未来现金流的价值核算。例如，预计某项资产在未来 10 年内将带来如表 2-7 所示的现金流入，那么，当前把它转让出去，至少应该获得怎样的价位才比较合适呢？

表 2-7　　某项资产在未来十年内带来的现金流入

时间（年末）	1	2	3	4	5	6	7	8	9	10
现金流入（万元）	200	300	400	500	700	1 100	800	500	300	100

又例如，你想在 10 年后送孩子到国外去读书，希望他（她）从大学本科一直读到博士毕业，为时 10 年，预计各年度费用如表 2-8 所示，那么现在应该为他（她）一次性存入多少钱？（时间单位：年末；现金单位：美元）

表 2-8　　预计大学本科读到博士毕业的费用

时间（年末）	2010	2011	2012	2013	2014	2015	2016	2017	2018	2019
现金流入（美元）	15 000	15 000	15 000	15 000	18 000	18 000	18 000	20 000	20 000	20 000

2. 现值计算公式的推导

现在我们来考虑一种与前文关于终值计算反向的情况。假定年利率为 r，如果你把 1 元钱借给别人（如一个朋友），在不考虑风险的情况下，如果预计 1 年后该借款人将还你 $1+r$（=1.10）元，那么你现在愿意将 1 元钱借给他，还是存入银行呢？显然，这两者之间是没有区别的。也就是说，未来 $1+r$ 元的收入，相当于现在你拿着的即将存入银行的 1 元现金。相应地，未来 1 元的收入，则相当于你现在的 $1/(1+r)$元。这种情况同样可以推演到未来的任意年度。于是不难得到和终值计算表相反的情况，如表 2-9 所示。

表 2-9　现值计算公式的推导

T	n	$n-1$	$n-2$	…	3	2	1	0
1							1	$1/(1+r)$
2						1	$1/(1+r)$	$1/(1+r)^2$
3					1	$1/(1+r)$	$1/(1+r)^2$	$1/(1+r)^3$
…				…	…	…	…	…
$n-2$			1		$1/(1+r)^{n-5}$	$1/(1+r)^{n-4}$	$1/(1+r)^{n-3}$	$1/(1+r)^{n-2}$
$n-1$		1	$1/(1+r)$		$1/(1+r)^{n-4}$	$1/(1+r)^{n-3}$	$1/(1+r)^{n-2}$	$1/(1+r)^{n-1}$
n	1	$1/(1+r)$	$1/(1+r)^2$		$1/(1+r)^{n-3}$	$1/(1+r)^{n-2}$	$1/(1+r)^{n-1}$	$1/(1+r)^n$

显然，如果期末的本金是 10 000 元，那么上面的结果只需都乘以 10 000 即可。

基于以上逻辑，我们同样可以发现，未来资金 F 在当前的现值计算公式如下

$$PV = \frac{FV}{(1+r)^n} \tag{2-14}$$

其中，r 为单位时段（通常为年）内的计息利率，n 为单位时段（通常为年）的数量。对应地，$1/(1+r)^n$ 被定义为贴现系数。

以上面的投资项目为例，假定未来 10 年内的市场利率维持 5%，则其各年度现金流的现值如表 2-10 所示，项目转卖价格至少应该达到 3 750.52 万元（各年度资金的现值相加）才是合理的。

表 2-10　投资项目的现值（在市场利率为 5%的情况下）

时间（年）	1	2	3	4	5	6	7	8	9	10
现金流入	200	300	400	500	700	1 100	800	500	300	100
贴现系数	0.952 4	0.907 0	0.863 8	0.822 7	0.783 5	0.746 2	0.710 7	0.676 8	0.644 6	0.613 9
现值	190.48	272.11	345.54	411.35	548.47	820.84	568.55	338.42	193.38	61.39

假定未来 20 年内美国的市场利率大致维持在 5%，那么为了孩子的学费，你需要现在一次性在美国银行存入 85 232.8 美元，联想到孩子的美好前景，看来早做准备是个不错的主意。从 2010 年算起，之后 10 年的各年度现金流的现值如表 2-11 所示。

表 2-11　学费的现值（在市场利率为 5%的情况下）

时间（年）	2010	2011	2012	2013	2014	2015	2016	2017	2018	2019
现金流入	15 000	15 000	15 000	15 000	18 000	18 000	18 000	20 000	20 000	20 000
贴现系数	0.613 9	0.584 7	0.556 8	0.530 3	0.505 1	0.481 0	0.458 1	0.436 3	0.415 5	0.395 7
现值	9 208.7	8 770.2	8 352.6	7 954.8	9 091.2	8 658.3	8 246.0	8 725.9	8 310.4	7 914.7

3. 不同计息周期下的现值计算

假设年利率为 r，每年计息 m 次，即每年复利次数为 m，一笔 n 年年末的现金流 FV，根据前面的终值计算公式，可通过倒推得到其现值，公式如下

$$PV=\frac{FV}{(1+\frac{r}{m})^{mn}} \tag{2-15}$$

其中 $\frac{1}{(1+\frac{r}{m})^{mn}}$ 被称为现值系数。

假定未来 10 年内市场年利率维持在 5%，金额同为 10 000 元的 5 年（末）期资金和 10 年（末）期资金，在不同计息方式下的现值如表 2-12 所示。

表 2-12　不同计息周期对现值的影响

计息方式	m	5 年期		10 年期	
		现值系数	现值	现值系数	现值
一年一次	1	0.783 526	7 835.26	0.613 913	61 391.3
半年一次	2	0.781 198	7 811.98	0.610 271	6 102.71
一季度一次	4	0.780 009	7 800.09	0.608 413	6 084.13
每月一次	12	0.779 205	7 792.05	0.607 161	6 071.61
每周一次	52	0.778 894	7 788.94	0.606 676	6 066.76
一天一次	365	0.778 814	7 788.14	0.606 551	6 065.51
连续计息	∞	0.778 801	7 788.01	0.606 531	6 065.31

4. 计息周期对现值的影响

前文中在探讨终值时，我们曾经假定可以采取短期内的连续投资方式，因此可以享受连续复利带来的好处。但是实际情况是，我们通常很难遇到这样的短期投资产品，即使遇上了，我们也很难在每个单位时间段内把资金取出来再立即购买其系列产品。因此，除非产品设计中包括了这样的便利条件（例如自动取出，并自动转存或续买），否则对于一般投资者（没有足够的闲暇去跑营业部，也没有足够的精力去关注相关通知）来说，连续复利只是一个理论抽象。

但是金融机构就不同了，他们的工作就是每时每刻盯住相关信息，并做出投资调整，因此，如果将要收取的现金流是短周期的，他们将非常乐意采取短期计息方式进行计算。例如你欠银行的按揭贷款，就必须按月进行连续复利方式折现。

T 年末支付的按揭款 FV 相当于期初所借的 PV，计算公式如下

$$PV=\frac{FV}{(1+\frac{r}{m})^{mT}} \tag{2-16}$$

相比于商业借款，这笔还款可以认为被银行“过度折现”了。两者差额可用如下公式表示

$$\frac{FV}{(1+r)^{T}}-\frac{FV}{(1+\frac{r}{m})^{mT}} \tag{2-17}$$

接上文的例子，假定银行所报商业贷款年利率为 6%，按揭贷款的月利率以其为标准计算，于是有 6%÷12=0.5%，那么若干年后，你所支付的相同金额的商业贷款 F 和房款 F，所对应的当前所借款 PV 是不同的。

假设 F=1 000 元，则按年偿还的商业贷款和按月还款的按揭房款，在当前所值借款如表 2-13 所示。

表 2-13　　按年偿还和按月还款的现值差异

期末（年度）	（按年）商业还款的现值	（按月）按揭还款的现值	年均差额
1	943.396 2	941.905 3	1.490 887
2	889.996 4	887.185 7	1.405 836
3	839.619 3	835.644 9	1.324 788
5	747.258 2	741.372 2	1.177 195
10	558.354 8	549.632 7	0.876 204
15	417.265 1	407.482 4	0.652 176
20	311.804 7	302.096 1	0.485 429
25	232.998 6	223.965 7	0.361 318
30	174.110 1	166.041 9	0.268 940

整体上看，复利周期缩短，对于付款方是不利的。当然，这种不利将随着时间总长度的增加而减弱，当时间长度趋近于无穷时，两者将接近于一致。

2.5 现值与终值计算的应用

2.5.1 几个定义

1. 简单贷款

贷款人向借款人提供一笔资金（本金），借款人于到期日连本带利予以偿还。基本做法就是贷款人在一定期限内，按照事先商定的利率水平，向借款人提供一批资金（俗称本金），至贷款到期日，借款人除了向贷款人偿还本金外，还必须额外支付一定数额的利息。

2. 年金

在许多情况下，储蓄计划、投资项目或贷款偿付所产生的未来现金流每年都是一样的，我们将这一系列均等的现金流或付款称为年金。该术语来自于人寿保险，年金合同就是保险公司承诺在未来一定时期内向寿险购买人支付一系列现金的合同。分期偿付贷款或者抵押抵押贷款所形成的付款，都可以称为年金。

如果现金流即刻开始，如同储蓄计划或者租赁那样，则称为即时年金。如果现金流从现期的期末开始，则称为普通年金。抵押贷款就是一种普通年金。

3. 息票债券

每年向债券持有人支付定额利息（息票利息），一直到到期日，到期日再偿还确定的最后金额（票面值）。之所以称之为息票债券，是因为早期产品中这种债券持有人从债券上剪下所附的息票，交送发行人，后者见票后向持有人支付利息。如今已经不再需要通过呈递息票来领取利息了。

4. 贴现发行债券（又称无息债券）

这种债券的购买价低于票面值（贴现），期满时按面值偿付。与息票债券不同，贴现发行的债权不支付任何利息。

5. 零存整取

零存整取就是存款者每个月按时存入一定金额的本金，到若干年后全部一次性提取所有的本息。

6. 养老保险（养老储蓄）

购买养老保险时，保险公司向你承诺，现在每个月向你的养老保险账户中存入一定的金额，若干年后，你可以在若干年内每年享受一定的相等金额的养老金。这是自愿购买的养老保险。

7. 固定缴款养老金计划

在固定缴款计划中，每位员工都有一个自己的养老金账户，员工和公司都要按照员工本人工资的某个百分比按月向该账户存入一笔资金。该资金专款专用，只有到员工退休后才可以从这个账户中提取资金。

2.5.2 几种常见资产（或现金流）终值的计算

1. 年金的终值

如上文所说，即时年金的支付都是在期初，普通年金的支付则在期末。

假定在未来 n 年（月）内，银行存款利率都维持在 r 的水平，那么对于在未来 n 年（月）内都可以维持水平 A 的即时年金来说，它的终值的计算公式如下

$$FV = A\times[(1+r)^n+(1+r)^{n-1}+\cdots+(1+r)^2+(1+r)] = A\times\frac{(1+r)\times\left[(1+r)^n-1\right]}{r} \tag{2-18}$$

以上只是个理论数值，现实中的情况会相对复杂些。首先，要想取得这个年金终值，要求你必须在每年（月）末都将所得到的年金的本利和进行续存；其次，未来每年的利率可能不太一样。因此，即时年金一般都必须通过契约进行确定。

对于普通年金来说，终值的计算公式如下

$$FV = A\times[(1+r)^{n-1}+(1+r)^{n-2}+\cdots+(1+r)^1+1] = A\times\frac{(1+r)^n-1}{r} \tag{2-19}$$

2. 养老储蓄的终值

为了在年老时能有可观的一笔钱养老，我们可以采取两种方式进行储蓄，一种方法是，在某个特定时刻（例如比较富足时），存上一笔比较大的资金，即整存整取的方式；还有一种方式就是定期往储蓄账户中存入资金，相当于多期整存整取的方式（如某些商业保险就与此类似）。

例如第一种方法，在35岁时，存入20万元，定期25年（60岁时取出来），假定整存整取的年化利率为3%，那么届时可得到的终值如下。

$200\,000\times(1+3\%)^{25}=200\,000\times2.093\,778=418\,755.6$（元）

大约相当于当初存入款的2倍。

第二种方法，假定我们从25岁开始，每个年年初往该账户中存入10 000元，连续坚持25年（即坚持到50岁），60岁后将它们一次性取出来，得到的终值如下。

$10\,000\times[(1+r)^{35}+(1+r)^{34}+\cdots+(1+r)^{11}]=504\,681.5$（元）

也大致等于25年所存资金简单和数的2倍。

3. 普通年金的现值

如果未来 n 期内，每期末均可获得金额 A，市场基准利率为 r，那么该年金的现值的计算公式如下

$$PV=\frac{A}{1+r}+\frac{A}{(1+r)^2}+\frac{A}{(1+r)^3}+\cdots+\frac{A}{(1+r)^n}=A\times\left[\frac{1}{r}-\frac{1}{r(1+r)^n}\right] \tag{2-20}$$

该计算公式适用于那些现金流比较固定的资产的价值核算。例如，对房产出租的价值评估，付息债券的价值评估，甚至股息比较固定的股票的价值评估等。

例如，某房产采取出租方式经营，剩余产权30年，届时折旧后的价值为0，假定月租金基本

维持在 3 000 元上下，市场年化利率为 5%（月利率 5/12%），那么该房产当前的（转卖）价值的计算如下

$$PV=\frac{3\,000}{1+5\div12\%}+\frac{3\,000}{(1+5\div12\%)^2}+\cdots+\frac{3\,000}{(1+5\div12\%)^{360}}$$
$$=3\,000\times\left[\frac{1}{5\div12\%}-\frac{1}{5\div12\%(1+5\div12\%)^{360}}\right]$$
$$=3\,000\times186.281\,6$$
$$=558\,844.9$$

当 n 为无穷大时，上面的普通年金就变成了永续年金 PMT，对应地，该年金的现值的计算公式如下

$$PV=\frac{PMT}{r} \tag{2-21}$$

例如，英国财政部发行的一种永久公债，就是一种永续年金。比较有意思的是，如果市场基准利率维持不变，该公债的价值在任何时点都是相同的，而如果从投资的角度来看，它的价值相当于是持续贬值的。所以对这种公债的投资，看似安全（每期都有固定的收入），实则是风险无限的，除非是出于为国家做贡献的崇高理想，否则对永久年金的投资就是非常失败的。

4. 住房抵押贷款月供的计算

如果获得住房按揭贷款为 PV，要求在未来 n 年内，每月月末进行等额还款，那么这种月供方式也是一种普通年金，假定每个月的还款额为 PMT，则有计算公式如下

$$PV=\frac{PMT}{1+y}+\frac{PMT}{(1+y)^2}+\cdots+\frac{PMT}{(1+y)^{12n}}=PMT\bullet\left[\frac{1}{y}-\frac{1}{y(1+y)^{12n}}\right] \tag{2-22}$$

其中 $y=r/12$ 表示月利率。

当 PV 给定时，我们就可以求得月供量的公式如下

$$PMT=PV\bullet\left[\frac{1}{r/12}-\frac{1}{(r/12)\bullet(1+r/12)^{12n}}\right]^{-1} \tag{2-23}$$

借用上面出租房屋的数据。一套房产为 100 万元，首付 4.411 55 成，按揭 558 845 元，按揭 30 年，年利率 5%，月利率 5÷12%，那么每月的月供计算如下

$$PMT=PV\bullet\left[\frac{1}{r/12}-\frac{1}{(r/12)\bullet(1+r/12)^{12n}}\right]^{-1}$$
$$=558\,845\times\left[\frac{1}{0.05\div12}-\frac{1}{(0.05/12)(1+0.05/12)^{360}}\right]^{-1}$$
$$=3\,000$$

如果首付变为 3 成，按揭量为 700 000 元，按揭时间变为 20 年，则月供发生了变化，计算如下

$$PMT=PV\bullet\left[\frac{1}{r/12}-\frac{1}{(r/12)\bullet(1+r/12)^{12n}}\right]^{-1}$$
$$=700\,000\times\left[\frac{1}{0.05\div12}-\frac{1}{(0.05\div12)(1+0.05\div12)^{240}}\right]^{-1}$$
$$=4\,696.19$$

5. 养老保险计划：年金现值与终值的结合

假定你现在 30 岁，保险公司在向你推销时，会向你承诺，如果购买了养老保险，只要连续若干

年（如30年）在你的养老金账户上存入一定的金额，当你60岁退休后，可以连续20年每月从该公司领取若干金额的养老金。

例如，假定年利率为6%，从30岁开始缴纳养老保险至60岁，要想此后的20年内能够每月领取1 000元养老金，请问从现在开始的30年内，你每年应该缴纳多少？

要计算每月应该缴纳多少养老保险金，必须分两步走。第一步，计算出你退休后每月1 000元养老金的年金在退休时的现值，这个（退休时的）年金现值实际上是你现在开始每月缴纳的养老保险金的年金终值。第二步是根据这个终值计算出现值每月的缴款额。如图2-7所示，未来年金 A 的“现值”就是当前月供的“终值”。

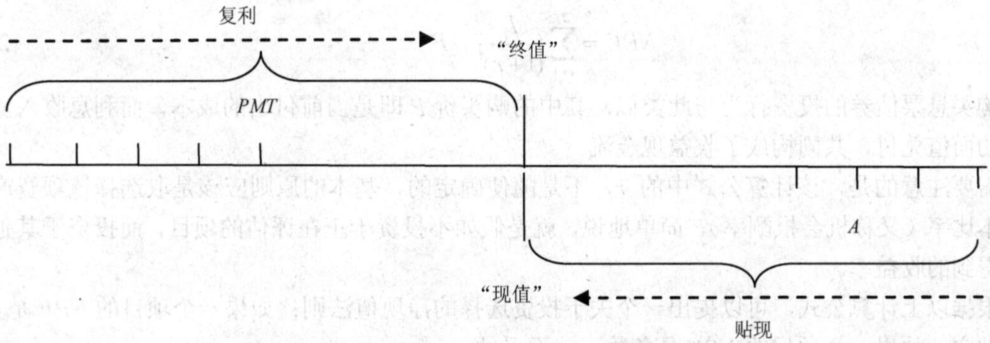

图2-7　养老保险计划：年金现值与终值的结合

于是基于未来的年金可以得到退休时刻如下该年金的现值

$$PV_{\text{退休时}}=1\,000\times\left[\frac{1}{0.005}-\frac{1}{0.005\times(1+0.005)^{240}}\right]=139\,581$$

这139 581元的现金同时是当前月供的“终值”，根据前面的月供推导公式，于是可计算出 PMT

$$PMT=139\,581\times\left[\frac{1}{0.005}-\frac{1}{0.005\times(1+0.005)^{240}}\right]^{-1}$$
$$=138.26$$

以138.26元的月供取得1 000元/月的“退休工资”，看起来是个不错的结果。

2.5.3　净现值：投资价值的一个判断标准

1. 净现值的概念

取得盈利是投资的天然法则。因此以成本和收益之间的差额作为投资价值的判断标准，也是一种必然选择。在成本与收益处于同一时点的情况下，这种差额计算既简单，所得结果也容易被人接受；如果成本与收益处在不同时间，且均为一系列的现金流，简单的差额计算所得结果也就不具解释能力，自然也不具说服力。

净现值的计算可以解决这个问题。所谓净现值（Net Present Value，NPV），指的是在某时点一项资产的收益现金流现值，和成本现金流现值的差额；或者说该资产的净现金流的现值。所谓净现金流，则指的是流入现金和流出现金的差额所组成的系列流量。通过将收益现金流和成本现金流贴现到共同的时点，一方面将时间价值考虑了进去，另一方面使两者具有了可比性。因此，净现值是个衡量投资盈利状况的良好指标。

需要注意的是，有些资产的收益是在即刻实现的，也有些资产的成本是在当前时刻就支付出去的，还有些资产，其成本和收益是在未来各时点陆续形成的。这将使得净现值的计算呈现出不同的特点。

2. 净现值的计算与运用

假定某项资产的收入现金流为 I_t，t=1,2,…,T，成本现金流为 C_t，t=1,2,…,T，则净现金流为 $NC_t=I_t-C_t$，t=1,2,…,T。假定折现用的收益率为 r，则该资产在当前时刻的净现值的计算公式如下

$$NPV=\sum_{t=1}^{T}\frac{I_t}{(1+r)^t}-\sum_{t=1}^{T}\frac{C_t}{(1+r)^t}=\sum_{t=1}^{T}\frac{NC_t}{(1+r)^t} \tag{2-24}$$

显然，当成本支付是当前时刻一次性完成时，假定为 P，则 NPV 的计算公式如下

$$NPV=\sum_{t=1}^{T}\frac{I_t}{(1+r)^t}-P \tag{2-25}$$

购买息票债券的投资行为与此类似，其中的购买价 P 即是当前付出的成本，而利息收入流以及最后的面值兑付，共同构成了收益现金流。

需要注意的是，该计算公式中的 r，不是随便确定的，基本的原则应该是取选择该项资产的机会成本比率（又称机会报酬率），简单地说，就是假如不投资于正在评估的项目，而投资于其他项目所能得到的收益率。

根据以上计算公式，可以提出一个关于投资选择的净现值法则：如果一个项目的 NPV 是正值，就采纳它，如果一个项目的 NPV 是负数，就不采纳。

例如，一张 5 年期的 1 000 美元储蓄公债销售价格为 850 美元，如何判断该项投资是否值得？为了做出判断，必须首先找到比较的基准，那就是我们可以比较容易进入的其他投资，看看它们的收益率有多高，一种典型的投资方式就是银行存款，假定 5 年期银行存款利率为 5%，那么可以认为这个利率即构成我们投资美国储蓄公债的机会收益率。于是可以计算本项投资的净现值如下

$$NPV=\frac{1\,000}{(1+5\%)^5}-850=-66.47 \text{（美元）}$$

可见该项目相比于银行存款是不利的。

再例如购买土地，花 1 000 000 元买一块土地，如果预期 10 年后将上涨到 2 000 000 元，请问这笔土地投资是否明智？关键得看这笔投资的机会成本有多大，作为最简便也是相对比较安全的投资方式，银行存款通常称为最直接的比较对象。假如 10 年期的银行存款年化利率为 5%，该笔土地投资的净现值如下

$$NPV=\frac{2\,000\,000}{(1+5\%)^5}-1\,000\,000=227\,826.5 \text{（元）}$$

则这笔投资是值得的。但是如果届时土地价仅上涨到 1 500 000 元，则净现值将变为−79 130.1 元，该笔投资则是不利的。

对于借钱，应该怎么考虑呢？例如你想买张车，价值 30 万元，准备向朋友借 10 万元，5 年后对方要求还款 13 万元，假如 5 年期银行存款利率为 4%，那么这笔“友情借款”是否符合经济实用的原则呢？

如果采取净现值的方法来评估这种投资，最好是确定现金流的方向，以现金收入为正，付出为负，则本次借款——还贷行为的净现值如下

$$NPV=100\,000-\frac{130\,000}{(1+4\%)^5}=-6\,850.52 \text{（元）}$$

净现值为负数，说明这次“友情借款”并不比向银行借款强，倒是可以看做你对朋友的一次“友

情赞助”，让他的闲置资金得到了一个比银行存款更好的投资机会。

结合以上各例，在净现值的计算上，我们其实是可以将公式统一为以下形态

$$NPV = c_0 + \frac{c_1}{1+r} + \frac{c_2}{(1+r)^2} + \cdots \frac{c_T}{(1+r)^T} = c_0 + \sum_{t=1}^{T} \frac{c_t}{(1+r)^t} \tag{2-26}$$

其中对现金流的方向必须做出规定，例如，现金流入时记为“+”，现金流出时则记为“−”。如此则该公式与价值评估的一般公式是一致的，无需关注各现金是成本还是收入。

例如，某个项目初期投资 3 000 万元，根据协议，在第二年末将追加投资 1 000 万元，预期未来 5 年内将分别带来 300 万元、500 万元、1 000 万元、1 600 万元、2 200 万元的收入，那么基于净现值的角度，该项目是否是一个有利的投资呢？为了计算净现值，必须首先取得比较的基准，例如银行存款的利息率，假定银行存款的 1 年期利率直至 5 年期利率都是 5%，那么该项目的净现值如下

$$NPV = -3\,000 + \frac{300}{1+5\%} + \frac{500-1\,000}{(1+5\%)^2} + \frac{1\,000}{(1+5\%)^3} + \frac{1\,600}{(1+5\%)^4} + \frac{2\,200}{(1+5\%)^5}$$

用图形表达则如图 2-8 所示。

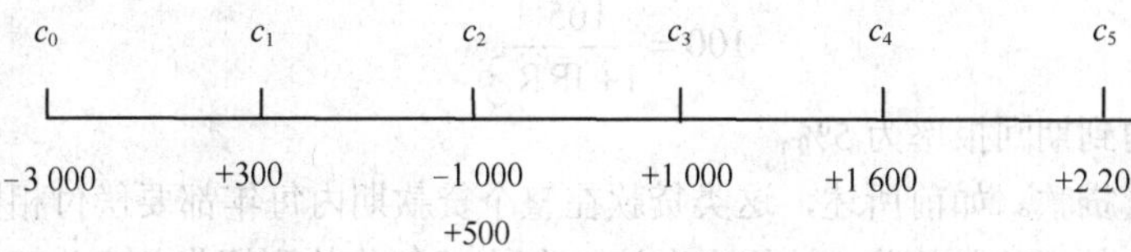

图 2-8　某个项目每期投资与收入情况

2.6 利率的拓展：收益率

利率是从（某类）市场整体角度考虑的资金价格，反映了资金在两个不同时间之间被市场整体所认可的比较关系。现实生活中，具体资金在两个不同时间点之间的变化肯定千差万别，这就有必要对它们进行具体计算，由此形成各类资金的收益率。由于考察的角度不一样，收益率的计算方式不一样，体现的经济含义也不一样。

2.6.1 到期收益率

1. 到期收益率的含义

到期收益率（Yield to Maturity），或称到期回报率，是指使得某资产的收入现金流的现值等于其成本现金流现值所对应的收益率水平。这意味着，到期收益率是个倒推得到的概念，即基于某种恒等关系的存在，所取得的一个变量。

为了理解到期收益率，让我们假定有一项当前投入成本为 P 的资产。该资产在生产中具有独立分割特征，$P=p_1+p_2+\cdots+p_T$，细分资产 p_1 能且只能在时刻 1 形成收入，细分资产 p_2 能且只能在时刻 2 形成收入……细分资产 p_T 能且只能在时刻 T 形成收入。如果到期收益率已经被测知为 IRR，下面分析各细分资产的投入产出关系。

假定细分资产 p_1 在时刻 1 形成收入 C_1，基于到期收益率 IRR，可以得知，必定存在 $p_1\times(1+\text{IRR})=C_1$，对应地，有 $p_1= C_1/(1+\text{IRR})$。

假定细分资产 p_2 在时刻 2 形成收入 C_2，则必定存在 $p_2\times(1+\text{IRR})^2=C_2$，对应地，存在 $p_2=C_2/(1+\text{IRR})^2$。

……

假定细分资产 p_T 在时刻 T 形成收入 C_T，则必定存在 $p_T\times(1+\text{IRR})^T=C_T$，对应地有 $p_T=C_T/(1+\text{IRR})^T$。

将以上各式相加，即得到如下公式

$$P=\frac{c_1}{1+\text{IRR}}+\frac{c_2}{(1+\text{IRR})^2}+\cdots+\frac{c_T}{(1+\text{IRR})^T} \tag{2-27}$$

相应地，如果知道了投入成本 P，以及现金流 C_t，$t=1,2,\cdots,T$，我们可以根据上面的等式把到期收益率解出来。事实上，上式也正是我们推导到期收益率的基本关系式。

2. 几种资产的到期收益率的计算

（1）简单贷款。银行的一年期贷款，如果贷出额为 P，到期还款额为 F，那么由 $P=\dfrac{F}{1+\text{IRR}}$ 即可解得该笔贷款的到期收益率 IRR。

例如，100 元 RMB 的贷款，一年后的还本付息总额为 105 元，假定到期收益率为 IRR，则必有如下等式成立

$$100=\frac{105}{1+\text{IRR}}$$

不难得到该贷款的到期回报率为 5%。

（2）定期定额清偿贷款。如前所述，这类贷款在整个贷款期内每年都要偿付相同金额。假定贷出额为 P，未来 N 年内的还款额均为 F，假定在该 N 年内，年化的到期收益率为 IRR，则必有以下关系的存在

$$P=\frac{F}{1+\text{IRR}}+\frac{F}{(1+\text{IRR})^2}+\cdots+\frac{F}{(1+\text{IRR})^N} \tag{2-28}$$

由此可以解得相应的 IRR（如通过建立 Excel 工作表，通过试算即可得到）。

例如，某企业 A 需要一种重型机械设备，预计资金要 100 万美元。这么大的一笔流动资金对 A 来说非常困难，于是可以向银行 B 申请帮助，即协商采取金融租赁的方式，例如，B 出钱买入该设备，租给 A，然后要求 A 在未来 10 年内，每年末支付 13 万美元的租金，第 10 年的租金交付完毕后，该设备的所有权即属于企业 A。

对银行 B 来说，这相当于一笔定期定额清偿的贷款。假定 10 年内的年化到期收益率为 IRR，则必有以下关系存在

$$100=\frac{13}{1+\text{IRR}}+\frac{13}{(1+\text{IRR})^2}+\cdots+\frac{13}{(1+\text{IRR})^N}$$

由此可以解得该次金融租赁（实际上相当于定期定额贷款）给银行带来的年化到期收益率为 5.1%。

与此问题比较相似的还有按揭房贷现象。

（3）息票债券。假定息票债券的面额为 F，按年支付利息，每期的付息率为 r，到期时间为 T 年，那么每年年末，息票债券的持有人都将获得 $F\times r$ 的利息，同时在最后一年的年末将获得按面值偿还的资金 F。假定该债券的购买价格为 P（如果是发行时即持有，那么该价格即为发行价，通常息票债券都会按面值发行，所以 P 也可能等于 F），到期收益率为 IRR，那么必定存在以下关系

$$P=\frac{F\bullet i}{1+\text{IRR}}+\frac{F\bullet i}{(1+\text{IRR})^2}+\cdots+\frac{F\bullet i}{(1+\text{IRR})^T}+\frac{F}{(1+\text{IRR})^T} \tag{2-29}$$

假定 $a = P / F$，通过移项整理可得如下等式

$$a \bullet (1+\text{IRR})^T - 1 = \frac{(1+\text{IRR})^T - 1}{\text{IRR}} \bullet i \tag{2-30}$$

进一步有如下关系成立

$$\text{IRR} = \frac{(1+\text{IRR})^T - 1}{a \bullet (1+\text{IRR})^T - 1} \bullet i \tag{2-31}$$

显然，当 $a = 1$，即购买价等于债券面额时，IRR=i；当 $a < 1$ 时，IRR>i，即到期收益率高于利息率。

例如，面值 100 元，年付息率 5%，剩余期限为 10 年的付息债券，如果购买价为 100 元，那么根据上面的关系式可以推得到期收益率为 5%；如果购买价格为 95 元，则通过推导可得到期收益率为 5.67%。

（4）贴现发行债券。贴现债券也称零息债券，通常以低于面额的价格发行，到期以面额偿还：债券持有人以低于面额的价格 P 购进债券，未来的某个时点 T 取得等同于面额 F 的还款。如果假定年化的到期回报率为 IRR，则有如下关系存在

$$P = \frac{F}{(1+\text{IRR})^T} \tag{2-32}$$

例如，若以价格 80 元 RMB 购进剩余期限为 10 年，面额为 100 元 RMB 的贴现债券，根据上面的计算等式，可以推得该项投资的到期回报率为 2.25%；假如购买价格为 60 元，则到期回报率为 5.25%。

到期收益率还可以用来作为项目选择的依据。

沿用前文的一个例子。5 年期的 1 000 美元的储蓄公债，市价 750 美元，令其到期收益率为 IRR，意味着 750 美元是在该到期收益率下的报价，因此存在如下等式

$$750 = \frac{1\,000}{(1+\text{IRR})^5} \tag{2-33}$$

计算可得 IRR=5.92%。如果存在其他投资机会的收益率高于 5.92%，则可以认为本次储蓄公债投资是不利的。

2.6.2 当期收益率

当期收益率衡量的是当期收益（更准确地说，应该是该时间段内的利润）与成本之间的关系。假定某资产投入成本为 P，其在未来某时段（如年度）内所取得的利润分别为 R，则可以认为该资产在该时段内的当期收益率为 R/P。对于描述某个特定时点的收益状态，具有简便和直观的优势，因此经常为报纸、杂志所采用。

2.6.3 贴现收益率

对于贴现发行的债券，面额 F，距离到期日的天数为 T，购买价若为 P，则其贴现收益率的计算公式如下

$$i_{\text{db}} = \frac{F-P}{F} \times \frac{360}{T} \tag{2-34}$$

这里的分母项为 F，而非 P，说明该收益率不是站在投资者（购买者）角度来考察收益率，而是从发行者（债券偿付者）角度考察贴现比率，因此可以看做一种（贴现）成本比率。也就是说，贴现收益率事实上不是站在投资者角度的收益率，而是站在发行者（或者债券销售者）角度，反映其资金使用成本（不包括发行费用）的比率。

需要注意的是，这里的午度基准天数为 360 天，而不是 365 天。

当贴现债券的存续期限比较短（少于一年）时，上面的计算公式是简便实用的。当存续期超过一年时，该计算公式得到的贴现收益率是没有考虑时间价值的、简单的、全期间的收益率。这对进行不同期限债券的比较是不利的（特别对于发行者来说），因此有必要对其进行改进。

假定 T=360 天，将上面的计算公式稍作变形，可以得到如下等式

$$P = F(1 - i_{db}) \tag{2-35}$$

不难看出，债券发行者（或者卖出者）通过在未来提供折扣金的方式，获得了在现在使用 P 的权利。

如果该折扣债券的到期期限为 n 年，假定每年的贴现收益率（相当于发行者提供的折扣率）是一样的，都为 i_{ab}，那么必有如下关系

$$P = F(1 - i_{db})^n \tag{2-36}$$

即可求得 i_{db} 的值

$$i_{db} = 1 - \sqrt[n]{\frac{P}{F}} \tag{2-37}$$

显然该收益率被看做成本率可能更贴近现实些。但是，尽管贴现收益率不是一个能够准确反映利率的指标，但是它的变化总是反映到期收益率的变化方向。

本章小结

（1）货币是有时间价值的，主要来源包括对风险的补偿、投资成长机会的存在。利息是货币资金基于时间的增长量。利率可以认为是货币资金的价格，也可以认为是利息与本金之间的比率。站在不同角度，利率会有不同的分类。基准利率是一般市场利率决定的基础，但是基准利率通常也是市场决定的。名义利率是以名义货币表示的利率，真实利率则剔除了通货膨胀因素的影响。反映名义利率与真实利率之间关系的有著名的费雪方程式，反映名义利率、真实利率和利息税税率之间关系的有达比效应。区分固定利率和浮动利率的基本标准是，所适用的利率是否由协议具体确定。

（2）单利没有反映时间价值，复利方式则让每一期的利息取得了在下一期与本金一道获得时间价值的同等权利。终值体现了现金流在复利情况下所取得的未来价值；现值则体现了现金流贴现到现在时刻的价值。年金指的是支付基本固定的一系列现金流，由于支付方式不一样，又分普通年金和即时年金。房产月供也是一种年金。

（3）净现值指的是在某时点一项资产的收益现金流现值，和成本现金流现值的差额；或者说该资产的净现金流的现值。计算净现值是选择投资的一种比较有效方法。到期收益率是一个基于成本等于收益的倒推收益率，将它与机会收益率进行比较，可以对投资效果进行很好的度量。当期收益率是个计算简单，意义也很简明的收益率概念。贴现收益率严格意义上不是一种收益率，而是一种成本比率。

关键概念

名义利率；真实利率；即期利率；远期利率；单利；复利现值；终值；年金；即时年金；普通年金；永续年金；年金终值；年金现值；终值系数；现值系数；达比效应；付息债券；零息债券；到期收益率；当期收益率；贴现收益率

复习思考题

（1）（　　）债券的实际年利率较高。

A．面值10万的3个月短期国债目前市价为97 645元

B．按面值出售、息票率为每半年5%

（2）债券的到期收益率（　　）。

A．当债券市价低于面值时低于息票率，当债券市价高于面值时高于息票率

B．等于使债券现金流等于债券市价的贴现率

C．息票率加上每年平均资本利得率

D．基于如下假定：所有现金流都按息票率再投资

（3）某债券的年比例到期收益率为12%，但它每季度支付一次利息，请问该债券的实际年收益率等于（　　）。

A．11.45%　　B．12.00%　　C．12.55%　　D．37.35%

（4）6个月国库券即期利率为6%，1年期国库券即期利率为5%，则从6个月到1年的远期利率应为（　　）。

A．3.0%　　B．4.5%　　C．5.5%　　D．6.0%

（5）利率的基本决定因素是什么？

（6）某国债的年息票率为10%，每半年支付一次利息，目前刚好按面值销售，如果该债券的利息一年支付一次，为了使该债券按面值销售，其息票率应提高到多少？

（7）A公司的5年债券的面值为1 000元，年息票率为7%，每半年支付一次，目前市价为960元，请问该债券的到期收益率等于多少？

（8）有3种债券的违约风险相同，都在10年后到期，第一种债券是零息债券，到期支付1 000元，第二种债券息票率为8%，每年支付80元利息一次，第三种债券的息票率为10%，每年支付100元利息一次，假设这3种债券的年到期收益率都是8%，请问它们目前的价格应分别等于多少？

（9）20年期的债券面值为1 000元，年息票率为8%，每半年支付一次利息，其市价为950元，请问该债券的债券等价收益率和实际年到期收益率分别等于多少？

（10）1年期零息票债券的到期收益率为7%，2年期零息票债券的到期收益率为8%，财政部计划发行2年期的付息票债券，息票率为9%，每年支付一次，债券面值为100元。请根据资料回答问题。

① 该债券的售价将是多少？

② 该债券的到期收益率将是多少？

③ 如果预期假说正确的话，市场对1年后该债券价格的预期是多少？

（11）1年期面值为100元的零息票债券目前市价为94.34元，2年期零息债券目前的市价为

84.99 元，若正考虑购买 2 年期，面值为 100 元，息票率为 12%（每年支付一次利息）的债券。请根据资料回答下面的问题。

① 2 年期零息债券和 2 年期附息票债券的到期收益率分别等于多少？

② 第 2 年的远期利率等于多少？

③ 如果预期理论成立的话，第 1 年末 2 年期附息债券的预期价格等于多少？

（12）了解我国金融机构的计息方式，什么场合用单利，什么场合用复利？

（13）利率与收益率之间是什么关系？如何度量收益率？

（14）什么是市场形成的基准利率？它起什么作用？

（15）票面利率、收益率、到期收益率的异同何在？

（16）什么是年金？年金有哪些类型？它们的终值与现值怎么计算？

（17）假定你通过抵押贷款购买了一套住房，如何计算每个月的偿付额？

（18）假定你在银行有一笔 10 万元的存款，存期 5 年，年利率 7.2%，每年复利一次，5 年后你的账上有多少钱？设政府征收的利息所得税为 20%，今后 5 年每年的通货膨胀率为 3%，你的这笔存款的税后实际利率是多少？

（19）假定你在银行开了一个零存整取的储蓄账户，每月存入 500 元，存期 5 年，月利率 5.25%，5 年后，你的账户上本息总额会有多少？

（20）上题中，假定今后五年每月的通货膨胀率为 2.5‰，政府征收的利息所得税率为 20%，那么五年后你账户上的实际余额是多少？

（21）假设你以 90 元购买了一张面值为 100 元的债券，该债券两年后按面值偿还，即两年后你能够得到 100 元，那么你购买这张债券的年利率是多少？

（22）假定你购买了一套住房，从银行得到了 20 万元的抵押贷款，偿还期为 20 年，贷款年利率为 8.4%，那么，你的月供是多少？

（23）设想你有以为宝贝女儿，今年 8 岁。她 18 岁上大学。假定当前大学每年学费 5 000 元，今后 10 年按 8%的速度上升。另假定 10 年期的零存整取年利率为 7.2%，利息税 20%，如果你现在开始为她进行储蓄，待孩子上大学时一次性交大学 4 年的学费，那么每年应该存入多少钱？

（24）假定你今年 25 岁，购买了一份养老保险，每月向保险公司缴纳 200 元的养老保险金，一直到 45 岁，待 60 岁退休时开始领取养老金，连续可以领取 20 年。假定从购买保险开始后的 55 年内利率都为 7.2%，那你每个月应该领取多少钱的养老金？

金融系统与金融市场 第3章

【学习目标】

（1）掌握金融系统的基本要素。

（2）了解金融系统是如何运行的及运行特点与功能。

（3）理解金融机构的主要种类、功能、特征。

（4）理解金融工具的种类、功能与特性。

（5）了解每种金融工具的市场交易规则。

一国的金融系统是否健全对一个国家经济的健康发展至关重要。金融系统完善，可助推经济稳步发展。有缺陷的金融系统则会给经济发展造成障碍。本章介绍了金融系统所包含的基本要素，以及金融系统的运行的基本原理，揭示了金融系统的重要性。最后还介绍现有的金融工具，并分析各种金融工具的市场交易规则。

3.1 金融系统概述

3.1.1 金融系统的基本要素

金融系统是由金融工具、金融规则、金融场所、金融交易机构、政府监管机构以及其他服务中介机构组成的系统。该系统以金融市场为中心，以满足家庭、企业金融服务需求为主要目的，同时为政府执行相关宏观政策提供工具和场所。

1. 金融工具

金融工具也可以称为金融产品。它既包括有形的资产、具体的服务，也包括无形的契约。人们通过交易和使用金融工具融通资金、分享利润、取得服务、分散风险。金融工具是金融系统得以存在的微观基础。

2. 金融规则

金融市场运行的制度条件，它既包括对金融工具产权关系的界定，也包括金融工具发行、交易、交割、清算的程序和规则，还包括对市场主体行为和身份的界定与规范。金融规则既有成文的，也有非成文的，既有来自政府机构的，也有来自民间机构、组织或协会的。

3. 金融场所

金融场所指金融市场主体进行金融活动的场所，也是金融工具运行的场所。早期的金融场所基本上是分散的，人们通过口头的或者私下签约的方式进行金融活动。随着典当行、票号和银行的兴起，有形的集中的交易场所取得了主导地位，而各种交易所的建立，则将集中、有形的金融场所推上了发展的高峰，但是，分散的金融场所并未消失。互联网的兴起对金融场所的影响可谓是革命性的。它打破了时空限制，将有形和无形的场所连接了起来。更重要的是，它所构造的无形市场使得分散的金融活动不再是碎片化的、非主流的。

4. 金融交易机构

既包括自营性质的金融机构，也包括作为金融交易中介的机构，不过要对金融机构进行严格的区分是比较困难的。例如，商业银行传统上都被定义为金融中介机构，因为从资金的整体流向角度来看，它只是资金需求者（借贷型投资者）和资金供给者（储蓄者）的媒介，但是其储蓄和放贷行为也可以认为是自营性质的，同时现在的很多银行业也在从事一些直营业务，例如参与证券投资活动。共同基金被认为是典型的金融交易中介，其通过集中个体资金进行再投资，起着资金媒介作用。但是，共同基金显然不是为了从资金中介中收取手续。一旦集中了资金，它将自主地进行投资选择，力争实现利润的增长和规模的扩大。这与收取手续费的中介机构是完全不同的。

5. 监管机构

政府在金融市场中的存在，有以下几种形式：监管机构、政策法规、政策性金融（交易）机构、金融中介服务机构等。监管机构除中央银行外，通常都不参与市场交易，例如证监会、银监会、保监会等。中央银行作为金融监管的核心机构，出于某些特定目的，例如货币调控目的，则会参与市场交易。有些中央银行甚至带着盈利目标参与市场，例如英格兰银行。这类银行通常是由特定利益集团组建，只是因为特定历史原因担负起了监管者的角色。

6. 行业协会

与政府监管机构类似的有一些半官方和民间的监管组织，例如行业协会。这些组织颁布行业标准，对协会单位展开监督调查，提供咨询、培训服务，对市场起着规范和疏导作用。

7. 中介组织

金融市场的运行，还离不开另外一些中介组织，例如会计师事务所、律师事务所、资产评估机构、信用评估机构等。这些机构参与到金融市场的各种活动中，是市场运行必不可少的部件。

3.1.2 金融系统的基本属性

农耕文明已经远去，人类进入分工协作的现代文明。用资本媒介资源，用资本调配资源，已经成为现代经济生活的常态，也是必然方式。随着经营方式的变化、产权结构的变化、市场技术的变化，以及创新的不断进行，资本运行也呈现出各种特点。越来越多的机构和个体参与其中，越来越多的工具被开发出来。直接的资金交付已经难以满足需求，间接方式的资金媒介如雨后春笋般涌现出来。金融系统在要素种类、结构关系、系统功能上也发生了日新月异的变化。但是无论其进化有多快速、多深入，资金融通和资源配置仍将是金融系统的基本属性，也是基本职能。

金融系统成长于实体经济活动，通过虚拟方式，对实体经济起着媒介与润滑作用。金融系统的虚拟特性使得人们的信息发掘和释读环节变得多元而且复杂，信息不对称的特点非常明显。这既是金融系统的魅力所在，也是隐患所在。

1. 资金融通

金融市场履行的基本功能是将盈余资金引导到资金短缺者手里，即所谓资金融通。图 3-1 显示了这种功能。

当现金出现多余时，家庭会考虑到金融机构储蓄，因为储蓄可以提高资金的安全性，还可以得到利息，甚至可以获得金融机构提供的其他便利（如代为支付电话费、水电费等）。

家庭也可以从事有价证券的投资活动。例如购买债券，即相当于把钱借给债券发行者，从中收取利息或者差价；也可以购买股票，成为一个企业的股东，分享企业成长的利益。此外，家庭还可以委托别人进行理财。通过购买基金，或者其他契约，将资金委托给机构或个人，与其他委托人一道，分享代理人的投资成果。

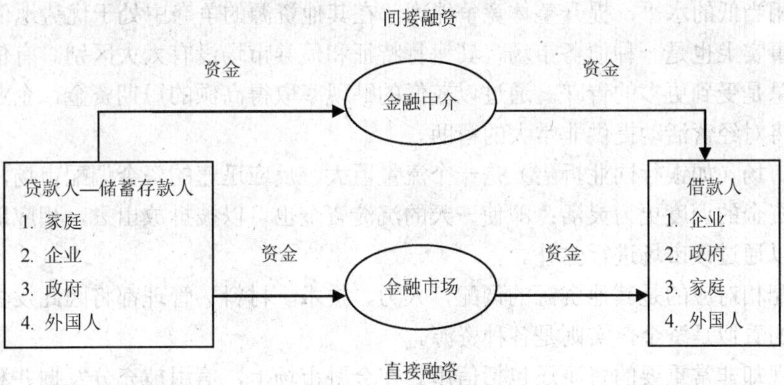

图 3-1 金融体系中的资金流动

当然，家庭在金融市场中也是资金的需求者，例如进行投资活动或者大额消费时，自身的资金可能不足，必须利用金融市场进行资金融通，或者信用融通。不过总体而言，家庭收入最终都将被产品市场和金融市场所吸收，因此可以认为家庭通常是资金的净供应者（资金供给大于需求）。

企业是金融市场最活跃的主体。除了融通资金和融通信用，企业的日常资金运行也离不开金融市场。有些企业主要通过贷放资金取得收益，它们是资金的净供给者，它们通常被冠以金融企业的名称，例如财务公司。多数企业则是金融市场上资金的净需求者，它们必须通过获取资金、组织资源、实施生产，最终实现价值的创造。虽然有不少利润进入市场，构成市场中的资金来源，但是，企业的利润整理而言是要分配到家庭的。当然，随着金融市场的发展，企业利润分配的渠道将更多借助于金融市场，使得某些企业表现为净资金供应者。

政府的角色相对比较复杂。首先，政府是行政机构，需要支付工资，产生行政费用。其次，政府担负着公共产品的生产任务，需要进行投资。另外，在某些特定阶段，政府出于某些特殊原因（如我国当前一些国有企业的组建，并非为了提供公共产品，而是为了实现某些特定任务），可能需要参与市场竞争性生产，赢取利润。基于以上各种目的，使得政府在金融市场中的角色也比较复杂。它可能是资金的提供者，也可能是资金的需求者；它可以直接去融通资金，也可能通过中介机构进行。除此以外，政府还有一项特殊任务，就是培育、协调、监管金融市场，为此，政府必须为金融市场注入原始资金（如发行货币、国债、央行票据等），参与金融市场操作（如中央银行的公开市场业务），制定市场规则。

国际社会的关联度越来越高，金融市场中也就会出现越来越多的国际身影。跨国投资、跨国消费、跨国储蓄，已经势不可当。就一个国家来说，外部主体究竟属于资金的净供给者还是净需求者，无法定论。更多情况下，这些角色应该是不断转换的。

2. 资源配置

从实体经济的角度来看，市场总是围绕产品在运转：投入成本，通过价值创造、产品营销，实现收入。在简单经济生产形态下，金融是可有可无的：人员的增减可以通过社会关系解决，材料可以通过易货方式取得，工资可以通过用实物偿付。但是实践证明，货币的使用具有诸多便利，股票、债券、票据、借贷契约可以提供更多的时间和空间上的自由，金融市场由此产生。当股票市场、债券市场、票据市场、资金拆借市场形成一定规模，并呈现独立运行态势以后，实体经济的资源调配开始发生翻天覆地的变化。

在股票市场上，业绩优良、前景看好的企业可以吸引更多的资金，同时可以吸引优质、多元的投资者，进入更多领域，取得更多资源，包括吸引更多、更好的人才。

在债券市场上，信用水平高的优质企业总是连续大量发行债券。这些企业因此可以将财务成本始终维持一个相当低的水平，提升整体竞争能力，在其他资源的争夺中处于优势地位。

票据市场事实上也是一种债务市场，其运行特征和债券市场没有太大区别。有信用支持和收益保障的票据，总是受到更多的青睐。通过以较低的贴现率取得高额的短期资金，企业的流动性水平大为提高，这将对经营活动提供非常大的帮助。

资金拆借市场（如银行同业拆借）是一个流量巨大、反应迅速的资金调配市场，相比于票据市场，它对短期资金的调度更为灵活：即使一天的沉淀资金也可以被拆放出去，相应地，任何时间的短期缺口都可以通过该市场进行弥补。

与资金调配相对应的是其他资源的调配，人力、技术、材料、管理都将因此发生变动。可见，金融市场调配的看似是资金，实则是各种资源。

容易被忽视却非常重要的资源还包括信用。在金融市场上，信用被充分发掘并利用起来。银行为企业提供担保，出具信用证或者保函，通过出让自己的信用，获得费用；企业为企业提供担保，分享利益或者收取费用；企业为个人提供担保或保险，收取费用；金融机构为低等级资产提供信用增级，参与资产价值增值分配。在此过程中，低信用的个体或者资产也获得了被市场重新认可的机会，参与资源的重新配置。

不少人仍然认同古典经济学说的基本观点即认为实体经济的内在素质决定了资金的流向，但是随着金融市场在广度和深度上的延展，这种观点受到了严峻挑战。

金融系统开始越来越表现出独立运行特征。这种独立不是对实体经济的抛弃，而是建立在实体经济基础上的自我成长：实体经济的每一次注入，都将在它的体系内产生新的循环，这种循环反过来又将对实体经济产生影响。

例如，一个内在素质并不好的企业，如果只是基于该企业的自我成长，也许时日不多了，但是金融市场的存在将改变这种境况。这个企业的信息被投入金融市场后，资金背后的各种力量将对它进行全方位的解读。它的不同特质的资源将被分割、重新包装，进入金融市场的各子市场中参与竞价。总有一种资源会被金融市场所认可，总一种资金（隐身其后的是产权和管理）愿意为它做出报价。由于金融创新工具的发展，企业原有的属性将在一定程度上消失（因为分割的原因），留下的是金融产品本身的属性。

金融系统的独立运行特征使得资源的配置也出现新特点。例如，资金的配置不再追根溯源到企业的生产阶段，而是基于金融产品中的基本属性，例如期限、信用等级、金额、利率/收益率、期权执行条件、转换比率等。

3．虚拟特性

（1）金融工具对实体产品的虚拟。金融工具特别是创新工具的出现，使得交易呈现出跨越时空的特征。通过取得评级机构的信用评级或者高信用机构的担保，我们可以将西伯利亚的石油井设计成证券，拿到太平洋岛国去卖，也可以将湖南省澧县的米粉生产线设计成证券拿到华尔街去卖。在证券设计过程中，产品的实体特征被抽象成一系列的金融术语，并以标准化契约的形式固定下来。由于有公众机构的信用支持，有通行的语言作为载体，有契约做保证，作为实体产品虚拟对象的证券取得了和标的一致的经济特性，在进入金融市场以后，将拥有独立身份。

（2）金融工具对产权关系的虚拟与整合。产权简单地说是指对财产的权利，包括所有权、占有权、使用权、处置权和收益权。在金融市场上，产权可以被以各种形式进行分割，并进行各种组合，由此形成各种金融产品。例如，股票主要是对所有权、收益权的虚拟，占有权、使用权和处置权是不完整的；债券的拥有者在所有权方面是完整的，但是收益权并不完整，几乎不具有占有权和使用权。认股权证、股票期权的购买者不具有对股份公司的直接产权，而是间接的权利——拥有获得“直接权利”的权利。

（3）互联网对金融系统虚拟化的提升。互联网的发展使得作为实物契约关系的金融产品也被虚拟化了。例如，股票不再需要簿记，债券也可以取消凭证式，存款货币被在线使用，各类契约关系都可以通过网络进行登记与确认。

4. 信息不对称性

信息不对称存在于一切交易对象之间。因为高度虚拟化的原因，金融产品的信息不对称尤为明显，其表现形态又可以分为逆向选择和道德风险两种。

（1）逆向选择。在交易之前，信息不对称造成的问题是导致逆向选择。金融市场上的逆向选择指的是：那些最可能造成不利（逆向）结果即造成信贷风险的借款者，常常就是那些寻找贷款最积极，而且是最可能得到贷款的人。由于逆向选择使得贷款可能招致信贷风险，贷款者可能决定不发放任何贷款，即便市场上有风险很小的选择。

股票、票据、基金以及权证的发行也都面临这样的问题。价格低廉的资产总是被认为可能是质量低劣的资产，因此以低价方式吸引投资可能面临着无法成功发行的危险。如果没有其他措施解决信息不对称问题，市场可能普遍采取高出实际价值的方式发行，结果导致泡沫盛行。

（2）道德风险。交易之后发生的信息不对称将导致道德风险。金融市场上的道德风险指的是，资金需求者在取得资金后，从事的活动可能是违反当初承诺的，是高风险行为。因为担心存在道德风险，资金盈余者可能不愿意把自己的资金借出去。

3.1.3 基本功能

除了以上提到的资金融通和资源配置功能，金融体系还具有以下功能。

1. 解决时间和空间距离产生的问题

经济发展将使更多主体参与其中，经济主体之间的关系也越来越复杂。某些人现在会有多余资金，未来可能面临着资金短缺。为未来的短缺进行资金储备看来是安全可靠的，但是面临几个问题：第一，如何保存资金，避免资金的损失和被侵占？第二，未来是不确知的，现在该为未来储存多少资金？第三，资金被储存以后，将不能用于生产，在此期间损失的福利是显而易见的。

对于那些现在缺乏资金、未来可能有多余资金的人来说，问题可能更复杂。借钱是必需的，问题是在借钱与还钱之间可能发生很多事情，资金贷出者的风险必须得到控制，否则没有人愿意放弃当前的资金。同时，由于主体可能处在不同地域，通过碰巧的方式实现资金的匹配是不可靠的，也是低效的。

金融市场、金融中介的存在将有助于解决此类问题。

2. 为风险管理提供工具和场所

金融产品天生具有风险性，但是金融市场的结构性特征以及某些机制的存在，同时又使得风险管理成为了可能。例如，多产品的存在有助于风险的分散；保险和抵押方式则有助于实现风险的转移；一些创新金融工具其设计的目标就是规避风险。

3. 提供清算和支付结算便利

假如你想出去旅行，一路上的支付应该如何处理？通过用自己携带的物品进行交换吗？这显然不现实，因为你需要坐火车、住旅馆，需要各种物品，物物交换是无法满足的。都给现金吗？现金的携带可能不太方便。假如这是一次长途旅行，数以万计的人民币，加上零钞，将让你费尽心思。如果是出国旅游，你得带着各种货币才行，而且得想好哪种货币需要多少，事先做出准备，例如，假定没有银行，没有货币兑换机构，你得自己想办法去挣各种货币。

金融市场开发的借记卡和信用卡在这时候可以派上用场了。借记卡和信用卡的发行者会在各地设立经营点，并与各种服务商建立联系，他们将会为你在各地产生的费用支付进行结算，并完成最终的账户清算。当然，电子货币也可以提供很大的帮助。

4. 储备资源和分割股份

金融系统将一个个家庭的资金聚集起来，并在投资中分割股份，为单个家庭提供了参与需要大量资金的投资机会。典型的形态就是共同基金。作为一个只有 1 000 元人民币剩余资金的人，如果你对某个企业的前景非常看好，希望通过购买股份的方式参与企业的利润分享是件比较困难的事情，因为对方对你这 1 000 元的投入根本就不感兴趣。但是共同基金将为你解决这个问题。通过聚集更多像你这样的人，取得巨额资金，它们将拥有吸引该企业的实力，同时也拥有了更好的谈判实力。

同样，你的小额资金想投资于那些面额比较大的债券或票据，也必须求助于金融市场的某些基金。它们通过聚集大量与你相似的投资者，取得资金后再去购买这些金融工具。它们投资该类金融工具后，将所取得的收益或者权利，进行分割，并重新组合，形成新的产品卖给你。这些产品的面值可能更小，也可能更大，支付条件和支付方式则一律更加灵活。

5. 提供信息，降低交易成本

交易成本即从事金融交易所花的时间和金钱。资金盈余者希望找到一个合适的资金需求者，是需要成本的。哪些人需要资金，愿意给出合乎预期的价格？哪些人是可以信赖的，借钱后会准时还本付息？通过个人的努力去取得这些信息，需要大量的时间和精力。同样，作为一个资金需求者，需要找到一个“不刁钻”“不差钱”的资金盈余者，也不是一件容易的事。

总之，信息搜寻和信息释读是需要花费时间和精力的，同时需要技术和能力。即使找到了交易对象，签订合约也需要做很多工作。例如，什么样的条款，既保证合法，又不至于引起对方反感？金融中介的存在可以在这方面提供很多帮助，最终大大降低交易成本。

此外，金融市场中的一些工具也可以为我们提供参考信息，这对降低交易成本也是很有帮助的。

例如，亲戚朋友之间进行借贷，如何界定利息？金融市场中的相关利率将为你提供参照物。一项遗产，如果不想被分割，希望由一方采取经济补偿的方式取得完整产权，那这种补偿的价格应该是多少？金融市场中类似资产的价格可以提供参考。企业经理选择投资项目时，如何对项目进行评估，如何在项目之间进行筛选？金融市场的一些基准利率，或者相似资产的投资回报率将为你提供参考信息。当企业需要追加资金时，究竟是采取内部融资，还是外部融资？内部融资又该采取哪种方式，例如应收款催收、留存收益再投入还是其他资产变现？外部融资方面，该采取增发股票、银行借贷，还是发行债券、商业票据、回购协议等方式？成本的考虑必须参照市场交易情况进行，否则就是不经济的。总之，金融市场是个提供信息参考的地方，同时也是个传递信息的地方。

6. 解决信息不对称问题

金融中介自身信用的优良，使得人们更愿意将资金交付给金融中介。金融中介在取得大量资金的同时，也获得了与各种特征的资金供给者建立固定联系的机会。于是在向资金需求者提供资金时，金融中介就可以进行有效的（规模、期限、利息等）配比。同样，在与资金需求者的大量交易中，中介机构也将获得更多关于资金需求者的信息。这种信息使得他们（相对于个体而言）在识别信用品质方面具有更大的优势。

例如，来自偏僻乡村的张先生需要 30 万元人民币在一条省级公路旁建一家洗车行。张先生想凑齐这 30 万元可不是件容易的事。没什么人认识他，也没人愿意花工夫自费去对他的洗车行进行评估。张先生当然可以通过各种方式做到这一点，但是这需要花很长时间。例如需要请人吃饭聊天并将人们带到他选择的洗车行选址进行考察等。由于请来吃饭的人很难确保是这方面的专家，因此，无论张先生怎么解释，人们也会半信半疑。

如果有商业银行或者投资银行存在，张先生的问题就会变得简单得多。银行将派出专业人员与张先生接洽，对他的项目进行评估。该专业人员每天都在干同样的活，而且很多时候，他手上接的不止一个活，因此他可以在赶往王先生项目的途中顺道到张先生那里去看看。这样可以省下很多的汽车油钱，同时省下了不少时间。该专业人员的能力和品质在市场上建立的声誉，也使其他人相信，他对张先生这个洗车行项目的评估是客观合理的。

在专业人士评估以后，银行或者投资银行就可以张罗为张先生配备资金的事了。商业银行可以自己借钱给他，投资银行在自己对项目进行投资的同时，也可以考虑为张先生寻找资金供给者。相比于自己去做调查，其他出资方从成本—收益匹配的角度，或者从专业角度，都可能更愿意相信中介机构的说法。

7. 解决激励问题

以终身年金为例。保单购买者有生之年每月都将获得固定金额的支付。出售此类年金的企业不能假定购买保单的顾客的寿命与一般水平相当。

假设企业将年金出售给 65 岁退休的人。在普通人群中，有 3 类人的数量相当：A 类人还可以活 10 年，B 类人还可以活 15 年，C 类人还可以活 20 年。平均下来，65 岁的人还可以活 15 年。但是如果企业根据 15 年的寿命为保单定价，会发现购买保单的人中 B 类人和 C 类人的比例格外高，A 类人会觉得你的年金产品对他们不划算而不购买。这就是逆向选择现象。

道德风险是另一个需要考虑的问题。购买保险以后，保单购买者通常会有冲动违反保单中的条款，实施高风险行动。

委托代理问题是市场中普遍存在的问题。管理者在取得代理权以后，将变得懒惰，同时会提高职业消费。在极端情况下，代理人甚至可能损害委托人的利益，例如，股票经纪人为了获得更多的手续费，可能代客户进行频繁的交易。

一个职能健全的金融系统是有助于缓解甚至解决这些激励问题的。例如，贷款行为中的抵押条件，将有助于解决借款人拖欠资金问题。贷款协议中订立“准权益条款”也有助于对委托代理关系形成约束。例如，在贷款还清前，允许债权人参与分享利润，或者准予放款人将贷款转变为一定数量的股票。贷款者的权利得到了保护，同时管理者将因此受到贷款者的监督。这对股东来说也是一件好事。

3.2 金融机构

3.2.1 金融机构的分类

金融机构的分类方法可以有很多种，例如基于资金来源与运用、交易特点、运营特点、所有制关系、市场中承担的功能、所在地区等。以下介绍两种分类方法。一种是国外比较通行的，例如米什金将金融机构分为市场中介类金融机构和政府监管类金融机构，其中，市场中介类金融机构又可以分为存款型、投资中介型以及其他契约型机构。以美国为例，其市场中介类金融机构种类如表 3-1 所示。

表 3-1 金融中介机构的主要资产和负债

金融机构类型		主要负债（资金来源）	主要资产（资金运用）
存款型机构	商业银行	存款	工商信贷和消费者信贷、抵押贷款、联邦政府债券和市政债券
	储蓄贷款协会	存款	抵押贷款
	互助储蓄银行	存款	抵押贷款
	信用社	存款	消费者信贷

续表

金融机构类型		主要负债（资金来源）	主要资产（资金运用）
契约型储蓄机构	人寿保险公司	保费	公司债券和抵押贷款
	火灾和事故保险公司	保费	市政债券、公司债券和股票、美国联邦政府债券
养老基金、政府退休基金		雇员和雇主缴款	公司债券和股票
投资中介机构	金融公司	商业票据、股票、债券	消费者信贷和工商信贷
	互助基金	商业票据、股票、债券	股票和债券
	货币市场基金	商业票据、股票、债券	货币市场工具

来源：米什金．货币金融学[M]．北京：中国人民大学出版社，1998：34.

另一种是将金融体系中的金融机构分为间接金融机构、风险管理金融机构、直接金融机构、政策与监管金融机构。

间接金融机构主要有商业银行和政策性银行。保险公司就是以保险为主要经营业务的金融机构。为直接融资提供服务的金融机构主要有证券公司、基金管理公司和证券交易所等。政策和监督管理机构主要负责制定和执行相关法律法规，依法对金融体系进行监督管理。我国主要有 5 家政策与监管金融机构，即中国人民银行、中国银行业监督管理委员会、中国证券监督管理委员会、中国保险监督管理委员会和国家外汇管理局。

此外，还有金融资产管理公司、金融控股公司、信托投资公司、信用社和小额贷款公司等金融机构；信息服务机构，例如为证券业评级的穆迪和标准普尔和为保险行业评级的 Best’s，以及提供财务数据（如彭博资讯和路透社）或进行共同业绩统计（如 Lipper、Morningstar 和 SEI）的公司或公司的部门。

3.2.2 商业性金融机构

1. 商业银行

商业银行是经营存贷业务和表外业务的金融机构，素有“金融百货公司”之称。最早的银行几百年前产生于文艺复兴时期的意大利。它们的主要功能是作为结算和支付的机构。早期的银行从货币兑换商发展而来。bank 这个词来源于 banca，即意大利语中的“长凳”，因为货币兑换商是坐在长凳上兑换钱币的。

现在人们称之为银行的大多数公司，发挥着两个功能：吸收存款、发放贷款。在美国，他们被称为商业银行，主要通过发行支票存款（可据以签发支票的存款）、储蓄存款（可应存款者要求而提取但不能据以签发支票的存款）、定期存款（有固定期限的存款）来筹措资金，用于发放商业贷款、消费者信贷和抵押贷款，购买联邦政府债券和市政债券。

在一些国家，银行实际上是全能的金融中介机构，不仅为客户提供交易服务和贷款，同时提供共同基金服务和各类保险，例如德国的全能银行即具有此类特点。

商业银行在现代经济活动中有信用中介、支付中介、金融服务、信用创造和调节经济等职能。

信用中介是指商业银行充当将经济活动中的赤字单位于盈余单位联系起来的中介人得到角色。信用中介是商业银行最基本的功能，它在国民经济中发挥着多层次的调节作用：将闲散货币转化为资本，使闲散资本得到充分利用；将短期资金转化为长期资金。

支付中介是商业银行借助如支票之类的信用流通工具，通过客户活期存款账户的资金转移，办理货币结算、货币收付、货币兑换和存款转移等业务活动。商业银行发挥支付中介功能节约了流通费用，降低银行的筹资成本，扩大银行的资金来源。

信用创造是商业银行通过吸收活期存款、发放贷款，从而增加银行的资金来源、扩大社会货币供应量。商业银行发挥信用创造功能的作用主要在于通过创造存款货币等流通工具和支付手段，既可以节省现金使用，减少社会流通费用，又能够满足社会经济发展对流通手段和支付手段的需要。

金融服务是指商业银行利用国民经济中联系面广、信息灵通等的特殊地位和优势，利用其在发挥信用中介和支付中介功能过程中所获得的大量信息，为客户提供财务咨询、融资代理、信托租赁、代收代付等各种金融服务。

专栏3.1

中国的商业银行体系

中国的商业银行体系主要由国家控股的商业银行、其他股份制商业银行、城市商业银行、村镇银行及其他区域性银行等构成。

（1）国家控股的商业银行

国家控股的商业银行原来叫国有商业银行，包括中国工商银行、中国银行、中国建设银行和中国农业银行。这4家银行是1979年以后陆续恢复、分设的。这几家银行在设立之后相当长一段时间里，具有严格的业务分工：中国工商银行主要承担城市工商信贷业务，主要是为满足企业的流动资金需要；中国银行主要经营外汇业务；中国建设银行主要承担中长期贷款业务，满足固定资产投资的需要；中国农业银行以开展农村信贷业务为主。

2003年年底，政府动用了450亿美元的外汇储备对中国建设银行和中国银行分别注资225亿美元；2005年6月又向中国工商银行注资150亿美元；2008年年底开始，政府陆续向中国农业银行进行注资。这些银行在获得注资后，分别引进战略投资者，并对其组织结构进行股份化改造，陆续完成了上市。但是，国家仍然处于绝对控股地位，中央汇金公司和财政部代表国家对它们行使所有权人的职责和权利。

（2）股份制商业银行

在我国，国家控股的商业银行，其资本金原来都是由政府财政拨付的，不向社会募集资金，政府是唯一的所有者。虽然改革后的这些银行采取的是股份制的形式，但是并未被称作股份制商业银行。

所谓股份制商业银行，则特指那些通过募集股本发起设立的商业银行。这些银行一开始就有多个出资人，如深圳发展银行、浦东发展银行、民生银行、招商银行等。这些股份制商业银行都采取总分行制，在某个中心城市设立总行，然后在全国其他大中城市设立分支机构。例如，交通银行的总行设在上海，招商银行的总行设在深圳，它们在全国任何一个比较大的城市都设有分支行。

（3）城市商业银行与其他中小商业银行

我国城市商业银行的前身是城市合作银行。事实上，它们也都是股份制商业银行。我国原来有大约5 000家城市信用社，有相当多的城市信用社已失去合作性质，实际上已经办成了小型商业银行。1995年，在城市信用社清产核资的基础上，通过吸收地方财政、企业入股组建了城市合作银行。1998年，城市合作银行全部改名为城市商业银行。

随着改革的深入，城市商业银行的规模、所有制结构、管理结构都在发生变化。一些资质比较好的城市商业银行已经或者正在力争上市；一些城市商业银行通过重组，开始发展为区域性的商业银行，例如徽商银行、渤海银行的出现。

与城市商业银行相对应的是农村商业银行。我国的农村商业银行由农村信用社改制而来，它是由农民、农村商户、企业等共同出资形成的股份制地方金融机构。需要指出的是，如今的农村商业银行并不必然来自农村、服务农村。在北京、上海、广州等现代化大都市，都有农村商业银行，例如北京农商银行、上海农村商业银行、广州市农商银行等。

为了加强对小企业和“三农”的金融支持，我国在2005年后还设立了村镇银行。这是由境内金融机构、境内非金融企业和自然人出资，在农村地区设立、主要为当地农民、农业和农村经济发展提供金融服务的银行业金融机构，它的监管机构为中国银行业监督管理委员会。

2. 政策性银行

政策性银行是指由政府创立或担保，以贯彻国家产业政策和区域发展政策为目的，具有特殊融资原则，不以盈利为目的的金融机构。我国曾经组建了 3 家政策性银行，即国家开发银行、中国进出口银行、中国农业发展银行，其中，国家开发银行后来被市场股份化。

政策性银行与普通商业银行相比，具有以下几方面的特殊性。

首先，政策性银行的资本金主要来自于政府财政拨付，不能通过发行股票来筹集。

其次，政策性银行经营时主要考虑国家的整体利益、社会效益，不以自身财务上的盈利为主要目的。这是与普通商业银行之间的根本区别。但是政策性银行的资金不是财政资金，也必须考虑盈亏，坚持银行管理的基本原则，即“有借有还”，力争保本微利。

最后，政策性银行有特定的资金来源，主要依靠发行金融债券或向中央银行借款，一般不面向公众吸收存款，也不向一般的工商企业发放贷款。同时，政策性银行业不会经营像代收电话费、水电费和汇兑等方面的中间业务。

专栏3.2

我国的政策性银行

1994年以前，我国没有专门的政策性银行，一些大型项目或者公益性项目，都委托四大国有专业银行办理。由于这些项目的贷款利率比一般商业性贷款要低得多，同时这些贷款的资金主要来自于国家财政，所以资金成本也非常低。这就给四大银行提供了套取利差的机会。同时，政策性业务与商业业务的混合也不利于对四大银行进行业绩考核。

1994年，我国分别成立了3家政策性银行，分别是：国家开发银行、中国进出口银行、中国农业发展银行。2007年12月31日，中央汇金公司与国家开发银行签署协议，向国家开发银行注资200亿美元，2008年12月16日，国家开发银行转为国家开发银行股份有限公司。如今，我国政策性银行只有中国进出口银行和中国农业发展银行。

1. 中国进出口银行

中国进出口银行成立于1994年4月，实行自主、保本经营和企业化管理，主要任务是执行国家产业政策和外贸政策，为扩大我国机电产品和成套设备等资本性货物出口提供政策性金融支持。

中国进出口银行依据国家有关法律、法规、外贸政策、产业政策和自行制定的有关制度，独立评审贷款项目，其资金主要靠以市场方式向国内外发行金融债券等筹集，业务范围主要包括：为成套设备、技术服务、船舶、工程承包、其他机电产品和非机电高新技术的出口提供卖方信贷，以及买方信贷支持；办理我国政府的援外贷款以及外国政府贷款的转贷业务。

2. 中国农业发展银行

中国农业发展银行成立于1994年4月，其主要任务是以国家信用为基础，筹集农业政策性信贷资金，承担国家规定的农业政策性金融业务，代理财政性支农资金的拨付。

中国农业发展银行的业务范围主要是向承担粮棉油收储任务的相关国有企业和供销社提供粮棉收购、储备和调销贷款。此外，还办理中央和省级财政支农资金的代理拨付，为各级政府设立的粮食风险基金开立专户并代理拨付。

中国农业发展银行坚持“库贷挂钩、钱随粮走、购贷销还、封闭运行”的信贷原则，即发放的收购贷款额要与收购的粮棉油库存值相一致，销售粮棉油收入中所含贷款要全部收回，真正按照信用原理来管理资金，防止收购资金被挤占挪用。

3. 其他存款金融中介

（1）储蓄贷款协会

主要资金来源是储蓄存款（通常为股份）以及定期存款和支票存款。其资金大多用于发放抵押贷款。在美国，储蓄贷款协会在数量上是仅次于商业银行的中介机构。

1980年以前，储蓄贷款协会只能发放抵押贷款，不能开设支票账户。1980年，为了解决储蓄贷款的困境（利率高攀导致成本上升），美国国会通过法律，允许它们开设支票账户，发放消费者信贷，从事以前只允许商业银行从事的许多业务活动。

储蓄贷款协会受联邦储备体系的准备金要求的约束，使得它们和商业银行的界限越来越模糊。

（2）互助储蓄银行

互助储蓄银行与储蓄贷款协会非常相似。它们靠接受存款（常常被称为股份）来筹措资金，并主要从事发放抵押贷款。它们组合的结构与储蓄贷款协会不同，因为它们是“互助”的。也就是说，它们是由存款者所有的合作组织。这类机构数量比较少。

1980年前，它们与储蓄贷款协会一样，被限于发放抵押贷款。1980年立法后，它们被允许发行支票存款并可以发放抵押贷款之外的其他贷款。

（3）小额贷款公司

小额贷款公司是由个人、企业与其他社会组织投资设立，不吸收公众存款，经营小额贷款业务的有限责任公司或股份有限公司。小额贷款公司的主要资金来源为股东缴纳的资本金、捐赠资金，以及来自不超过两个银行业金融机构的融入资金，它们可以从银行业金融机构融入资金，但融入资金的余额不得超过资本净额的50%。

我国的小额贷款公司其业务范围受到了严格的限制，坚持为农民、农业和农村经济发展服务，坚持“小额、分散”原则，鼓励其面向农户和微型企业。为了控制风险，监管要求它对同一借款人的贷款余额不得超过其资本净额的5%，同时，小额贷款公司的贷款利率同样受到人民银行利率政策的约束。

小额贷款公司不能吸收存款，不能办理支付和清算等服务，不属于银行业的范围。

（4）信用社

信用合作社是由个人集资联合组成，以互助为主要宗旨，以简便的手续和适当的利率向社会提供金融股服务的合作金融组织。

信用合作社的资金主要来源于其成员缴纳的股金和吸收的存款，贷款则主要用于解决其成员的资金需要。按照地域不同，信用合作社可以分为农村信用合作社和城市信用社。农村信用社主要由农户、农村集体经济组织和农村信用社职工入股；城市信用社则是城市居民集资建立的合作金融组织，旨在为城市小集体经济和个体工商户服务。

美国这类机构比较多，它们是环绕一个特定集团如工会成员、某家厂商的职工等而组织起来的非常小的合作贷款机构。它们通过发行被称为股份的存款来获取资金，主要发放消费者信贷。1980年立法后，它们也能发行支票存款，以及抵押贷款。

（5）邮政储蓄机构

邮政储蓄机构是指与人民生活有紧密联系的邮政机构，在办理各类邮件投递和汇兑等业务的同时，办理以个人为主要对象的储蓄存款业务。我国于 1986 年 2 月在全国开办邮政储蓄业务，并在邮政总局下设立邮政储汇局。

4．保险公司

保险公司的基本职责就是进行风险管理。保险业务分为人寿保险、财产保险、责任保险和保证保险等几大类。保险公司的承保人，还要按一定比例进行再保险，以便分散风险。

保险公司的主要功能是使家庭或企业可以通过购买一种名为保单的合约规避特定风险，在特定事件发生时，依据合约赔付现金。此外，保险公司在平滑我们生命周期内的收入方面也具有重要作用。一些保险公司也出售养老保险的保单，这就是商业养老保险，买保险的人定期向商业养老账户存入一定的金额，在若干年后，保险的受益人就可每月从该账户中领取一定的金额用于支出。

除了商业养老保险外，还有政府养老基金，即社会保障养老基金。全国社会保障养老基金是中央政府集中的社会保障基金，主要用于今后人口老龄化高峰时期的社会保障需要，由全国社会保障保险基金理事会负责管理。

还有一种保险机构之间的保险业务，叫做再保险，也称分保。再保险是保险人通过订立合约，将自己已经承保的风险，转移给另一个或几个保险人，以降低自己所面临的风险的保险行为。例如，我国《保险法》就规定，除了人寿保险业务外，保险公司应当将其承保的每笔保险业务的 20%办理再保险。

由于不同的险种具有不同的风险，所以政府一般不允许同一家保险公司经营不同的保险业务。我国现在已经形成了人寿、财产和再保险的保险机构体系。

5．金融公司与财务公司

（1）金融公司

西方的金融公司靠出售商业票据（一种短期债务工具）和发行股票、债券来筹措资金，也有小量从银行的借款。它们把资金贷放给购买家具、汽车、修缮住房的消费者以及小型企业。一些金融公司由其母公司组件，目的是帮助其出售产品。例如，福特汽车信贷公司就向购买福特汽车的消费者发放贷款。

（2）财务公司

与西方国家的金融公司相对应，我国有一类特殊的金融机构——财务公司。我国的财务公司都是由大企业集团组建，其中，第一家企业集团财务公司建立于 1987 年。比较有名的如华能集团财务公司、中国化工进出口财务公司、中国有色金属工业总公司财务公司等。

财务公司的宗旨和任务是为本企业集团内部各企业筹集和融通资金，促进其技术改造和技术进步，其业务包括：存款、贷款、结算、票据贴现、融资性租赁、投资、委托以及代理发行有价证券等。财务公司的特点就是为集团内部成员提供金融服务；主要资金来源与资金运用都应限定在集团内部，而不能像其他金融机构一样到社会上去开拓生存空间。

财务公司在业务上受中国人民银行领导、管理、监督与稽核，在行政上隶属于各企业集团，是实行自主经营、自负盈亏的独立企业法人。

6．基金管理公司

基金管理公司作为一个机构投资者，通过发行基金份额，将许多分散的闲散资金集中起来，进行组合投资，达到让基金持有人实现收益共享、风险分担的目的。一家基金管理公司旗下往往管理着多只不同的证券投资基金，例如同时管理着股票型基金、债券基金或者货币市场基金。基金管理公司是通过管理大量证券投资基金，向基金持有人收取管理费用来盈利的。

7. 证券公司

证券公司是在证券市场上经营证券业务的非银行金融机构。在我国，公司发行股票都要由证券公司来承销，投资者要购买股票，就必须到某一家证券公司的营业部开户或办理指定交易。

经纪、投资银行和自营是证券公司传统的三大业务，也是证券公司收入的主要来源。投资银行业务主要有：对工商企业的股票、债券进行直接投资；为工商企业代办发行或包销股票与债券；参与企业的创建、改组、收购、并购活动；包销本国政府或外国政府的公债券；提供有关投资方面的咨询服务。经纪业务与投资银行业务不同的是，它并没有促进储蓄向投资转化的功能，因为它主要是在二级市场进行的业务活动。自营业务就是证券公司在自己账户上买卖证券，以获取投资收益的行为。

8. 金融控股公司

金融控股公司指以银行、证券和保险等金融机构作为子公司的一种纯粹型控股公司。所谓纯粹型控股公司，是指母公司没有自己特有的事业领域，而仅仅是一个公司经营战略的决策部门。与此相对应的是事业型控股公司。在金融控股公司中，以银行作为子公司的称为银行控股公司，以证券公司作为子公司的称为证券控股公司，以保险公司作为子公司的称为保险控股公司，而同时以银行证券、保险公司作为子公司的称为金融服务控股公司。我国现在比较典型的金融控股公司主要有光大控股和中信控股公司，其中，前者是光大证券、光大银行的控股股东，后者是中信证券、中信银行、信诚人寿、中信信托等的控股股东。

金融控股公司最早产生于西方发达国家，是商业银行为了规避不得跨州设立分支机构，或者是在银行、证券与保险分业经营体制下，为了规避法律限制一家金融机构不能同时从事银行、证券、保险业务而采取的一种金融创新。在美国，早期法律规定商业银行不得跨州设立分支机构，为了规避这一法律管制，一些银行就通过设立控股公司，由控股公司出资，在不同的州注册设立独立的商业银行，银行控股公司应运而生。后来一些机构如法炮制，通过金融控股公司的形式，把业务范围扩展到银行、证券、保险等领域。

金融控股公司相对于单一业务经营的金融机构而言，具有以下几个方面的优势：可以充分利用有限资源，实现金融业的规模效益，降低成本，提高盈利水平；实现各业务之间的收益互补，从而保障利润的稳定性；业务之间实现信息共享，对企业有更深入的了解，从而降低贷款的呆账率，或者投资银行承销业务的风险。

9. 信托投资公司

信托是一种财产管理制度，是指委托人基于对受托人的信任，将其财产权委托给受托人，受托人按委托人的意愿，为受益人的利益或者特定目的，对信托财产进行管理的行为。

信托投资公司的主要业务内容有信托业务、委托业务、代理业务、租赁业务和咨询业务等。代理业务、租赁业务和咨询业务与一般金融机构的这类业务没有实质区别。信托业务主要包括信托存款、信托贷款、信托投资和财产信托。委托业务包括委托存款、委托贷款和委托投资等。

10. 金融租赁公司

金融租赁公司的创建，大都是由银行、其他金融机构以及一些行业主管部门合资，其主要业务包括：动产、不动产的租赁、转租赁、回租租赁业务；前述租赁业务所涉及的标的物的购买业务；出租物和抵偿租金产品的处理业务；向金融机构借款及其他融资业务；吸收特定项目下的信托存款；租赁项目下的流动资金贷款业务；外汇及其他业务。

我国的金融租赁业起始于20世纪80年代初期，如中国租赁有限公司、东方租赁有限公司等。

11. 金融资产管理公司

我国于1999年成立了4家金融资产管理公司，即中国华融资产管理公司、中国长城资产管理公司、中国东方资产管理公司、中国信达资产管理公司，分别接收从中国工商银行、中国农业银行、中国银行、中国建设银行剥离出来的不良资产。

金融资产管理公司在其收购的国有独资商业银行不良贷款范围内，管理和处置因收购国有独资商业银行不良贷款形成的资产时，可以从事下列业务活动：追偿债务；对所收购的不良贷款形成的资产进行租赁或者以其他形式转让、重组；债券转股权，并对企业进行阶段性持股；资产管理范围内公司的上市推荐及债券、股票的承销；财务及法律咨询，资产及项目评估。

金融资产管理公司收购不良资产的资金来源主要有两个：一是划转中国人民银行发放给原国有独资商业银行的部分再贷款，即把中国人民银行已贷给 4 家原国有独资商业银行的再贷款划转给金融资产管理公司；二是金融资产管理公司对相应的银行发行金融债券。

金融资产管理公司处理不良债权的重要方式之一就是债权转股权，简称为“债转股”。债转股后，金融资产管理公司就成了企业的股东，依法享有股东的一切权利，并派员参加企业的董事会、监事会，依法行使股东权利。

3.2.3 政府和准政府机构

以我国为例，政策与监管机构包括中国人民银行、中国银行业监督管理委员会（以下简称银监会）、中国证券监督管理委员会（以下简称证监会）、中国保险监督管理委员会（以下简称保监会）、国家外汇管理局。考虑到后续章节将对中国人民银行做更全面论述，所以这里就只对后面 4 个机构进行介绍。

1. 中国银行业监督管理委员会

2003 年，我国对银行业的监督管理体制进行了重大改革，将原来由中国人民银行行使的银行业监督职能分离出来，成立了中国银行业监督管理委员会，简称银监会。

中国银行业监督管理委员会具有以下几方面职能。

（1）依法对全国银行业和信托业实行集中统一的监督管理。研究和拟订银行业和信托业的阿湛方针政策、战略和行业规划，起草有关法律法规。

（2）审批和管理银行、信托等金融机构的设立、变更和终止，参与、组织银行和信托机构的破产和清算。

（3）对银行业、信托等日常业务进行监督管理，促进银行、信托机构谨慎经营，保证金融稳健运行。

（4）对银行和信托等金融机构的经营活动进行定期和不定期的稽核、检查，审查这些金融机构的财务状况，及时化解潜在的金融风险。

（5）对银行、信托等金融机构的违法违规行为予以及时查处。

2. 中国证券监督管理委员会

中国证券监督管理委员会，简称中国证监会，是对中国证券市场进行集中统一监管的金融机构。

中国证监会依法对证券、期货业实施监督管理，其职责大致可以归纳为 4 个方面。

（1）研究和拟订证券、期货市场的方针政策和发展规划，起草有关法律法规。

（2）统一监管证券、期货机构。监管各类证券、期货机构和证券交易所，负责证券、期货机构高级管理人员任职资格和从业人员的资格管理，依法对证券、期货违法行为进行调查、处罚。

（3）负责对有价证券的发行和交易进行监督管理。审批和监督股票、可转换债券、证券投资基金的发行、交易、托管和清算；批准和审查企业股票上市，监管上司国债和企业债券的交易活动，监管境内期货合约市场的交易和清算。

（4）负责对上市公司及其信息披露的监管，提高信息披露的质量。

中国证监会内部设有发行监管部、市场监管部、机构监管部、上市公司监管部、基金监管部等职能部门，分别对股票和基金等有价证券的发行、二级市场上的违规操作、证券公司、在上海和深圳证券交易所公开上市的公司、基金管理公司等进行审批、监督和管理。此外，还在各省、自治区和直辖市设有证管办，中国证监会对各地 证管办实行垂直领导。

3. 中国保险监督管理委员会

中国于1988年11月18日设立中国保险监督管理委员会，简称保监会，专门担负全国商业保险市场的监管职能。

中国保监会的主要职责有以下6类。

（1）依法对全国保险市场实行集中统一的监督管理。研究和拟定保险业的方针政策、发展战略和行业规划，起草有关保险业的法律法规。

（2）审批和管理保险公司、保险代理人和保险经纪人机构的设立、变更和终止；参与、组织保险机构的破产和清算。

（3）制定主要保险险种的基本条款和费率，对保险公司上报的其他保险条款和费率审核备案，维护保险市场的秩序。建立保险风险评价、预警和监控体系，跟踪分析、监测和预测保险市场运行态势。

（4）监督、检查保险业务经营活动。对保险公司的业务状况、财务状况和资金运用状况进行定期或不定期的现场检查和非现场检查，以保证保险公司具备足够的偿付能力。

（5）依法对保险机构业务及其从业人员的违法、违规行为，以及非保险机构经营保险业务或变相经营保险业务进行调查、处罚。

（6）集中统一管理保险业的对外交往和国际合作事务。

4. 中国国家外汇管理局

中国国家外汇管理局成立于1979年。历经多次演变，现在是国务院直属、归口中国人民银行管理的、实施国家外汇管理的职能机构。它的主要职责有以下几个方面。

（1）负责国际收支的统计与管理，拟定并组织实施国际收支统计申报制度，负责国际收支统计数据的采集，编制国际收支平衡表，提出维护国际收支平衡表的政策建议。

（2）负责外汇市场的管理，监督管理外汇市场的运作秩序，培育和发展外汇市场。

（3）负责外汇外债管理，制定经常项目下的汇兑管理办法，依法监督经常项目下的汇兑行为。规范外汇账户管理，依法监督管理资本项目下的交易和外汇的汇入、汇出和兑付。

（4）受中国人民银行的委托，经营国家外汇储备。

3.2.4 国际金融机构简介

全球最著名的国际金融机构有3家：国际货币基金组织（International Monetary Fund，IMF）、世界银行和国际清算银行。

1. 国际货币基金组织

国际货币基金组织成立于1947年，总部设在华盛顿。IMF围绕3个方面展开业务活动。

首先，汇率监督和政策协调。IMF促使其会员国与IMF和其他会员国之间的合作，建立并维持稳定的汇率制度，保证金融秩序的稳定和世界经济的增长。

其次，创造储备资产。1969年，IMF年会决定创设特别提款权，以补充会员国国际储备的不足。特别提款权是由IMF按会员国缴纳的份额分配给会员国的虚拟资产，分配后即成为会员国的储备资产。当会员国出现国际收支赤字时，可以动用特别提款权，将其划给另一会员国，偿付收支差额，或用于偿还 IMF 的贷款。

最后，向会员国提供贷款。当会员国出现国际收支暂时性不平衡时，IMF 向会员国的财政部、中央银行等政府机构提供短期信贷，用于贸易和非贸易的经常性支付。

自 IMF 成立以来，它在维持国际汇率稳定、消除外汇管制、平衡国际收支和促进国际货币合作等方面做了大量工作。

2. 世界银行

世界银行即国际复兴开发银行，成立于 1945 年，总部设在美国华盛顿。只有 IMF 的会员国才能够加入世界银行。目前，世界银行主要是向发展中国家提供开发性贷款，资助发展中国家兴办特定的长期建设项目，以促进其经济增长与资源开发。这些贷款主要用于基础设施、环境保护等具有公共产品性质的投资。

世界银行还有两个附属机构，即国际开发协会和国际金融公司。它们的总部都设在华盛顿。国际开发协会成立于 1960 年，作为世界银行活动的补充，国际开发协会向欠发达地区的会员国提供期限较长、利率较低等条件优惠的贷款，以解决它们在重要发展方面的需要。世界银行和国际开发协会的贷款主要是以会员国政府为对象。为了促进对私人企业的国际贷款，世界银行于 1956 年成立国际金融公司，其宗旨是对发展中国家会员国私人企业的新建、改建和扩建提供贷款，促进发展中国家私营经济的增长和资本市场的发展。

3. 国际清算银行

国际清算银行成立于 1930 年，总部设在瑞士巴塞尔。成立的初衷是为了便利第一次世界大战所造成的国际债务的支付和转移。现在，它的宗旨是促进各国中央银行的合作，为国际金融活动提供更多的清算便利，在国际金融清算中充当受托人或代理人。在某种意义上，它是各国中央银行的银行。国际清算银行每年举行年会，探讨世界经济和金融形势，为各国中央银行提供合作和交流平台。

3.3 金融工具与市场

3.3.1 基本分类

根据交易工具期限的长短，可以将金融市场分为货币市场与资本市场。货币市场是交易期限在 1 年以内的短期金融交易市场，其功能在于满足交易者的资金流动性需求。资本市场是交易期限在 1 年以上的长期金融交易市场，主要满足工商企业的中长期投资需求和政府弥补财政赤字的资金需要，包括银行的长期借贷和长期有价证券如股票、债券等的交易。

根据证券运行的程序及交易方式，市场可以被分为一级市场和二级市场。一级市场（Primary Market）也称为发行市场（Issuance Market），是借款的公司或政府机构直接或通过中介机构向最初购买者出售新发行的债权或股票等证券的金融市场。二级市场（Secondary Market）也称交易市场，是投资者之间买卖已发行证券的金融市场。

按照金融交易的交割期限，把金融市场划分为现货市场（Spot Market）与期货市场（Futures Market）。在现货市场上，一般在成交后 1 日～3 日内立即付款交割，有的更限定在当日交割。期货市场上，交割则在成交日之后合约所规定的日期如几周、几个月之后进行。

根据金融工具中契约关系的权限属性，金融工具又可以分为原生工具和衍生工具，其中，原生工具的产权关系是建立在原始标的资产基础上的，而衍生工具则以原生金融工具为标的建立新的产权关系。由于后续章节中有关于衍生工具的专门介绍，故本章不做论述。

3.3.2 货币市场工具及其市场

1. 国库券

国库券是由政府发行的短期债务工具，主要用来弥补政府财政赤字，通常期限为 3 个月、6 个月以及 12 个月。这是一种零息债券，即不支付利息，但是发行时采取贴水价格销售。

在美国，政府国库券的交易最为活跃，因而它们在货币市场工具中最具流动性。它们也是最为安全的货币市场工具，因为它们几乎不存在违约的可能，联邦政府总是可以通过课税或者发行货币来偿还该债务。政府国库券主要由银行持有，居民、企业以及其他金融机构只持有很少的数量。

国库券也是一种贴现式证券，发行时按照一定的利率贴现发行。例如，投资人以 960 元的价格购买一张还有 90 天到期、面值为 1 000 元的国库券，这里，40 元就是政府支付给投资人的利息；贴息率是 16% ((40/1 000)×(360/90))。需要指出的是，投资者的实际收益率应该是 16.67 ((40/960)×(360/90))，因为投资者的投入成本是 960 元，而不是 1 000 元。

国库券的期限短，发行的频率也比较高。短期国库券的品种主要有 3 个月、6 个月、9 个月和 12 个月。在许多国家，国库券是定期发行的，如确定每季度一次或每月一次。美国 3 个月和 6 个月的国库券是每周发行。发行一般采取拍卖方式，由竞争性报价方式确定发行价格。

国库券市场的流动性是货币市场中最高的。几乎所有的金融机构都参与这个市场的交易。特别是中央银行，通常利用该市场进行公开市场操作，以调控货币供应量。

2. 票据及票据贴现

（1）货币市场中使用的票据有商业票据和银行承兑票据两类。商业票据是最古老的一种金融工具，源于商业信用，它是工商业者之间由于信用关系形成的短期无担保债务凭证的总称。银行承兑票据通常是在商业票据的基础上产生的。

典型的商业票据产生于商品交易中的延期支付，有商品交易的背景。此外，还有大量并无交易背景而只是单纯以融资为目的发出的票据，通常叫融通票据（Financial Paper）。相对于融通票据，有商品交易背景的票据则称之为真实票据。

在发达市场经济国家的商业票据市场上，目前大量流通的是融通票据。非金融机构的公司发行期限在 1 年以内的商业票据；购买者多为商业银行、投资银行等金融机构，也有非金融类企业。融通票据的票面金额已经标准化。

在商业票据的基础上，由银行介入，允诺票据到期履行支付义务，即构成银行承兑票据（Bank Acceptance）。银行承兑票据是一种由企业开出、约定于将来某一日付款、并经银行盖上“已承兑”印章进行担保的银行票据（类似于支票的付款承诺）。银行承兑须由付款人申请，并应于到期前把应付款交给银行。对这项业务，银行收取手续费。在发达市场经济国家，银行承兑汇票的发行人通常是银行自身。一些国家，如美国，规定银行出售银行承兑汇票的收入无须缴纳存款准备，这就鼓励了大量银行及其他金融机构进行银行承兑汇票的买卖。

（2）票据贴现市场。贴现市场不仅是企业融通短期资金的场所，也是中央银行进行公开市场业务的场所。

出售票据的一方融入的资金低于票面面值，票据到期时按面值偿还。差额部分就是支付给票据买方（贷款人）的利息，这种融资方式叫做贴现（discount），利息率称为贴现率。票据贴现是短期融资的一种典型方式。在票据贴现市场中，充当买方的一般是商业银行、贴现公司、货币市场基金等专门从事短期借贷活动的金融机构，也有掌握短期闲置资金的非金融机构。贴现标的包括商业票据、银行承兑票据、地方政府债券等。贴现率的高低取决于商业票据的质量。对于不同资质的企业来说，投资人承受的风险是不一样的。一般来说，企业发行商业票据前都要经过信用评级机构评级。评级越高的商业票据，贴现率越低，发行价格越高。

目前，世界上最著名的贴现市场当属英国的伦敦贴现市场，同时它也是世界上最古老的贴现市场，迄今为止已有150年的历史。目前，伦敦贴现市场中的交易品种已经远远超过了传统意义的商业票据，银行承兑汇票、融通票据，还有国库券的贴现交易非常普遍，主要的金融机构则包括贴现行、英格兰银行、清算银行、商人银行、承兑行和证券经纪商。

我国现在的商业票据，绝大部分是银行承兑票据，同时也有其他短期金融产品，如国库券、融通票据等。我国票据贴现市场的规模正在迅速发展中。

3. 回购市场

回购（Counter Purchase）市场是指对回购协议（Repurchase Agreement）进行交易的短期融资市场。回购协议是证券出售时卖方向买方承诺在未来的某个时间将证券买回的协议。以回购方式进行的证券交易其实是一种有抵押的贷款：证券的卖方将证券抵押在买方手里，取得资金；到期后，原来的卖方通过支付约定的资金，将抵押的证券赎回。

例如，某证券公司手中有面值为 5 000 万元的国库券，如果突然面临现金压力，就可以到回购市场上将该国库券以回购协议的方式卖出，承诺第三天如数购回，回购利率为 4%。这样，该公司就取得了为期两天，利率为 4%的 5 000 万的借款。两天后，该证券公司通过向交易方支付 50 010 958 元把该 5 000 万国债购回，其中的 10 958 元（50 000 000×4%×2/365）为借款利息。

以上交易被称为正回购交易。还有一种反向交易，叫做逆回购交易。具体操作就是，先买入证券，同时承诺以后按规定的价格将该证券卖还给对方。

由于回购交易相当于有抵押的借款，充当抵押的一般是信用等级较高的证券，如国债、银行承兑汇票等，所以具有风险低、流动性高的特点。

回购交易的期限很短，一般是 1 天，也称隔夜（Overnight），也有 7 天、14 天，最长不超过 1 年。

4. 可转让大额存单市场

大额存单（Certificates of Deposit，CD）是由商业银行发行的一种金融产品，是存款人在银行的存款证明。可转让大额存单与一般存单不同的是，期限不低于 7 天，金额标准化，并且在到期之前可以转让。可转让存单最早产生于 20 世纪 60 年代的美国。由于美国政府对银行支付的存款利率规定上限，商业银行的存款利率往往低于市场利率，其中短期存款的利率，如 1 个月存款利率尤其低，面对其他金融机构的创新产品，短期存款失去了吸引力，导致银行吸收存款能力下降，于是商业银行纷纷推出可转让大额存单。1961 年以前，CD 是不可转让的。1961 年，为了使 CD 更具流动性并使之对投资者更具吸引力，花旗银行发行了第一张大额（10 万美元以上）可在二级市场上转卖的可转让 CD。现在几乎所有主要的商业银行都发行这种债务工具，而且非常成功。它的购买者遍及企业、货币市场互助基金、慈善机构和政府机构等。可转让大额存单的出现帮助商业银行提高了竞争能力，同时也提高了存款的稳定程度，因为存单可以流通，对于发行存单的银行来说，存单到期之前，不会发生提前提取存款的问题。

存单市场也分为一级市场和二级市场。存单的期限相对较长，例如 3 个月、6 个月、1 年等。购买存单的客户随时可以将存单在市场上变现。这样，客户实际上相当于以短期存款取得了长期存款的利息收入。

5. 银行同业间拆借市场

银行同业拆借市场（Inter-bank Market）指银行之间短期的资金借贷市场。市场的参与者为商业银行以及其他各类金融机构。拆借期限很短，有隔夜、7天、14天等，最长不超过1年。我国银行间拆借市场是从1996年1月开始联网运行的，其交易方式包括信用交易和回购交易两种，其中以回购方式为主。参与交易的机构包括商业银行、证券公司、财务公司、基金公司、保险公司等。

由于银行同业拆借市场是我国规模最大的一种货币市场，所以该市场也成为中国人民银行进行公开市场操作的重要场所。

美国银行间的拆放对象是它们在联邦储备体系中的存款，被称为“联邦基金”。银行可能要在联邦基金市场借款的一个原因是，它可能发现它在联邦储备体系中的存款已经低于法律规定的要求，于是可以从另一家银行商借这种存款，另一家银行则通过联邦储备体系的电子转账系统把资金转移给借款的银行。

这一市场对银行的信贷需要非常敏感，所以，这种贷款的利率，即联邦基金利率，是反映银行体系中信贷市场松紧状况和货币政策态势的“晴雨表”：它走高，表示银行渴求资金；它走低，则表明隐含信贷需求不旺。

3.3.3 资本市场工具

1. 股票

股票是分享企业净收入（扣除费用和税款后的收入）、资产权益或其他权益的凭证。

（1）普通股票（Common Stock）是在优先股要求权得到满足后才参与公司利润和资产分配的股票合同。它代表着最终的剩余索取权，其股息收益上不封顶，下不保底，每一阶段的红利数额也不是确定的。普通股股东一般有出席股东大会的会议权、表决权和选举权、被选举权等。他们通过投票（通常是一股一票制和简单多数原则）来行使剩余控制权。

普通股有时也划分为不同等级，如A级和B级。A级普通股是对公众发行的，可参与利润分红，但没有投票权或只有部分投票权。B级普通股是由公司创办人持有的，具有完全投票权。在老股东想要筹集权益资本又不愿过多地放弃对公司的控制权时，常常采取发行另一等级普通股的方法。例如，老股东的B级股票每股含1个投票权，发行A级新股则规定每只含1/3个投票权。

我国现在的A股、B股之分与上述含义是不同：A股仅限于中国内地居民以人民币购买，B股原来只限于外国投资者以外币买卖，后来则开放至境内外投资者都可以以外币买卖。

普通股股东还具有优先认股权（Preemptive Right），即当公司增发新的普通股时，现有股东有权按原来的持股比例认购新股，以保持对公司所有权的现有比例。现有股东也可以在市场上出售优先认股权，其价值取决于市场价格、新股出售价和购买一股所需的权数。

根据风险特征，普通股又可以分为以下几种。

① 蓝筹股，指具备稳定盈利记录，能定期分派股利的，大公司发行并被公认具有较高投资价值的普通股，像目前美国电报电话公司、通用汽车公司发行的股票。

② 成长股，指销售额和利润迅速增长，并且其增长速度快于整个国家及其所在行业的公司所发行的股票。

③ 收入股，指那些当前能支付较高收益的普通股。

④ 周期股，指那些收益随着经济周期而波动的公司所发行的普通股。

⑤ 防守股，指在面临不确定性因素和经济衰退时期，高于社会平均收益且具有相对稳定性的公司所发行普通股，公用事业公司发行的普通股是典型的防守股。

⑥ 概念股，指适合某一时代潮流的公司所发行的、股价呈现较大起伏的普通股。

⑦ 投机股，指价格极不稳定，或公司前景难以确定，具有较大投资潜力的普通股。

（2）优先股（Preferred Stock）是指在剩余索取权方面较普通股优先的股票。这种优先性表现在分得固定股息并且在普通股之前收取股息。但是，优先股在剩余控制权方面则劣于普通股，优先股股东通常是没有投票权的，只是在某些特殊情况下才有临时投票权。例如，当公司发生过财务困难而无法在规定时间内支付优先股股息时，或者当公司发生变更支付股息的次数，公司发行新的优先股等影响优先股股东的投资利益时，优先股股东就有权投票表决。

由于优先股股息是固定的，所以优先股的价格与公司的经营状况关系不如普通股密切，而主要取决于市场利息率，其风险小于普通股，预期收益率也低于普通股。

如果考虑跨时期、可转换性、复合性及可逆性等因素，优先股的剩余索取权和剩余控制权则有不同的特点，由此分为不同的种类。

① 按剩余索取权是否可以跨时期累积分为累积优先股与非累积优先股。累积优先股（Cumulative Preferred Stock）是指如果公司在某个时期内所获盈利不足以支付优先股股息时，则累积于次年或以后某一年盈利时，在普通股的红利发放之前，连同本年优先股的股息一并发放。非累积优先股（Non-Cumulative Preferred Stock）是指当公司盈利不足以支付优先股的全部股息时，其所欠部分，非累积优先股股东不能要求公司在以后年度补发。

② 按剩余索取权是不是股息和红利的复合分为参加优先股和非参加优先股。参加优先股（Participating Preferred Stock）又称参与分红优先股，是指除了可按规定的股息率优先获得股息外，还可以与普通股分享公司的剩余收益，它可以进一步分为无限参加优先股和有限参加优先股两种，前者指优先股股东可以无限制地与普通股股东分享公司的剩余收益，后者则指优先股股东只能在一定限度内与普通股股东分享公司的剩余收益。非参加优先股（Non-Participating Preferred Stock）是指只能获取固定股息不能参加公司额外分红的优先股。目前大多数公司发行的优先股都属于非参加优先股。

此外，优先股还有可转换优先股（Convertible Preferred Stock），以及可赎回优先股（Callable Preferred Stock）。前者指在规定的时期内，优先股股东可以按一定的转换比率把优先股换成普通股。后者允许公司按发行价格加上一定比例的补偿收益予以赎回的优先股。

2. 中长期抵押贷款

中长期抵押贷款是指向个人或企业购买住房、土地或其他不动产而发放的，并以不动产或土地充当贷款的抵押品，贷款期限在5年（不含）以上的贷款。

在美国，抵押品市场是最大的债务市场。储蓄贷款协会和互助储蓄银行一向是住房抵押市场的主要贷款者，近年来商业银行业在积极进入该市场。商业和农业抵押贷款大多数则由商业银行和人寿保险公司发放。

同时，联邦国民抵押贷款协会、政府全国抵押贷款协会以及联邦住房抵押贷款公司，这三家政府机构在抵押贷款市场上发挥积极作用，这些政府机构通过出售债券并利用发债资金购买抵押贷款合约，来向抵押贷款市场提供资金。

3. 债券

债券是投资者向政府、公司或金融机构提供资金的债权债务合同。该合同载明发行者在制定日期支付利息并在到期日偿还本金的承诺，其要素包括期限、面值与利息、税前支付利息、求偿等级、限制性条件、抵押与担保以及选择权（如赎回与转换条款）。

（1）政府债券

政府债券是指中央政府、政府机构和地方政府发行的债券，其以政府的信誉做保证，因而通常无需抵押品，其风险在各种投资工具中是最小的。政府债券又可分为中央政府债券、政府机构债券和地方政府债券。

① 中央政府债券。中央政府财政部发行的以国家财政收入为保证的债券，也称国家公债，简称国债。该类债券的特点首先表现为一般不存在违约风险，故又称为“金边债券”；其次是可享受税收优惠，其利息收入可豁免所得税。

在美国，国债按期限可分为1年以内的短期国库券（Treasury bills），从1年到10年的中期国债（Treasury Notes）和10年到30年长期国债（Treasury Bonds），其中，短期国库券是货币市场工具，是一种贴现证券（Discount Securities），后两者属于资本市场工具，是息票证券（Coupon Securities），通常每6个月付息一次，到期偿还本金。

按是否于物价挂钩，国债可分为固定利率公债和保值公债。前者在发行时就确定名义利率，投资者得到的真实利率取决于投资期的通货膨胀率，而后者的本金则随通货膨胀指数做调整，利息是根据调整后的本金支付的，因而不受通货膨胀影响，可以保护债券的价值。

② 政府机构债券。在美国、日本等不少国家，除了财政部外，一些政府机构也可发行债券。这些债券的收支偿付均不列入政府预算，而是由发行单位自行负责。

有权发行债券的政府机构有两种：一种是政府部门机构和直属企事业单位，如美国联邦住宅和城市发展部下属的政府全国抵押协会（Government Notional Mortgage Association，GNMA）；另一种是虽然由政府主办却属于私营的机构，如联邦全国抵押贷款协会（Federal National Mortgage Association，FNMA）和联邦住宅抵押贷款公司（Federal Home Loan Mortgage Corporation，FHLMC）。这些与政府有关的机构或政府资助企业具有某些社会功能，它们通过发行债券增加信贷资金以及降低融资成本，其债券最终由中央政府做后盾，因而信誉也很高。

③ 地方政府债券。在多数国家，地方政府都可以发行债券，这些债券也是由政府担保，其信用风险仅次于国债及政府机构债券，同时也具有税收豁免特征。

（2）公司债券

公司债券是公司为筹集营运资本而发行的债券。要求不管公司业绩如何都应优先偿还其固定收益，否则将在相应破产法的裁决下寻求解决，因而其风险小于股票，但比政府债券高。按抵押担保状况公司债券分为信用债券、抵押债券、担保信托债券和设备信托证；按利息支付情况可分为固定利率债券、浮动利率债券、指数债券和零息债券；按内含选择权可分为可赎回债券、偿还基金债券、可转换债券和带认股权证的债券。

① 信用债券（Debenture Bonds）是完全凭公司信誉，不提供任何抵押品而发行的债券。该类债券的持有者的求偿权排名于有抵押债权人对抵押物的求偿权之后，对未抵押的公司资产有一般求偿权，即和其他债权人排名相同，发行这种债券的公司必须有较好的声誉，一般只有大公司才能发行而且期限较短，利率较高。

② 抵押债券（Mortgage Bonds）是以土地、房屋等不动产为抵押品而发行的一种公司债券，也称固定抵押公司债如果公司不能按期还本付息，债权人有权处理抵押品以资抵债。在以同一不动产为抵押品多次发行债券时，应按发行顺序分为第一抵押债券和第二抵押债券，前者对抵押品有第一置留权，首先得到偿还；后者只有第二置留权，只能待前者清偿后，用抵押品的剩余款偿还本息。

③ 担保信托债券（Collateral Trust Bonds）是以公司特有的各种动产或有价证券为抵押品而发行的公司债券，也称流动抵押公司债券。用作抵押品的证券必须交由受托人保管，但公司仍保留投票表决及接受股息的权利。

④ 设备信托证（Equipment Trust Certificates）是指公司为了筹集资金购买设备并以该设备为抵押品而发行的公司债券。发行公司购买设备后，即将设备所有权转交给受托人，再由受托人以出租人的身份将设备租赁给发行公司，发行公司则以承租人的身份分期支付租金，由受托人代为保管及还本付息，到债券本息全部还清后，该设备的所有权才转交给发行公司。这种债券常用于铁路、航

空或其他运输部门。

⑤ 固定利率债券指对确定的时段，由协议确定支付利率的债券，即在每个区间内，利率都是确定的值，通常每半年或一年支付一次利息。

⑥ 浮动利率债券指的是利息支付随行就市的债券。通常的做法是，债券的支付利息以某种市场基准利率（例如同期限的政府债券收益率、优惠利率、LIBOR）为基础，再加一个固定的溢价。例如，某债券的利息支付为伦敦银行同业拆借利率（LIBOR），上浮 100 个基点即上浮 1%。

⑦ 指数债券（Indexed Bonds）是通过将利率与通货膨胀率挂钩来保证债权人不至于因物价上涨而遭受损失的公司债券，挂钩办法通常为：债券利率=固定利率+通货膨胀率+固定利率×通货膨胀率。有时，用来计算利息的指数并不与通货膨胀率相联系，而与某一特定商品价格（石油价格、黄金价格等）挂钩，因此这种债券又称商品相关债券（Commodity-Linked Bonds）。

⑧ 零息债券（Zero-Coupon Bonds）是指以低于面值的贴现方式发行，到期按面值兑换，不再另付利息的债券。它与短期国库券相似，可以省去利息再投资的麻烦，但是其价格对利率变动极其敏感。

⑨ 可赎回债券（Redemption Bonds）是指公司债券附加提前赎回和以新偿旧条款（Call and Refund Provisions），允许发行公司选择于到期日之前赎回全部或部分债券。当市场利率降至债券利率之下时，赎回债券或代之以新发行的低利率债券会对债权持有人不利，因此通常规定在债券发行后至少 5 年内不允许赎回。

⑩ 偿还基金债券（Sinking Fund Bonds）是指要求发行公司每年从盈利中提取一定比例存入信托基金，定期偿还本金，即从债券持有人手中赎回一定量的债券。这种债券与可赎回债券相反，其选择权在债券持有人一方。

⑪ 可转换债券（Convertible Bonds）是指公司债券附加可转换条款，赋予债券持有人按预先确定的比例（转换比率）转换为该公司普通股的选择权。大部分可转换债券都是没有抵押的低等级债券，并且是由风险比较大的小型公司发行的。这类公司筹措债务资本的能力比较低，使用可转换债券的方式将增强对投资者的吸引力；另一方面，可转换债券可被发行公司提前赎回。

⑫ 带认股权的债券是指公司债券可把认股权证作为合同的一部分附带发行。与可转换债券一样，认股权证允许债券持有人购买公司发行人的普通股，但对公司来说，认权证是不能赎回的。

（3）金融债券

金融债券是银行等金融机构为筹集信贷资金而发行的债券。在西方国家，由于金融机构大多属于股份公司组织，故金融债券可纳入公司债券的范围。

发行金融债券，表面看来同银行吸收存款一样，但由于债券有明确的期限规定，不能提前兑现，所以筹集的资金比银行存款稳定得多。更为重要的是，金融机构可以根据经营管理的需要，主动选择适当时机发行必要数量的债券以吸收低利率资金，故金融债券的发行通常被看做银行资产负债管理的重要手段，而且，由于银行的资信度比一般公司要高，金融债券的信用风险也较公司债券低。

3.3.4 一级市场与二级市场

所谓一级市场，指的是证券的发行市场，而二级市场则指的是证券发行后进行再次交易的市场。以下分别对股票和债券的一级市场、二级市场做出介绍。

1. 股票的一级市场

股票的发行方式一般可分为公募（Public Placement）和私募（Private Placement）两类。公募是指面向市场上大量的非特定的投资者公开发行股票。私募是指只向少数特定的投资者发行股票，其对象主要有个人投资者和机构投资者两类，前者如使用发行公司产品的用户或本公司的职工，后者如大金融机构，或与发行者有密切业务往来关系的公司。

对于再发行的股票还可以采取优先认股权（Preemptive Right）方式，也称配股，它给予现有股东以低于市场价值的价格优先购买一部分新发行股票的权利，其优点是发行费用低并可维持现有股东在公司的权益比例不变。在认股权证发行期间，公司设置一个除权日（Ex-right Date），在这一天之前，股票带权交易，即购得股票者同时也取得认股权，而除权日之后，股票不再附有认股权。

公开发行股票一般都通过投资银行来进行，投资银行的这一角色称为承销商（Underwriter）。当发行数量很大时，常由多家投资银行组成承销辛迪加（Syndicate）或承销银团（Banking Group）来处理整个发行，其中一家投资银行作为牵头承销商（Lead Underwriter）起主导作用。

发行价格主要有平价、溢价、折价等3种：平价发行就是以股票票面所标明的价格发行；溢价就是按超过票面金额的价格发行；折价就是按低于票面金额的价格发行。溢价发行又可分为时价发行和中间价发行，前者即按发行时的市场供求状况决定发行价格，后者则介于时价和平价之间。

一级市场的销售方式包括以下几种。

（1）包销（Firm Underwriting）

指承销商以低于发行定价的价格把公司发行的股票全部买进，再转卖给投资者。这样承销商就承担了在销售过程中股票价格下跌的全部风险。承销商所得到的买卖价差（Spread）是对承销商所提供的咨询服务以及承担包销风险的报偿，也称为承销折扣（Underwriting Discount）。

在销售过程中，如果股票的市场价格跌到发行报价之下时，主承销商可能会根据承销协议在市场上按市场购买股票以支持发行价格。但如果市场价已显著低于发行价从而预定的发行额难以完成，则承销银团只好解散，各个成员尽力去处理自己承诺完成的部分，最终损失也各自承担。

（2）代销（Best-Effort Underwriting）

即"尽力销售"，指承销商许诺尽可能多地销售股票，但不保证能够完成预定销售额，任何没有出售的股票可退给发行公司。

（3）备用包销（Standby Underwriting）

通过认股权来发行股票并不需要投资银行的承销服务，但发行公司可与投资银行协商签订备用包销合同，该合同要求投资银行做备用认购者买下未能销售出的剩余股票，而发行公司为此支付备用费（Standby Fee）。

2. 股票的二级市场

二级市场指投资者之间买卖已经发行股票的市场，通常可分为有组织的证券交易所和场外交易市场，但是也出现了具有混合特征的第三市场和第四市场。

（1）证券交易所

证券交易所的组织形式大致可以分为两类：公司制证券交易所、会员制证券交易所。

① 公司制证券交易所由银行、证券公司、投资信托机构及各类公民营公司等共同投资入股建立起来的公司法人。

② 会员制证券交易所是以会员协会形式成立的不以盈利为目的的组织，主要由证券商组成。只有会员及享有特许权的经纪人才有资格在交易所中进行证券交易。会员对证交所的责任仅以其缴纳的会费为限。

会员制证交所通常都是法人，属于社团法人，但也有一些会员制证交所（如美国证交所）不是法人组织，其原因主要是为避免司法部门对它内部规定和干预。我国1997年发布的《证券交易所管理办法》规定：证交所是不以营利为目的，为证券的集中和有组织的交易提供场所、设施，并履行相关职责，实行自律性管理的会员制事业法人。

（2）场外交易市场

场外交易是相对于证券交易所而言的，凡是在证券交易所之外的股票交易活动都称为场外交易。由于这种交易起先主要是在各证券商的柜台上进行的，因而也称为柜台交易（Over The Counter，OTC）。

场外交易市场与证交所相比，没有固定的集中的场所，而是分散于规模有大有小，由自营商（Dealers）来组织交易。自营商与证交所的专营商作用类似，他们自己投入资金买入证券，然后随时随地将自己的存货卖给客户，维持市场流动性和连续性，因而也被称作“做市商”（The Market Maker）。这时，买卖价差可以看作自营商提供以上服务的价格。但是自营商不像交易所的特种会员一样有义务维持市场的稳定，在价格大幅度波动的情况下，这些“做市商”将会停止交易以避免更大的损失。

场外交易市场无法实行公开竞价，其价格是通过协商达成的，一般是由自营商挂出各种证券的买入和卖出两种价格。

场外交易比证交所上市所受的管制少，显得更加灵活方便，因此受到中小型公司和具有发展潜力的新公司的青睐。但是场外市场也存在缺乏统一组织、信息不灵等缺点。为此，美国于1939年建立了全国证券交易商协会NASD（National Association of Securities Dealers）的自我规范组织，受权在证券交易委员会的监督下代表和管理场外市场的证券交易商。1971年，该组织开始启用一套电子报价系统，称为全国证券交易商协会自动报价系统纳斯达克（Nation Association of Securities Dealers Automated Quotations，NASDAQ），从而改变了以前依靠“粉红单”（Pink Sheet）和电话公布及查询行情的做法，对美国场外交易市场的发展起到了革命性作用。为了与传统的OTC市场划清界限，纳斯达克多年来一直声称自己不是OTC的同义语，并且不再使用大写的NASDAQ，而改用小写的Nasdaq。

Nasdaq与其他OTC市场最大的区别在于它跟证券交易所一样有挂牌标准。Nasdaq股票市场还分为两部分：全国市场与小公司市场，其中，前者的挂牌要求较高，挂牌公司也较多。

（3）第三市场

第三市场是指原来在证交所上市的股票移到场外进行交易而形成的市场。换言之，第三市场交易是既在证交所上市又在场外市场交易的股票，以区别于一般含义的柜台交易。

第三市场最早出现于20世纪60年代的美国。长期以来，美国的证交所都实行固定佣金制而且未对大宗交易折扣佣金，导致买卖大宗上市股票的机构投资者（养老基金、保险公司、投资基金等）和一些个人投资者通过场外市场交易上市股票以降低交易费用。这种形式的交易随着20世纪60年代机构投资者的比重明显上升以及股票成交额的不断增大获得了迅速的发展，并形成专门的市场。该市场因佣金便宜、手续简单而备受投资者欢迎。

但在1975年5月1日，美国证券交易委员会宣布取消固定佣金制，由交易所会员自行决定佣金，而且交易所内部积极改革，采用先进技术，提高服务质量，加快成交速度，从而使第三市场不像以前那样具有吸引力了。

（4）第四市场

第四市场是指大机构（和富有的个人）绕开通常的经纪人，彼此之间利用电子通信网络（Electronic Communication Network，ECN）直接进行的证券交易。这些网络允许会员直接将买卖委托挂在网上，并与其他投资者的委托自动配对成交。由于没有买卖价差，其交易费用非常便宜。有些ECN允许用户进行匿名交易，从而满足了一些大机构投资者的需要。

以前大的ECN通常只允许大的机构投资者进入，但目前中小投资者也可以凭借因特网在网上、网下通过经纪人在ECN上交易。可以说，ECN的出现已给包括纽约证交所和Nasdaq在内所有的证券市场造成极大的挑战。

3. 债券的一级市场

债券的发行包括两个重要环节，例如发行合同书的制作、债券评级。

（1）发行合同书（Indenture）

发行合同书也称信托契据（Trust Deed），是说明公司债券持有人和发行债券公司双方权益的法律文件，由受托管理人（Trustee）通常是银行，代表债券持有人利益监督合同中各条款的履行。

债券发行合同书一般很长，其中各种限制性条款占很大篇幅。这些限制性条款可以用来保护债权人的利益，它一般可分为否定性条款（Negative Covenants）和肯定性条款（Positive Covenants）。

否定性条款是指不允许或者限制股东做某些事的规定。最一般的限制性条款是有关债券清偿的条款，例如利息和偿还基金的支付，只要公司不能按期支付利息或偿还基金，债券持有人有权要求公司立即偿还全部债务。

肯定性条款是指公司应该履行某些责任的规定，如要求营运资金、权益资本达到一定水平以上。

（2）债券评级（Bond Credit Rating）

债券违约将给投资者带来损失。违约概率越高、违约后导致的损失比率越大，投资者的风险越大，投资者要求提供的补偿也越高。通常，发行者都会寻求中介机构对拟发行的债券进行评级，通过体系或模型对债务的违约概率、违约损失率进行核算，以判断债务的信用等级。目前著名的两大评估机构是标准普尔（Standard & Poor's）公司和穆迪（Mood's）投资者服务公司。

4. 债券的二级市场

债券的二级市场与股票市场类似，也可分为证券交易所、场外交易市场以及第三市场和第四市场几个层次。证券交易所是债券二级市场的重要组成部分，在证券交易所申请上市的债券主要是公司债券，但国债一般不用申请即可上市，享有上市豁免权。然而，上市债券与非上市债券相比，它们在债券总量中所占的比重很小，大多数债券的交易是在场外市场进行的，场外交易市场是债券二级市场的主要形态。

关于债券二级市场的的交易机制，与股票并无差别，只是由于债券的风险小于股票，其交易价格的波动幅度也较小。

本章小结

（1）金融系统的基本要素包括金融工具、金融规则、金融场所、金融交易机构、监管机构、行业协会以及中介组织。

（2）资金融通和资源配置既是金融系统的基本属性也是其基本功能；金融系统的基本属性还包括虚拟特性以及信息不对称性。

（3）金融系统的基本功能除了资金融通和资源配置，还包括解决时间和空间距离问题、为风险管理提供工具和场所、提供清算和支付结算便利、储备资源和分割股份、提供信息降低交易成本、解决信息不对称问题、解决激励问题等。

（4）金融机构可以有多种分类方法，主要机构包括银行、其他储贷机构、保险公司、证券公司与投资银行、基金管理公司、财务与金融公司、租赁与信托公司、政府监管机构、其他中介服务机构，以及国际金融机构。

（5）金融工具根据期限长短，可以分为货币市场工具与资本市场工具。货币市场工具中的常见种类包括国库券、商业票据、银行承兑票据、回购协议、可转让大额存单、联邦基金等。资本市场工具包括股票、中长期抵押贷款、中长期政府债券、公司债券等。

（6）根据证券运行程序和规则，金融市场包括一级市场和二级市场，其中，一级市场是发行市场，二级市场是交易市场。此外，还有三级市场、四级市场，以及交易所市场和场外市场等说法。

关键概念

金融系统；逆向选择；道德风险；商业银行；政策性银行；投资银行；基金管理公司；金融资产管理公司；金融控股公司；信托投资公司；货币市场工具；资本市场工具；国库券；商业票据；银行承兑票据；回购协议；可转让大额存单；联邦基金；企业债券；公司债券；金融债券；一级市场；二级市场；场外市场

复习思考题

（1）举出一个风险通过金融体系发生转移的例子。

（2）举出一个通过金融体系进行资源跨时间转移的例子。

（3）请举一个关于信息不对称导致的金融市场逆向选择的例子。

（4）请举一个关系信息不对称导致的金融市场道德风险的例子。

（5）请设计一个防止某种逆向选择的方案。

（6）请设计一个关于防止道德风险的方案。

（7）如何理解金融系统在时间与空间的转换功能？

（8）如何理解金融市场在降低交易成本方面的作用？

（9）如果我向你购买商品或者服务，使用票据支付，你同意吗？为什么？

（10）举出一个需要聚集大量家庭储蓄才能进行的投资，采取何种方式实现投资？

（11）举例说明道德风险如何阻碍了你的融资？如何解决？

（12）银行发放贷款前的信用审查有什么作用？不实施信用审查将导致银行做出什么反应？

（13）政策性银行在一国经济当中有什么作用？

（14）保险公司的保险业务可以分为哪几种类型？

（15）证券公司有何作用？主要业务有哪些？

（16）证券交易所有何作用？证券交易所的组织形式有哪些类型？

（17）中央银行与商业银行之间有何重要区别？

（18）什么是金融控股公司，它有哪几种类型？金融控股公司与一般金融机构相比，有何优点？

（19）中国银行业监督管理委员会的职责是什么？

（20）中国证券监督管理委员会的主要职责是什么？

（21）中国保险监督管理委员会的主要职责是什么？

（22）中国国家外汇管理局的职责是什么？

（23）货币市场的基本功能有哪些？试举例说明。

（24）如何看待国库券的收益率与风险？

（25）股票的基本种类有哪些？各有什么特性？

（26）公司债券与国库券的基本区别有哪些？

第4章 商业银行

【学习目标】

（1）了解商业银行的主要业务。

（2）掌握商业银行资产负债管理。

（3）掌握商业银行流动性管理。

（4）掌握商业银行信用风险管理。

（5）掌握商业银行利率风险管理。

商业银行是现代金融体系中最重要的金融机构，在现代社会经济中发挥着十分重要的作用。它是以利润最大化为目标，通过金融负债筹集资金，以金融资产为经营对象，能利用负债进行信用创造，并向客户提供多样化金融服务的金融企业。

4.1 商业银行的主要业务

商业银行的主要业务根据是否在银行资产负债表中反映可以分为表内业务和表外业务。表内业务是资产负债表中记录的业务，包括负债业务和资产业务两种主要业务。表外业务在我国也叫做中间业务，是发生在资产负债表以外的业务。一般来讲，我们把商业银行的业务分为负债业务、资产业务和中间业务等三大部分。

4.1.1 商业银行的负债业务

商业银行的负债业务就其范围来讲，有广义和狭义之分。广义负债包括银行自有资本在内的一切资金来源；狭义的负债主要是指商业银行的存款、借款等一切非资本性的负债。本章所指的负债业务的概念是狭义的负债业务。在管理中，管理者习惯上把存款负债叫做银行的"被动型负债"，把借款负债叫做银行的"主动型负债"。

1. 存款负债

存款是存款人基于对银行的信任而将资金存入银行，并可以随时或按约定时间支取款项的一种信用行为。存款是银行对存款人的负债，是银行最主要的资金来源，同时也是商业银行利润和规模扩张的最终决定因素。作为商业银行重要的资金来源之一，存款规模总是被现代商业银行的管理者视为衡量市场份额、评判银行业绩的重要标志。

国外的商业银行把存款账户分为交易型存款账户和非交易型存款账户。

（1）交易型存款账户

所谓交易账户是私人和企业为了交易目的而开立的支票账户，客户可以通过支票、汇票、电话转账、自动出纳机等提款或对第三者支付款项。传统的交易型账户主要是指活期存款，70年代又出现了一些创新的交易型账户，包括可转让支付命令账户、货币市场存款账户、自动转账制度等种类。

① 活期存款是指客户不需预先通知，可随时提取或支付的存款。开立这种存款账户是为了通过

银行进行各种支付结算，存户可以随时开出支票对第三者进行支付而不用事先通知银行，因此，活期存款又被称为支票存款。活期存款是商业银行的主要资金来源。在 20 世纪 50 年代之前，银行负债总额中的绝大部分都是活期存款；50 年代以后，由于各国实行活期存款的利率管制和反通货膨胀的紧缩性货币政策，加上闲置资金机会成本的增加和其他非银行金融机构的竞争等，使商业银行活期存款的比重呈现大幅度下降，目前约占银行全部负债的 30%。

② 可转让支付命令账户是一种对个人和非营利机构开立的计算利息的支票账户，也称付息的活期存款。可转让支付命令账户的特点是：第一，转账或付款不是使用一般的支票，而是使用支付命令；第二，可以按其平均余额支付利息。可转让支付命令账户是 20 世纪 70 年代初由美国马萨诸塞州互助储蓄银行创办，是一种以支付命令书取代支票的活期存款账户。

③ 货币市场存款账户是西方商业银行为竞争存款而开办的一种业务。该账户也起源于美国。由于银行活期存款不付利息，在利率上限规定的“Q 条例”尚未取消的情况下，商业银行存款的吸引力受到考验。美国货币市场基金会于 20 世纪 70 年代末开办了货币市场存款这种新型的活期存款。货币市场存款账户的性质介于储蓄存款和活期存款之间。

④ 自动转账服务账户在 1978 年以后开始出现的，存户同时在银行开立两个账户：即储蓄账户和活期存款账户。活期存款账户的余额始终保持 1 美元，其余额转入储蓄账户可获得利息收入。当银行收到存户开出的支票付款时，可将支付款项从储蓄账户转到活期存款账户上进行自动转账，及时支付支票上的款项。开立自动转账服务要求缴纳存款准备金，而存户对于银行提供的转账服务需要支付一定的服务费。

（2）非交易型存款账户

非交易存款账户由储蓄存款和定期存款组成。

① 储蓄存款的概念，国内外也存在着明显的差异。美国把储蓄存款定义为“存款者不必按照存款契约的要求，而是按照存款机构所要求的任何时间，在实际提取日前 7 天以上的时间，提出书面申请提款的一种账户”。在美国，居民个人、政府和企业都可合法的持有储蓄存款。我国的储蓄存款则专指居民个人在银行的存款，政府机关、企事业单位的所有存款都不能称之为储蓄存款，公款私存则被视为违法行为。在我国，储蓄存款指为居民个人积蓄货币资产和获取利息而设定的一种存款。储蓄存款基本上可分为活期和定期两种。

② 定期存款是指存款人在保留所有权的条件下，把使用权暂时转让给银行的资金或货币,是银行最重要的信贷资金源。定期存款是银行与存款人双方在存款时事先约定期限、利率，到期后支取本息的存款。定期存款存期最短 3 个月，最长 5 年，期限一般为 3 个月、6 个月和 1 年不等，选择余地大，存款利率随着存款期限的长短而高低不等，但总是高于活期存款利率。从而为商业银行提供了稳定的资金来源，对商业银行长期放款和投资具有重要意义。

2. 非存款负债

商业银行的非存款负债也称为借款，是银行的“主动型”负债。借款可以划分为短期借款和长期借款。短期借款包括同业拆借、回购、向中央银行借款、向国际金融市场借款等。长期借款主要是指通过发行金融债券来借入资金。

（1）短期借款

短期借款是商业银行中很重要的组成部分，不仅为银行提供了绝大多数非存款资金来源，也是满足银行周转金需要的重要手段。短期借款提高了商业银行的资金管理效率，扩大了银行的经营规模，又加强了银行与外部的联系和往来。短期借款来源主要有同业资金拆入、回购协议下的证券销售、向中央银行的再贴现或再贷款、欧洲美元借款等。在美国，同业资金拆入和回购协议下的证券销售是商业银行最重要的非存款融资渠道。在全世界银行体系中，欧洲美元借款是银行短期借款的主要来源。

① 同业拆借是指金融机构（主要是商业银行）之间为了调剂资金余缺，利用资金融通过程的时间差、空间差、行际差来调剂资金而进行的短期借贷。金融机构在日常经营中，由于存放款的变化、汇兑收支增减等原因，在一个营业日终了时，往往出现资金收支不平衡的情况，一些金融机构收大于支，另一些金融机构支大于收，资金不足者要向资金多余者融入资金以平衡收支，于是产生了金融机构之间进行短期资金相互拆借的需求。资金多余者向资金不足者贷出款项，称为资金拆出；资金不足者向资金多余者借入款项，称为资金拆入。一个金融机构的资金拆入大于资金拆出称为净拆入；反之，称之净拆出。

② 向中央银行借款是指银行向中央银行借入的临时周转资金、季节性资金、年度性资金以及因特殊需要经批准向中央银行借入的特种借款等。向央行借款是指商业银行从央行融入资金的业务行为。对央行负债的产生基于两个目的：一是增加商业银行资金来源，缓解流动性不足；二是央行调控市场货币供应量，实施货币政策意图。商业银行向中央银行借款主要有两种形式，即再贷款和再贴现。在票据业务开展较好的国家，商业银行向中央银行借款以再贴现为主，在商业票据发展迟缓的国家则以再贷款为主。我国现在商业银行向中央银行的借款基本上以再贷款为主，不过，近些年，随着票据市场的发展，再贴现业务所占比重有上升的趋势。

③ 回购协议是指商业银行先将手中持有较高品质的债券（一般是国库券）销售出，并在销售时签订协议确定在预定日期、以预定价格再购回先前销售的债券，以此获得短期资金融通。这种借入资金的方式有很多优点，一是因为不必缴存准备金而可以提高资金利用率；二是可以充分利用手中已持有的高质量债券，而不必完全卖掉这些债券；三是由于有高质量的债券作抵押，借款利率通常很低；四是期限非常灵活，短到隔夜，长到几个月，可以根据具体需要来确定。回购协议实质上是一种短期抵押融资方式，那笔被借款方先售出后又购回的金融资产即是融资抵押品或担保品。

④ 欧洲货币市场借款。西方各国银行在国际金融市场上的借款活动多在欧洲货币市场进行。欧洲货币市场既不受交易货币发行国的管制，也较少受到交易所在国的约束，在税收、利率、法定存款准备金等方面的负担或限制均较国内宽松，这对于巨额资金需求者是一个理想的筹资场所。短期资金借贷是欧洲货币市场最主要的业务，期限短可 1 天，长可 1 年，一般为 7 天至 3 个月。借贷活动一般不签署书面合同，亦无需提供担保品，交易通过电话或电传就可以协商完成。借款利率由交易双方依据 LIBOR 为基准具体商定，借款金额一般以百万美元为起点单位。

（2）长期借款

商业银行借入的期限在一年以上的借款统称为长期负债。商业银行的长期借款一般采用发行金融债券的形式，即根据资金运用的项目需要，有针对性地发行约期付息、定期还本的债务凭证以筹集长期资金。

商业银行发行的金融债券根据筹措的资金能否计入银行资本，可以分为一般性金融债券和资本性金融债券。

① 一般性金融债券指的是商业银行为筹集用于长期贷款、投资等业务资金而发行的债券。按类别有普通金融债券、累进利息金融债券和贴现金融债券。普通金融债券是定期存单式的到期还本付息的债券，这种债券类似于定期存单，但它具有金融债券的全部本质特征。累进利息金融债券是浮动期限式的、利率和期限挂钩的金融债券，其期限通常在 1～5 年，利息采用累进制方法计算。贴现金融债券也称贴水债券，是指银行在一定时间和期限内，按一定的贴现率以低于债券面额的价格折价发行的债券。这种债券券面上不附有息票，到期按面额还本付息，不再计利息，其利息就是债券发行价格与票面价格的差额。我国银行发行的大多是普通金融债券，目前也发行累进利息金融债券和贴现金融债券。

② 资本性债券是为弥补银行资本不足而发行的，介于存款负债和股票资本之间的一种债务，《巴赛尔协议》称之为附属资本或次级长期债务。它对银行收益的资产分配要求权优先于普通股和优先股、次于银行存款和其他负债。这种资本性的长期债券与优先股有着某种相似之处，所不同的是它一般要付出比优先股更高的利息，还有到期归还的限制。商业银行过多持有这种债券对银行信誉是不利的，故《巴赛尔协议》对附属债务资本有着严格的数量限制。

4.1.2 商业银行的资产业务

商业银行的资产业务包括现金资产、贷款业务和证券投资业务。

1. 现金资产

现金资产有广义和狭义的理解。狭义的现金资产是指商业银行的库存现金，但一般意义上的现金资产是指广义的现金资产，是指商业银行所持有的现金以及与现金等同随时可用于支付的资产，是商业银行流动性需要的第一道防线。广义的现金资产包括商业银行的库存现金、在中央银行的存款、在同业的存款以及临时占用的客户的资金。从经营的角度看，商业银行持有现金资产的主要目的是为了应付各种日常支付的需要，满足流动性需求。

（1）库存现金

库存现金是指商业银行保存在金库中的现钞和硬币。库存现金的主要作用是银行用来应付客户提现和银行本身的日常零星开支，因此，任何一家营业性的银行机构，为了保证对客户的支付，都必须保存一定数量的现金。但由于库存现金是一种非盈利性资产，而且保存库存现金还需要花费银行大量的保卫费用，因此从经营的角度讲，库存现金不易保存过多。库存现金的经营原则就是保持规模适度。

（2）在中央银行存款

在中央银行存款是指商业银行存放在中央银行的资金，即存款准备金。在中央银行存款由两部分构成：一是法定存款准备金，二是超额存款准备金。法定存款准备金是按照法定比率向中央银行缴存的存款准备金。存款准备金政策的最初目的是为了银行备有足够的资金，以应付存款人的提存，避免因流动性不足而产生清偿力危机，导致银行破产。超额准备金是指中央银行存款账户中超出了法定存款准备金的那部分存款，银行可以用来进行日常的各种支付和放贷活动，如票据的清算，电子资金划拨和其他交易。当银行库存现金不足时也可随时从该账户中提取现金。超额准备金是商业银行的可用资金，在存款准备金总量一定的情况下，他与法定存款准备金存在此消彼长的关系。

（3）存放同业存款

存放同业存款是指商业银行存放在代理行和相关银行的存款。在其他银行保持存款的目的，是为了便于银行在同业之间开展代理业务和结算业务。由于存放同业的存款属于活期存款性质，可以随时支用，所以可以视同为银行的现金资产。

（4）在途资金

在途资金也称托收未达款项，是指本行通过对方银行向外地付款单位或个人收取的票据款项。在途资金在收妥之前，是一笔占用的资金，又由于通常在途时间较短，收妥后即成为存放同业存款，所以，将其视同为现金资产。

2. 贷款业务

贷款是商业银行作为贷款人按照一定的贷款原则和政策，以还本付息为条件，将一定数量的货币资金提供给借款人使用的一种借贷行为。作为一种借贷行为，一笔贷款由贷款对象、贷款用途贷款额度、贷款价格、贷款期限担保方式、还款方式等基本要素构成。贷款业务是商业银行最重要的资产业务，贷款利息收入是银行主要的收入来源，各国商业银行都非常重视对贷款业务的管理。

（1）贷款的流程

每一笔贷款从申请到收回要经历以下 8 个环节。

① 贷款申请。借款人需要贷款，应当向银行机构直接申请。借款人应当填写包括借款金额、借款用途、偿还能力及还款方式等主要内容的《借款申请书》并提供以下资料：借款人及保证人基本情况；财政部门或会计（审计）事务所核准的上年度财务报告，以及申请借款前一期的财务报告；原有不合理占用的贷款的纠正情况；抵押物、质押物清单和有处分权人的同意抵押、质押的证明及保证人拟同意保证的有关证明文件；项目建议书和可行性报告；贷款人认为需要提供的其他有关资料。

② 贷款调查。贷款人受理借款人申请后，应当对借款人的信用等级以及借款的合法性、安全性、盈利性等情况进行调查，核实抵押物、质押物、保证人情况，测定贷款的风险状况。

③ 对借款人的信用等级评估。应当根据借款人的领导者素质、经济实力、资金结构、履约情况、经营效益和发展前景等因素，评定借款人的信用等级。评级可由贷款人独立进行，内部掌握，也可由有权部门批准的评估机构进行。

④ 贷款审批。贷款人应当建立审贷分离、分级审批的贷款管理制度。审查人员应当对调查人员提供的资料进行核实、评定，复测贷款风险情况，提出意见，按规定权限报批。

⑤ 签订借款合同。所有贷款应当由贷款人与借款人签订借款合同。借款合同应当约定借款种类，借款用途、金额、利率，借款期限，还款方式，借、贷双方的权利、义务，违约责任和双方认为需要约定的其他事项。保证贷款应当由保证人与贷款人签订保证合同，或保证人在借款合同上载明与贷款人协商一致的保证条款，加盖保证人的法人公章，并由保证人的法定代表人或其授权代理人签署姓名。抵押贷款、质押贷款应当由抵押人、出质人与贷款人签订抵押合同、质押合同，需要办理登记的，应依法办理登记。

⑥ 贷款发放。借款合同生效后，银行就应按合同规定的条款发放贷款。在发放贷款时，借款人应先填好《借款借据》，经银行经办人员审核无误后，由信贷部门负责人或主管行长签字盖章，送银行会计部门，将贷款足额划入借款人账户，供借款人使用。贷款人不按合同约定按期发放贷款的，应偿付违约金，借款人不按合同约定用款的，应偿付违约金。

⑦ 贷后检查。贷款发放后，贷款人应当对借款人执行借款合同情况及借款人的经营情况进行追踪调查和检查。检查的主要内容包括：借款人是否按合同规定的用途使用贷款；借款人资产负债结构的变化情况；借款人还款能力，即还款资金来源的落实情况等。对违反国家有关法律、法规、政策、制度和《借款合同》规定使用贷款的，检查人员应及时予以制止并提出处理意见。对问题突出、性质严重的，要及时上报主管领导直至上级行采取紧急措施，以尽量减少贷款的风险损失：

⑧ 贷款收回。借款人应当按照借款合同规定按时足额归还贷款本息。贷款人在短期贷款到期 1 个星期之前、中长期贷款到期 1 个月之前，应当向借款人发送还本付息通知单；借款人应当及时筹备资金，按时还本付息。贷款人对逾期的贷款要及时发出催收通知单，做好逾期贷款本息的催收工作。贷款人对不能按借款合同约定期限归还的贷款，应当按规定加罚利息；对不能归还或者不能落实还本付息事宜的，应当督促归还或者依法起诉。借款人提前归还贷款，应当与贷款人协商。

（2）贷款的信用评估

在贷款管理中，信用评估是非常重要的一个环节。对借款人进行信用评估是为了分析其未来的还款能力。影响借款人未来还款能力的因素主要有财务状况、现金流量、信用支持以及非财务因素。

①“6C”原则。国际上通行的一种评价借款人资信状况的方法是“6C”原则，是指品质（Character）、能力（Capacity）、现金（Cash）、抵押（Collateral）、环境（Conditions）和控制（Control）。

a．品质：品质是指借款人诚实守信，愿意履行贷款契约并有能力按时足额偿还贷款。对借款人的品质判断可以依据客户以往还款记录、其他贷款人与该客户往来的经验以及客户的信用评级。只有确认借款人具有对贷款认真负责的态度，才能考虑发放贷款。

b. 能力：能力是指贷款人具有借款的资格和行使法律义务的能力。对于没有合法资格的借款人，银行不能与之签署贷款协议。

c. 现金：现金是可以直接用于偿还贷款的，只有充足的现金流才能保证银行贷款的及时偿还。因此，信贷员要用现金流量分析法判断借款人的现金状况，以确定其偿还贷款的能力。

d. 抵押：按照规定，抵押贷款到期，客户无法偿还贷款的，银行可将抵押品依法拍卖或按抵押贷款及应收利息之和作价入账。因此，借款人用于抵押的资产质量、易售性、价值稳定性等是银行关心的问题，它们关系到贷款安全的保障程度。

e. 环境：环境是指借款人或行业的近期发展趋势、经济周期变化对借款人的影响等，这需要银行通过阅读借款者的信息档案获得。

f. 控制：控制是指借款人受政府法律、金融法规的控制程度或借款人对其变化的敏感程度，主要涉及法律的改变、监管当局的要求和一笔贷款是否符合银行的质量标准等问题。政府法规的变化往往会改变一个行业和一个企业的借款条件，因此这些改变要引起银行的关注。

② 企业贷款的信用评估。对企业的信用评估要从财务分析、抵押担保分析和非财务分析 3 个方面进行。

a. 财务分析也就是通常所说的对企业第一还款来源的分析，是以借款人的财务报表为主要依据，采用专门的方法，系统分析和评价借款人过去和现在的财务状况、经营成果和现金流量及其变动，其目的是了解过去、评价现在、预测未来。财务分析最基本的功能是将大量的报表数据转换成对贷款决策有用的信息，以减少决策的不确定性。分析比较借款人的财务报表有助于银行确定借款人的信用，从而决定是否发放贷款和发放多少贷款。

财务分析分为报表分析和比率分析两部分。

报表分析是对资产负债表、利润表和现金流量表进行分析。资产负债表反映企业在某一特定日期（如月末、季末、年末）全部资产、负债和所有者权益情况，是揭示企业在一定时点财务状况的静态报表。通过分析资产负债表，银行可以确定企业的营运能力、偿债能力和杠杆情况；利润表反映了借款人在某一会计期间的经营成果。银行分析借款人的利润表的目的在于了解借款人的盈利能力，确定还款的可能性；现金流量表是以现金（广义）为基础编制的，用来反映借款人一定时期现金和现金等价物流入、流出情况的财务报表。通过分析现金流量表，可以了解借款人的经营活动、投资活动和筹资活动的现金流入流出情况，从而有助于确定借款人的还款来源，为贷款决策提供最直接的依据。

在对报表分析的基础上，根据报表中的数据，银行要确定企业的偿债能力、经营效率和盈利能力。这些能力的分析是通过对一些具体的财务指标分析的基础上得出的。例如，评价企业偿债能力的指标具体又分为短期偿债能力和长期偿债能力，反映短期偿债能力的指标主要有流动比率、速动比率、现金比率；反映借款人长期偿债能力的指标主要有资产负债率、产权比率、有型净值债务率、利息保障倍数等。

b. 抵押担保分析。担保是对贷款按时偿还的信用支持，被称为第二还款来源。我国银行目前的贷款担保包括保证贷款、质押贷款和抵押贷款等 3 种。银行根据《担保法》中的保证方式向借款人发放的贷款称为保证贷款。银行发放保证贷款，贷款保证人就应当按法律规定承担债务的一般保证或连带责任保证，当债务人不能履行还款责任时由保证人负责偿还。银行以《担保法》中规定的质押方式发放的贷款称为质押贷款。在发放质押贷款时，借款人应将质押财产做法定的移交，但可以不做实际的实物交付，只交付储放货物的仓库钥匙或货物的仓储公司出具的寄存人的进仓单即可。

银行以《担保法》中规定的抵押方式做担保而发放的贷款，就是抵押贷款。

c．非财务因素的分析。非财务因素是指借款企业财务因素变动以外的因素。非财务因素可能导致银行贷款的风险，虽然不能直接通过财务指标加以量化，但是他对企业乃至对银行贷款都至关重要。商业银行的贷前调查、贷中审查以及贷后检查都必须关注企业的非财务因素。非财务因素包括对借款人的行业风险因素分析，经营风险因素分析，管理风险因素分析，自然、社会因素分析以及借款人还款意愿分析等内容。

③ 个人贷款的信用评估。个人信用评估的可以从偿债意愿、偿债能力和抵押品 3 个方面进行。

a．偿债意愿。评估个人偿债意愿主要是考察其品德。银行通过面谈和过去的信用记录来证实个人偿还贷款的意愿。例如，银行直接或间接地了解个人受教育程度、与雇主或同事之间的关系，违反法规的情况、婚姻状况以及过去信用消费是否做到按时还款等。银行在证实这些信息的真实性基础上受理个人消费贷款申请。

b．偿债能力。偿债能力是指个人未来偿还贷款的潜力。这一潜力可以通过职业与收入、家庭财产状况、债务状况等方面指标反映。

c．抵押品。个人贷款一般都需要抵押品。不同类型的个人贷款对抵押品的要求也不同。信用卡透支无需提供抵押品，根据持卡人的信用记录来确定透支消费金额。分期付款的消费贷款通常是购买不动产与耐用消费品，抵押品常常是贷款所购买这些商品的本身，按照所购买商品实际价值的 50%～70%作为贷款金额。对家庭财产贷款视个人信誉度与还款意愿而决定是否要求个人提供所购家庭财产以外的抵押品。

（3）贷款的五级分类。五级分类法就是按照贷款的风险程度以及贷款偿还的可能性，将贷款划分为 5 类，即正常类、关注类、次级类、可疑类、损失类。五级分类法是美国、加拿大、香港等大多数国家和地区采用的一种贷款质量分类的管理方法。1999 年以前，我国对贷款质量的评价一直采用“一逾两呆”的评价方法，即是将贷款分为正常贷款、逾期贷款、呆滞贷款和呆账贷款，其中后 3 类为不良贷款。这种简单地根据贷款是否逾期和逾期时间长短来判断贷款是否安全的评价方法无法准确反映贷款的真实风险程度。从 1999 年起，我国开始推广使用贷款五级分类法。

贷款分类的目的是监管机构和银行自身为了掌握贷款的风险程度以及贷款偿还的可能性。贷款分类的结果可以反映出一笔贷款的风险程度。为了帮助信贷人员对贷款的类别作出准确判断，中国人民银行制定的贷款五级分类法列出了不同风险程度的各类贷款的特征，如表 4-1 所示。

表 4-1　贷款五级分类的主要特征

类别	主要特征
正常类	借款人有能力履行承诺，并对贷款的本金和利息进行全额偿还，没有问题贷款
关注类	① 净现金流量减少 ② 借款人销售收入，经营利润在下降，或净值开始减少，或出现流动性不足的征兆 ③ 借款人的一些关键财务指标低于行业平均水平或有较大下降 ④ 借款人的还款意愿差，不与银行积极合作 ⑤ 贷款的抵押品、抵押品价值下降 ⑥ 银行对抵押品失去控制 ⑦ 银行对贷款缺乏有效的监督等
次级类	① 借款人支付出现困难，并难以按市场条件获得新资金 ② 借款人不能偿还对其他债权人的债务 ③ 借款人内部管理问题未能解决，妨碍债务的及时足额偿还 ④ 借款人采取隐瞒事实等不正当手段套取贷款

续表

类别	主要特征
可疑类	① 借款人处于停产，半停产状态 ② 固定资产贷款项目处于停缓状态 ③ 借款人已资不抵债 ④ 银行已诉诸法律来收回贷款 ⑤ 贷款经过重组仍然逾期，或仍然不能正常归还本息，还款状况没有得到明显改善
损失类	① 贷款人无力还款、抵押品价值低于贷款额 ② 抵押品价值不确定 ③ 借款人已彻底停止经营活动 ④ 固定资产贷款项目停止时间很长，复工无望等

当银行对所有贷款都进行了分类以后，银行整体贷款的质量就会一清二楚了。如果把它们量化，可以归纳出若干个指标。

① 不良贷款余额/全部贷余额。不良贷款是次级类、可疑类、损失类等类贷款的总称。不良贷款余额与全部贷款余额的比例可以说明银行贷款质量的恶化程度。如果进行细致的划分，还可以用以下比率。

a．次级类贷款余额/全部贷款余额。

b．可疑类贷款余额/全部贷款余额。

c．损失类贷款余额/全部贷款余额。

通过以上比率的计算，可以更清楚地反映银行不良贷款的分布，以便找到问题的集中点。

②（正常类贷款余额+关注类贷款余额）/全部贷款余额这一比率反映的是贷款的总体安全程度，还可以细分如下。

a．正常类贷款余额/全部贷款余额。

b．关注类贷款余额/全部贷款余额。

正常类贷款比例和关注类贷款比例还能够反映贷款的变化趋势。如果关注类贷款比例在增长，则说明银行贷款安全程度在降低。

3．证券投资业务

在现代商业银行的总资产中，证券投资占据重要的地位。投资业务已经成为商业银行重要的资产业务，不但为银行提供灵活的流动性且带来丰厚的收益，还为银行在资产优化配置、分散风险和合理避税等方面起到积极作用。

商业银行投资证券的工具可分三大类：货币市场工具、资本市场工具和创新投资工具。

（1）货币市场工具

货币市场工具包括所有到期期限在 1 年以内的金融工具与证券。商业银行最普遍使用的投资工具主要有：短期国库券、距到期日不到 1 年的中长期国库券、政府机构证券、存款单、银行承兑票据、短期市场债券和国际欧洲货币存款等。这些货币市场工具往往具有很高的流动性，同时又具有一定的收益性，是商业银行管理流动性风险的有效工具。银行是货币市场工具的主要投资者。

（2）资本市场工具

这类金融工具包括所有到期期限在 1 年以上的证券。商业银行投资的该类证券主要有：期限在 1 年以上的中长期国库券、中长期市政债券、公司票据和公司债券、股权证券等。在这类债券中，中长期国库券没有违约风险，其流动性也较强；市政债券的流动性次之，有一定的违约风险，但其利息收入常可以免缴所得税；公司债券有较高的违约风险和利率风险，故商业银行一般只购买信用等级在投资级以上的公司债券；股权证券由于风险较高，商业银行一般只投资于优先股。

（3）创新投资工具

20 世纪 80 年代末以后，商业银行大幅度减少了对传统证券的投资，转而大量购买新出现的金融投资工具。这些新工具主要包括结构化票据、证券化资产和剥离证券等。银行投资结构化票据主要是为保护自身免受利率变动的影响，但结构化票据的组成及定价极为复杂，投资失误会招致巨大的损失。在资产支持证券中，商业银行主要投资于住房抵押贷款支持的证券，主要有三大类：过手证券、抵押担保证券和抵押支持债券。

4.1.3 商业银行的中间业务

中间业务是指不在商业银行资产负债表内反映，银行不运用或较少运用自身经营资金，而以中间人身份替客户办理收付和其他委托事项，提供各类金融服务并收取手续费的业务活动。

1. 中间业务与表外业务

在我国，习惯上将资产负债业务以外的其他业务统称为中间业务，而西方国家则称为表外业务。

巴塞尔委员会将商业银行表外业务分为广义表外业务和狭义表外业务。广义表外业务包含狭义表外业务和传统的表外业务。狭义表外业务也称为创新的表外业务，商业银行在办理这类业务时虽然没有发生实际的货币收付，银行也没有垫付资金，但是由于它同银行资产负债业务密切相关，在一定条件下能转变为资产负债业务，同时在银行资产负债表中得到反映，因此，按照与资产负债业务的关系，这种表外业务又可称为或有资产业务与或有负债业务。这类业务包括贷款承诺、担保、互换、期权等。由于这类业务是伴随着国际金融市场及现代化信息技术的发展而发展起来，产生时间相对较短，因此也可称之为新兴表外业务。传统的表外业务即金融服务类业务，如支付结算业务，代理业务，咨询业务、租赁业务等。金融服务类业务与商业银行资产负债业务相伴而生，存在的历史悠久，而且没有风险，相对安全，所以也可称之为传统的表外业务。

我国的中间业务即广义的表外业务。我国将中间业务中的金融服务类业务称为传统的中间业务，也即传统的表外业务；我国的中间业务中涉及风险的业务属于或有资产与或有负债业务，也即狭义的表外业务。

2. 中间业务的分类

中间业务范围广泛，涵盖结算、代理、担保、信托、租赁、融资、信息咨询、衍生金融工具交易等，因此对中间业务的分类也有不同的标准。

（1）按中间业务的风险分类

巴塞尔委员会从中间业务的风险角度将其分为两大类：金融服务类中间业务和或有债权、或有债务中间业务。金融服务类中间业务，是指那些只能为银行带来服务性收入而又不会影响银行表内业务质量的业务，包括与贷款有关的业务、信托和咨询业务、代理业务、支付业务等。或有债权、或有债务类中间业务，是指不在资产负债表内反映，但在一定条件下会转化为资产或负债业务的中间业务，包括贷款承诺、担保业务、金融衍生业务和投资银行业务等。

（2）按中间业务的功能与性质分类

中国人民银行在《关于落实〈商业银行中间业务暂行规定〉有关问题的通知》（2002）中，将国内商业银行中间业务分为 9 类。

① 支付结算类中间业务，指由商业银行为客户办理因债权债务关系引起的与货币支付、资金划拨有关的收费业务，如支票结算、进口押汇、承兑汇票等。

② 银行卡业务，是由经授权的金融机构向社会发行的具有消费信用、转账结算、存取现金等全部或部分功能的信用支付工具。

③ 代理类中间业务，指商业银行接受客户委托、代为办理客户指定的经济事务、提供金融服务并收取一定费用的业务，包括代理政策性银行业务、代收代付款业务、代理证券业务、代理保险业务、代理银行卡收单业务等。

④ 担保类中间业务，指商业银行为客户债务清偿能力提供担保，承担客户违约风险的业务。包括银行承兑汇票、备用信用证、各类保函等。

⑤ 承诺类中间业务，是指商业银行在未来某一日期按照事前约定的条件向客户提供约定信用的业务，包括贷款承诺、透支额度等可撤销承诺和备用信用额度、回购协议、票据发行便利等不可撤销承诺两种。

⑥ 交易类中间业务，指商业银行为满足客户保值或自身风险管理的需要，利用各种金融工具进行的资金交易活动，包括期货、期权等各类金融衍生业务。

⑦ 基金托管业务，是指有托管资格的商业银行接受基金管理公司委托，安全保管所托管的基金的全部资产，为所托管的基金办理基金资金清算款项划拨、会计核算、基金估值、监督管理人投资运作。

⑧ 咨询顾问类业务，是商业银行依靠自身在信息和人才等方面的优势，收集和整理有关信息，结合银行和客户资金运动的特点，形成系统的方案提供给客户，以满足其经营管理需要的服务活动，主要包括财务顾问和现金管理业务等。

⑨ 其他类中间业务，包括保管箱业务以及其他不能归入以上 8 类的业务。

《商业银行中间业务暂行规定》对商业银行中间业务类别的划分是参照当时银行中间业务的具体情况划分的，现在各银行中间业务发展迅速，依据什么标准对中间业务进行分类，取决于其经营管理的需要。例如，国有商业银行中，工商银行与建设银行将中间业务产品分为结算、代理、银行卡、托管类、委托贷款、房改金融、咨询顾问、担保类、其他类等 9 项，而中国银行和农业银行则分为结算、代理、银行卡、托管和其他类等 5 项。

专栏4.1

中国银监会对商业银行表外业务的规定

2011年3月，中国银监会发布了《商业银行表外业务风险管理指引》(下称《指引》)，对商业银行表外业务的规范经营制订了相关规则。《指引》称表外业务是商业银行从事的，按照现行的会计准则不计入资产负债表内，不形成现实资产负债，但有可能引起损益变动的业务，包括担保类、部分承诺类两种类型业务。商业银行应当建立计量、监控、报告各类表外业务风险的信息管理系统，全面准确反映单个和总体业务风险及其变动情况。

但是，近年来，随着银行业金融机构表外业务快速发展，现行规则已难以适应当前表外业务的监管与管理需要，为适应商业银行表外业务出现的新变化和新趋势，银监会将对《商业银行表外业务风险管理指引》进行修订，并向社会公开征求意见。

新《指引》扩展了表外业务定义范围，增加了新兴表外业务类型，构建了全面、统一的表外业务管理和风险控制体系，理顺了各类表外业务的风险本质、法律关系和对应管理要求，有利于引导商业银行规范发展表外业务，有效防范金融风险。新《指引》根据表外业务特征和法律关系，将表外业务分为担保承诺类、代理投融资服务类、中介服务类、其他类等。另外要求，商业银行董事会对表外业务的管理承担最终责任，负责审批表外业务的发展战略、重要的业务管理和风险管理制度、风险限额、授权等。新《指引》还要求商业银行将表外业务纳入全面风险管理体系，多所承担的信用风险、市场风险、操作风险、流动性风险、声誉风险以及其他风险及时识别、计量、评估、监测、报告、控制或缓释，并建立业务、风险、自办相关联的管理机制，未制定相关政策制度的，不得开展该项表外业务。

新《指引》提出，商业银行开展表外业务，应当遵循五项原则：一、全覆盖原则，商业银行应当对表外业务实施全面统一管理，覆盖表外业务所包含的各类风险；二、分类管理原则，商业银行应当区分自营业务与代客业务；区分不同表外业务的性质和承担的风险种类，实行分类管理；三、实质重于形式原则，商业银行应当按照业务实质和风险实质归类和管理表外业务；四、内控优先原则，商业银行开办表外业务，应当坚持风险为本、审慎经营的理念，坚持合规管理、风险管理优先；五、信息透明原则。商业银行应当按照监管要求披露表外业务信息。

来源：韩雪萌，商业银行开展表外业务应遵循五原则，金融时报/2016年/11月/24日/第001版

4.2 商业银行资产负债管理

资产负债管理是指商业银行按照某种策略进行资金配置，从而实现安全性、流动性和盈利性的组合目标。它既不是单纯地考虑资金运用（如信贷、证券投资等），也不是单纯地考虑资金来源（如资本金、存款、借款等），而是综合地考虑资产和负债，按照既定经营目标对整体资金的配置和组合进行调整。在商业银行漫长的历史发展中，由于各个历史时期经营环境的变化，以及商业银行自身业务的拓展、业务种类的创新，资产负债管理的理论与实践，也经历了一个历史的演变过程。

4.2.1 资产负债管理理论的演变

从全球商业银行发展的轨迹来看，商业银行资产负债管理理论大致经历了资产管理理论、负债管理理论、资产负债管理理论以及资产负债外管理理论4个发展阶段。

1. 资产管理理论

资产管理理论是资本主义自由竞争阶段商业银行所奉行的经营管理理论，从时间段上来看，大致在20世纪60年代之前。资产管理理论认为：银行资金来源的结构和规模是银行自身无法控制的外生变量，完全取决于客户存款的意愿与能力，银行不能主动的扩大资金来源，而资产业务的规模和结构，则是其自身能够控制的变量，银行应主要通过对资产规模、结构和层次的管理来保持适当的流动性，实现其经营管理目标。资产管理理论又经历了商业贷款理论、资产转换理论和预期收入理论3个不同的发展阶段。

（1）商业贷款理论

商业贷款理论是最早的资产管理理论。该理论认为商业银行的资金来源主要是流动性很强的活期存款，因此商业银行资金的运用只能是短期的工商企业周转性贷款。这种贷款期限较短，却以真实的商业票据作为贷款的抵押。这些票据到期后会形成资金自动偿还，所以该理论又被称为自偿性贷款理论或真实票据理论。商业性贷款理论认为商业银行不宜发放不动产抵押贷款和消费贷款，即使发放这些贷款，也应将其限定在银行自有资本和现有储蓄存款水平范围内。该理论的缺陷在于：首先，忽视了活期存款的余额有相对稳定的一面，从而使银行资金配置集中在盈利性较低的短期流动资金贷款上；其次，以真实票据为抵押的商业贷款的自偿性是相对的，在经济衰退阶段，票据违约现象相当普遍，从而使真实票据的自偿程度大大降低；再次，由于商业银行的资金运用限定在商

业流动资金贷款上，而不拓展其他贷款和资产运用业务，使商业银行的业务局限在十分狭窄的范围内，不利于银行发展和分散风险。

（2）资产转换理论

第一次世界大战前后西方各国军费开支增加，经济衰退，政府借款需求急剧增加。这些国家开始大量发行国债。商业银行也逐步把资金部分转移到购买政府证券中去，资产可转换理论应运而生。资产转换理论突破了商业性贷款理论对商业银行资产运用的狭窄局限，使银行在注重流动性的同时扩大了资产组合的范围。资产转换理论的不足之处在于过分强调通过运用可转换资产来保持流动性，限制了银行高盈利性资产的运用。此外，可转换资产的变现能力在经济危机时期或证券市场需求不旺盛时会受到损害，从而影响银行的流动性和盈利性的实现。

（3）预期收入理论

预期收入理论产生于 20 世纪 40 年代，由美国经济学家普鲁克诺于 1949 年在《定期存款及银行流动性理论》一书中提出。该理论认为，银行资产的流动性取决于借款人的预期收入，而不是贷款的期限长短。借款人的预期收入有保障，期限较长的贷款可以安全收回，借款人的预期收入不稳定，期限短的贷款也会丧失流动性。因此，预期收入理论强调的是贷款偿还与借款人未来预期收入之间的关系，而不是贷款的期限与贷款流动性之间的关系。该理论的不足之处在于借款人未来预期收入具有不确定性，很容易受外部环境的影响，借款人自身可能无法准确预测其未来的现金流，而独立于借款人之外的商业银行所预测的借款人未来收入更可能与实际情况相去甚远。因此，预期收入理论增加了银行的信贷风险。

资产管理理论强调银行经营管理的重点是资产业务，强调流动性为先的管理理念，其管理思想的发展经历了 3 个阶段，对管理的手段、内容及银行流动性保持的认识也在逐步深化。在 20 世纪 60 年代以前的一百多年里，该理论对整个商业银行业务的发展以及商业银行在金融业地位的巩固起到了重要作用。

2. 负债管理理论

20 世纪 60 年代以后，经济金融环境发生了很大变化，商业银行资产管理理论对其经营发展而言，就显得比较保守落后了。在金融创新的推动下，银行经营管理理论也发生了一次重大变革，负债管理理论取代资产管理理论，成为指导商业银行经营管理的一种重要思想。

负债管理理论主张商业银行资产应该按照既定的目标增长，主要通过调整资产负债表的负债方的项目，通过在货币市场上的主动负债，或者购买“资金”来支持资产规模扩张，实现银行“三性”目标的最佳组合。负债管理理论开辟了满足银行流动性要求的新途径，改革了长期以来银行管理仅从资产应用角度来维持流动性的传统做法。

负债管理一改传统流动性管理中严格期限对称的原则和追求盈利性时强调存款制约的原则，不再主要依赖维持较高水平现金资产和出售短期证券来满足流动性需要，而是积极主动在货币市场上“购买”资金来满足流动性需求和不断适应目标资产规模扩张的需要。

3. 资产负债综合管理理论

自 20 世纪 70 年代中期开始，由于市场利率大幅上升，负债管理在负债成本及经营风险上的压力越来越大。80 年代后，西方各国先后取消或放松利率管制，银行界甚至整个金融界出现金融自由化浪潮，种类繁多的浮动利率资产和浮动利率负债品种纷纷涌现。商业银行争取到在金融市场上主动融资权的同时，也面临新的风险，即利率风险。在市场利率波动的环境下，资产和负债的配置状态极有可能对银行利润和经营状况产生很大影响，商业银行迫切需要一种新的更为有效地经营管理指导思想。而在此时，计算机技术有了很大的发展，在银行业务和管理上的运用越来越广泛，银行经营管理的观念随之逐渐改变，由负债管理转向更高层次的系统管理——资产负债综合管理。90 年代中后期开始，资产负债管理逐步成为商业银行主流的经营管理方法，目前已成为发达经济体商业银行全面风险管理体系的重心，资产负债管理水平的高低直接影响着商业银行的经营管理水平和竞争力。

商业银行资产负债综合管理的原则如下。

（1）规模对称原则

规模对称原则中的对称指的就是在经济合理增长的基础上，保证商业银行资产与负债达到一种动态平衡。对于商业银行来说，规模对称原则要求在资产与负债尽可能在总额上保持同步增长，实现动态平衡，进而降低商业银行获取利润的风险，减小商业银行发展的依赖性。

（2）结构对称原则

结构对称原则指的就是商业银行在考虑负债结构、利率水平、流转速度的情况下，对其资产期限与结构进行确定。针对这一原则来说，主要包括两点内容：一是偿还期对称，其指的就是在商业银行中，为了确保现金流不会出现巨大浮动，保证资产与负债在偿还期内尽量对称；二是成本结构对称，其指的就是在商业银行中，为了确保资金的安全使用，要求负债成本高低和资本成本高低相对称，假如负债成本较高，理论上，资产成本也要较高，相反亦然。与此同时，成本结构对称在运用资产过程中，需要对负债情况进行充分考虑。

（3）增量存量结合原则

增量存量结合原则指的就是商业银行需要对资产与负债的增量及存量进行综合管理，其主要体现在两个方面：一方面，提高增量，进而强化资产与负债的增量管理，实现资产与负债配置的优化，尽可能拓展商业银行经营管理规模；另一方面，强化商业银行资产与负债的存量调整，尽可能减小商业银行的经营风险。

（4）目标互补原则

互补原则指出商业银行的盈利性、流动性、安全性均是动态的，并且也是互相补充的。在某些情况下，盈利性的提高可以对流动性、安全性的降低予以弥补。在商业银行经营发展中，单纯唯一的资产配置是不理想的，需要对盈利性、流动性、安全性进行综合分析，进而实现商业银行效用的最大化，达成预期的经营目标。

4. 资产负债外管理理论

20 世纪 80 年代末，在西方各国放松金融管制和金融自由化的背景下，银行业的竞争更加激烈，来自传统存贷业务的利差收入越来越少，银行必须开发新的利润增长点。同时，随着技术的进步和金融创新的发展，新的融资工具和业务方式层出不穷，为银行业务范围的拓展提供了新的可能性，于是资产负债外管理理论悄然而起。

资产负债外管理理论认为，银行应从正统的负债业务和资产业务以外去开辟新的业务领域和盈利来源，即在存贷业务之外可以大力开拓期货、期权等衍生金融工具的交易，并提倡将原本资产负债表内的业务转化为表外业务，如将贷款转让给第三者，将存款转售给急需资金的单位等。资产负债外管理理论并不是对资产负债综合管理理论的否定，而是对它的补充。前者用于管理银行表外业务，后者用于管理银行表内业务。目前，二者都被应用于发达国家商业银行的业务经营管理之中。

4.2.2 资产负债管理的主要内容

商业银行同其他工商企业一样，需要满足股东价值最大化的目标，而银行经营货币的特征又要求银行必须在安全性、流动性和盈利性之间寻求必要的平衡。因此，商业银行资产负债管理的目标就是通过对资金来源和资金运用结构的优化配置，在确保银行安全性、流动性的前提下实现股东价值最大化。

要实现股东价值最大化的资产负债管理目标，银行需要进行必要的资产负债管理活动。总体来讲，资产负债管理的主要内容包括以下几个方面。

（1）测量银行应主导利率、汇率变动带来的不利变化所形成的经营风险。

（2）制定包括风险限额在内的银行所能承受的风险管理政策。

（3）通过下列方法优化资产负债表结构：在贷款和投资间分配资源；管理贷款构成结构和投资构成结构；管理资金来源；制定影响贷款、投资和存款到期日和再定价特征的措施。

（4）决定和传达制定的风险管理政策。

（5）进行套期保值活动或投机活动。

（6）确保银行贷款和存款定价决策、风险管理政策相一致。

（7）协调影响利率、汇率风险的其他银行活动。

（8）用下列活动协调利率风险管理：信贷风险管理；流动性管理；资本管理；其他银行政策目标。

（9）监督对资产负债管理政策所规定限额的执行情况。

4.2.3 资产负债管理的方法

商业银行资产负债管理的方法包括：资金库法、资产分配法、线性规划法、利率敏感性缺口管理法和持续期缺口管理法。

1. 资金库法

资金库法的主要内容是：银行将各种渠道的资金汇集在一起，形成一个资金库或资金池，资金库中的资金被无差别地视同为同质的单一来源，然后再将其分配到各种不同的资产上去，分配的顺序满足资产流动性的需求。资金库法按照一级储备（包括库存现金、在中央银行的存款、同业存款以及托收中的现金）、二级储备（国库券、地方政府债券、银行承兑票据）、各类贷款、长期证券的顺序分配，如图 4-1 所示。

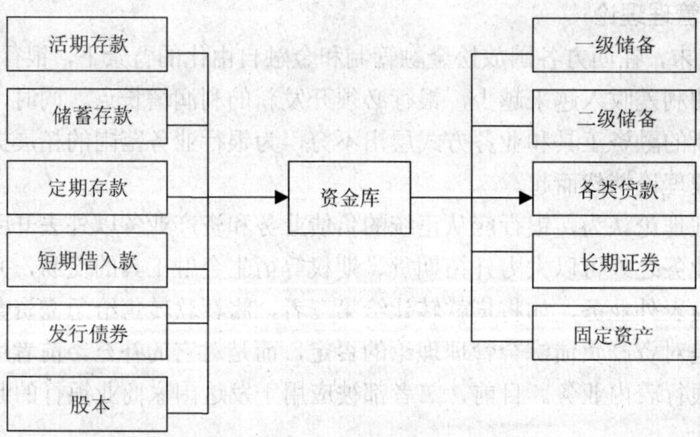

图 4-1 资金库法

这种方法的优点是简单易懂，管理成本较低，其主要缺陷在于：一是认为资产流动性保证仅来自资产的运用，而忽略了从资金来源的角度考虑流动性的取得；二是对主要盈利性资产的管理只是偏重于总量管理，而忽视贷款结构对流动性的影响；三是忽视了足够的盈利能力是银行生存与发展的基础这一基本前提，过分偏重流动性的保持而缺乏有效的盈利控制机制。

2. 资金分配法

资金分配法的主要内容是：商业银行在把现有的资金分配到各类资产上时，应使各种资金来源的流通速度或周转率与相应的资产期限相适应，即银行资产与负债的偿还期应保持高度的对称关系，所以也称期限对称方法。那些具有较低周转率或相对稳定的资金来源应分配到相对长期的、收益高的资产项目上；反之，周转率较高的不稳定存款则主要应分配到短期的、流动性高的资产项目上。例如，活期存款有较高的周转率和准备金比率，其偿还期被视为零，从对称原则出发，应主要分配到作为一级储备的现金资产和作为二级储备的短期证券资产上，少部分用于贷款。定期存款稳定性较高，则主要运用于贷款和中长期证券投资的盈利性资产。资本金一般不要求法定准备金，且不存在到期偿付的要求。这部分资金主要用来购置固定资产。资金分配法的分配模式如图4-2所示。

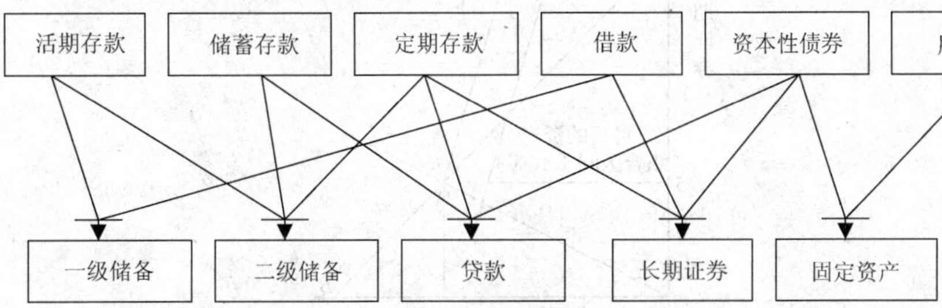

图4-2 资金分配法

3. 线性规划法

为了使资金配置战略更为准确，许多商业银行使用复杂的数学模型，其中运用最为广泛的是线性规划法。计算机在银行业务中的广泛应用，使银行有可能计算这些复杂的数学模型。线性规划法就是预先选择此目标变量的值，在一定的约束条件下，求解目标函数最大或最小的方法。运用于银行管理，就是决定一组资产负债量，在一定的流动性和管理限制等约束条件下，使利润最大。具体步骤如下。

（1）建立目标函数

银行通常运用财富最大化为目标。但用于确定目标函数比较困难，银行一般使用更常用的术语定义目标函数。一般常用资产收益率，净收益等作为股东财富最大化的近似反映，建立目标函数。

（2）选择模型中的变量

主要考虑预测变量和决策变量。预测变量是银行不能进行控制，并主要由外部环境决定的因素，例如利率、现金流量、存款贷款种类等。决策变量是那些银行可以控制，而且银行试图优化组合数额的资产和负债项目，如同业拆借、国库券、CD、贷款、资本债券等。

（3）确定约束条件

在银行经营管理中，存在许多限制性因素，如法律限制、流动性要求、资本要求等。

（4）求解线性模型

目标函数、变量、约束条件全部确定以后就可以运用数学方法，借助于计算机进行求解。求出银行如何分配资金，才能使银行利润最大。

例如，假设某银行有 2 500 万货币单位的资金来源，这些资金可用做贷款（X_1）和二级储备即短期证券（X_2）。假设贷款收益率为12%，短期证券收益率为8%，存款成本忽略不计。假设银行管理短期资产的流动性标准为投资资产的25%，即短期证券与总贷款的比例至少为25%（假设法定准备金、存款等因素不予考虑）。

解：首先确定目标函数及约束条件。

① 目标函数

利润目标：$Z_{MAX}= 0.12\,X_1 + 0.08\,X_2$

② 约束条件

总资产约束条件：$X_1 + X_2 \leqslant 2\,500$ 万

流动性约束：$X_2 \geqslant 0.25\,X_1$

非负约束条件：$X_1 \geqslant 0$，$X_2 \geqslant 0$

再以更为直观的几何图示来表示，如图 4-3 所示。

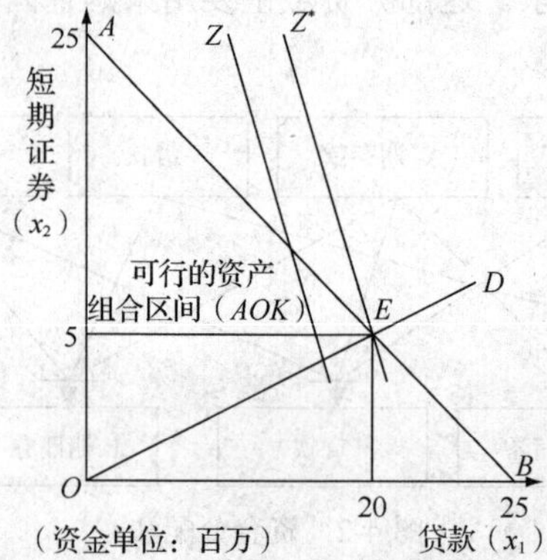

图 4-3　线性规划法下的资金配置

目标函数 Z 表明各种收益资产对银行总收益的贡献，在图 4-3 中，目标函数 Z 表现为一条常规利润线，Z 上的每一点都代表产生同样总收益的贷款和二级准备金的不同组合。

第一个约束 $X_1 + X_2 \leqslant 2\,500$ 表明，银行贷款和准备金受到所获总资金来源的制约，可行的资产选择必须位于或受限于 AOB。第二个约束 $X_2 \geqslant 0.25\,X_1$ 表明，二级储备资产必须等于或大于总贷款的 25%，以符合流动性标准。因此，可行的资产组合必须处于或过高于 OD 线。第三个约束 $X_1 \geqslant 0$ 与 $X_2 \geqslant 0$ 表明，贷款和短期证券不可能是负数。

三角形 AOE 区域描绘了满足 3 个约束的资产组合的所有的点。

为了确定最佳资产组合，通过反复试错试验，Z 向右上方移动，Z 函数向右上方移动代表更高水平的总利润。在 E 点上，所选择的贷款和二级储备资产的组合在满足了 3 个约束条件的同时，使银行的收益最大化，这个点被称为最佳资产组合点。在这一点上，资金管理者投资 500 万货币单位在短期证券上，贷款 2 000 万货币单位，目标函数 Z^* 代表总收益 280 万货币单位。不可能有其他的点在满足所有约束条件下超过这个收益。

运用线性规划模型的资产管理方法要求银行拥有一批专业技术人员。该方法只在一些大银行中获得成功，一些小银行因缺乏专业技术人才，其运用的效果并不令人满意。

4. 利率敏感性缺口管理法

利率敏感性缺口管理法是银行资产负债管理、也是利率风险管理的基本方法之一，是银行在对利率进行预测的基础上，调整考察期内利率敏感性资产与利率敏感性负债的对比关系，以规避利率风险或从利率变动中提高利润水平的方法。利率敏感性缺口管理的内容详见本章第 5 节，这里不再赘述。

5. 持续期缺口管理法

持续期缺口管理法是通过对银行的综合资产和负债持续期缺口进行调整的方式，来控制和管理在利率波动中，由总体资产负债配置不当给银行带来的风险。持续起缺口管理的内容详见本章第 5 节，这里不再赘述。

4.3 商业银行流动性管理

流动性是商业银行生存和发展的先决条件，流动性风险的防范和管理历来被商业银行视为金融风险管理的重要内容。流动性管理主要是通过对商业银行资产的流动性和负债的流动性进行管理，促使商业银行资产负债期限结构的合理匹配，从而在保证一定盈利水平的情况下，保持资产负债期限结构的平衡，维持合理的流动性，降低和消除流动性风险。

4.3.1 商业银行的流动性

流动性是指资产的变现能力，流动性大小受到变现成本和变现速度两个因素的影响。商业银行的流动性是指商业银行满足存款人提取现金，支付到期债务和借款人正常贷款需求的能力。商业银行提供现金满足客户提取存款的要求和支付到期债务本息，这部分现金称为"基本流动性"，基本流动性加上为贷款需求提供的现金称为"充足流动性"。

流动性是商业银行的生命线，它不但是整个金融体系，甚至是整个经济体系运行顺畅的基本保证。流动性管理意味着商业银行在经营活动中要保持足够高质量的流动性资产来满足存款人提取现金，支付到期债务和借款人正常贷款的需求，其实质在于避免流动性盈余和不足。因为前者会提高机会成本，后者会导致支付危机，所以保持适度的流动性是商业银行流动性管理追求的目标。流动性管理的主要难题在于：一是如何准确预测商业银行的流动性；二是如何满足商业银行的流动性需求；三是如何在流动性与盈利性之间取得最佳平衡。

4.3.2 流动性的需求与供给

当商业银行的资金来源和资金运用不匹配时便产生了流动性缺口，即商业银行的流动性供给与需求之差。

1. 流动性需求

商业银行流动性需求是客户对银行提出的，必须立即兑现的现金要求。商业银行流动性需求通常来自于：客户提取存款、商业银行安排借款客户的贷款、偿还非存款借款、银行服务中产生的营业费用和税收以及向股东派发现金红利。

流动性需求受到宏观经济运行状况和金融形势银行自身经营状况以及，客户行为特征等诸多因素的影响，其波动主要表现为以下几个方面。

（1）短期流动性需求

短期流动性需求是一种短期现金需求。季节性因素影响着存款的变化和贷款需求的变动，例如，农业地区的银行在春季播种期间，贷款需求增加，在夏季初开始下降，在秋季农作物收获之后农户贷款需求则进一步下降。如果银行的客户比较单一，季节性流动性需求就尤为明显。

（2）长期流动性需求

长期流动性需求是一种长期现金需求。这种需求主要由银行所服务的社区或者产业的经济发展决定。如果银行服务的主要社区是个新开发的地区，或者银行服务的产业是新兴产业，其贷款需求一般会较大（通常高于其存款），在较长时间内表现为净现金需求。如果银行服务于较成熟稳定发展的地区或产业，贷款需求较少而存款需求较多，则现金需求较小。

（3）周期流动性需求

周期流动性需求是一种长期现金需求。这种需求主要是由于经济周期性波动而引发的。当经济高涨时，银行贷款需求增加，而此时一般利率走高，证券价格较低，商业银行可通过持有大量现金来满足流动性需求。当经济增长放慢时，贷款需求下降，银行可在利率水平下降的情况下，以有利价格出售证券获取现金。

（4）临时流动性需求

临时流动性需求是一种临时的现金需求。这种需求是有难以预测的不寻常事件所引发的。例如，由信任危机而引发的银行挤兑，贷款需求的不寻常增长，或者一些资金来源的突然中断等。银行无法预测这些临时性的需求，只能通过储备足够的准备金或临时向市场寻求流动性来应对。

2. 流动性供给

为了满足流动性需求，商业银行必须从一些渠道获取流动性供给。现金资产作为商业银行流动性最强的资产，直接形成了银行流动性的供给。流动性供给主要来自客户存款、提供金融服务所得到的收入、客户偿还贷款、银行资产出售和货币市场借款等。

（1）客户存款

流动性供给最重要的来源是新增客户存款。银行新存款的增加往往和企业销售收入进账，个人薪金、津贴发放相联系。

（2）提供金融服务所得到的收入

银行提供金融服务所取得的收入再进行分配时也可用来满足流动性需求。

（3）客户偿还贷款

商业银行流动性资金来源的另一个重要渠道就是客户偿还的贷款。银行发放的贷款一般都有明确的偿还期限，是一种定期的流动性供给。商业银行要随时监测借款客户的资金运用，以保证借款客户按时偿还银行的贷款。只有这样，银行才能合理的安排可用资金的头寸，确保对流动性资金的需求得到满足。

（4）银行资产出售

银行亦可以通过出售贷款或证券将现有资产变现以满足流动性需求。银行资产的出售，特别是可交易证券的出售，是银行在证券投资组合中的一种安排，是可用资金的补充。这些交易证券主要是指国库券、金融债券和企业债券等。随着二级市场和证券化的不断发展，银行通过出售资产来获得流动性变得越来越容易。

（5）货币市场借款

短期的流动性供给可能来自于货币市场借款，如发行大额可转让存单、向中央银行借款、同业拆借等。银行从货币市场借款，取决于商业银行的规模以及在货币市场交易的份额，规模大的商业银行在流动性不足时，往往向货币市场发行债务工具筹措所需要的流动性资金。

从流动性供给的来源可以看出，商业银行流动性供给同样受到一些外部因素的影响，如存户多少、存款种类、市场游资多寡、到期贷款收回的难易、季节性变化以及社会政治经济情况等。商业银行流动性需求和供给来源如表 4-2 所示。

表 4-2　商业银行流动性需求和供给来源

流动性供给来源	流动性需求来源
客户存款	客户存款提取
手续费佣金等服务收入	合格贷款客户的贷款要求
客户偿还贷款	偿还非存款借款
银行资产出售	营业费用和税收
货币市场借款	向股东派发现金红利
发行新股	

3. 流动性缺口

在实际工作中，需要将流动性需求和流动性供给结合起来考察。在任意时点上银行流动性供给与需求的对比状况决定了在这一时刻银行的净流动性头寸（Net Liguidity Position，NLP），即银行的流动性缺口。

净流动性头寸 = 流动性供给 – 流动性需求

在流动性供给大于流动性需求时，银行必须为流动性剩余做好准备，决定什么时候通过什么方式对剩余资金进行有利可图的投资，直到需要流动性资金为止。在银行流动性需求大于流动性供给时，银行要为流动性赤字做好准备，确定什么时候通过什么途径去筹集所需要的流动性资金。

4. 流动性指标

流动性指标是银行根据资产负债表的数据，计算流动性指标，用以衡量银行流动性状况的测算方法。流动性指标体系能够反映一家银行整体的流动性状况，银行可以通过对比分析自身的流动性指标与同行业的平均水平来估算其流动性需求。

商业银行流动性管理的常用相关指标如表 4-3 所示。

表 4-3　商业银行流动性指标体系

指标	公式	与流动性的关系
现金指标	（现金+同业存款）/总资产	+
流动证券比率	政府证券/总资产	+
无风险资产比率	（现金+同业存款+政府证券）/总资产	+
同业拆借净值率	（同业拆出–同业拆入）/总资产	+
流动资产比率	（现金+政府证券+同业拆借净值）/总资产	+
能力比率	（贷款+租赁净额）/总资产	–
游动性货币比率	货币市场资产/货币市场负债	+
短期投资比率	（短期同业存款+同业拆出+短期证券）/总资产	+
短期投资与敏感负债率	短期投资/敏感性负债	+
核心存款比率	核心存款/总资产	+
存款结构比率	活期存款/定期存款	–
交易性存款率	交易性存款/非交易性存款	–

注：（1）“+”表示指标越高流动性越好，“–”表示指标越低流动性越好。

（2）货币市场资产包括现金、短期政府债券、同业拆出、回购协议；货币市场负债包括大额定期存单、欧洲美元存单、欧洲美元存款、同业拆入、回购协议。

（3）敏感性负债包括 10 美元以上的定期存款、外国机构存款、同业借贷、回购协议下的证券等对利率变动敏感的资金来源。

银行在进行指标比较时应注意选择相同环境下，同类银行指标的平均值作为参考才具有可比性。同时，分析时应注意所有流动性指标的变化，而不是单个指标的变化。据此全面掌握银行流动性状况，确定银行是否需要补充流动性。

专栏4.2

我国商业银行的流动性风险监管指标

中国银监会在2014年2月颁布了《商业银行流动性风险管理办法（试行）》（以下简称《办

法》)。《办法》第三十六条规定，流动性风险监管指标包括流动性覆盖率、存贷比和流动性比率。商业银行应当持续达到流动性风险监管指标最低监管标准。

《办法》第三十七条规定，流动性覆盖率旨在确保商业银行具有充足的合格优质流动性资产，能够在银监会规定的流动性压力情景下，通过变现这些资产满足未来至少30天的流动性需求，其计算公式如下。

$$流动性覆盖率=\frac{优质流动性资产}{未来30日的资金净流出量}\times100\%$$

流动性覆盖率旨在确保商业银行在设定的严重流动性压力情景下，能够保持充足的、无变现障碍的优质流动性资产，并通过变现这些资产来满足未来30日的流动性需求。

《办法》对于合格优质流动性资产进行了详细的说明，是指满足《办法》附件2相关规定的现金类资产，已经能够在无损失或极小损失的情况下在金融市场快速变现的各类资产。未来30天现金净流出量是在《办法》附件2规定的压力情景下，未来30天的预期现金流出总量与预期现金流入总量的差额。商业银行的流动性覆盖率应当不低于100%。

《办法》第三十八条规定，存贷比的计算公式如下。

$$存贷款比例=\frac{贷款总额}{存款总额}\times100\%$$

商业银行的存贷比应当不高于75%。

《办法》第三十九条规定，流动性比例的计算公式如下。

$$流动比率=\frac{流动资产}{流动负债}\times100\%$$

商业银行的流动性比例应当不低于25%。

《办法》中的第四十条规定，商业银行应该在法人和集团层面，分别计算未并表和并表的流动性风险监管指标，并表范围比照银监会关于商业银行资本监管的相关规定执行。

在计算并表流动性覆盖率时，若集团内部存在跨境或跨机构的流动性转移限制，相关附属机构满足自身流动性覆盖率最低监管标准之外的合格优质流动性资产，不能计入集团的合格优质流动性资产。

来源：中国银监会令2014年第2号，《商业银行流动性风险管理办法（试行）》

4.3.3 商业银行流动性管理

银行管理人员对流动性需求做出准确的预测后就面临着如何满足流动性需求的决策问题。

1. 流动性管理的原则

商业银行在进行流动性管理时，一方面面临着复杂的外部市场环境，另一方面其自身的流动性资产与负债也处于不断变化中，因此，针对特定时点上的流动性需求有多种方案可供选择。选择何种方案来满足流动性需求更符合银行的长远发展，是一个非常重要的问题。通常说来，银行在进行流动性管理决策时应主要遵循以下几条原则。

（1）进取型原则

当出现流动性缺口时，银行管理者不是依靠收缩资产规模和出售资产，而是通过主动负债的方式来满足流动性需求，这称为进取型原则。按照进取型原则进行决策时，关键是看借入资金的成本是否小于运用其所获得的收益。采用进取型原则有利于银行业务扩张，降低银行经营成本，提高经济效益。但是，主动负债筹集资金受许多因素影响，在市场资金供给紧张时，筹资成本增加，或者难以筹集到足够的资金，因此具有一定的风险性。

（2）保守型原则

当出现流动性缺口时，银行管理者不采取主动负债的方式，而是靠自身资产转换、出售的方式来满足流动性需求，这称为保守型原则。运用这种原则进行流动性管理，由于银行的资金调整、转换不受或少受市场资金供求关系的影响，所以在不确定的资金需求增加时，可以较可靠地通过内部资金调整来补充流动性，安全可靠且风险较小。但是，运用这种管理原则，银行付出的成本代价较高。一般，规模较小、资金实力不够雄厚的银行，在资金市场上融资难度往往较大，故多采用这种原则进行流动性管理。

（3）成本最低原则

流动性缺口的满足应以筹资成本最低为原则。流动性缺口的满足，不论是以主动负债方式还是以自身资产转换方式，都必然要付出一定的成本代价。成本最小化是最优方案选择的基础，银行可以在对未来流动性需求以及市场资金供求状况、利率走势预测的基础上，设计多种筹资方案。通过对不同方案的对比分析，从中确定一个最佳方案。

2. 流动性管理的策略

商业银行的流动性管理就是要在各种各样的资产、负债以及创新的资金来源中进行选择，对流动性需求和来源进行协调管理。

（1）资产流动性管理策略

通过持有一定比率的、流动性较强的资产，以银行资产的方式来存储流动性，包括：持有一定比例的现金资产，如现金、存放在中央银行的超额准备金等；持有一定数量的、可以随时在货币市场上变现的各种有价证券，尤其是各种短期有价证券，如政府债券、政府机构债券、地方政府债券以及短期商业票据等，来满足日常的流动性需要。这种策略下，当出现流动性缺口时，将非现金资产迅速转化为现金来获取流动性资金。一般来说，流动性资产包括现金，准现金、同业拆出、政府短期债券、商业票据和银行承兑汇票、资金回购及其他到期期限与流动性需求相吻合的流动性资产。流动性资产的收益能力差，在资产总量一定的前提下，流动性资产的规模越大，意味着获取高盈利的资产规模就越小，损失的利息收益就是持有流动性资产的机会成本。此外，金融资产的出售还要支付一定的交易费用，当市场价格下跌时，银行将面临资本损失的风险，银行应依据对未来流动性需要量的估计持有适度的流动性资产。

（2）负债流动性管理策略

银行也可以通过借入资金的方式来满足流动性的需要。通过借入资金满足流动性需要，是风险最大同时盈利最高的一种流动性管理方式。借入资金的渠道主要包括向中央银行再贴现、再贷款、同业拆入、证券回购、发行大额可转让定期存单（CD），从国际金融市场借款以及其他负债方式。借入流动性资金使银行能够保留较少的流动性资产，而将资金更多地投向高盈利的资产项目上去，从而提高银行的盈利能力；同时，借入资金可以使银行资产规模和结构的稳定性增强，使其不必通过不断转换资产的形式来满足流动性需求。但银行在负债流动性管理的实际操作过程中，要受到借款的便利程度和借款利率的制约，尤其是在货币市场利率多变、资金获得不稳定的情况下，这种现象尤为明显。能否及时迅速地在货币市场借入足够的资金来满足流动性需求取决于公众对银行的信心及银行自身的资金实力。因此，大型银行借入资金用于满足流动性现象更为普遍。中小银行在借入资金时要受到一定约束，其可运用的借入资金数量有限，这使得其在运用借入资金来保持流动性方面受到限制。银行存储流动性与购买流动性的主要手段如表 4-4 所示。

表 4-4　　银行存储流动性与购买流动性的主要手段

以资产形式存储流动性	以购买形式借入流动性
拥有现金资产 持有短期国库券 同业拆出 买入证券回购协议（逆回购） 存放同业存款 购买地方政府证券、政府机构证券等 购买商业票据、银行承兑汇票等 持有其他流动性资产	向中央银行借款（再贴现与再贷款） 同业拆入 卖出证券回购协议（正回购） 发行大额可转让定期存单 从国际金融市场或其他国际金融机构借款 其他负债方式（如：发行资本性票据等）

（3）创新的流动性管理策略

随着金融创新技术的不断发展，许多新型的金融工具被设计出来满足银行流动性管理的需求，如资产证券化、互换、远期商业票据融资等。这些创新的金融工具对传统的流动性管理方式进行了补充，同时也给银行提供了新的利润来源和风险控制手段。

4.4 商业银行信用风险管理

信用风险是金融市场中最古老，也是最重要的风险形式之一，其是商业银行所面临的主要风险。信用风险直接影响到现代社会经济生活的各个方面，也影响到一个国家的宏观经济决策和经济发展，甚至影响全球经济的稳定与协调发展。早在 1988 年，巴塞尔委员会在《统一资本计量与资本标准的国际协议》（《巴塞尔协议 I 》）中就强调了对信用风险的管理，并对资产负债表表内和表外业务信用风险提出了资本要求。在商业银行的发展过程中，形成了一系列经典的信用风险分析和管理的方法和制度。到 20 世纪 90 年代，信用风险的计量和管理出现了新的发展，渐渐出现了信用衍生产品，并产生了信用计量模型，传统的信用风险管理进入到现代信用风险管理的阶段。

4.4.1 信用风险的特征

传统上谈到商业银行信用风险的管理，一般是指在信贷业务上，贷款是商业银行信用风险最大、最明显的风险来源。因此，传统上信用风险的基本含义是指借款人发生违约，不能按期还本付息而给贷款人造成的损失，又被称为信用违约风险。它是用借款人违约后现金流量的重置成本来衡量的。第二次世界大战后，尤其是 20 世纪 90 年代以来，随着信用市场的空前发展，金融领域信用层级划分越来越细致，同时风险环境和风险管理技术不断演进，信用风险的概念外延有所扩展。目前，国际金融机构所用的信用风险概念，既指债务人或交易对手未能履行金融合约中的义务，又指由于信用质量出现变化，导致具有市值的金融工具价值违约可能性扩大，从而给持有人带来损失的风险。

相对于市场风险来说，信用风险呈现出完全不同的特征，主要体现在非系统性、非正态分布、信息不对称严重、数据缺乏等方面。这使得信用风险的计量要比市场风险的计量和管理困难得多。

1. 非系统性

信用风险具有明显的非系统性风险的特征。尽管借款人的还款能力也会受到诸如经济危机等系列性因素的影响，但多数情况下主要取决于与借款人明确相联系的非系统性因素的影响，如贷款的投向以及借款人的经营管理能力、财务状况、还款意愿等。因此，从理论上讲，分散是信用风险管理的重要方法，尤其是在信用风险管理缺乏类似于市场风险管理中那些对冲手段的情况下，分散成为信用风险管理的主要手段。但是，在实践中由于客户信用关系、区域行业信息优势以及银行贷款业务的规模效应，银行信用风险分散化相当困难。

2. 非正态分布

信用风险的概率分布为非正态分布。信用风险的损失和收益是不对称的。这种不对称表现在两方面：一方面是损失或收益的金额差异巨大，另一方面是发生概率差异巨大。例如，在贷款业务中，银行发放贷款的收益主要来自贷款正常收回时所获得的利息收入，而利息收入相对于在借款人违约时银行可能遭受的巨额本金损失相比，要小得多；而银行在贷款业务中贷款正常收回的概率，要远远大于借款人违约的概率。信用风险损失与收益的这种不对称性，使得信用风险的概率分布不像市场风险那样呈现标准正态分布，而是向右倾斜，在左侧出现肥尾现象。

3. 信息不对称严重

信息不对称在信用风险的形成中起重要作用。贷款等信用交易存在明显的信息不对称现象，即交易双方对交易的信息是不对等的。一般情况下，借款人掌握更多的交易信息而处于有利地位，作为贷款人的银行所拥有的信息较少，而处于不利地位。一方面，在借款人获得银行贷款之前，信息不对称使银行很难判断潜在借款人的实际信用状况，由于风险高的借款人申请贷款的积极性更高、营销更主动而获得贷款，而风险低的借款人无法获得贷款。这就是通常所谓的逆向选择。另一方面，在借款人从银行获得贷款以后，不对称使得银行无法准确了解借款人使用贷款的情况，借款人可能会因此而挤占挪用贷款，将贷款投资于风险更高的领域。这就是通常所谓的道德风险。无论是逆向选择还是道德风险，都将大大增加银行的信用风险。

4. 数据缺乏

信用风险的观察数据少，且不易获取。造成这一特征的主要原因在于：一是贷款等信用产品的流动性差，缺乏二级市场交易，信用风险的变化因此而得不到及时的反应；二是信用产品一般不采取盯市法，而通常在贷款违约发生前采用账面价值，因而其价格数据难以反映信用风险的变化；三是上述信息不对称的存在，使直接观察信用风险的变化非常困难；四是贷款的持有期限一般都较长，即便到期出现违约，其能观察到的数据也较少。

4.4.2 信用风险的评估与管理

在早期，商业银行信用风险的测度主要采用基于财务报表的信用分析和评估。随着风险管理技术的进步，商业银行的信用风险的测度也逐渐转向定量分析和建立风险评估模型的风险计量分析。

1. 传统的信用风险评估方法

（1）专家判断法

专家判断法是由相关部门的主管人员和行业资深人士，对企业违约可能性做出判断，综合评定信用风险。专家判断法依赖高级的信贷人员和专家的专业知识技能和经验，并运用各种专业分析工具，在分析评价各种关键要素的基础上来主观判断。

专家判断法在分析信用风险时主要考虑两方面的因素，一是与借款人有关的因素，例如借款人的信誉、资产负债杠杆率、抵押品的质量和数量以及未来收益的波动性等；二是与市场有关的因素，如经济周期、宏观经济政策、利率水平等。由于各家银行自身的条件和需求不同，在对贷款申请人进行信用分析时所涉及的内容也有所差异。其中最典型的评判系统是对企业信用分析的 5C 系统，具体包括：品德与声望（Character）、资本实力（Capital）、还款能力（Capacity）、抵押 Collateral）、经营环境（Conditions）。除了 5C 系统外，使用较广泛的专家系统还有 5W 系统、5P 系统。“5W”包括借款人（Who）、借款用途（Why）、还款期限（When）、担保物（What）及如何还款（How），

“5P”包括个人因素（Personal）、借款目的（Purpose）、偿还来源（Payment）、保障因素（Protection）和企业前景（Perspective）。

专家判断法作为一种古老的信用分析和信贷管理方法，具有很强的指导意义，在现代信用风险计量和管理中，也依旧发挥着重要的作用，但是它也存在着一些不足之处：专家判断法需要一定数量的专业信用分析人员和专家，而且这种方法主观性很强，使得对信用风险的评估缺乏一致性。

（2）信用评分方法

典型的信用评分法是由 Altman 于 1968 年创建的 Z 计分模型。该模型的基本思路是，测算从众多财务比率中提取的若干对企业经营状况和信用风险有着最大解释力度的财务比率，并分别给定这些比率在综合评价中应占的比重，然后计算出综合 Z 计分值，将其与行业的经验数据进行比较，从而得出被评价企业信用风险的结论。

该方法涉及 3 个关键环节：一是选择财务比率，二是各比率的权重分配，三是临界值的确定。Altman 选择了 5 个变量，分别是：流动性、盈利性、杠杆比率、偿债能力和活跃性。反映以上五大因素的 Z 计分函数如下。

$$Z=1.2X_1+1.4X_2+3.3X_3+0.6X_4+0.999X_5$$

X_1——营运资本/总资产，该指标反映企业的流动性状况。

X_2——留存收益/总资产，该指标反映企业的盈利积累能力，积累越多企业越安全。此外，它也反映企业的杠杆比率，相对于一定的总资产，留存收益越高，其债务规模也越小，企业越安全。

X_3——息税前利润/总资产，指标反映的是企业的盈利水平，由于是息税前收益，因此不受税收与财务杠杆的约束。

X_4——权益市场值/总债务账面值，这个指标反映了企业在破产之前公司资产价值能够下降的程度。比率越高，企业破产的概率越小。

X_5——销售收入/总资产，这个指标反映企业的经营活跃程度。比率越高，相对于同样的总资产，企业产生的总收入就越高，说明企业的发展前景越好，违约概率也越小。

Z 作为违约风险的指标，值越高则违约概率越低。Altman 将 Z 值的分部分为 3 个区间：$Z>2.99$ 为“安全”区间；$1.81<Z<2.99$ 为“灰色”区间；$Z<1.81$ 为“危险”区间。也就是说，如果 Z 得分大于等于 2.99，则企业不可能破产。如果 Z 得分小于 1.81，则企业很可能破产。得分在 1.81～2.99 之间是灰色区域。企业 Z 得分在此范围的话，则 1 年内的破产可能性为 95%，2 年内的破产可能性为 70%。

信用评分模型的优点是相对客观且量化。但是，信用评分模型存在以下不足：判别函数是线性的，可能不能充分描述各因素与违约之间的非线性关系；基于历史财务数据，其评价结果可能滞后于借款人信用品质的实际变化；未将非财务指标纳入其中。

2. 现代信用风险评估模型

目前，国际上运用较多的现代信用风险度量模型主要有：J.P.摩根的信用计量术模型（Credit Metrics Model）、KMV 公司的信用监控模型（Credit Monitor Model）、麦肯锡公司的宏观模拟模型（Credit Portfolio View）、瑞士信贷银行的信用风险附加法模型（Credit Risk+）等。

（1）信用计量术模型

信用计量术模型（Credit Metrics Model）是由 J.P.摩根公司和其他几家合作机构在风险度量方法（Risk Metrics）基础之上于 1997 年推出，旨在提供一个度量信用风险的框架，用于传统信用产品（如贷款、贷款承诺、融资信用证）、固定收益工具和有可能发生交易伙伴违约的市场驱动工具（如互换、远期合约等）等非交易性资产和或有资产的估值和信用风险的计算。

信用计量术模型的基本假设是“未来事件会按照历史的规律重复发生”，其核心思想是在充分考虑资产组合风险分散效应的前提下度量由于借款人未来各种可能的信用质量变化（包括违约和信用等级变化）所导致的资产组合未来价值波动，即在险价值（Value at Risk，VaR）。信用计量术模型第一次将信用品质迁移、违约概率和违约时的资产价值回收率及违约相关矩阵纳入一个统一的框架中，全面考虑信用风险的度量问题。信用度量方法计算过程的主要框架如图 4-4 所示。

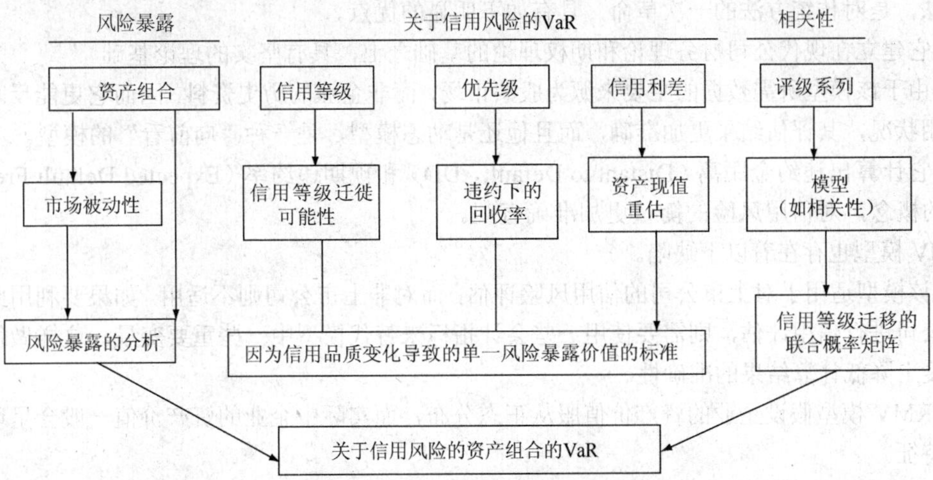

图 4-4　组合信用风险的 VaR

图 4-4 中，左边一块表示风险暴露的确定，也就是确定多少资产处于信用风险之中，这些资产的价值将会受到信用风险的影响；中间一块表示单一资产的风险暴露所承受的信用风险大小的确定过程；右边一块则表示资产价值相关性的确定过程；最下边一块表示组合信用风险的计算；其将综合风险暴露、单项资产的风险大小和各资产价值相关性 3 个方面的信息。

总的来说，J.P.摩根的信用计量术模型通过求出单项贷款价值的概率分布来确定单项贷款的风险，而这个概率分布又是用未来信用评级转移概率、未来预期现金流量、相同信用评级的远期零息票利率曲线、违约时的回收率、债权优先等级为基础确定的。由于受贷款的信用品质迁移的影响，贷款价值用未来的不同信用状态的预期价值的加权平均来表示，权重就是未来信用等级状态的概率，贷款的风险用贷款价值的标准差值表示。

（2）KMV 模型

KMV 模型是由 KMV 公司于 1993 年在 Black Scholes Merton 模型的基础上开发的一种违约预测模型，用来预测上市公司和上市银行的违约可能性。

Black 和 Scholes（1973）与 Merton（1974）提出了期权定价模式，认为当公司举债经营时，可以看做公司股东向公司债权人买进一个买权，该买权的标的资产价格相当于公司资产价值，履约价格可视为公司负债。因此，在负债到期时，若公司资产价值高于负债，则股东会清偿债务，也就相当于履行买权；若公司资产价值低于负债，则股东无力偿还负债，就会选择违约。因此，公司违约概率的计算就是计算公司资产价值低于负债价值的概率。

KMV 模型就是以此理论为基础，将公司的所有者权益看作持有一份以公司资产市值为标的的看涨期权，以公司公开市场上的数据以及会计数据为数据来源，从而求出公司的预期违约概率（Expected Default Frequency，EDF），即正常市场条件下，借款人在计划期内违约的概率。

将企业与银行的借贷关系看作期权买卖关系，企业向银行的借款相当于持有一个基于企业资产价值的看涨期权，而这个看涨合约的价值即为企业的股东权益 E，企业债务的价值 B 就相当于看涨期权的执行价格，而股东初始投资 S 可以看作期权费。设企业资产的市场价值为 A，当企业资产的市场价值 A 降低到比 B 小的值，设为 A_1，则企业会选择违约，此时银行只能获得 A_1，企业股东最

多损失 S；而如果 A 变成一个比 B 大的值，设为 A_2，则企业全额偿还债务，银行获得 B，企业股东得到 A_2-B，随着企业资产价值增大，股东的收益会不断增大。

在以上理论的基础上，要想衡量企业的违约概率进而为贷款定价，还需要先求出模型中的一些变量，在此基础上才能计算信用风险和违约率。KMV 模型是基于现代期权定价理论建立起来的信用评估方法，是对传统方法的一次革命，具有如下明显的优点。

① 它建立在现代公司财务理论和期权理论的基础之上，具有坚实的理论基础。

② 由于该模型所需数据的主要来源为股票市场，而非企业的历史资料，因而它更能反映企业当前的信用状况，其评估结果更加准确，而且他还是动态模型，是一种“向前看”的模型。

③ 它计算出违约金距离（Distant to Default，DD）和预期违约率（Expected Default Frequency，EDF）的概念，对信用风险的衡量更加准确直观。

KMV 模型也存在着以下缺陷。

① 该模型适用于对上市公司的信用风险评估，而对非上市公司则不适用。如果要利用此模型对非上市公司进行信用评估，则需要使用一些会计指标来替代模型中一些重要变量。这样做往往会在一定程度上降低计算结果的准确性。

② KMV 模型假设企业的资产价值服从正态分布，而实际中企业的资产价值一般会呈现非正态的统计特征。

③ 违约的历史数据要求量大不容易获得者增加了估计的困难程度。

（3）宏观模拟模型

宏观模拟模型（Credit Metrics Model）是一个以转移矩阵为核心的信用风险计量方法，但是该模型在构建等级转移矩阵时并未考虑宏观因素的影响，例如，失业率、GDP 增长率、长期利率水平、国外兑换率、政府支出以及总储蓄率等宏观经济因子。实践证明，违约概率及转移概率与宏观经济联系紧密：当经济状况恶化时，降级和违约增加；当经济状况好转时，降级和违约减少。也就是说，企业信用等级下降或者违约的概率在经济下降时期比在经济上升时期要大很多。因此，有必要将宏观及周期因素纳入到信用风险计量模型中。

宏观模拟模型是麦肯锡公司于 1998 年开发应用的一个多因子模型。该模型在 Credit Metrics Model 的基础上加入了宏观经济因素，运用计量经济学理论、基本动力学理论以及蒙特卡罗模拟法，从宏观经济环境的角度分析债务人的信用等级迁移，计算出有条件的转移矩阵并运用到 Credit Metrics Model 中，最终计算出考虑了宏观经济因素的 VaR。宏观模拟模型方法的核心也是要计算等级转移矩阵，但是与 Credit Metrics Model 的区别在于其不是根据信用评级公司的历史数据来计算转移概率，而是根据现实宏观经济因素通过蒙特卡罗模拟计算得到的。

宏观模拟模型的技术细节包括 3 部分：首先，通过多元经济计量模型来模拟宏观经济状态；然后将经济状态与协同的条件违约概率和评级转移概率对应起来；最后以此为基础得到信贷组合的损失分布。

宏观模拟模型的优势是将宏观因素纳入了模型中，修正了信用度量的偏差，而且对其风险暴露采用盯市法，适用于不同国家及行业。但是在应用该模型时，要取得每个国家及行业的违约数据较为困难，此外其计算的过程比较困难，且模型对转移矩阵的调整过程是否具有优越性还有待验证。

（4）信用风险附加法模型

瑞士信贷银行的信用风险附加法模型（Credit Risk+）借鉴了财产火险精算理论。信用风险矩阵附加模型认为每处房屋遭遇火灾是独立的小概率事件，同样可假定大规模信贷组合中每笔贷款的违约概率较小且违约事件相互独立，因此组合中发生违约事件的次数近似于泊松分布。房屋失火的损毁程度可能差别很大，贷款的违约损失程度同样很不确定，由于逐笔度量损失程度较困难，可按贷款风险暴露将贷款组合划分为若干个频段（次级组合），以降低不精确性。将不同频段的损失分布加总，可得到贷款组合的损失分布。

信用风险附加法模型的具体步骤如下。

第一步，将贷款组合按单笔贷款的风险暴露划分为若干频段。

第二步，求出各频段的违约概率分布。首先，根据历史数据确定某频段的平均违约率。其次，将平均违约率带入泊松分布函数中，可求得频段中违约次数的概率。最后，将违约次数和相应的概率结合，可得到该频段违约次数的概率分布曲线。

第三步，计算各频段的损失分布。将违约损失值与对应的违约概率结合，可得到该频段的损失分布曲线。

第四步，将各频段的损失分布加总得到组合损失分布。进而，计算出未预期到的损失值，即可确定组合的经济资本要求。

4.5 商业银行利率风险管理

商业银行的利率风险是指市场利率变动的不确定性给商业银行带来损失的可能性，即利率变化使商业银行的实际收益与预期收益或实际成本与预期成本发生背离，使其实际收益低于预期收益或实际成本高于预期成本，从而使商业银行遭受损失的可能性。

4.5.1 利率风险的种类

根据风险来源的不同，巴塞尔委员会将利率风险分为重新定价风险、基差风险、收益率曲线风险和选择权风险。

1. 重新定价风险

重新定价风险是商业银行面临的最主要的利率风险，是指由于银行资产与负债重新定价的时间不同或是到期日不同而产生的风险。重新定价风险是我国商业银行目前面临的主要风险，一般都是通过利率敏感性资产和负债来衡量。

首先，我们把某一时间段内会重新设定利率的资产（利率敏感性资产）和会重新设定利率的负债（利率敏感性负债）之间的差额称为重新定价缺口（利率敏感性缺口）。只要该缺口不为零，则利率变动时，会使银行面临利率风险。例如，假设银行吸收了一笔 5 年期的固定利率存款，年利率为 5%；同时银行用这笔钱发放了两年期的浮动利率贷款，年利率为 7%。该银行的资产和负债对利率的敏感度是不同的，资产是利率敏感性的，而负债是利率不敏感性的。也就是说，就利率敏感性而言，银行的资产和负债之间存在缺口。银行没有利率敏感性负债来匹配利率敏感性资产，正是由于该缺口的存在，当利率发生变动时，银行的利息收入和利息支出受到不同的影响。假设利率下降，那么银行的利息支出不变，但是利息收入下降，从而受到损失。

其次，再定价风险不只存在于存贷款之间，其所带来的也不仅仅是利息收入上的利润或损失。它也可以通过影响银行资产和负债的市值，最终影响到银行的资本净值。当银行的资产负债结构存在期限错配问题时，利率的变动对资产和负债的市值产生不同的影响，进而使银行资本净值暴露在利率风险之下。一般而言，资产或负债的期限越长，利率变动带来市值变动的幅度就越大；反之，利率变动带来市值变动的幅度就越小。

2. 基差风险

基差风险又称为基准风险。当一般利率水平的变化引起不同种类的金融工具的利率发生程度不等的变动时，银行就会面临基差风险。即使银行资产和负债的重新定价的时间相同、期限也相同，但是只要存款利率与贷款利率的调整幅度不完全一致，银行就会面临风险。假设某银行用一年期存款为一年期贷款融资，存款和贷款的期限相等，而且都是每个月重新定价一次。唯一的区别在于贷款按照美国国债利率重新定价，而存款按照伦敦同业拆借利率重新定价，由于两种基准利率的变动具有非同步性，且变化可能并不相关。因而该银行会面临着因基准利率的利差发生变化而带来的基差风险。在我国，商业银行的基差风险主要表现为：一是银行存款利率为央行管制利率，而银行资产中的国债、政策性金融债、同业拆借、国债回购等的利率由市场供求关系决定，这二者的非同步变化将导致基准风险；二是利率作为央行的宏观调控手段，存贷款利率调整幅度会由于不同的调控目的而不同，因此央行利率政策调整可能带来不容忽视的基准风险。

3. 收益率曲线风险

收益曲线反映的是证券的到期期限与到期收益之间的关系，当收益曲线的意外位移对银行的收入或内在经济价值产生不利影响时，就会产生利率风险。在中国，收益率曲线的非平行移动具体表现为：存、贷款利率期限结构的变化和债券市场收益率曲线的非平行移动。但由于目前我国的利率市场化还不完善，国库券利率还不能代表基准利率，所以我国商业银行目前的收益率线风险并不是很明显。

4. 选择权风险

选择权风险是指利率变化时，银行客户行使隐含在银行资产负债表内业务中的期权给银行造成损失的可能性。一般而言，期权赋予其持有者买入或卖出或以某种方式改变某一金融工具或金融合同的现金流的权利，而非义务。期权既可以是某种单独的金融工具，也可以是隐含在其他标准化金融工具中，如债券或存款的提前兑付、贷款的提前偿还等选择性条款。例如，某商业银行发放一笔4年期贷款，贷款利率是8%。为了筹集资金，该商业银行出售了一张4年期的定期存单，利率为5%。如果双方都到期支付，那么银行将获得3%的利差。但是如果利率变动，借款人就会履行其隐含在银行资产负债表内业务中的期权，选择对自己最有利的还款方式。具体而言，如果利率下降2%，借款人会选择提前还款，然后以更低的利率再融资，而银行的利润也会因为借款人的行为而受到损失。这种由于客户提前还款而给银行带来损失的可能性，就是选择权风险的一种。近年来随着银行资产证券化的发展以及银行间债券市场中含权债券的丰富，期权性风险日益发展为一种重要的利率风险形式。

商业银行利率风险管理的目标在于通过对市场利率的预测，采取适当的方法合理配置资产与负债，防止因利率变动而导致银行蒙受利润损失和资本的损失。

4.5.2 利率敏感性缺口管理

利率敏感性缺口管理法是银行资产负债管理也是利率风险管理的基本方法之一，是银行在对利率进行预测的基础上，调整考察期内利率敏感性资产与利率敏感性负债的对比关系，以规避利率风险或从利率变动中提高利润水平的方法。利率敏感性缺口管理法是目前最常用的利率风险分析和管理技术。

1. 利率敏感性缺口

利率敏感性指利差由于受内生或外生因素影响而发生波动的敏感性。内生因素包括银行资产负债结构、贷款期限与质量、资金期限与成本等。外生因素包括总体经济形势和利率水平等。

利率敏感性资产（RSA）指考察期内可能重新定价的资产；利率敏感性负债（RSL）指考察期内可能重新定价的负债。

利率敏感性缺口（GAP）也称资金缺口，是指利率敏感性资产与利率敏感性负债的差额。缺口用于衡量银行净利息收入对市场利率的敏感程度，资金缺口表示了利率敏感性资产和利率敏感性负债之间的绝对值。

利率敏感性缺口（GAP）=利率敏感性资产（RSA）−利率敏感性负债（RSL）

利率敏感性比率（Sensitive Ratio，SR）是指利率敏感性资产与利率敏感性负债之比，即

$$利率敏感性比率（SR）=\frac{利率敏感性资产（RSA）}{利率敏感性负债（RSL）}$$

也是用于衡量银行的利率风险，是资金缺口的另一种表达。

利率敏感性比率与利率敏感性缺口有一定的关系。若利率敏感性比率大于 1，利率敏感性缺口为正值；若利率敏感性比率小于 1，利率敏感性缺口为负值；若利率敏感性比率等于 1，利率敏感性缺口为零。两者也存在内含上的差别，利率敏感性缺口表示利率敏感性资产与利率敏感性负债之间的绝对量的差额，利率敏感性比率表示利率敏感性资产与利率敏感性负债之间相对量的大小。

资金缺口是一个与时间长短相关的概念，缺口数值的大小和正负都依赖于计划期的长短。这是因为资产与负债的利率调整期限决定了利率调整是否与计划期内利率相关。例如，一笔浮动利率贷款，若商定的利率调整期是每 6 个月一次，那么计算未来 3 个月的资金缺口时，这笔贷款就会被认为是利率不敏感资产。但是，当计算未来 6 个月的资金缺口时，该贷款则为一笔利率敏感资产。同样，固定利率的定期存款在到期前是利率不敏感负债，而到期后如果继续存在银行，由于续存时的利率由市场利率决定，这笔存款便属于利率敏感负债。

一般来说，银行的资金缺口绝对值越大，银行承担的利率风险也就越大。如果银行能够准确预测利率走势的话，银行可利用较大的资金缺口获取较大的利息收益；但如果银行预测失误，这样大的资金缺口也会导致巨额利息损失。利率敏感性比率和资金缺口都反映了银行的利率风险，当运用利率敏感性比率分析资产负债敏感程度时，在利率敏感比率接近于 1 时银行管理者仅知道利率敏感资产接近利率敏感负债，但他们之间的差额为多少并不知道，而资金缺口则准确反映了银行资金利率敞口部分的大小。因此，当银行进行资金缺口管理时，通常将资金缺口和利率敏感比率两项指标结合起来共同考察银行资产、负债的利率敏感程度。这样才有利于做出科学的决策。利率敏感性缺口、利率敏感比率，利率变动与银行净利息收入的关系如表 4-5 所示。

表 4-5　利率敏感性缺口、利率敏感比率、利率变动与银行净利息收入变动之间的关系

GAP	SR	利率变动	利息收入变动	变动幅度	利息支出变动	净利息收入变动
正值	>1	上升	增加	>	增加	增加
正值	>1	下降	减少	>	减少	减少
负值	<1	上升	增加	<	增加	减少
负值	<1	下降	减少	<	减少	增加
零	=1	上升	增加	=	增加	不变
零	=1	下降	减少	=	减少	不变

2. 利率敏感性缺口管理

利率敏感性管理是银行在对利率进行预测的基础上，调整计划期利率敏感资产与负债的对比关系，规避利率风险或从利率风险中提高利润水平的方法。对资金进行缺口管理首先要进行银行资产负债结构的利率敏感性分析，然后结合利率波动周期进行利率敏感性资金的配置。

（1）利率敏感性分析

资金缺口管理就是在银行对利率预测的基础上，调整计划期内资金缺口的正负和大小，以维持

或提高利润水平。当预测利率将要上升时，银行应尽量减少负缺口力争将缺口；当预测利率将要下降时，应设法把资金缺口调整为负值。资金缺口管理的关键是对资金缺口的调整，而调整的基础是对资产负债结构利率敏感程度的分析，所以银行资金配置状况的利率敏感性程度分析是资金缺口管理的基础。表 4-6 分析了一家银行的资金缺口和利率敏感度。

表 4-6　　某银行利率敏感性分析表

2013 年 12 月 31 日　　单位：千美元

	1 个月内	3 个月内	6 个月内	12 个月内	利率不相关	合计
资产						
现金和存放同业	0	0	0	0	13 205	13 205
短期金融工具	1 504	1 504	1 504	1 504	0	1 504
证券投资	300	3 120	4 081	5 731	26 370	32 101
商业贷款	27 281	29 930	35 421	38 153	664	38 817
个人贷款	2 307	5 783	11 680	20 731	11 410	32 141
不动产贷款	298	879	1 703	3 673	18 045	21 718
其他	0	0	0	560	6 112	6 672
资产总计	31 690	41 216	54 389	70 352	75 806	146 158
负债和股东权益						
活期存款	0	0	0	0	31 632	31 632
计息支票账户	9 107	9 107	9 107	9 107	0	9 107
存折存款	0	0	0	0	6 843	6 843
货币市场账户	20 012	20 012	20 012	20 012	0	20 012
小额存单	1 341	3 426	6 204	10 493	8 845	19 338
大额可转让存单	2 794	11 412	19 897	30 630	1 448	32 078
其他存款	380	1 607	3 014	7 781	3 883	11 664
短期借款	3 379	3 559	3 559	3 559	0	3 559
其他负债	0	0	32	167	924	1 091
股东权益	0	0	0	0	10 834	10 834
负债和股东权益总额	37 013	49 123	61 825	81 749	64 409	146 158

利率敏感衡量如下。

1 个月内：

资金缺口 ＝RSA－RSL＝31 690－37 013＝-5 323（千美元）

利率敏感比率 ＝RSA/ RSL＝31 690 / 37 013＝0.86

3 个月内：

资金缺口 ＝RSA－RSL＝41 216－49 123＝-7 907（千美元）

利率敏感比率 ＝RSA/ RSL＝41 216 / 49 123＝0.84

6 个月内：

资金缺口 ＝RSA－RSL＝54 389－61 825＝-7 436（千美元）

利率敏感比率 ＝RSA/ RSL＝54 389 / 61 825＝0.88

12 个月内：

资金缺口 ＝RSA－RSL＝70 352－81 749＝-11 397（千美元）

利率敏感比率 ＝RSA/ RSL＝70 352 / 81 749＝0.86

从表 4-6 可以看出，这家银行在未来 1 年内的资金缺口均为负值，利率敏感比率小于 1，1 个月内资金缺口为-5 323 000 美元，利率敏感比率为 0.86；3 个月内资金缺口为-7 907 000 美元，利率敏感比率为 0.84；6 个月内资金缺口为-7 436 000 美元，利率敏感比率为 0.88；12 个月内资金累计缺口为-11 397 000 美元，利率敏感比率为 0.86。所以在未来 1 年内，利率下跌对这家银行有利，如果利率上升，则这家银行的净利息收入将会下降。

利率敏感性分析表所提供的数据是银行进行资金缺口管理决策的基础，而资金缺口管理的第二阶段就是结合对未来市场走势的预测，制定相应的资金缺口调整战略。

（2）利率敏感性缺口管理

对银行而言，利率波动是由市场因素决定的外生变量，其变动独立于银行经营管理决策之外。所以，对于银行来讲，进行资金缺口管理就要力争准确预测利率的变动方向及时调整资金缺口的方向和大小。

如果银行难以准确地预测利率走势，采取零缺口资金配置策略选择更为安全。因为在利率敏感资产与利率敏感负债配平状态下，无论利率上升或下降，浮动利率资产和浮动利率负债的定价是按同一方向和在等量金额基础上进行的。这种策略对那些中小银行来讲是适用的，但有些银行，特别是大银行有雄厚的力量和专家队伍，有能力对利率波动方向进行较为准确的预测，这种零缺口策略就显得过于呆板和保守。

假设银行有能力预测市场利率波动的趋势，而且预测是较准确的，银行资产负债管理人员完全可以主动利用利率敏感资金配置组合技术，在不同的阶段运用不同的缺口策略获取更高的收益率。图 4-5 表示了利率波动的不同阶段银行应采取的资金缺口管理策略。图 4-5 的上部分，纵轴表示利率，横轴表示时间，曲线表示利率的波动。在图 4-5 的下部分，纵轴表示银行资金配置敏感性比率值，横轴表示时间，曲线表示利率敏感资金的配置状态。

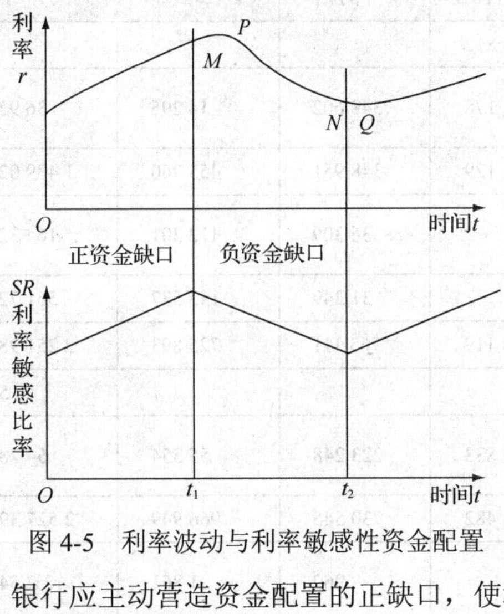

图 4-5　利率波动与利率敏感性资金配置

当预测市场利率上升时，银行应主动营造资金配置的正缺口，使利率敏感资产大于利率敏感负债，即敏感性比率值大于 1，从而使更多的资产可以按照不断上升的市场利率重新定价，扩大净利息收益率。从理论上讲，当利率上升到顶点时，银行融资正缺口应最大，或敏感性比率值最高。但由于利率峰值很难精确预测，而且市场利率一旦从顶峰往下降时速度很快，银行极有可能来不及反向操作。所以，当利率处于高峰区域时，银行就应改为反向操作，使敏感性比率值逐步降到 1，或尽可能恢复零缺口状态。当预测市场利率开始下降时，银行应主动营造资金配置负缺口，使利率敏感性负债大于利率敏感性资产，即敏感性比率值小于 1，使更多的负债可以按照不断下降的市场利率重新定价，减少成本。扩大净利息收益率。

（3）利率敏感性缺口管理的局限

资金缺口管理在实际操作中面临许多困难。首先，准确预测利率变动趋势非常困难，影响利率的因素复杂多样，任何银行都很难有十足的把握来精确地预测利率水平，因此最大限度地制造资金正负缺口来获利只是理论上的假设。实际操作中，世界上大多数大银行的资产负债表员会都主张银行的敏感性比率应控制在95%～105%之间，以此来控制决策失误而导致巨额损失的风险。其次，银行不可能完全自主地控制其资产负债结构，进而及时改变资金缺口。银行有根据利率变动安排其利率敏感资产和负债的意愿，但银行的客户也有自主选择存款贷款期限种类的权利，银行必须首先满足客户的业务需求，然后才能调整其资产负债结构，因此银行在安排资金缺口时具有一定的被动性。再次，资金缺口管理一种静态的分析方法，只注重了净利的变化，忽略了银行资产负债的市值会受利率变化的影响，而这恰恰是银行的股东所关心的。若没有补救的措施，则会引起股东的不安甚至是不满。

专栏4.3

中国工商银行利率敏感性缺口管理分析

为了更好地研究利率市场化背景下我国商业银行利率敏感性缺口管理状况，本案例选择中国工商银行作为研究样本，根据中国工商银行公布的2010年度年报中提供的数据，整理出该行资产负债表中的利率敏感性缺口，如表4-7所示。

表4-7　中国工商银行2010年利率敏感性缺口　单位：百万元

	逾期/即时偿还	1个月内	1～3个月	3个月～1年	1年～5年	5年以上
现金及存放央行	298 812					
存放同业及其他金融机构款项及拆出资金①	55 178	348 602	14 295	36 923	56 089	
客户贷款及垫款	6 129	348 951	455 760	1 489 022	1 889 164	2 407 668
衍生及可供出售类金融资产		36 309	112 301	164 323	384 507	181 346
投资		31 249	143 537	561 720	1 066 960	1 008 433
总资产	360 119	765 111	725 893	2 251 988	3 396 720	3 597 447
向中央银行借款			1	50		
同业及其他金融机构存放款项及拆出资金②	765 833	223 248	55 354	54 283	39 700	5 036
客户存款	6 134 482	730 545	966 949	2 527 394	772 418	13 769
应付债券，存款证及应付票据		969	1 861	2 540	40 598	65 610
总负债	6 900 315	954 762	1 024 165	2 584 267	852 716	84 415
利率敏感系数	0.052 2	0.804 1	0.708 8	0.871 4	3.983 4	42.616 2
重新定价缺口	−6 540 196	−189 651	−298 272	−332 279	2 544 004	3 513 032
累计重新定价缺口	−6 540 196	−6 729 847	−7 028 119	−7 360 398	−4 816 394	−1 303 362

注：表中①表示含买入返售款项；②表示含卖出回购款项及衍生金融负债；表中百万元以后数据按四舍五入处理；表中中国工商银行已将仅影响历史损失经验参考期但在当前已不适用的因素进行去除处理，不影响分析结果。

1. 数据来源及相关假设

（1）金融机构的资产和负债可以准确的划分为利率敏感性资产（IRSA）和利率敏感性负债（IRSL），并且它们采用可获得统一口径的一定期限内到期的资产和负债计算。

（2）资产和负债具有静态的利率风险结构，没有考虑外部利率条件和内部资产负债结构连续变化的情况。

（3）对于以公允价值计量且其变动计入损益的金融资产和负债，对利率风险并不重大，所以公允价值计量且其变动计入损益的金融资产和负债除外。

（4）假设财务报告及会计制度完备，无重大追溯事项，坏账准备计提充分。

2. 利率敏感性缺口分析

（1）利率市场化背景下中国工商银行表现出利率敏感性负缺口状态。从表可以看出，中国工商银行的3个月内缺口为负，缺口是-298 272百万元，3个月至1年内的缺口为-332 279百万元，即存在着负债敏感型缺口风险；而随后的两个时期的缺口均为正缺口，分别是2 544 004和3 513 032百万元，即存在资产敏感型缺口风险。一般来说，银行的资金缺口绝对值越大（无论是正值或负值），银行所承担的利率风险也就越大，所以应将缺口的绝对值调小。对于正缺口状态下的资金，银行应该适当减少资产，增加负债，规避因利率下降带来的风险；对于负缺口状态下的资金，银行应当增加资产，减少负债，规避利率上升带来的风险。同时，中国工商银行的累计利率敏感性缺口则都是负缺口，意味着其资产负债的整体结构中存在着较大的负债敏感性缺口。如果我国利率上升，中国工商银行将遭受较大的利率风险。

（2）中国工商银行短期内的资产匹配状况有所改善。自2010年10月19日以来中国人民银行不断上调利率，使得累计重新定价的缺口头寸不断缩小，从利率敏感系数来看，其值与1的偏离程度在不断扩大，使得其敏感类型表现为资产敏感型。保守的利率风险管理策略是使利率敏感性比率保持在1左右。但是，由于市场普遍预期利率会上升，所以积极的利率风险管理策略则应使资产负债表保持资产敏感性缺口。这样不仅防范了利率风险而且还能够获得额外的收益。因此，中国工商商业银行适应了利率的走势，采取了积极的利率风险管理策略，通过贷款重新定价期限的调节，使累积负缺口的期限越缩短，使总体的累积正缺口增大。

（3）利率波动对中国工商银行的净利息收入影响很大。根据样本数据，工商银行在1年期内的资金缺口在不断扩大。如果不考虑利率管理水平等其他因素，当市场利率上升时，其利息收入变动的增加将大于其利息支出变动的增加，使得净利息收入减少。

（4）由于目前我国的利率市场化过程中，商业银行所面临形式即存贷款利率还没有市场化，主要利率还是由中国人民银行进行调整，所以运用各种利率预测技术来预测市场利率将来的走势制定相应的资产负债缺口有相当大的风险。一旦预测失误，将会造成商业银行极大的损失。因此，更合适的方法是通过调整表内的资产负债项目或运用表外衍生工具来对表内项目进行套期保值，尽量使资产负债缺口保持在零附近，从而避免面临利率风险的不确定性。具体来看，中国工商银行1年期以内的利率敏感性缺口的数值在不断加大，因此减少其资产负债利率敏感性缺口的关键就在于减少在这一时间段到期的负债，同时要增加持有在这一时间段到期的资产。而在这一时段内，负债主要是客户存款，所以减少累计缺口的办法主要是减少在这一时段到期的客户存款以及增加在这一时段到期的客户贷款。

来源：游扬，我国商业银行利率敏感性缺口分析，特区经济，2012年第7期

4.5.3 持续期缺口管理

持续期（Duration）也称持久期或存续期，最初由美国经济学家弗雷得里·麦考莱（Frederick Macaulay）于 1938 年提出。持续期作为一种全新的概念在当时出现，使人们对固定收入金融工具的实际偿还期和利率风险有了更深入的了解，同时被广泛用于预测由于市场利率变动所引起的债券价格的变动。

以债券为例，利率风险表现在两个方面：价格风险和再投资风险。价格风险是由于市场利率上升引起债券价格下跌给债券投资者带来的资产损失；再投资风险是由于市场利率下降引起利息的再投资收入减少给债券投资者带来的收入损失。当市场利率上升时，债券投资者面临着资产损失和再投资收入增加；而当市场利率下降时，债券投资者面临着资产增加和再投资收入损失。因此，债券的价格风险和再投资风险有相互抵消的特性。

考虑一只每年付息一次的中长期附息债券，如果持有期小于 1 年，投资者面临的风险只有价格风险，没有再投资风险。随着持有期的增加，价格风险减少而再投资风险增加。如果持有到期，则投资者面临的风险只有再投资风险，没有价格风险。例如，价格风险是持有期的减函数，再投资风险是持有期的增函数。由于价格风险和再投资风险具有相互抵消的特性，于是存在一个适当的持有期，使得在该持有期下投资者的利率风险为零，我们将它称为持续期。

1. 狭义的持续期

麦考莱于 1938 年提出的持续期被用来研究债券的期限结构，所以，我们现在有时也称债券的持续期为狭义的持续期。债券的持续期是指债券的所有预期现金流量的加权平均时间，也可以理解为债券各期现金流量抵补最初投入的平均时间，计算公式如下

$$D=\frac{\sum_{t=1}^{n}t\times PV_t}{\sum_{t=1}^{n}PV_t}=\frac{\sum_{t=1}^{n}\frac{tP_t}{(1+i)^t}}{\sum_{t=1}^{n}\frac{P_t}{(1+i)^t}}=\frac{\sum_{t=1}^{n}\frac{tP_t}{(1+i)^t}}{P} \tag{4-1}$$

其中，D 为持续期；t 为现金流发生的时间；PV 为现值；PV_t 为第 t 期的现金流的现值；$\sum_{t=1}^{n}PV_t$ 表示所有现金流的现值之和（也就是该债券当前的理论价格水平 P，根据债券的定价原理）；n 为现金流发生的次数；P_t 表示第 t 期的现金流；i 为债券的到期收益率。

我们可以将式（4-1）看做是现金流加权的现值总额与现值总额之比。

【例 4-1】一张面额为 100 元的附息债券，期限为 5 年，年利率为 8%，计算该债券的持续期。计算过程如表 4-8 所示。

表 4-8　　持续期计算实例

现金流发生的时间（年）	现金流	现值	次数	加权现值
1	8	7.4	1	7.4
2	8	6.86	2	13.72
3	8	6.35	3	19.05
4	8	5.89	4	23.56
5	108	73.50	5	367.50
总计		100		431.23

$D = 431.23/100 \approx 4.31$（年）

经过计算得知，该债券的持续期为 4.31 年。这说明在 4.31 年这个时点上，该债券的价格风险和投资风险是相等的，两者可以相互抵消。

【例 4-2】假设面额为 100 美元的五年期债券，每年付息一次，年利率为 10%，那么该债券的持续期是多少年？相关数据如表 4-9 所示。

表 4-9　复利现值系数表

期数	1	2	3	4	5
10%	0.909 1	0.826 4	0.751 3	0.683 0	0.620 9

$$D=\frac{\sum_{t=1}^{n}t\times PV_t}{\sum_{t=1}^{n}PV_t}=\frac{\sum_{t=1}^{n}\frac{tP_t}{(1+i)^t}}{\sum_{t=1}^{n}\frac{P_t}{(1+i)^t}}=\frac{\sum_{t=1}^{5}t\times PV_t}{\sum_{t=1}^{5}PV_t}=\frac{\sum_{t=1}^{5}\frac{tP_t}{(1+10\%)^t}}{\sum_{t=1}^{5}\frac{P_t}{(1+10\%)^t}}$$

其中，$\sum_{t=1}^{5}\frac{tP_t}{(1+10\%)^t}=\sum_{t=1}^{5}\frac{t\times 10}{(1+10\%)^t}+\frac{5\times 100}{(1+10\%)^5}\approx 416.983$

$$\sum_{t=1}^{5}\frac{P_t}{(1+10\%)^t}=\sum_{t=1}^{5}\frac{10}{(1+10\%)^t}+\frac{100}{(1+10\%)^5}=100$$

所以 D≈416.983/100≈4.17（年）

在此例中，债券的到期期限为 5 年，而实际上持续期为 4.17 年。

以上给出的是分期付息的金融工具——息票债券的持续期。通过这两个例题，我们发现，对于那些分期付息的金融工具，其持续期总是短于偿还期限。这是由于同等数量的现金流量，早兑付的比晚兑付的现值高，所以持续期反映了现金流量的时间价值。实际上，持续期度量了收回一项投资所需要的平均时间。

那么对于一次还本付息的金融工具，其持续期又如何计算呢？

【例 4-3】某零息债券面值 100 万美元，期限 2 年，销售价格为 82.64 万美元，市场利率为 10%，则该债券的持续期是多少年？

$$D=\frac{\sum_{t=1}^{n}t\times PV_t}{\sum_{t=1}^{n}PV_t}=\frac{2\times\frac{100}{(1+10\%)^2}}{\frac{100}{(1+10\%)^2}}=2\text{（年）}$$

因为零息债券到期按面值一次支付，只发生一次现金流，其持续期与偿还期相等，其他任何类似零息债券的在持有期间不支付利息的金融工具，其持续期也是一定等于到期期限或偿还期限的。对于那些分期付息的金融工具，其持续期与偿还期呈正相关关系，即偿还期越长，持续期越长；持续期与现金流量呈负相关关系，偿还期内金融工具的现金流量越大，持续期越短。

根据上面的论述，我们还可以推算出利率变化与债券价值变动的相互关系。这个变动关系同样适用于银行资产、负债的价值变动与市场利率变动之间的关系。

我们设 PVA 为资产的初始现值，ΔPVA 为资产现值变动额，Δi 为利率变动；PVL 为负债初始现值，ΔPVL 为负债现值变动额，则当市场利率变动时，资产和负债价值的变化可由下式表示。

$$\Delta PVA=-DA\times\Delta i/(1+i)\times PVA \tag{4-2}$$

$$\Delta PVL=-DL\times\Delta i/(1+i)\times PVL \tag{4-3}$$

注：因为 $PV=\sum_{t=1}^{n}\frac{Pt}{(1+i)}$ 对 i 求导，就可得到现值对利率变动的敏感程度，在套入持续期式（4-1）

的公式，即可得到上述结论。

如【例 4-1】中，如果市场利率上升 1 个百分点，则该债券的价格变动如下。

−4.31×0.01/（1+0.08）×100≈−3.99（元）

如【例 4-2】中，当市场利率下降 1 个百分点时，则该债券的价格变动如下。

−4.17×（−0.01）/（1+0.08）×100≈3.79（美元）

这说明，当市场利率变动时，债券价值的变动方向和市场利率变动的方向相反，而且债券的持续期越长，债券价值变动的幅度越大，也就是利率风险越大。

2. 广义的持续期

20 世纪 80 年代以来，持续期被金融机构用于资产负债管理之中，广泛用于分析商业银行贷款等其他资产与负债的利率风险，并进而用于分析银行股东权益的变化。这样的持续期被称为广义的持续期。

（1）资产（贷款）的持续期。贷款是商业银行最重要的资产业务，按偿还方式划分，贷款有分期偿还和一次还本付息贷款之分，其现金流分别与附息债券和零息债券的现金流类似。只不过对分期偿还的贷款来说，其每次还本付息的额度并非固定不变，有时候可能是不规则的。这取决于银行与客户之间事先的约定。

$$\text{贷款的持续期} = \frac{PV_1 \times t_1 + PV_2 \times t_2 + \cdots + PV_n \times t_n}{PV_1 + PV_2 + \cdots + PV_n}$$

其中，PV_n 为各期现金流的现值；t_n 为 n 年，即加权值。

【例 4-4】某银行向一客户发放了一笔 5 年期贷款，金额为 80 万元，利率为 10%，分期偿还，贷款本息之和为 112 万元，该银行与客户约定，第 1～5 年分别偿还 10 万元、15 万元、20 万元、30 万元和 37 万元，则该笔贷款的持续期为多少年？

该笔贷款现金流等状况如表 4-10 所示。

表 4-10　贷款持续期计算

时间（年）	现金流	现值	加权现值
1	10	9.091	9.091
2	15	12.396	24.792
3	20	15.026	45.078
4	30	20.49	81.96
5	37	22.973	114.865
合计	112	80	275.786

该笔分期偿还、每期偿还额不规则的 5 年期贷款持续期为：$D = 275.786/80 \approx 3.447$（年）。

（2）负债持续期。商业银行负债主要是存款和借款。以存款为例，按照提取方式不同，存款可分为一次提取和多次提取两种。一次提取的多为定期存款，定期存款往往到期提取，只发生一次现金流，其持续期即为到期期限。而活期存款可多次提取，因而只能在预知其现金流的时间和数额的情况下，才能计算出它的持续期。

负债持续期计算方法与前面所述的贷款持续期计算方法大致相同，不再赘述。

（3）持续期缺口管理

① 持续期缺口的含义

当市场利率变动时，不仅各项利率敏感资产与负债的收益和支出会发生变化，利率不敏感的资产与负债的市场价值也会不断变化。持续期缺口管理就是银行通过调整资产负债的期限与结构，采取对银行净值有利的持续期缺口策略来规避银行资产与负债的总体利率风险。

持续期缺口是银行资产持续期与负债持续期和负债资产系数乘积的差额，可用公式表示如下。

$$DGAP = DA - UDL$$

式中，*DGAP* 为持续期缺口；*DA* 为资产持续期；*DL* 为负债持续期；*U* 为负债资产系数，即 *U* 为银行总负债/银行总资产=*PVL*/*PVA*，由于负债不能大于资产，故 *U* 小于 1。

设银行净值的变动额为 Δ*NW*，故得到如下等式

$$\Delta NW = \Delta PVA - \Delta PVL \tag{4-4}$$

将式（4-2）和式（4-3）代入式（4-4），化简得到如下等式

$$\Delta NW = -\frac{\Delta i}{1+i}\times(D_A PV_A - D_L PV_L) \tag{4-5}$$

将式（4-5）两边除以 *PVA*，可得如下等式

$$\frac{\Delta NW}{PV_A} = -\frac{\Delta i}{1+i}\times(D_A - D_L\frac{PV_L}{PV_A})$$

$$\frac{\Delta NW}{PV_A} = -\frac{\Delta i}{1+i}\times D_{GAP} \tag{4-6}$$

式（4-6）表明银行净值变动额、持续期缺口与利率变动三者之间的关系：当持续期缺口为正值时，银行净值随利率上升而下降，随利率下降而上升；当持续期缺口为负值时，银行净值随市场利率上升而上升，随着利率下降而下降；当持续期缺口为零时，银行净值在利率变动时保持不变。银行净值变动额、持续期缺口与市场利率变动之间的关系如表 4-11 所示。

表 4-11　银行净值变动额、持续期缺口与市场利率变动之间的关系

DGAP	利率变动	资产现值变动	变动幅度	负债现值变动	Δ*NW*
正缺口	上升	减少	>	减少	减少
正缺口	下降	增加	>	增加	增加
负缺口	上升	减少	<	减少	增加
负缺口	下降	增加	<	增加	减少
零缺口	上升	减少	=	减少	不变
零缺口	下降	增加	=	增加	不变

② 持续期缺口管理的应用

【例 4-5】假设某银行是一家新开业的银行，其资产负债表如表 4-12 所示，其资产负债值等于市场价值。该银行拥有两种生息资产：一类是年利率为 14%的 3 年期商业贷款，另一类是年利率为 12%的 9 年期国库券。该银行的负债项目包括年利率为 9%的 1 年期定期存款，年利率为 10%的 4 年期大额可转让定期存单（CD）。资本金占资产总额的 8%，其各项参数如表 4-12 所示。

表 4-12　某银行初始资产负债表

资产	市场价值（亿元）	利率（%）	持续期（年）	负债和资本	市场价值(亿元)	利率（%）	持续期（年）
现金	100			定期存款	520	9	1.00
商业贷款	700	14	2.65	CDS	400	10	3.49
国库券	200	12	5.97	负债总计	920		2.08
				股本	80		
总计	1 000		3.05		1 000		

其中：

$$3\text{ 年期商业贷款的持续期}=\frac{\frac{98}{1.14}+\frac{98\times 2}{1.14^2}+\frac{798\times 3}{1.14^3}}{700}\approx 2.65\text{（年）}$$

$$9\text{ 年期国库券的持续期}=\frac{\frac{24}{1.12}+\frac{24\times 2}{1.12^2}+\cdots+\frac{24\times 8}{1.12^8}+\frac{224\times 9}{1.12^9}}{200}\approx 5.97\text{（年）}$$

$$\text{总资产的持续期}=\frac{700}{1000}\times 2.65+\frac{200}{1000}\times 5.97\approx 3.05\text{（年）}$$

$$4\text{ 年期 CDS 的持续期}=\frac{\frac{40}{1.1}+\frac{40\times 2}{1.1^2}+\frac{40\times 3}{1.1^3}+\frac{440\times 4}{1.1^4}}{400}\approx 3.49\text{（年）}$$

$$\text{总负债持续期}=\frac{520}{920}\times 1.00+\frac{400}{920}\times 3.49\approx 2.08\text{（年）}$$

$$\text{持续期缺口}=3.05-\frac{920}{1000}\times 2.08\approx 1.14\text{（年）}$$

持续期缺口不为零，在利率变动时，银行总资产和总负债的市场价值变动幅度不一样，从而使银行面临着市场价值因利率变动而变动的风险。假设上例中该银行签订了所有的资产项目合约之后，市场利率上升了 1%，这时，其资产负债变动的情况如表 4-13 所示。

表 4-13　利率上升 1% 后该银行的资产负债表

资产	市场价值（亿元）	利率（%）	持续期（年）	负债和资本	市场价值（亿元）	利率（%）	持续期（年）
现金	100			定期存款	515	10	1.00
商业贷款	684	15	2.64	CD	387	11	3.48
国库券	189	13	5.89	负债总计	902		2.06
				股本	71		
总计	973		3.00		973		

其中：

$$\text{总资产持续期}=\frac{684}{973}\times 2.64+\frac{189}{973}\times 5.89\approx 3\text{（年）}$$

$$\text{总负债持续期}=\frac{515}{902}\times 1.00+\frac{387}{902}\times 3.48\approx 2.06\text{（年）}$$

$$\text{持续期缺口}=3.00-\frac{902}{973}\times 2.06\approx 1.09\text{（年）}$$

总资产市值变化=973−1 000=−27（亿元）

总负债市值变化=902−920=−18（亿元）

股本变化=71−80=−9（亿元）

从以上计算可以看出，由于利率上升，该银行股本损失 9 亿元，是股本占总资产的比率由 8%下降为 7.3%。

总资产加权平均持续期与总负债加权平均持续期之间的缺口会导致银行净值随利率变动而变动，而且缺口值的绝对值越大，银行面临的利率风险就越大。银行可以通过对利率走势的预测，制定相应的持续期缺口策略，以使银行在利率变动中取得保值或增值的经营绩效。银行持续期缺口管理的策略如表 4-14 所示。

表 4-14　　商业银行持续期缺口管理的策略

预期利率变动	银行的管理策略	可能的结果
利率上升	减少 *DA*，增大 *DL* （营造负的持续期缺口）	银行净值增加（预期正确） 银行净值减少（预期错误）
利率下降	增大 *DA*，减少 *DL* （营造正的持续期缺口）	银行净值增加（预期正确） 银行净值减少（预期错误）

持续期缺口管理资产负债也存在一定的缺陷。一是商业银行某些资产和负债项目的持续期计算较为困难。客户如果提前归还贷款，会扭曲预期现金流量，而活期存款的现金流量则更难以准确的确定。二是很难控制商业银行的持续期缺口为零。计算银行资产和负债类组合的持续期是一项繁重的工作，除了零息债券、一次性付息贷款等金融工具的持续期等于它们的到期日，其他分期付息的证券、贷款的持续期都小于他们的到期日，计算量非常大。而对这些资产和负债的调整也是有所限制的。三是持续期缺口模型假设利率是稳定的，但在现实中利率的波动却是非常频繁的。

本章小结

（1）商业银行的主要业务根据是否在银行资产负债表中反映可以分为表内业务和表外业务。表内业务是资产负债表中记录的业务，包括负债业务和资产业务两种主要业务。表外业务在我国也叫做中间业务，是发生在资产负债表以外的业务。一般来讲，我们把商业银行的业务分为负债业务、资产业务和中间业务三大部分。

（2）资产负债管理是指商业银行按照某种策略进行资金配置，从而实现安全性、流动性和盈利性的组合目标。商业银行资产负债管理理论大致经历了资产管理思想、负债管理思想、资产负债管理思想以及资产负债外管理思想四个发展阶段。

（3）商业银行流动性需求是客户对银行提出的，必须立即兑现的现金要求。当商业银行的资金来源和资金运用不匹配时便产生了流动性缺口，流动性供求不匹配，是商业银行日常经营的常态。商业银行流动性管理的重点就是进行流动性缺口的预测和调剂，平衡流动性和盈利性。

（4）信用风险是商业银行所面临的最主要的风险。商业银行信用风险的测度主要采用基于财务报表的信用分析和评估。随着风险管理技术的进步，商业银行的信用风险的测度也逐渐转向定量分析和建立风险评估模型的风险计量分析。

（5）商业银行的利率风险是指市场利率变动的不确定性给商业银行带来损失的可能性。根据风险来源的不同，利率风险主要分为：重新定价风险、基差风险、收益率曲线风险和选择权风险。商业银行管理利率风险的方法主要是利率敏感性缺口管理和持续期缺口管理。

关键概念

商业银行交易型存款账户；非交易型存款账户；同业拆借；回购协议；“6C”原则；贷款五级分类；中间业务；资金库法；资金分配法；流动性缺口信用风险；利率风险；重新定价风险；利率敏感性缺口管理；持续期缺口管理

复习思考题

（1）商业银行可以通过哪些方式获得资金来源？怎样进行资金运用？

（2）商业银行如何对借款人进行信用评估？

（3）商业银行的中间业务有哪些？

（4）商业银行怎样进行流动性管理？

（5）简述资产负债管理理论的 4 个发展阶段及其基本内容。

（6）试述利率敏感比率与利率敏感性缺口的联系。

（7）试述利率敏感性缺口、利率敏感比率与银行净利息收入变动的关系。

（8）试述持续期缺口与银行净值市场价值变动的关系。

（9）某银行在未来 1 个月有利率敏感性资产 87 亿元，利率敏感性负债 62.5 亿元，该银行是何种资金缺口？如果利率上升，该银行的净利差会发生什么变化？利率下降时又会怎样呢？

（10）如果一家银行资产为 1 000 亿元，负债为 900 亿元，所有者权益为 100 亿元，且该银行资产的持续期为 3.05 年，负债的持续期为 2.08 年，那么该银行的持续期缺口为多少年？

中央银行 第5章

【学习目标】

（1）了解中央银行产生的客观必然性。

（2）理解中央银行的性质与职能。

（3）理解中央银行的主要业务与资产负债表。

（4）了解中央银行的结构。

（5）了解中央银行与政府的关系。

（6）了解中国人民银行的结构以及与政府的关系。

中央银行是一国银行体系的核心。它统领一国金融体系，控制货币供给，是制定和执行国家的货币政策、调节和控制全国的货币流通与信用活动的最高金融机构。中央银行的称谓各国不尽相同，有的国家以本国国名命名如日本银行、法兰西银行、意大利银行等，有的国家称之为储备银行如美国联邦储备银行，有的国家称之为国家银行如瑞士国家银行、比利时国家银行等，有的国家以直接称为中央银行如俄罗斯中央银行、阿根廷中央银行等，还有其他名称如我国的人民银行。

5.1 中央银行的历史

5.1.1 中央银行产生的客观必然性

中央银行是随着社会经济历史发展的客观要求而产生的，具有历史发展的客观必然性。

1. 统一发行银行券的需要

在 18 世纪与 19 世纪初，银行的存款业务尚未得到广泛的发展，商业银行普遍利用银行券的发行来增加资金、扩大业务。但许多银行分别发行银行券的办法存在着严重的弊端：第一，各银行独自发行的银行券的被接受程度和流通范围不同，不利于跨地区交易的进行，给社会生产和流通带来困难；第二，为数众多的小银行信用能力薄弱，它们所发行的银行券不能保证随时兑现。尤其在危机时期，银行券不能兑换十分普遍，这不仅使银行券的信誉大大受损，还使社会经济陷入混乱状态。

资本主义经济的日益发展，客观上要求银行券的发行走向集中统一，由实力雄厚、最有权威的大银行来发行在全社会流通的银行券。在此基础上，国家通过法律限制或取消一般银行发行权的方式，将发行权逐步集中到一家大银行。这一过程导致了中央银行的产生。

2. 集中票据交换和清算的需要

随着商品经济和银行业务和不断发展，银行每天受理的票据急剧增加，票据的交换清算变得繁重起来。各银行自行轧差进行当日结算已发生困难。异地结算问题就更加突出，时间延长，速度减缓。因此，客观上需要有一家全国统一的、权威公正的清算机构来使结算资金顺畅，以保证商品经济快速发展的需要。

3. 最后贷款人的需要

银行在经营过程中，可能遇到因意外大额提现或贷款无法收回等原因而陷入流动性不足的困境。若缺乏及时足额的援助，银行的破产倒闭在所难免。一旦发生金融恐慌，则可能会因一家银行的支付困难殃及整个银行业。这在客观上需要一家权威机构作为众多银行的后盾，适当集中各银行的一部分准备金，在必要时为它们提供资金支持充当各银行的“最后贷款人”。

4. 金融管理的需要

随着商品经济和货币信用关系的发展，金融业在社会济中的地位和作用越来越突出，金融业的稳定运行日益成为经济健康发展的重要条件。金融行业是一个较为特殊的行业，它存在严重的信息不对称和很高的风险，并且直接关系到一国的货币供给量，因此需要有专门的机构，代表政府对金融行业实行严格的管理，以维护其公平、效率和稳定，并进而对整个宏观经济进行调节。中央银行便是这些管理机构中最重要的一员，其主要职责在于执行货币政策，控制货币供给。

5.1.2 中央银行的产生与发展

中央银行的历史渊源大致可以追溯到17世纪中后期。在此之前，以商业银行形态存在的银行业已经存在和发展了相当长一个时期。中央银行的产生是资本主义商品经济发展的结果。工商业的迅速发展，商品流通的急剧扩大，促使货币信用业务迅速膨胀，银行业的发展和竞争，迫切需要建立一个能代表政府的、资力雄厚并具有权威性的金融机构，以代表政府管理金融业、为政府和银行业提供服务。

通常在谈及中央银行起源时，往往首先提到瑞典银行和英格兰银行。前者成立于1656年，后者成立于1694年。但它们成立之初并非就是中央银行。瑞典银行初建时是一般私营银行，后于1668年改组为国家银行。实际上，直到1897年它才独占货币发行权。真正最全面发挥中央银行功能的应是英格兰银行。英格兰银行作为世界上最早的私人股份银行，成立之初就已具有与其他银行不同的特权，例如，在接受政府存款并向政府提供贷款，以及在发行银行券上等。但成为中央银行的决定性的第一步，即基本垄断货币发行权，却是它成立150年以后的事。1844年通过的银行法，结束了在英国有279家银行都发行银行券的局面。同时，因为其他商业银行需要银行券时只有从英格兰银行提取，所以必须在英格兰银行存款。这就使英格兰银行又成了集中其他商业银行一部分存款准备金的银行。于是奠定了英格兰银行作为中央银行的基础。1854年，英格兰银行成为英国银行业的票据交换中心；1872年它开始对其他银行负起在困难时提供资金支持即“最后贷款者”的责任。另外，由于它在发生金融危机时的特殊作用，又使之具有了相当程度的全国金融管理机构的特点。

在整个19世纪到第一次世界大战爆发前这100多年里，出现了成立中央银行的第一次高潮，如成立于1800年的法兰西银行到1848年垄断了货币发行权，并于19世纪70年代完成了向中央银行的过渡；1913年美国联邦储备系统的建立，是这个阶段最后形成的中央银行制度。这期间，世界上约有29家中央银行相继设立，其中绝大部分是在欧洲国家。它们的产生主要是本国经济、金融客观发展的产物，并且除个别外，都是由普通商业银行通过逐步集中货币发行权和对一般银行提供清算服务及资金支持而演进为中央银行的。

第一次世界大战结束后，面对世界性的金融恐慌和严重的通货膨胀，1920年召开的布鲁塞尔国际经济会议指出在世界各国普遍设立中央银行制度的必要性。1922年，日内瓦国际经济会议再次呼吁尚未建立中央银行的国家要尽快建立中央银行，以共同维护国际货币体系的稳定。这一时期的中央银行大多数是借助于政府的力量而直接创建的，是自成立起就在法律上具有明确权责的特定机构。

第二次世界大战结束后，各国政治形势发生了重大的变化，民族解放运动风起云涌，一大批经济比较落后的国家摆脱了宗主国或殖民者的统治而获得了独立。这些国家把中央银行的建立视为巩固民族独立和国家主权的一大标志，纷纷创建自己的中央银行。他们借鉴欧洲美国国家中央银行发展的经验，使中央银行直接具备比较全面的现代中央银行的职能和特征。亚洲国家中央银行的普遍设立，使中央银行在全世界范围内迅速扩展为各国的一项基本经济制度。

专栏5.1

中国人民银行介绍

中国人民银行（The People's Bank Of China，PBOC），简称央行，是中华人民共和国的中央银行，是中华人民共和国国务院组成部门。中国人民银行在国务院领导下，制定和执行货币政策，防范和化解金融风险，维护金融稳定。

1948年12月1日，在华北银行、北海银行、西北农民银行的基础上合并组成中国人民银行。1983年9月，国务院决定中国人民银行专门行使中国国家中央银行职能。1995年3月18日，第八届全国人民代表大会第三次会议通过了《中华人民共和国中国人民银行法》。至此，中国人民银行作为中央银行以法律形式被确定下来。

中国人民银行根据《中华人民共和国中国人民银行法》的规定，在国务院的领导下依法独立执行货币政策，履行职责，开展业务，不受地方政府、社会团体和个人的干涉。

5.2 中央银行职能及其资产负债表

5.2.1 中央银行的性质

中央银行的性质是指中央银行自身所具有的特有属性，是由其业务活动的特点和所发挥的作用来决定的。中央银行是领导和管理金融的特殊金融机构，也是进行宏观调控的国家行政管理机关。

从中央银行业务活动的特点来看，中央银行是特殊的金融机构，与商业银行有很大的不同。商业银行以追求利润最大化为经营目标。而中央银行不以盈利为目的，不经营商业性业务，不与普通单位和一般公众发生业务关系，只与特定的对象如商业银行、政府财政机构等打交道。国家还赋予中央银行一些特有的权力与业务，如垄断货币发行、集中存款准备金、代理国库、管理黄金外汇储备等。

从中央银行发挥的作用来看，中央银行是制定和实施货币政策、监督管理金融业的宏观管理部门。中央银行是全国货币信用的提供者和调节者，是整个金融运行的中心。中央银行按照经济发展的客观需要发行货币并保持币值稳定。中央银行还是各国金融体系的核心，承担着制定和执行货币政策、防范和化解金融风险、保障金融稳健运行的重要职责。

此外，中央银行又具有国家行政管理机关的性质，主要表现在：中央银行会同其他金融监管部门对金融市场进行管理和控制；中央银行还代表国家参加国际金融组织和国际金融活动等。

5.2.2 中央银行的职能

中央银行的职能是中央银行性质的具体体现，一般概括为发行的银行、银行的银行和政府的银行三大职能。

1. 发行的银行

所谓发行的银行是指中央银行垄断货币发行权，成为全国唯一的货币发行机构。统一货币发行是中央银行形成的最基本的动因，因而这一职能是中央银行最本质的特征。考察中央银行产生和发展的历史，不难看出，一部中央银行史就是一部货币发行权由分散逐步走向集中、垄断和独占的历史。

中央银行垄断货币发行权，有如下好处：第一，钞票可以整齐划一，在全国范围内流通，不致造成币值混乱；第二，便于政府监督管理，推行国家的货币政策；第三，央行可以随时根据社会经济的发展变化进行调节和控制，使货币数量和流通需要尽可能相适应；第四，央行处于相对独立的地位，可以抵制政府滥发钞票的要求，使货币供应量适当；第五，央行统一发行货币，可以掌握一定量的资金来源，增强金融实力，有利于调控货币供应量。

中央银行垄断全国货币发行，并不意味着中央银行可以任意决定货币发行量。在金本位制下，货币发行数量与一国的黄金储备密切相关，黄金储备的增减直接影响着整个货币流通量的扩大与收缩。在现代不兑现纸币的制度下，中央银行凭借国家授权、以国家信用为基础来垄断货币发行。中央银行必须按照经济发展的客观需要发行货币并保持币值稳定。一般而言，中央银行会使货币发行具有一定的弹性以适应经济运行的需要。

现在，各国中央银行对货币（现钞）发行基本上按照以下几个原则。

（1）集中垄断发行

中央银行发行的货币具有无限法偿的能力，在一切公私交易中可以无限地使用，并且现代中央银行均不承担兑现贵金属的义务。

（2）要有可靠的信用基础

在纸币流通条件下，货币的发行是有客观限制的，不能随意发行，必须有相应的商品量作为保障，同时必须有一定的发行保证制度，必须有独立的发行体制，不受政治压力和外界的影响，使货币的发行建立在可靠的信用基础之上。

（3）维持一定的弹性

中央银行发行货币应当适应经济变化的客观要求，有一定的伸缩弹性。随着生产和流通的发展，中央银行应该相应增加货币供应数量，避免货币供应数量过少，形成通货紧缩，影响商品生产和流通的扩大；同时中央银行要适当控制，以免货币供应量数量过多，形成通货膨胀，影响经济和物价稳定。因此，要求中央银行经常研究市场，研究货币供应、需求和均衡，使市场货币供应适应经济发展的要求。

我国现行的货币发行遵循集中统一发行原则、经济发行原则、计划发行原则和弹性发行原则。

2. 银行的银行

银行的银行是指中央银行的业务对象不是一般的单位或个人，而是商业银行和其他金融机构以及政府部门；中央银行与其业务对象之间的业务往来仍具有银行固有的“存贷汇”特征；中央银行为业务对象提供清算等服务的同时，也对它们进行宏观调控。银行的银行这一职能最能体现中央银行作为特殊金融机构的性质。这一职能主要体现在以下 3 个方面。

（1）集中存款准备金

在中央银行成立之前，商业银行出于追求盈利最大化动机，一般保持尽可能少的准备金。一旦遇到意外大额提现或贷款不能收回，银行便会出现支付困难，甚至破产倒闭。中央银行成立后，各国都通过法律规定，商业银行以及其他金融机构必须按照存款数额的一定比例向中央银行缴存存款准备金，中央银行可根据宏观调控的需要调整存款准备金的上缴比例。这样做的目的在于：第一，保障存款人的资金安全和合法权益，保证金融机构自身运营的安全；第二，改变商业银行的存款创造能力，从而调节全国信用规模和货币供应量；第三，集中存款准备金也增强了中央银行的资金实力，为中央银行再贴现，再贷款等业务的开展增加了资金来源。

（2）最后贷款人

当某一金融机构面临资金困难，而别的金融机构又无力或不愿对它进行融资的时候，中央银行将扮演最后贷款人的角色。在中央银行发展的过程中，这一职能的内涵已大大丰富，从最初的防止银行倒闭演化为调节货币供应量。概括起来，最后贷款人可以发挥如下作用：第一，当金融机构发生资金困难而无法从其他渠道筹措资金时，中央银行为其提供资金支持，以防金融恐慌、金融危机发生；第二，为金融机构办理资金融通，使其在同业拆借之外，又增加了一条获得流动性的重要渠道；第三，通过提高或降低再贴现或再贷款利率等方式实施货币政策，调节银行信用和货币供应量。

（3）组织全国的清算

1854年，英格兰银行采取了对各银行之间每日差额进行清算的做法，大大简化了各银行之间资金往来的清算程序。这一做法被其他国家相继效仿。由中央银行来组织全国清算的好处有：第一，由于各银行在中央银行都有存款准备金账户，所以通过各银行在中央银行的账户之间划拨资金是最便捷的方法，加快了资金周转，提高了清算效率，而中央银行的权威性可保证清算过程的安全；第二，便于中央银行及时掌握金融系统乃至社会的资金运动状况，为制定和实施恰当的货币政策提供依据。

3. 政府的银行

中央银行是政府的银行或国家的银行，是指中央银行代表国家制定并贯彻执行货币金融政策，代表政府从事金融活动，实行金融监管。作为政府的银行，中央银行的职责主要体现在5个方面：一是参与制定和实施国家的货币金融政策，制定基准利率和汇率，运用经济手段对国民经济进行宏观金融调节。二是对金融机构和金融市场进行监管，中央银行独自或与其他金融监管机构一起对金融业进行监督管理，监管内容主要有：制定并监督执行有关金融法规、基本制度、业务活动准则，使金融机构的活动有法可依；使金融市场的发展规范化、制度化和程序化。三是经理国库，经办政府的各项财政收支。各国中央银行都经办政府的财政收支，为财政办理解缴税金、国债的推销和还本付息工作，同时持有和管理国家的黄金外汇储备，以保证国际收支平衡和维持本币对外汇率的稳定。四是对政府融通资金，向政府提供短期贷款，以解决国家财政收支出现的暂时性困难。通过向政府发放政府债券抵押贷款和推销国债的方式向政府提供资金。五是代表本国政府参加各种国际金融组织和国际活动。中央银行一般作为本国政府的代表参加对外金融活动：参加国际金融组织，如国际货币基金组织、世界银行、亚洲开发银行等；参与研究制定国际金融方面的重要政策、规定；协调本国与国际金融组织和他国金融机构之间的关系，管理国际资本在本国的活动等。

总之，发行的银行、银行的银行、政府的银行体现了中央银行的三大基本职能。值得注意的是，这些职能并非在中央银行产生时就得到了完全充分的体现，而是随着中央银行自身的发展而逐步完善起来的。从发行的银行来看，集中货币发行是早期中央银行的主要职责。在中央银行发展的过程中，这一职能发展为通过货币政策工具适时调节货币供应量，在保证币值稳定的同时，促进经济增长，提高就业水平。从银行的银行来看，集中存款准备金是早期中央银行最重要的业务，而在现代中央银行制度中，其调控意义已大于其原始意义。中央银行贷款在早期的中央银行业务中并不经常使用，基本上是作为银行支付的最后保证手段，在现代中央银行贷款已成为向社会提供货币的重要手段。从政府的银行来看，早期中央银行的主要职能是代理国库、向政府融资，而在现代，中央银行的宏观调控职责越来越重要了，要对整个经济金融进行调节控制。此外，随着对外联系的不断扩大，中央银行代表国家参与国际金融活动的国际间协调的职能也日益突出。

5.2.3 中央银行的主要业务与资产负债表

1. 中央银行的业务原则

（1）不经营一般商业银行业务

中央银行只同商业银行发生业务关系，原则上不经营一般商业银行业务，因为中央银行是代表政府监管金融的特殊机构。中央银行的这种特殊身份就决定了它不同一般金融机构进行竞争，否则就无法实现其对金融的调节和控制，难以完成它所承担的根本任务。

（2）不以盈利为目的

中央银行的特殊地位和作用决定了中央银行要以经济金融稳定为己任，是宏观金融管理机构而非商业性营利机构，其直接经营目标在于运用各种信用工具调节宏观经济、稳定币值，促进经济的发展。

（3）资产流动性好

流动性是指中央银行的资产业务要保持流动性。一旦某银行出现资金困难，整个金融体系出现流动性危机时，中央银行应能拿出相当可观的资金。这样才能保证货币资金灵活调度和及时运用。为了使资产保持较高的流动性，中央银行一般不发放长期贷款。

（4）业务活动公开化

公开化是指中央银行定期向社会公布其资产负债情况和业务状况，并提供有关的统计资料。中央银行遵循业务公开化的好处有：第一，可使中央银行的业务活动置于社会公众监督之下，防止暗箱操作，有利于增加中央银行的权威和信誉；第二，有利于社会各界及时了解中央银行的政策意图，准确分析经济金融形势，形成合理的预期，增强货币政策效应。

（5）业务活动合法化

由于中央银行在一国金融体系中的特殊地位和作用，各国都对中央银行的业务进行了限制，以使其更好地履行职能。各国中央银行法规定的限制有：第一，不得从事商业票据的承兑业务；第二，不得从事不动产买卖业务；第三，不得从事不动产抵押放款；第四，不得从事商业性证券投资业务；第五，一般情况下，不得向财政透支、直接认购包销债券等。对中央银行的业务活动进行限制，目的在于保证中央银行的根本任务得以实现。

2. 中央银行的负债业务

（1）货币发行业务

在中央银行成立后，货币发行大都集中由中央银行统一办理。货币发行是中央银行最重要的负债业务，发行现钞也是中央银行最主要的资金来源。中央银行发行的纸币，是通过再贴现、再贷款、购买证券、收购金银和外汇等投入市场的，从而形成流通中的货币。但每张纸币投入市场后，都是中央银行对社会公众的负债。

（2）代理国库业务

中央银行经办政府的财政收支，执行国库的出纳职能，如接受国库的存款、兑付国库签发的支票、代理收解税款、替政府发行债券和还本付息等。此外，国家财政拨给行政事业单位的经费，也都由中央银行的负责。财政金库存款，机关、团体、部队等行政事业单位存款在其支出之前存于中央银行，属于财政性存款，是中央银行的重要资金来源，构成中央银行的负债业务。中央银行代理国库业务，可以加强财政与金融之间的联系，使国家的财源与金融机构的资金来源相连接，充分发挥货币资金的作用。

（3）集中存款准备金业务

准备金存款是商业银行等金融机构按照吸收存款的一定比例存放于中央银行的存款，包括法定准备金存款和超额准备金存款。商业银行等金融机构按照法律规定向中央银行缴存的部分称为法定准备金存款，超过法定准备金的部分称为超额准备金存款。建立法定存款准备金制度的最初目的是为了保持商业银行等金融机构的流动性和偿付能力，防止其破产，保证存款人的资金安全。后来这一制度成为中央银行借以调控全社会货币供应量和信用规模的重要手段。

3. 中央银行的资产业务

（1）再贴现和再贷款业务

当商业银行面临资金短缺时，可从中央银行取得借款，其方式是把工商企业贴现的票据向中央银行办理再贴现，或以票据或有价证券作为抵押向中央银行申请借款。中央银行可以配合政府的经济政策，把再贴现和再贷款业务作为调节资金的一种手段。这主要是通过提高或降低再贴现、再贷款利率，紧缩或扩张信用，加强对商业银行的监督、管理，达到稳定通货的目的。

（2）对政府的贷款业务

中央银行对政府的贷款是政府弥补财政赤字的途径之一，但如果对这种贷款不加限制，则会从总量上削弱中央银行宏观金融控制的有效性，因此，各国中央银行法对此都做了明确的规定。美国联邦储备银行对政府需要的专项贷款规定了最高限额，而且要以财政部的特别国库券作为担保。英格兰银行除少量的政府隔日资金需要可以融通外，一般不对政府贷款，政府需要的资金通过发行国债的方式解决。我国《中国人民银行法》规定，中国人民银行不得对财政透支，不得直接认购、包销国债和其他政府证券，不得向地方政府、各级政府部门提供贷款。

（3）金银、外汇储备业务

金银、外汇储备业务也属于央行的资产业务。目前绝大多数国家政府都赋予中央银行掌管全国国际储备的职责。国际储备是指央行要在国库中储备有国际性购买能力的货币，主要包括：黄金、白银、外汇（包括外国货币、存放外国的存款余额和以外币计算的票据及其他流动资产）、特别提款权和在国际货币基金组织的头寸等。中央银行这类业务的意义重大。第一，有利于稳定币值。不少国家的中央银行对其货币发行额和存款额，都保持一定比例的国际储备，以保证币值的稳定。当国内商品不足、物价波动时，可以使用国际储备进口商品或抛售黄金，回笼货币，平抑物价，维持货币对内价值的稳定。第二，有利于稳定汇价。在浮动汇率制度下，各国中央银行在市场汇率波动剧烈时，可运用国际储备进行干预，以维持货币对外价值的稳定。第三，有利于保证国际收支的平衡。当外汇收支发生逆差时，中央银行可以使用国际储备弥补外汇的不足。当国际储备充足时，中央银行可以减少向外借款，用国际储备清偿债务或扩大资本输出。

（4）证券买卖业务

各国中央银行一般都经营证券业务，主要是买卖政府发行的长期或短期债券。在一些经济发达国家，政府债券发行量大，市场交易量也大，仅以政府债券为对象进行买卖，中央银行即可达到调节金融的目的。一般说来，在金融市场不太发达的国家，政府债券在市场上的流通量小，中央银行买卖证券的范围就要扩大到各种票据和债券，如汇票、地方政府债券等。中央银行持有证券和买卖证券的目的，不在于盈利，而是为了调节和控制市场货币供应量。

4. 中央银行的中间业务

中央银行的中间业务主要体现为它的清算业务。由于各商业银行都有存款准备金存在中央银行，并在中央银行设有活期存款账户，所以中央银行可以通过存款账户，在全国范围内划拨清算，了结银行之间的债权债务关系。

（1）组织票据交换清算

票据交换是最基本的行间清算手段。当各银行收到客户提交的票据后，需通过票据交换的方式，将代收的票据交给付款行，并取回其他银行代收的以已方为付款行的票据，彼此间进行债权债务清偿和资金清算。有些国家的票据交换由中央银行负责组织管理，有些国家则由私营清算所进行，但资金清算一般都通过各银行或清算机构在中央银行开立的账户来完成。

（2）办理异地跨行清算

不同区域、不同银行之间的资金清算往往由中央银行办理。通过中央银行的清算服务，跨行跨区域的完成清算，减少了资源消耗，提高了支付效率。但各国关于异地资金划拨的具体清算做法不一样：一种是先由各金融机构系统内部划转，再由其总行通过中央银行办理转账清算；另一种做法是把异地票据集中到中央银行总行办理轧差转账。例如，日本中央银行只对民间银行总行进行票据清算，而比利时中央银行则为参加全国清算中心的成员银行都提供差额清算。

（3）为私营清算机构提供差额清算服务

在很多国家，存在着各种形式的私营清算组织，它们拥有支付网络系统，为经济交易和消费活动提供不同形式的支付结算服务，因而是一国支付清算体系的重要组成部分。为了实现清算机构参加者之间的差额头寸清算，很多清算机构乐于利用中央银行提供的差额清算服务，即通过中央银行对相关清算活动参加者的账户进行差额头寸的转移划拨完成清算。这样不仅节约了清算设施的使用，提高了清算效率，而且鼓励私营清算机构与公营清算机构进行竞争。

（4）提供证券和金融衍生工具交易清算服务

由于证券交易金额大、不确定因素多，尤其是关系到中央银行公开市场操作效果，故在许多国家，为证券和金融衍生工具交易专门设立了提供清算服务的支付系统。有些国家的中央银行甚至直接参与其支付清算活动，例如，美联储的 Fedwire 簿记证券系统为美国政府证券交易完成最终资金清算，Fedwire 通过美联储 12 个联邦储备区、24 个分行和 11 个专门的支付处理中心，将美国联储总部、所有的联储银行、美国财政部及其他联邦政府机构，以及超过 1 万家商业银行、2 万家的金融机构都连接在一起，这些机构之间的支与付交易都汇集到 Fedwire 系统，每日数十万笔交易指令、数百亿交金额经过 Fedwire 的配比、轧差，被实时全额清算。此外，英格兰银行提供中央金边证券系统和中央货币市场系统的结算与支付服务；日本银行的日银网络系统中的日本政府债券服务系统，也专门服务于日本政府债券的交割和清算。

（5）提供跨国清算服务

随着国际经济交往的逐步深入，国际间资金转移和债权债务清偿问题越来越重要。中央银行除了为本国经济金融活动提供支付清算服务外，在国家的对外支付清算和跨国支付系统的网络建设中也发挥着十分重要的作用。

5. 中央银行的资产负债表

中央银行在履行上述三大职能时，其业务活动可以通过它的资产负债表上的记载得到概括反映。由于各个国家的金融制度、信用方式等方面存在差异，各国中央银行的资产负债表，其中的项目多寡及包括的内容不尽一致，但基本业务如表 5-1 所示。

表 5-1 中央银行资产负债表

资产	负债
贴现及放款	流通中货币
政府债券和财政借款	国库及公共机构存款
外汇、黄金储备	商业银行等金融机构存款
其他资产	其他负债和资本项目
合计	合计

中央银行一般是一国通货的唯一发行银行，因此，流通中的货币是中央银行负债的一个主要项目。作为银行的银行，它与商业银行等金融机构间的业务关系，主要是负债方商业银行等金融机构在中央银行的存款（包括准备金存款）和资产方的贴现及放款。作为国家的银行，它在业务上与政府的关系，主要是列于负债方的接受国库等机构的财政存款和列于资产方的通过持有政府债券融资给政府，以及为国家储备外汇、黄金等项目。

专栏5.2

表5-2所示的为美联储2009—2013年货币资产负债表。

表 5-2　2009—2013 年美联储货币资产负债表

项目	2013 年	2012 年	2011 年	2010 年	2009 年
国外资产	272 233.53	241 416.90	237 898.06	215 419.60	186 333.00
外汇	264 270.04	236 669.93	232 388.73	206 766.71	175 154.59
货币黄金	669.84	669.84	669.84	669.84	669.84
其他国外资产	7 293.66	4 077.13	4 839.49	7 983.06	9 508.57
对政府债权	15 312.73	15 313.69	15 399.73	15 421.11	15 661.97
其中：中央政府	15 312.73	15 313.69	15 399.73	15 421.11	15 661.97
对其他存款性公司债权	13 147.90	16 701.08	10 247.64	9 485.70	7 161.92
对其他金融性公司债权	8 907.36	10 038.62	10 643.97	11 325.82	11 530.15
对非金融性部门债权	24.99	24.99	24.99	24.99	43.96
其他资产	7 652.04	1 104.91	6 763.31	7 597.67	7 804.03
总资产	317 278.55	294 537.19	280 977.60	259 274.89	227 535.02
储备货币	271 023.09	252 345.17	224 641.76	185 311.08	143 589.00
货币发行	64 980.93	60 645.97	55 850.07	48 646.02	41 555.80
其他存款公司存款	206 042.17	191 699.20	168 791.68	136 480.86	102 280.67
不计入储备货币的金融性公司存款	1 330.27	1 348.85	908.37	657.19	624.77
发行债券	7 762.00	13 880.00	23 336.66	40 407.23	12 064.21
国外负债	2 088.27	1 164.24	2 699.44	720.08	761.71
政府存款	28 610.60	20 753.27	22 733.66	247 277.32	21 226.36
自有资金	219.75	219.75	219.75	219.75	219.75
其他负债	6 244.57	4 525.91	6 437.97	7 295.23	18 653.20
总负债	317 278.55	294 537.19	280 977.60	259 274.89	227 535.02

来源：黄胤英，转变中的美联储——全球金融危机以来美联储货币政策操作研究，中国社会科学院研究生院，2014.

5.3 中央银行的结构

5.3.1 中央银行的类型

虽然世界各国基本上都实行了中央银行制度，但中央银行外部组织形式却存在着很大差异。归纳起来大致可分为单一型中央银行制度、复合型中央银行制度、准中央银行制度和跨国中央银行制度4种形式。

1. 单一型中央银行制度

单一型中央银行制度是最主要、最典型的中央银行制度形式。它是指国家设立专门的中央银行机构，使之与一般的商业银行业务相分离，而纯粹地行使各项中央银行职能。单一型中央银行制度又可分为一元式和二元式两种类型。

（1）一元式

一元式是指一国由独家中央银行及其众多的分支机构来执行中央银行职能。这种由总分行构成的中央银行的特点是权力集中、职能齐全、分支机构众多。大多数国家都实行这种制度。

（2）二元式

二元式是指在一国内建立中央和地方两级相对独立的中央银行机构。中央级机构是最高权力或管理机构，地方级机构受中央级机构的监督管理，但是在它们各自的辖区内有较大的独立性。实行这种制度的主要是联邦政体国家，如美国、德国等。

2. 准中央银行制度

准中央银行制度指没有中央银行而由类似中央银行的机构承担部分央行职责的制度。现在绝大多数国家都建立了中央银行，但也有个别国家和地区例外，如新加坡、卢森堡、马尔代夫、斐济等。中国香港实行的也是准中央银行制，金融管理局是香港的金融监管机构，但却不拥有发钞权，发钞权掌握在汇丰、渣打和中国银行手中。

3. 跨国中央银行制度

跨国中央银行制度是指由几个国家共同组成一个货币联盟，各成员国不设本国的中央银行，而由货币联盟执行中央银行职能的制度。这些成员国地域相邻、习俗相近、经济发展水平相当。跨国中央银行制度的突出代表是西非货币联盟、中非货币联盟和东加勒比海货币区。这种制度是第二次世界大战后这些发展中国家为发展民族经济而开展金融合作的成果。跨国的中央银行为成员国发行共同使用的货币，制定统一的货币金融政策，监督各成员国的金融机构和金融市场，对成员国的政府进行融资，办理成员国共同商定并授权的事项。

1998年，欧洲中央银行的成立为跨国中央银行制度的发展树立了一个新的里程碑。欧洲中央银行是国际金融史上一次前所未有的创新，也是历史上第一个超级的跨国中央银行，其主要任务有：在欧盟国家内发行统一的纸币和硬币，确定和实施欧盟统一的货币政策，促进欧盟内结算系统的顺利运行，经营各项外汇业务，持有和管理成员国官方外汇储备，负责金融机构监管，提供顾问咨询和信息统计等。

4. 复合型中央银行制度

复合型中央银行制度是指把中央银行职能与商业银行职能集于一体的一种中央银行制度，既履行中央银行职能，又开展一般商业银行的业务。这种制度主要存在于苏联和东欧等国，我国在中国工商银行成立以前（1984年元旦前）也一直实行这种制度。

5.3.2 中国人民银行的结构

中国人民银行属于国家行政机关，接受国务院领导；从组织机构上看，中央银行的决策机构——理事会，其成员除了中国人民银行的正副行长、各专业银行的行长、中国人民保险公司的总经理，及少数顾问和专家外，还有一名财政部副部长。中国人民银行的组织机构还有货币政策委员会、分支机构和工作人员所组成。

中国人民银行行长是我国中央银行——中国人民银行的核心人物，是中央银行决策层的领导，也是中国人民银行最高的行政领导人，作为中国人民银行的法定代表人，对外代表中国人民银行。

中国人民银行设立货币政策委员会。货币政策委员会的职责、组成和工作程序，由国务院规定，报全国人民代表大会常务委员会备案。货币政策委员会应当在国家宏观经济调控、货币政策制定和调整中，发挥重要作用。货币政策委员会是中国人民银行制定货币政策的咨询机构和议事机构，不是决策机构。它是人民银行的内部机构，其设立目的是保证中国人民银行在制定货币政策时更加民主化和科学化，其职责是在综合分析宏观经济形势的基础上，依据国家的宏观经济目标，讨论货币政策事项并提出建议。

中国人民银行根据履行职责的需要设立分支机构，作为中国人民银行的派出机构。中国人民银行对分支机构实行集中统一领导和管理，中国人民银行的分支机构根据中国人民银行的授权，负责维护本辖区的金融稳定，承办有关业务。

中央银行的工作人员是指除机关工勤人员以外的所有从事金融管理活动的公务人员。他们除了要履行《国家公务员暂行条例》第六条规定的公务员的义务以外，还应当恪尽职守，廉洁奉公，不得滥用职权、徇私舞弊，不得在任何金融机构、企业、基金会兼职，并应当保守国家秘密，并有责任为与履行其职责有关的金融机构及当事人保守秘密。

专栏5.3

欧洲中央银行介绍

欧洲中央银行简称欧洲央行，总部位于德国法兰克福，成立于1998年6月1日，其负责欧盟欧元区的金融及货币政策。欧洲中央银行是根据1992年《马斯特里赫特条约》的规定于1998年7月1日正式成立的，是为了适应欧元发行流通而设立的金融机构，同时也是欧洲经济一体化的产物。欧洲央行是世界上第一个管理超国家货币的中央银行。独立性是它的一个显著特点，它接受欧盟领导机构的指令，不受各国政府的监督。它是唯一有资格允许在欧盟内部发行欧元的机构，1999年1月1日欧元正式启动后，11个欧元国政府将失去制定货币政策的权力，而必须实行欧洲央行制定的货币政策。

欧洲中央银行的组织机构主要包括执行董事会、欧洲央行委员会和扩大委员会。执行董事会由行长、副行长和4名董事组成，负责欧洲央行的日常工作；由执行董事会和12个欧元国的央行行长共同组成的欧洲央行委员会，是负责确定货币政策和保持欧元区内货币稳定的决定性机构；欧洲央行扩大委员会由央行行长、副行长及欧盟所有15国的央行行长组成，其任务是保持欧盟中欧元国家与非欧元国家接触。

欧洲央行的资本为50亿欧元，各成员国中央银行是唯一的认购和持有者。资本认购的数量依据各成员国的GDP和人口分别占欧盟的比例为基础来确定。各成员国缴纳资本的数量不得超过其份额，欧元区的成员国都已全部认缴，英国、丹麦、瑞典、希腊则都只缴纳了其份额的5%。各成员国认购的份额5年调整一次，份额调整后的下一年生效。显然在组织结构上类似美国联邦储备体系，欧盟成员国央行类似美联储中的12家联邦储备银行。两者都属二元的中央银行体制，地方级机构和中央两级分别行使权力，两级中央银行具有相对的独立性。成员国中央银行行长的任期最短为5年；执行委员会的成员任期最短为8年，不得连任；只有在不能履行职责或严重渎职时才可免除其职务；欧洲法院对职务的任免争议有管辖权。

5.4 中央银行与政府的关系

各国中央银行产生之初，无不与政府关系密切。这时中央银行与政府的关系主要表现在：争取政府支持，独享货币发行权；承办政府财政收支，建立资金往来关系；处理政府借垫与公债募集；政府解救货币经济危机；由政府任命总裁等 5 个方面。随着社会经济的不同发展阶段，各国的中央银行与政府之间产生了一些新型的关系和出现了多种不同的模式。

5.4.1 中央银行与政府关系的不同模式

1. 中央银行相对独立性概述

当代中央银行与政府关系的实质表现为既不能视中央银行为一般政府机构，也不能使之完全独立于政府之外，不受政府约束，而应在政府的监督和国家总体经济政策的指导下，独立地制定、执行货币政策。这就是当代中央银行的相对独立性。

第一次世界大战后开始了独立性的争议。“一战”前基于中央银行的私营企业属性，普遍认为中央银行不应受政府控制。“一战”期间和战后由于财政问题中央银行的自由原则和独立性受到严重冲击。1920 年在布鲁塞尔和 1922 年在日内瓦召开的两次国际金融会议，一再强调中央银行应脱离政府控制而独立。战后各国纷纷组织独立的中央银行，有的国家中央银行法中列有维持独立性的条文。20 世纪 30 年代大危机后，一些经济学家认识到，单靠中央银行难以保证经济和金融的稳定，至此，中央银行独立于政府的浪潮有所平息。第二次世界大战后独立性思潮再起。“二战”后中央银行既要满足财政筹措资金的要求，又要实现货币政策目标，理应受到政府的控制和监督。20 世纪 70 年代，西方国家的“滞胀”再次提出中央银行独立性问题。

2. 中央银行与政府关系的 3 种模式

（1）独立性较大的模式

中央银行直接对国会负责，可以独立制定货币政策及采取相应的措施，政府不得直接对它发布命令、指示，不得干涉货币政策。如果中央银行与政府发生矛盾，通过协商解决，美国和德国都属于这一模式。

（2）独立性稍次的模式

该模式下，中央银行名义上隶属于政府，而实际上保持着较大的独立性。有些国家法律规定财政部直辖中央银行，可以发布指令，事实上并不使用这种权力。中央银行可以独立地制定、执行货币政策，英格兰银行、日本银行属于这一模式。

（3）独立性较小的模式

中央银行接受政府的指令，货币政策的制定及采取的措施要经政府批准，政府有权停止、推迟中央银行决议的执行，这种模式的典型国家是意大利。

5.4.2 中国人民银行与政府的关系

中央银行同政府的关系就属于以上第三种模式。从立法条文上看，中国的中央银行属于国家行政机关，接受国务院领导。中国人民银行与政府的关系主要体现在以下几个方面。

1. 中国人民银行是国务院的直属机构

对于中国人民银行应隶属于国务院还是隶属于全国人民代表大会，以及如何从立法上保证它的独立性问题，主要有以下 3 种观点。

（1）第一种观点认为，在政府长远的总体经济目标与近期经济发展意图上，国务院和全国人民代表大会不会也不可能存在重大分歧，中国人民银行没有必要脱离政府，直接对全国人民代表大会负责。

（2）第二种观点认为，人民银行直接隶属于全国人民代表大会（常务委员会），在其指导下独立地制定和贯彻执行金融政策，可以使人民银行不受政府短期经济政策的局限与随着短期经济政策摆动而摆动。

（3）第三种观点认为，在政治体制未作相应改革的情况下，人民银行是直接隶属于全国人民代表大会还是直接隶属于国务院，没有实质性的区别。人民银行的相对独立性应通过立法来保证。

2. 中国人民银行是国务院直属的具有一定独立性的机构

（1）中国人民银行行长由全国人大决定，全国人大闭会期间，由全国人大常委会决定，由国家主席任免。

（2）中国人民银行实行行长负责制，行长领导中国人民银行的工作。

（3）在法定权限内，中国人民银行依法独立执行货币政策和履行其他职责。

3. 中国人民银行向全国人大或者全国人大常委会报告工作，并接受监督

（1）作为全国最高权力机关的全国人大及其常委会有权利、有责任了解中国人民银行的工作情况，并进行监督。

（2）作为我国最重要的宏观控制调节机构之一，中国人民银行可以在不违背中央的战略目标和大政方针的前提下，独立地制定和执行货币政策，不受其他部门的干扰。

4. 中国人民银行与财政部是平行合作关系

（1）历史上银行与财政的关系是“大财政小银行”，表现为“长期资金归财政、短期资金归银行，无偿资金归财政、有偿资金归银行”。

（2）改革开放以后的关系正在理顺，表现在：一是行政关系上，中国人民银行与财政部同属国务院直接领导，以平等独立的身份协调配合工作；二是在业务关系上，中国人民银行与财政部历来是密切配合、相互支持的；三是在资金关系上，主要是资金的融通关系，尤其是解决财政向中国人民银行的透支问题；四是在政策关系上，中国人民银行的货币政策和财政部门的财政政策是国家的宏观经济政策，二者必须保持平行、相互配合、密切合作。

5. 中国人民银行与国家发改委是配合支持的关系

（1）历史上是“计委定计划，银行包资金”。

（2）国家发改委与中国人民银行同属国务院的直属机构，二者之间不存在任何行政隶属关系，但却有着十分密切的联系。发改委制定国民经济发展计划和速度，必须考虑中国人民银行资金来源的可能性；中国人民银行控制社会总需求，则要根据经济合理增长因素、经济动态因素和货币流通状况确定货币供应量，并在货币供应量的限度内，积极配合、支持经济计划的实现。

6. 中国人民银行分支机构与地方政府是平行独立的关系

（1）中国人民银行分支机构与地方政府的关系具有中国特色，因为中国地方政府不仅办社会，而且办企业。过去按行政区划设置人民银行分支机构，也在客观上为地方政府干预提供了可能，所以 1998 年要撤销省级分行，建立跨省分行。

（2）中国人民银行分支机构受总行垂直领导，是总行的派出机构，在行政上、业务上与地方政府不发生直接关系。但是，人民银行分支机构有义务在中央宏观决策指导下，积极为地方经济发展服务，实现地区经济发展目标。

（3）中国人民银行分支机构与地方政府有关部门既无任何行政隶属关系，也无任何业务从属关系，是各自平行且完全独立的关系。

本章小结

（1）中央银行产生于统一发行银行券、集中票据交换和清算、最后贷款人、金融管理的客观需要。

（2）中央银行的性质是领导和管理金融的特殊金融机构，也是进行宏观调控的国家行政管理机关。

（3）中央银行具有发行的银行、银行的银行和政府的银行三大职能。发行的银行是指中央银行垄断货币发行特权，成为全国唯一的货币发行机构。银行的银行主要体现在集中存款准备金、最后贷款人以及组织全国的清算。政府的银行体现在制定和实施货币政策、对金融业进行监督管理、代理国库、代理政府债券发行等方面。

（4）中央很行业务活动的一般原则包括非营利性、流动性、公开性和合法性。

（5）中央银行的负债业务主要包括货币发行、代理国库和集中存款准备金等业务。中央银行的资产业务包括再贴现和再贷款业务、证券买卖业务、国际储备业务等。中央银行提供支付清算服务是履行其中间业务的重要表现之一。中央银行支付清算服务的效率对一国的金融稳定和经济安全具有重要意义。

（6）中央银行制度的类型大致可分为单一型中央银行制度、复合型中央银行制度、准中央银行制度和跨国中央银行制度等 4 种形式。

（7）中央银行与政府关系的模式主要有独立性较大的模式、独立性稍次的模式和独立性较小的模式。中央银行同政府的关系就属于以上第 3 种模式。从立法条文上看，中国的中央银行属于国家行政机关，接受国务院领导。

关键概念

中央银行；最后贷款人；单一型中央银行制度；复合型中央银行制度；准中央银行制度；跨国中央银行制度

复习思考题

（1）中央银行产生的客观必然性是什么？

（2）中央银行的性质是什么？

(3) 中央银行的职能有哪些？应如何描述？
(4) 各国中央银行对货币（现钞）发行基本上按照哪几个原则？
(5) 银行的银行职能主要体现在哪几个方面？
(6) 作为政府的银行中央银行有哪些职责？
(7) 中央银行的业务原则有哪些？
(8) 简述中央银行资产业务有哪些？
(9) 中央银行的负债业务有哪些？
(10) 中央银行的中间业务有哪些？
(11) 中央银行制度类型有哪些？如何表述？
(12) 中央银行与政府关系的模式有哪些？
(13) 中国人民银行与政府是什么关系？

第6章 货币供给

【学习目标】

（1）掌握基础货币的概念及其在货币供给中的重要地位。

（2）理解商业银行体系创造存款的原理。

（3）掌握货币乘数的概念及其重要意义。

（4）理解影响货币乘数的主要因素及背后的因素。

（5）了解货币供给的内生性和外生性的基本内涵。

在一个经济体的货币供给过程中，有3类不可缺少的参与者：中央银行、商业银行和储户。中央银行是监督银行体系的政府机构，负责实施货币政策；商业银行是指从个人和机构手中吸收存款并发放贷款的金融中介机构；储户是指持有银行存款的个人或机构。在这3类参与者中，中央银行是货币供给的主体，扮演着最为重要的角色。而对基础货币实施控制，是中央银行实施特定货币政策的主要内容之一。

6.1 基础货币

6.1.1 基础货币的概念

基础货币（Monetary Base，*MB*），是指在部分存款准备金制度下能够通过银行体系创造出多倍的存款货币。它等于流通中的现金 C 加上银行体系的准备金总额 R，用公式可以表述如下

$$MB = C + R \tag{6-1}$$

由于基础货币中的银行准备金具有存款创造功能，每1元基础货币的增加，将导致数倍的货币供给的增加，基础货币又称为高能货币（High-powered Money）。

基础货币是非常重要的概念。这是因为相对于银行准备金而言，基础货币更容易被中央银行所控制。中央银行可以通过公开市场操作（Open Market Operations）和向商业银行发放贴现贷款，对基础货币实施控制。公开市场操作和贴现贷款也是决定货币供给的两个主要因素。

公开市场操作即在公开市场上买卖政府债券。在发达的市场经济体，这是中央银行影响基础货币变动的主要方式。中央银行买卖政府债券的对象包括商业银行和非银行的社会公众。当中央银行从一家商业银行购买10 000元的政府债券，将使该银行的政府债券减少10 000元，而准备金增加10 000元。这时银行准备金增加的金额等于公开市场购买的规模，基础货币也呈等量增长。当中央银行向非银行的社会公众买卖政府债券时，情形将有所不同。假定中央银行向某个人购买10 000元的政府债券，同时支付给他一张10 000元的中央银行支票。如果此人将支票存入商业银行，在银行的资产负债表上，一方面资产增加（准备金增加），另一方面负债（支票存款）增加，其结果是使基础货币和银行准备金都增加10 000元。如果他将支票兑现，商业银行获得对中央银行10 000元债权的同时，支出10 000元现金。收支相抵，银行的准备金并没有变化，但是基础货币增加了10 000

元，因为流通中的现金增加了 10 000 元。

由此可见，无论中央银行买卖政府债券的对象是谁，公开市场业务对基础货币的影响是确定的。中央银行买入或卖出一定数量的政府债券，就会使基础货币发生等量的增加或减少。但是它对银行准备金的影响却是不确定的。分析表明：公开市场操作对准备金的影响取决于债券出售方将销售所得是以现金还是存款方式持有：如果是以现金方式持有，公开市场购买对准备金没有影响；如果是以存款方式持有，准备金增加的金额就等于公开市场购买的规模。

中央银行控制基础货币的另一种方式是向商业银行发放贴现贷款。例如，如果中央银行向商业银行发放 100 万元的贴现贷款，将直接使商业银行的准备金增加 100 万元。基础货币的变动与贴现贷款规模的变动是一一对应的。

6.1.2 银行体系派生存款的创造

银行体系不仅吸收存款，还可以“创造”存款。是的，你没有听错！当你存入 100 元到银行之后，在整个银行体系可能被放大至数百元（当然你个人的存款账户不可能如此）。当中央银行向银行体系供给 100 元的准备金时，银行体系存款的增加也将是准备金的数倍。这个过程被称为多倍存款创造（Multiple Deposit Creation），也称为银行体系派生存款的创造。所谓派生存款，就是指商业银行体系通过发放货款而创造的存款。

存款创造是货币银行学最基本的原理之一。让我们来看看这一过程是如何进行的。

1. 多倍存款创造：简化的模型

我们先来考察一个最简单的支票存款多倍扩张的例子。假定：（1）法定准备金率为 20%；（2）银行没有任何超额准备金，即所有超额准备金都用来发放贷款或购买证券；（3）没有现金漏出，公众不提取现金，或者提现用于支付之后，收款一方又立即将其存入银行；（4）银行只有支票存款，没有定期存款或储蓄存款（非交易性存款）。

现在假定某人以支票存款形式在 A 银行存入 100 元，则 A 银行的准备金资产和支票存款负债都增加 100 元。根据复式记账原理，表现在 T 形账户如下。

A 银行

资产		负债	
法定准备金	100	支票存款	100

对于这笔存款，银行需要提取 20%的法定准备金，余下的 80 元可以用来发放贷款。假定某借款人获得了这笔贷款，并且全部用来向某一供应商购买原材料。原材料供应商在收到款项后，将它以支票存款形式存入 B 银行，则 A 银行和 B 银行的 T 形账户分别变为如下形式。

A 银行

资产		负债	
法定准备金	20	支票存款	100
贷　款	80		

B 银行

资产		负债	
法定准备金	80	支票存款	80

B 银行在吸收 80 元的支票存款之后，按照 20%的法定准备金率保留 16 元的准备金，将其余 64 元向其客户发放贷款。假定这笔资金被其获得者以支票存款的方式存入 C 银行，那么 B 银行和 C 银行的 T 形账户如下所示。

B银行		C银行	
资产	负债	资产	负债
法定准备金 16	支票存款 80	法定准备金 64	支票存款 64
贷 款 64			

同理，对于C银行来说，它新吸收的64元存款在提留20%的法定准备金之后，余下的资金又可以放贷出去，从而形成D银行的支票存款。在整个银行体系中，这一过程不断持续下去，直到整个银行体系没有超额准备金为止。这实际上就是银行体系的存款创造过程。这一过程如表6-1所示。

表6-1 简化情形下的存款创造

银行	支票存款增加	贷款增加	法定准备金增加
A	100	80	20
B	80	64	16
C	64	51.2	12.8
D	51.2	41	10.2
…	…	…	…
银行体系合计	500	400	100

显而易见，在上述过程中，各银行的支票存款增加额构成一个以（1-20%）为公比的无穷递减等比数列，根据无穷级数的求和公式，我们很容易得出，当存入100元时，整个银行系统的支票存款增加总额如下

$$100\times\frac{1}{1-(1-20\%)}=\frac{1}{20\%}=500\text{（元）}$$

可见，某人最初在A银行存入的100元，在20%的法定准备金制度下，最终能够在整个银行体系派生出500元的存款。所派生的存款总额是原来的5倍，这就是存款乘数，它等于法定存款准备金率的倒数。由于这一乘数是在高度简化的情形下得出的，未能考虑现金漏损、超额准备等因素，因此也被称为简单存款乘数。若以d表示存款乘数，则满足如下公式

$$d=\frac{1}{r} \tag{6-2}$$

上述简单存款创造过程表明，一笔特定金额的初始存款在成为某个银行新增的准备金之后，通过贷款和存款之间的相互转化，最终被完全转化成整个银行体系的法定准备金。

值得一提的是，与多倍存款创造相对应的，还有多倍存款收缩。如果客户从银行提取100元的存款，将会引起与存款创造相反方向的连锁反应，从而使整个银行体系的存款收缩，收缩的倍数也仍然是法定存款准备金率的倒数。

2. 存款创造中的漏损：超额准备和现金漏损

根据简化的存款创造模型，中央银行可以通过制定法定准备金率和控制准备金水平，对支票存款实施完全的控制。然而事实并非如此。首先，为了日常流动性管理的需要，商业银行通常会保留一些超额准备金。其次，借款人获得银行贷款之后，并不一定将所有的贷款资金都以支票形式存到其往来银行，而是会提取一部分现金。超额准备和现金漏损都会削弱银行体系创造存款的能力。

（1）存在超额准备时的存款创造

继续前面的例子。当某客户在向A银行存入100元之后，假定A银行除了提取20元的法定准备金，为应对存款提取的需要还保留了10%（10元）的超额准备，那么银行能够用来放贷的资金就只剩下了70元。某借款人获得了这笔70元的贷款之后，将它以支票存款形式存入B银行，则A银行和B银行的T形账户分别如下所示。

A 银行

资产		负债	
法定准备金	20	支票存款	100
超额准备金	10		
贷　款	70		

B 银行

资产		负债	
法定准备金	70	支票存款	70

B 银行在吸收 70 元的支票存款之后，按照 20%的法定准备金率保留 14 元的法定准备金，按 10%提取超额准备金，将其余 49 元向其客户发放贷款。假定这笔资金被其获得者以支票存款的方式存入 C 银行，那么 B 银行和 C 银行的 T 形账户如下所示。

B 银行

资产		负债	
法定准备金	14	支票存款	70
超额准备金	7		
贷　款	49		

C 银行

资产		负债	
法定准备金	49	支票存款	49

如果 C 银行及后面的 D、E、F 等银行也按 20%和 10%分别提取法定准备金和超额准备金，在整个银行体系如此循环下去，过程可以用表 6-2 来描述。

表 6-2　存在超额准备时的存款创造

银行	支票存款增加	贷款增加	超额准备增加	法定准备金增加
A	100	70	10	20
B	70	49	7	14
C	49	34.3	4.9	9.8
D	34.3	24	3.4	6.9
…	…	…	…	…
银行体系合计	333.3	233.3	33.3	66.7

由表 6-2 可以看出，由于银行在法定准备金之外提取了超额准备，银行体系存款创造的能力下降，由原来的 $\frac{1}{20\%}$ 降为 $\frac{1}{20\%+10\%}$。此时，存款乘数等于法定准备金率和超额准备金率之和的倒数。若以 e 表示超额准备金率，则考虑超额准备的存款乘数存款乘数如下

$$d=\frac{1}{r+e} \tag{6-3}$$

可见，在考虑超额准备的情况下，一笔 100 元金额的初始存款在通过贷款和存款之间的相互转化，最终被完全转化成整个银行体系的法定准备金和超额准备金。

（2）存在现金漏损时的存款创造

现在，进一步假定银行系统每增加 100 元的存款，公众就提取 10%的现金，即支票存款和现金保持 9∶1 的比例。那么，接上例，A 银行在获得 100 元的初始存款之后，分别按 20%和 10%计提法定准备金率和超额准备金率，将其余 70 元放贷。借款人在得到 70 元的贷款之后，提取了 10 元的现金，将剩下的 60 元以支票存款形式存入 B 银行，则 A 银行和 B 银行的 T 形账户分别如下。

A 银行

资产		负债	
法定准备金	20	支票存款	100
超额准备金	10		
贷　款	70		

B 银行

资产		负债	
法定准备金	60	支票存款	60

B 银行在吸收 60 元的支票存款之后，也分别 20%和 10%计提法定准备金率和超额准备金率，将其余 42 元向其客户发放贷款。B 银行的借款人也同样留提 10%的现金（6 元）之后才将余款 36 元存入 C 银行。C 银行获得存款之后，也按 A、B 银行的做法计提准备金，其借款客户继续按 10%留存现金。这样的过程一直持续下去，可以用表 6-3 描述如下。

表 6-3　　超额准备和现金漏损时的存款创造

银行	支票存款增加	贷款增加	现金漏损	超额准备增加	法定准备金增加
A	100	70	10	10	20
B	60	42	6	6	12
C	36	25.2	3.6	3.6	7.2
D	21.6	15.12	2.16	2.16	4.32
…	…	…	…	…	…
银行体系合计	250	175	25	25	50

由此可见，若同时考虑超额准备和现金漏损，银行体系创造存款的能力进一步被削弱。表 6-3 最后一行的数据表明，一笔 100 元金额的初始存款，经历了银行体系的存款创造过程之后，最终可以扩张到 250 元，而现金漏损、法定准备金和超额准备金等 3 项合计等于初始存款金额。

一般地，若以 c 表示现金漏出占支票存款的比率，则存款乘数可以修正如下形式

$$d=\frac{1}{r+e+c} \tag{6-4}$$

（3）两种极端的情形：100%的法定准备金和 100%的现金提取

第一，假定法定准备金率为 100%，即商业银行所吸收的存款必须全部存入其在中央银行的准备金账户。如果客户甲在银行存入 100 元，在这家银行资产负债表上，资产（库存现金）和负债（存款）都将同时增加 100 元，用 T 形账户表示如下。

资产		负债	
库存现金	100	存款	100

在法定准备金率为 100%条件下，该银行必须将这 100 元全部缴存中央银行作为法定准备金。该银行的 T 形账户变为如下形式。

资产		负债	
库存现金	0	存款	100
法定准备金	100		

在上述过程中，客户甲最初存入 100 元，在银行体系中的存款保持 100 元不变。这是因为该银行所吸收存款全部缴存中央银行，没有剩余资金可用于发放贷款。

第二，假定法定存款准备金率为 20%，但借款者在得到银行贷款后提取了 100%的现金。当

客户甲在银行存入100元之后，银行按20%提取并缴存法定准备金，其资产负债表的初始状态如下。

资产		负债	
库存现金	80	存款	100
法定准备金	20		

银行在缴存法定准备金20元之后，用其余80元发放贷款给客户乙。在100%现金提取率下，客户乙在获得贷款之后，全部以现金提取。此时，银行的资产负债表变化为如下形式。

资产		负债	
库存现金	0	存款	100
法定准备金	20		
贷款	80		

由于客户乙提取现金之后，并没有存入到他的往来银行账户中，所以客户甲最初存入的100元，对整个银行体系的影响依然只是增加100元存款。

从上述分析可以看出，银行体系派生存款的创造需要具备以下两个基本条件：部分准备金制度和部分现金提取。如果不具备这两个条件，就不会有存款创造。

6.2 货币乘数

6.2.1 什么是货币乘数

经过上一节的分析可以看出，存款乘数d实际上反应了银行准备金变动ΔR同支票存款变动额ΔD之间的关系。换言之，支票存款的变动取决于两个因素，一是存款乘数d，二是银行准备金的变动。因此，理论上中央银行就可以结合这两个因素对货币供应中最重要的部分——支票存款——进行控制。但是，由于流通中的现金和银行准备金的转化是很频繁的，公众的行为起着重要的作用，要想单独控制银行准备金的规模是很困难的，中央银行只能大致控制流通中的现金和银行准备金的总额。这两项之和就是我们前文所介绍的基础货币。

货币乘数（Money Multiplier）是指基础货币的既定变动所引起的货币供给变动的比率，用m表示。因为银行体系具有存款创造功能，基础货币与货币供应量是不相等的。如果用M表示货币供应量，那么基础货币MB与货币供应量之间的关系可以用公式表示如下。

$$M = m \cdot MB \tag{6-5}$$

货币乘数m反映了基础货币转化为货币供给的倍数。由式（6-5）可知，中央银行要想控制货币供应量，除了对基础货币进行控制之外，还必须研究和估计货币乘数。

6.2.2 货币乘数的推导

为了推导货币乘数，我们首先做出如下假定。

（1）存款总额（D）等于活期存款（D_d）和定期存款总额（D_t）之和，即$D = D_d + D_t$。

（2）准备金总额（R）等于法定存款准备金（R_r）和超额存款准备金（R_e）之和，即 $R = R_r + R_e$。

（3）法定存款准备金率为 r，超额存款准备金率 e。

（4）流通中的现金（C）和存款总额（D）保持固定的比率 c，即 $c = C/D$。

（5）定期存款占存款总额之比为 t，则活期存款 $D_d = D \cdot (1-t)$。

我们先来推导货币供给 M_1 的乘数。根据货币层次的划分，M_1 等于流通中的现金与银行活期存款之和，结合基础货币的定义，有如下等式成立。

$$\begin{aligned} M_1 &= C + D_d \\ MB &= C + R \end{aligned} \tag{6-6}$$

在方程组式（6-6）中，各方式右边的变量可分别表示如下。

$$C = D \cdot c$$

$$D_d = D \cdot (1-t)$$

$$R = R_r + R_e = D \cdot r + D \cdot e$$

将上述变量的表达式代入方程组式（6-6），并根据 $M = m \cdot MB$ 的关系式，可推导出 M_1 的乘数。

$$m_1 = \frac{1+c-t}{r+e+c} \tag{6-7}$$

因为 $M_2 = C + D = D(1+c)$，可以很容易地推导出 M_2 的乘数如下式所示。

$$m_2 = \frac{1+c}{r+e+c} \tag{6-8}$$

从式（6-8）可以看出，只要（$r+e+c$）<1，货币乘数就会大于 1。而这一条件在现实中通常是满足的，因此，基础货币的增减将导致数倍的货币供给的增减。

6.2.3 货币乘数的重要意义

为了说明货币乘数的重要意义，我们举一个具体的实例，赋予各个变量以实际数值。

法定存款准备金率（r）=10%

流通中现金（C）=6 000 亿元

存款总额（D）=20 000 亿元（其中活期存款为 10 000 亿元）

商业银行持有的超额准备金=1 000 亿元

根据这些条件，我们可以计算出现金比率（c）、超额存款准备金率（e）和定期存款占比（t）如下。

现金比率（c）$=\dfrac{6\,000}{20\,000}=0.3$

超额存款准备金率（e）$=\dfrac{1\,000}{20\,000}=0.05$

定期存款占存款总额之比（t）$=\dfrac{10\,000}{20\,000}=0.5$

根据计算出来的结果，货币供给 M_1 和 M_2 的乘数可分别计算如下。

$$m_1 = \frac{1+0.3-0.5}{0.1+0.05+0.3} \approx 1.78$$

$$m_2 = \frac{1+0.3}{0.1+0.05+0.3} \approx 2.89$$

上述乘数的数值说明，如果基础货币增长 1 元，货币供应量 M_1 将增加 1.78 元，而 M_2 将增加 2.89 元。

6.2.4 货币乘数与存款乘数的关系

对比式（6-4）和式（6-8），我们可以发现，货币乘数和存款乘数非常相似，不同之处主要在于货币乘数分子上多了一个 C。如何理解这个 C 呢？因为货币包括流通中的现金，所以我们在推导货币乘数时，被除数中多了一项 C 。从以下两个乘数的基本关系式，也可以发现它们之间的“渊源”。

货币乘数 $m=\dfrac{C+D}{C+R}$

存款乘数 $d=\dfrac{\Delta D}{\Delta R}$

事实上，货币乘数和存款乘数是可以相互导出的。令经济中初始的银行准备金、支票存款、流通中的现金均为零，那么它们的增量部分就全部是存量，即存款乘数变为如下形式。

$$d=\frac{D}{R} \tag{6-9}$$

当我们考虑了现金漏出之后，式（6-9）中的 R 实际上就包含了流通中的现金，相当于基础货币（请回顾表 3-1 最后一行的数据结果）。因此，我们就不难理解为什么货币乘数和存款乘数的分母是一样的了。

货币乘数通常要小于存款乘数。这是因为，虽然存款存在多倍扩张，但现金没有这样的扩张过程。在简化的存款扩张模型中，我们已经发现，是准备金的增加导致了最大限度的多倍存款创造。实践中，基础货币增量中总有一部分会转化成现金，即现金比率（ c ）通常是大于零的。因为现金增加引起的基础货币增长不具备乘数作用，所以在基础货币增长中，只有一部分能够实现多倍扩张。这就使多倍存款扩张的总体水平降低。

6.3 决定货币乘数的背后因素

从式（6-7）和式（6-8）不难看出，货币乘数的大小受到一系列因素的影响，包括法定存款准备金率（ r ）、超额存款准备金率（ e ）、流通中的现金比率（ c ）及定期存款占存款总额之比（ t ）等。

从数学角度不难看出，r 、e 、t 的增大将使货币乘数变小。由于现金比率 c 既出现在分母也出现在分子中，它的影响需要进一步探讨。经过简单的数学变换，式（6-7）和式（6-8）可分别如下

$$m_1=1+\frac{1-(r+e+t)}{r+e+c} \tag{6-10}$$

$$m_2=1+\frac{1-(r+e)}{r+e+c} \tag{6-11}$$

因为 $1-(r+e+t)$ 和 $1-(r+e)$ 通常是大于零的，所以 c 的增大也将使货币乘数变小。

因此，我们可以得出结论，货币乘数公式中的各个变量，都与货币乘数成反向变化。

如何理解各变量背后的经济学含义呢？

在各个变量中，法定存款准备金率 r 由中央银行控制，其高低反映了货币政策是紧缩还是宽松。r 越高，表明银行可运用的资金越少。超额存款准备金率 e 则反映了商业银行的行为，是银行为应对日常流动性需要提自行提留的资金。由于这两部分资金都没有贷放出去，就无法参与存款创造过程。因此，下述两个比率（$c.t$）越大，退出下一轮存款创造的资金便越大，货币乘数就越小。现金比率 c 及定期存款占存款总额之比 t 代表非银行公众的行为。现金比率越大，意味着在存款创造中漏出银行系统的资金越多，从而能够支持存款扩张的准备金越少。定期存款占存款总额之比 t 越大，意味着用来支持非交易存款的准备金越多，用来支持支票存款创造的准备金便越少。因此，这两个比率也与货币乘数成反比。

在上述各变量中，超额准备金率 e 和现金比率 c 背后的影响因素尤其复杂，有必要作进一步分析。

影响商业银行的超额准备金率的因素主要有银行投资工具的收益率、贷款风险大小、预期的存款外流、存款流量的稳定性和借入准备的难易程度等。首先，银行保留的超额准备越多，可用可发放贷款和投资的资金就越少，因此，银行投资工具的收益率反映了商业银行持有超额准备的机会成本。这一比率越高，商业银行持有超额准备的收益损失就越大。其次，贷款风险（主要是借款人违约的信用风险）越大，银行发放贷款的意愿就越弱，就越可能选择持有更多的超额准备。第三，超额准备的主要功用之一就是便于银行进行流动性管理。如果商业银行预期存款可能大量外流，或者存款流量不稳定，就必须提高超额准备，以应对存款者的提款需求。第四，如果商业银行可以很方便地通过借入准备来进行流动性管理，例如从中央银行或同业拆借市场获得借入资金，且资金成本又较低，那么银行所需要的超额准备就较少，反之，需要的超额准备就越多。

现金比率主要受到收入水平、存款利息率和通货膨胀率等因素的影响。通常而言，人们对通货的需求随着收入水平的提高而增加，但通货与存款之间的相对比率会趋于下降。也就是说，国民收入水平越高，经济越发达，通货比率有下降趋势，进而货币乘数值有随着经济增长而上升的趋势。存款利息率和通货膨胀率反映了银行存款的名义收益率和实际收益率，如果存款利息率越高，表明存款的名义收益率越高，则持有现金的机会成本越高，人们更倾向于少持有现金；通货膨胀率则可视为对存款征收的“税”，是对存款名义收益率的冲减。在通货膨胀率较高的时期，人们会提取存款，手持现金购买实物资产用以保值，从而使通货与存款的比率上升。除此以外，银行服务的便利程度、人们对银行体系的信心、互联网时代的微信支付等创新支付方式的普及都会影响到人们持有现金的愿望及现金比率的高低。

6.4 货币供给的外生性与内生性

6.4.1 如何理解货币供给的外生性与内生性

中央银行能否独立控制货币供给？这一问题涉及货币供给的外生性和内生性问题。如果中央银行能否独立控制货币供应量，那么货币供给是外生的，中央银行能够有效地通过对货币供应的调节来影响经济进程；反之，货币供给是在经济体系运行之中决定的，即货币供给是内生的。这意味着货币供给被动地决定于宏观经济过程，中央银行的货币政策调节作用就有很大的局限性。可见，货物供给是内生还是外生，涉及系列重要问题：中央银行能否利用货币政策有效地影响经济进程，政府能不能有效地干预经济。

为理解货币供给的外生性和内生性，我们有必要从货币供给两个方面——基础货币和货币乘数——着手来进行分析。首先，中央银行的资产和负债状况决定了基础货币的供给。但在中央银行的资产负债表中，只有中央银行债券是完全能够由中央银行控制的。就资产方而言，在结售汇制下，央行持有的外汇资产是贸易顺差和资本流动的结果。中央银行对政府的债权，是在公开市场上买卖政府债券的结果，大体由中央银行所控制；中央银行对金融机构的债权，在相当程度中依赖于金融体系的稳健性（例如，在金融危机时，中央银行不得不向金融机制提供贷款以维持其流动性）。就负债方而言，政府存款取决于财政收支状况和国库管理体制，也不是由中央银行决定的。其次，我们前文已经分析，在影响货币乘数的诸因素中，只有法定存款准备金率是由中央银行能够决定的。超额准备金率和流通中的现金比率的影响因素复杂，它们实际上既会影响经济运行，又是经济运行的结果。因此，从这几个方面来看，货币供给具有很强的内生性。

6.4.2 货币供给的外生性理论

凯恩斯的宏观经济理论和货币学派认为，货币供给是外生的。在凯恩斯的宏观经济框架中，货币供给的外生性是一个重要的理论前提。凯恩斯认为，货币供应量是独立于实体经济运行的外生变量，中央银行可以根据经济运行状况自主地调节利率和货币供应量。以弗里德曼为代表的货币学派认为，货币供应量是由货币当局决定的外生变量。在弗里德曼的货币供给模型中，货币供应量的决定因素主要有基础货币、准备金比率和通货比率。假定准备金比率和通货比率变化较为稳定，则货币供应量就完全取决于基础货币的变动。而基础货币本身处于中央银行的控制之下，因而，中央银行可以控制货币供应量。货币主义者认为，货币需求函数在长期内是极为稳定的，名义收入的变动主要由货币供给量的变动引起的，而货币又是中央银行直接控制的外生变量。货币当局完全可以通过控制货币供给量的变动来控制产出和价格的波动。

6.4.3 货币供给的内生性理论

内生性货币供给的思想可追溯至1767年斯图亚特出版的《政治经济学原理的研究》一书。斯图亚特认为，一国经济活动水平需要货币供给量与之相适应。马克思从劳动价值论出发，认为流通的商品量共同决定了社会的“必要货币量”，因此也持货币供给的内生性观点。

20世纪70年代，后凯恩斯主义的代表人物温特劳布和卡尔多提出内生货币理论。温特劳布认为，商品价格是在劳动成本及劳动成本之上的某种加成决定的。假定劳动生产率随时间的推移而提高的速度是相对稳定的，如果名义工资率的相对增长率超过平均劳动生产率的提高，物价就会上升，从而社会名义收入也就增加，货币需求随之增加。如果此时中央银行拒不增加货币供给，就会导致利率上升，投资、真实收入以及就业量就要缩减，以使货币需求与供给在低收入水平上被迫相等。这当然是中央银行，特别是政府当局所不愿看到的。因此，只要货币工资在谈判桌上外生地决定，货币当局就最多只能保证货币的充分供给，以消除充分就业和增长的金融障碍。

20世纪80年代末，莫尔又将上述理论进一步推向深化。莫尔的理论从几个方面考察货币的内生性。

第一，信用货币的供给内生。莫尔把货币分为3种，商品货币、政府货币和信用货币。商品货币是从各种实物演变而来，最后体现在黄金上的货币；政府货币是由政府发行债券而沉淀在流通中的货币。这两种货币都是外生的。但是，信用货币是商业银行发行的各种流通和存款凭证，它们形成于商业银行的贷款发放，而这又取决于公众对贷款的需求和贷款的期限，因而信用货币的供给并不脱离于其需求，具有内生性。

第二，基础货币内生。中央银行买卖有价证券的对象是追求利润最大化的商业银行。它们通常已经将其资产用于有价证券或者商业贷款，一般不会有闲置的资金参与公开市场买卖。商业贷款在发放之前就有规定的偿还日期，企业的生产周期也限制它们提前还贷，因此商业银行很难提前收回贷款。商业银行是否出售手头持有的有价证券也取决于其自身的成本收益比较，只有政府证券的价格降低到一定程度从而使其收益率超过、或至少是相当于商业银行现有的有价证券，才会吸引商业银行购买，而这时利率之高又是政府所不能承担的。所以，中央银行不能顺利地通过公开市场操作决定基础货币量。在再贴现的运用上，中央银行完全处于被动的地位，提高再贴现率虽可遏制商业银行的贷款需求，但却不能阻止商业银行向贴现窗口寻求基础货币的补充。从理论上讲，中央银行拥有拒绝提供贴现的权力，但这种拒绝不仅会形成沉重的政治压力，甚至可能危及银行系统的流动性。

第三，负债管理使基础货币自给。莫尔指出，20 世纪 60 年代开始的金融创新，使商业银行可以直接在金融市场上筹集资金，而无需等待中央银行的基础货币注入。商业银行已由原来的资产管理转向负债管理，其主要资金来源已由原来的吸引存款为主转变为直接在金融市场上发行融资工具，欧洲美元市场的发展更加方便了商业银行从国际市场上筹集所需的资金。由于一家企业往往与多家银行建立业务关系，这样，处于激烈竞争环境下的商业银行，为保持与客户的稳定关系，只能随时发行可上市的存款凭证来满足企业的货币需求。由于所有可上市的金融工具几乎都不受中央银行直接控制，所以使得商业银行比以往任何时候都不依赖中央银行。

第四，银行角色转换传导的内生性。莫尔把金融市场分成批发市场和零售市场，前者是商业银行筹集资金的市场，后者是商业银行发放贷款的市场。在批发市场上，商业银行是贷款条件的接受者和贷款数量的决定者，而在零售市场上，商业银行则是贷款条件的决定者和贷款数量的接受者。这就是说，公众在零售市场上对于资金的需求将通过商业银行直接传导至包括中央银行在内的批发市场予以满足，货币供给因而由货币需求决定。

绝对的货币供给外生论和绝对的货币供给内生论也许都不是十分科学的。随着货币供给口径的扩大和货币乘数影响因素的日趋复杂，货币供给的外生性和内生性应该是兼而有之。只是在不同的国家和不同的经济发展阶段，两者的相对地位有所变化而已。

专栏6.1

2015 年货币政策运行情况

2015年，我国广义货币M_2增速13.3%，较2014年增速高1.1个百分点，比年度预期目标基准值高1.3个百分点。

2015年，货币创造机制总体顺畅，在基础货币余额显著下降情况下，央行通过降低法定存款准备金率，显著提高了货币乘数，使货币供应量达到并略微超过年度目标。货币创造机制总体顺畅的主要原因是金融机构维持了较高的资产扩张意愿。在法定存款准备金率下调的同时，超额存款准备金率不仅没有上升，反而下降了0.6个百分点。

从“基础货币—货币乘数”视角看，货币创造的主渠道已经转变为货币乘数的提高。一方面，基础货币和央行资产负债表停止扩张。2015 年，央行资产负债表总资产和基础货币余额均自1999 年以来首次出现萎缩（如图6-1所示），分别较 2014年末下降6.03%和6.02%。基础货币及资产负债表的萎缩，主要原因是2015年央行资产负债表中外汇资产减少8%。这是自1999年以来的首次。

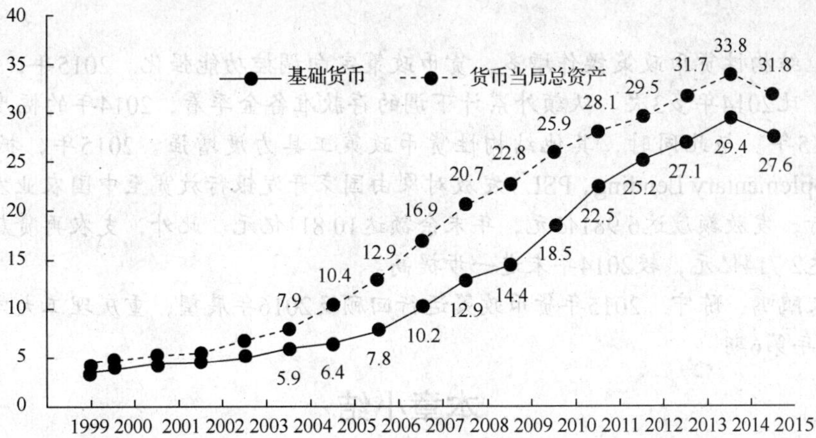

数据来源：中国人民银行

图 6-1　央行资产负债表总资产及基础货币余额（万亿元）

另一方面，2015年年末，货币乘数达到5.04倍，为1999年以来最高，较2014年年末高0.86，增幅亦为1999年以来最大，如图6-2所示。货币乘数的快速提高源于法定存款准备金率、超额存款准备金率、现金漏损率的下降以及不缴纳存款准备金的存款比重的上升。2015年以来，中国人民银行5次调整了存款准备金率，包含4次普遍降准和5次定向降准，累计普遍下调金融机构存款准备金率2.5个百分点，累计额外定向下调金融机构存款准备金率0.5～6.5个百分点。2015年年末，超额存款准备金率和现金漏损率分别下降0.6个和0.4个百分点，而不缴纳存款准备金的存款比重则上升2.7个百分点。

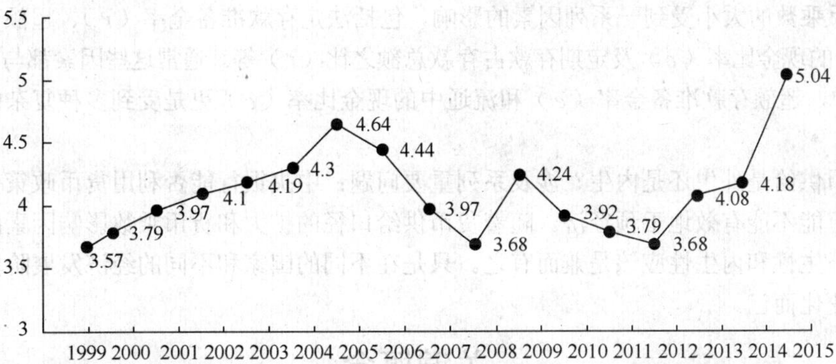

数据来源：中国人民银行

图 6-2　1999 年～2015 年以来我国的货币乘数（倍）

货币乘数的贡献度超过100%：分解基础货币与货币乘数对货币供应量增量的影响，可以发现，货币乘数变化已成为货币创造的主渠道。这是自2009年以来的首次。2015年，M_2增量为16.4万亿元。其中，基础货币投放的贡献是-7.4万亿元，货币乘数提高的贡献则高达23.8万亿元。

从资产运用视角看，证券净投资在货币创造中的作用大幅提升。2015年，外汇占款减少约2.8万亿元，对M_2增量的贡献度为-17.2%，较2014年大幅下降23.6个百分点；贷款增加约12.3万亿元，贡献度为74.9%，较 2014年下滑5.4个百分点；债券净投资增加约5.2万亿元，贡献度为32%，比2014年高18.5个百分点；其他项增加约1.7万亿元，贡献度为10.3%，比2014年高10.4个百分点。证券净投资贡献度的增加主要源于 2015年债券市场的大发展。2015年，非金融部门债券余额增加7.7万亿元，比2014年多出4.1万亿元。与此同时，由于地方政府债券主要由银行体系持有，2015年非金融部门债券增量中，银行体系持有比重为68.2%，较2014年提高22.9个百分点。

2015年，结构性货币政策操作增多，货币政策定向调控功能强化。2015年，央行实施了5次定向降准，比2014年多3次。从额外累计下调的存款准备金率看，2014年的幅度在总体上也显著高于2015年。与此同时，其他结构性货币政策工具力度增强。2015年，抵押补充贷款（Pledged Supplementary Lending，PSL）发放对象由国家开发银行放宽至中国农业发展银行和中国进出口银行，发放额度达6 981亿元，年末余额达10 811亿元。此外，支农再贷款和支小再贷款余额合计达2 714亿元，较2014年末进一步提高。

来源：朱鸿鸣，陈宁．2015年货币政策运行回顾及2016年展望，重庆理工大学学报（社会科学），2016年第6期

本章小结

（1）基础货币（Monetary Base，MB），又称为高能货币（High-powered Money）。它等于流通中的现金与银行体系的准备金总额之和。基础货币是非常重要的概念。这是因为相对于银行准备金而言，基础货币更容易被中央银行所控制。中央银行可以通过公开市场操作（Open Market Operations）和向商业银行发放贴现贷款，对基础货币实施控制。

（2）货币乘数（Money Multiplier）是指基础货币的既定变动所引起的货币供给变动的比率。货币乘数m反映了基础货币转化为货币供给的倍数。在货币乘数的作用下，基础货币的增减将导致数倍的货币供给的增减。因此，中央银行要想控制货币供应量，除了对基础货币进行控制之外，还必须研究和估计货币乘数。

（3）货币乘数的大小受到一系列因素的影响，包括法定存款准备金率（r）、超额存款准备金率（e）、流通中的现金比率（c）及定期存款占存款总额之比（t）等。通常这些因素都与货币乘数成反向变化，其中，超额存款准备金率（e）和流通中的现金比率（c）更是受到多种复杂的背后因素的影响。

（4）货币供给是外生还是内生？涉及系列重要问题：中央银行能否利用货币政策有效地影响经济进程，政府能不能有效地干预经济。随着货币供给口径的扩大和货币乘数影响因素的日趋复杂，货币供给的外生性和内生性应该是兼而有之。只是在不同的国家和不同的经济发展阶段，两者的相对地位有所变化而已。

关键概念

基础货币；存款创造；存款乘数；货币乘数；货币供给；法定准备金；超额准备金；货币供给的内生性；货币供给的外生性

复习思考题

（1）什么是基础货币？为什么基础货币更容易为中央银行所控制？

（2）中央银行是否能够完全控制基础货币？

（3）什么是货币乘数？影响货币乘数的主要因素有哪些？

（4）为什么存款准备金率（e）、流通中的现金比率（c）及定期存款占存款总额之比（t）都

与货物乘数成反向关系？

（5）如果中国建设银行的准备金增加了100万元，并决定不贷放出去。请分析对整个银行体系存款创造的影响。

（6）如果中央银行将200万元债券卖给中国工商银行，准备金和基础货币会怎么变化？试用T形账户分析。

（7）如果中央银行买入100万元债券，商业银行向中央银行的借款将增加100万元，请预测货币供给将要发生的变化。

（8）如果中央银行向公众卖出100万元债券，同时上调存款准备金率，货币供给将产生怎样的变化？

（9）近年来，我国中央银行多次下调法定准备率，你认为对货币乘数产生什么样的影响？为什么？

（10）如果公众的现金持有比率迅速上升，预测货币供给将要发生的变化。

（11）随着移动互联网的普及，微信、支付宝和信用卡等在居民消费支付中起到了越来越重要的作用，请分析这一现象如何影响货币乘数？

（12）试分析中央银行、商业银行和非银行公众的行为是如何决定货币乘数的？

第7章 货币需求

【学习目标】

（1）理解古典货币数量论。

（2）了解凯恩斯货币需求理论及其发展。

（3）理解现代货币数量论。

（4）了解开放条件下货币替代与资产替代。

与上一章介绍的货币供给相对应的是货币需求。从19世纪以来，许多学者在货币需求理论展开了研究，发展出了古典货币数量论、凯恩斯的货币需求理论及其发展、弗里德曼的现代货币数量论等理论。本章对这些主要的理论进行介绍，再基于开放条件下，分析了货币需求。最后，对中国存在的货币迷失之谜问题展开了探讨。

7.1 古典货币数量论

古典货币数量论是19世纪发展起来的，研究名义国民收入与物价是如何决定的理论。它并不把货币需求作为直接的研究对象，但由于该理论同时反映了在给定名义收入的条件下所应该持有的货币数量，所以也通常被视为一种货币需求理论。这里重点介绍古典货币数量论的两个主要分支——费雪方程式和剑桥方程式。该理论的特征在于认为利率对货币需求并未造成影响。

7.1.1 费雪方程式

1911年，美国经济学家欧文·费雪在其《货币的购买力》（*The Purchasing Power of Money*）一书中，对古典货币数量论的内容进行了阐述，提出了描述货币需求的费雪方程式。

$$M \cdot V = P \cdot Y \tag{7-1}$$

其中，M表示一定时期内流通中的货币总量；V表示货币流通速度，也就是同一种货币在一定时期内作为商品交易媒介所交换的次数，通常也被称为货币周转率，也就是说如果同一货币在一年内做了4次商品交易媒介，那么这一年该货币的流通速度就是4次。在费雪方程式中，它表示所有货币存量的平均值；P表示价格水平；Y表示总产出（收入），$P \cdot Y$则表示名义总收入。因此，费雪方程式表明了这样的一种关系：一年的货币数量乘以货币流通速度必定等于名义收入。

可以看出，方程式（7-1）表示的只是一个恒等关系。例如，在某一年中，货币存量为5 000亿元，平均货币流通速度为6次，那么在该年中货币支付总额即名义收入为30 000亿元。反过来，如果某一年的名义收入为30 000亿元，并已知当年的货币存量为5 000亿元，那么平均货币流通速度为6次。从上面的关系中我们可以得出，费雪方程式并没有说明货币存量M的变动是否引起名义收入$P \cdot Y$的变动，也没有说明当货币存量增加时，为维持名义收入不变，货币流通速度是否会出现自然地下降。

首先，费雪指出，货币流通速度V在短期内可以视为一个常数。这是由于货币流通速度是由制度、技术等因素决定的，其取决于人们的支付习惯、通信条件、信用的发达程度以及其他与货币存量无关的社会因素。这些因素的变迁非常缓慢，只有在长期内才会对货币流通速度造成影响，而在短期内，货币流通速度处于稳定状态。如果货币流通速度是变动的，那么货币与名义收入的关系不再是稳定的，费雪方程式就失去了它原本的意义。因此，将货币流通速度视为常数对费雪方程式非常重要，意味着名义收入完全取决于货币供应量：当货币数量 M 增加一倍时，名义收入 $P\cdot Y$ 也一定增加一倍。

其次，根据古典经济学的观点，工资和价格是完全弹性的，只要存在劳动力紧缺的状况，工资就会上升，促使对劳动力的需求下降，直到总产出 Y 达成充分就业的水平。若经济总处于充分就业的状态，那么总产出 Y 的变动在短期内也将是保持不变。

综上所述，费雪方程式表明，由于在短期内 V 和 Y 都是常数，所以在短期内如果 M 翻番，必然导致 P 翻番。当货币存量由 5 000 亿元增加到 10 000 亿元时，如果总产出为 1 000 亿元，货币流通速度为 1 次，则价格水平从 5 翻番为 10。从费雪方程式得出，货币数量的变动会引起物价水平的同比例同向变动。

7.1.2 剑桥方程式

剑桥方程式是古典货币数量论的方程式之一，是由剑桥学派代表庇古在《货币的价值》一文中所提出的货币需求函数。剑桥方程式与费雪方程式具有相同的方程式，但它们的分析方法却完全不同。剑桥学派重视微观主体的作用，个人对货币的需求的问题实质上是个人选择以何种方式保持资产的问题，所以在剑桥方程式中，个人所拥有的财富、利率水平等因素均会影响货币需求数量。剑桥学派认为，人们之所以持有货币，是由于货币具有流通手段与储藏手段的基本职能。

所谓流通手段，是指人们在商品买卖和交易过程中，需要以货币作为交易媒介。剑桥学派同意费雪的观点，即认为交易的商品越多，对货币的需求则越多；反之，交易商品越少，对货币的需求也越少，货币需求与商品交易水平正相关。另外，财富总额会限制个人的货币需求，货币作为资产之一，当财富越多，人们就会增加对货币的需求来储藏财富。因此，随着财富增长，货币需求随之增加。剑桥学派同时认为名义财富与名义收入成比例，所以货币需求与名义收入也存在着正相关关系。

因此，剑桥方程式可以表示如下

$$M_{\mathrm{d}} = k\cdot P\cdot Y \tag{7-2}$$

其中 M_{d} 表示货币量；P 表示物价水平；Y 表示总产出；k 表示货币需求的比例系数，代表了人们愿意持有货币这种形式的名义收入所占总名义收入的比重。只需使 $k=1/V$，该方程式与费雪方程式则完全一样。但二者的经济含义具有很大的区别。在剑桥方程式中，货币需求的比例系数 k 并不像货币流通速度 V 一样是保持不变的。剑桥学派认为，人们采用货币这一资产储藏财富受到货币储藏财富的预期回报率的绝对水平及相对于其他财富储藏手段的相比回报率的影响。因此，随着回报率的变化，作为财富储藏的货币需求也随之变化，人们具有选择货币数量的权利，因此 k 是可变的。

总的来说，费雪方程式和剑桥方程式的区别主要有以下 3 点。

（1）分析货币需求的重点不同：前者强调货币的流通手段这一职能，后者强调货币是一种资产。

（2）现金交易数量说与现金余额数量说：前者强调货币的数量与流通速度，后者强调货币存量占收入的比重。

（3）货币需求的决定因素不同：前者认为货币需求的决定因素在宏观层面，后者认为其决定因素在微观层面。

7.2 凯恩斯的货币需求理论

凯恩斯遵循了剑桥学派关于货币需求的分析方法，即将货币作为一种资产来考察货币需求。不同的是，剑桥学派草率地认为名义收入才是影响货币需求的主要因素，只是粗略地表述作为财富储藏的货币需求受它的绝对回报率和相对回报率影响，而没有对这一点进行进一步分析。而凯恩斯将人们持有货币的动机进行分类，进而得出货币需求不仅受实际收入的影响，而且受到利率影响的结论。

1936 年，在经历了经济大危机之后，凯恩斯在其出版的《就业、利息和货币通论》一书中，提出了流动性偏好需求理论，也就是我们本节所要讲述的凯恩斯的货币需求理论。

7.2.1 持有货币的动机

凯恩斯假定人们之所以持有货币，是由以下 3 种动机所驱使的。

1. 交易动机

古典货币数量论认为人们持有货币的原因在于货币购买到人们所需要的商品和服务。这就是我们所说的交易动机。所谓交易动机，就是指为了满足日常的交易需要所愿意持有一定的货币，可以分为个人的交易动机和企业的营业动机。之所以存在交易动机，是由于个人和企业获得收入和产生支出之间存在着时间间隔，为了支付时的方便，企业和个人往往会持有一定量的货币。例如，企业从事生产经营活动时，企业需要在生产过程中购买原材料、支付的各种费用，企业应持有一定量的现金。凯恩斯认为，交易动机会受各种因素的影响，但其主要的影响因素还是取决于收入水平，交易动机与收入水平呈现正相关关系。这点与古典经济学家们看法一致。

2. 预防动机

人们持有货币的动机除了满足日常交易外，还要用于避免非预期需求所带来的影响。这就引出了预防动机的概念。所谓预防动机，即指个人或企业为了应对突发的意外支出或把握突然出现的机会而持有一定的货币。存在该动机的原因是未来是不确定的，人们不可能将自己的支出都计算好，并以此来决定该持有多少的货币。例如，生病、原材料价格上涨等突发事件的发生会造成始料未及的意外支出，在这种时候，由于预防动机所持有的货币发挥作用。

根据凯恩斯的观点，货币的预防动机与收入水平也呈现正相关关系。不难理解，因为一个仅勉强糊口的工薪阶层很难在满足日常交易动机之外留出较多货币用于满足预防动机。

从上面的分析中，我们可以发现，交易动机与预防动机都与人们的收入水平成正比。以 L_1 表示人们由于交易动机和预防动机所持有的货币（即交易性货币需求），其随收入的增加而增加，以 Y 表示收入水平，则有表达式如下

$$L_1 = L_1(Y), \frac{dL_1}{dY} \geqslant 0 \tag{7-3}$$

3. 投机动机

凯恩斯关于货币的交易动机的分析与古典经济学家们没有不同；他关于货币的预防动机虽然强调了非预期因素对货币需求的影响，但它与交易动机相同，主要取决于人们的收入大小，因此这两个动机均未对古典货币数量论造成明显的冲击。凯恩斯的货币需求理论之所以能引起广泛的关注，主要是由于他的创新之处：引入对货币的投机动机的分析，从而使利率与货币需求之间产生联系，

强调了利率对货币需求的影响。

所谓投机动机，就是为了在未来进行投机活动而保持一定数量的货币。凯恩斯将用来储藏财富的资产分为货币和债券，并分析为什么个体以货币而非债券的形式去持有财富。有哪些因素会影响人们在货币与债券之间进行选择呢？凯恩斯认为，这取决于这两种资产各自的预期报酬率。凯恩斯假定，持有货币的预期报酬率为零，持有债券的预期报酬则是由利息和资本利得两方面构成。利息收入取决于利率的高低，而利得则是因债券价格波动而形成的卖出价和买入价之间的差额。债券价格的变化依赖于市场利率的波动，债券的价格与利率呈现反向变动的关系：市场利率上升时，债券价格就会下跌；反之，若利率下降，债券价格就会上升。当利率大幅上升导致债券价格下降时，投资债券的资本损失超过利息收入，此时投资债券会造成人们的损失。这时人们会选择持有货币，尽管货币并不能带来利息收入和资本利得。

同时，凯恩斯假定，每个人心中都有自己的“安全利率”。当市场利率低于这一“安全利率”时，那么人们预期市场利率将在未来上升，债券价格将下降，此时持有债券会造成损失，人们就愿意减少债券的持有量，增加持有货币，使货币需求上升。反之，当市场利率高于人们认为的“安全利率”，那么人们预期市场利率将在未来下降，债券价格将上升，此时持有债券会带来资本利得，人们就愿意增加债券的持有量，减少持有货币，使货币需求下降。

由上述两个理由，我们可以提出结论：货币的投机动机与利率成反向的变化。首先，当利率较高时，债券的利息收入较高，同时，较高的利率高于“安全利率”，会使人们增加债券的持有，使货币需求下降。利率越高，债券的预期报酬则越高，货币的投机动机则越小。反之，当利率水平很低时，人们宁愿持有货币。在极端情况下，当利率低到所有人都认为它肯定会上升时，那么投机动机变得无限大，人们倾向于持有货币，而不愿意增加对债券的需求，结果利率进一步下降了，这就是所谓的“流动性陷阱”。

因此，以 L_2 表示人们由于投机动机所持有的货币（即投机性货币需求），i 表示利率水平，若存在表达式如下

$$L_2 = L_2(Y), \frac{\mathrm{d}L_2}{\mathrm{d}i} \leqslant 0 \tag{7-4}$$

专栏7.1

中国式流动性陷阱或阻碍经济走出困境

2016年国家统计局发布的上半年经济数据表明，当前中国经济仍处于下行通道中。央行调统司司长近日有关货币和信贷的持续扩张并没有提升企业的投资意愿，中国企业陷“流动性陷阱”的表态引发市场极大关注。衡量中国货币政策有效性的一个指标表明，新增货币并未被投入使用。中国M_1货币供应量正快速增长，M_1货币供应量是由现金和企业活期存款等流动性资产组成。但更广义指标M_2货币供应量并未跟上这一增速。这导致中国式流动性陷阱出现。根据经济学家凯恩斯（John Maynard Keynes）的理论，当货币政策无法再刺激经济增长时，这一问题就会出现。

历史上，M_1增速高于M_2，一般都意味着经济景气向好，企业活期存款增加说明企业经营活跃，最典型的时间段是2009年10月至2010年12月。而当前情况却完全相反，M_1增速从2015年3月的2.9%提高到2016年6月的24.6%，而6月M_2增速为11.8%，低于M_1增速12.8个百分点。经济低迷而M_1增速高于M_2的裂口不断扩大，是当前中国式“流动性陷阱”的独特表现。出现这一现象有4方面原因：一是企业持币观望情绪浓重，企业活期存款增加而投资持续低迷；二是连续不

断的降息使得企业存款由活期转定期的意愿不强；三是房地产市场繁荣使得房企积累大量活期存款；四是地方债务置换之后，地方政府形成了大量的政府活期存款。由此可见，利息的下降并没有提升企业的投资意愿。

不管中国积累多少债务，都无法产生太多经济增长。缺乏高回报投资前景已促使企业囤积现金，并投入短期、高收益储蓄产品。一个实例是房地产开发商，这些开发商售出过剩库存，将现金投入储蓄产品，他们过于追求不安以至于不愿投资新项目。高负债水平也阻碍了企业支出。

同时，各银行向市场推出大量高收益、高风险产品，以期抵消净利息收益率和利润增长下降的不利影响。中国最大银行中国工商银行（Industrial and Commercial Bank of China）通过这些产品获得的费用收入过去两年增长45%。

渴望获得费用收入的银行、追求高收益率的公司和持有大量存款的家庭之间建立了一种资金循环关系。这意味着现金未被投入实体经济。私人固定资产投资增长在6月份萎缩。增加政府支出通常是解决流动性陷阱的方法。但是政府已经通过支出来支持投资。中国政府将发现走出陷阱比掉进陷阱要困难得多。

来源：[1] Anjani Trivedi，中国式流动性陷阱或阻碍经济走出困境，华尔街日报，2016；[2] 黄志龙，中国式“流动性陷阱”究竟有多严重，华尔街见闻，2016

7.2.2 凯恩斯的货币需求函数

当同时考虑因交易动机、预防动机、投机动机所持有的货币，将交易性货币需求和投机性货币需求结合起来，就得到了凯恩斯的货币需求函数。根据上面的分析，凯恩斯的货币需求函数表明货币需求与利率呈现负相关关系，与收入水平呈现正相关关系。要注意的是，凯恩斯讨论的货币需求是实际的货币需求，实际货币需求由表示。因此，凯恩斯货币需求函数如下

$$\frac{M_{\mathrm{d}}}{P}=L_1(Y)+L_2(i)=f(Y,i) \tag{7-5}$$

考虑利率对货币需求的影响，是凯恩斯的货币需求理论和古典货币数量论的主要区别，并由此得出了一些与货币数量论截然不同的结论。

首先，货币需求不再是稳定的。由于市场利率和人们心中的“安全利率”不是一个固定不变的常数，而是变化的，所以人们对货币的需求也出于变化之中。与古典货币数量论不同，货币需求与利率、收入之间不再存在恒等关系，货币需求是波动且难以预测的。

其次，即使在短期内，货币流通速度不再是不变的。为了验证这一结论，我们可以将凯恩斯货币需求函数代入费雪方程式中，得到关于货币流通速度的公式

$$V=\frac{PY}{f(Y,i)} \tag{7-6}$$

从式（7-6）可以看出，货币流通速度与实际货币需求成反向关系，因此当实际货币需求随着利率变化而发生变化时，货币流通速度也会发生变化。例如，当利率上升时，投机性货币需求减少，也会下降，导致货币流通速度上升。由于市场利率是经常波动的，所以货币流通速度也经常变动。而古典货币数量论之所以认为货币流通速度不变，是因为它忽略了投机性货币需求的存在，认为货币流通速度主要由短期内变动很小的制度因素决定。

最后，货币流通速度还取决于人们心中的“安全利率”。凯恩斯认为，人们关于货币和债券这两种资产的选择，取决于当前市场利率和“安全利率”之间的差距，而不是当前的市场利率。当人们

心中的“安全利率”发生变化时，现实的利率和“安全利率”差距改变了，未来预期利率也会发生变化。当“安全利率”下降时，预期利率也随着下降，债券价格上升，人们会减少投机性货币需求，使货币流通速度上升。反之，如果“安全利率”上升时，则会提高预期利率，债券价格下跌，人们为减少资本损失，会增加货币需求，货币流通速度下降了。由于人的预期是主观的且会不断变化，所以投机性货币需求不再是稳定的，货币流通速度也处于不断波动的过程。

总的来说，凯恩斯的货币需求理论是剑桥学派的发展。它的重要内涵在于认为货币流通速度不是一个常数，而是一个受利率变动影响的变量。

7.3 凯恩斯主义对凯恩斯货币需求理论的拓展

凯恩斯主义的继承者对凯恩斯提出的货币需求理论进一步进行研究。鲍莫尔、托宾等人对凯恩斯理论中明显与现实不符的内容提出了质疑，并对其进行了修正，使凯恩斯货币需求理论得到了完善和发展。在这些经济学家的研究中，他们都把重点放在利率对货币需求的影响上面。

7.3.1 交易需求

在凯恩斯的货币需求理论中，交易性货币需求被假定为是收入的函数，不受利率的影响，但这显然不符合实际情况。20 世纪 50 年代，经济学家威廉·鲍莫尔发展新的理论模型，证明了交易性货币需求不仅与收入水平有关，而且利率和交易成本也会对交易性货币需求产生影响，接下来对该模型进行简单的介绍。为了方便理解，我们采用例子的方式阐述该模型。

我们假设月初均收到 3 000 元，并在这 1 个月里这 3 000 元是当月的必要支出，将其花费到按照一个固定比率发生的交易上，为完成这些交易，你以现金形式持有这 3 000 元，月初现金余额为 3 000 元，月末现金余额为 0 元，则该月平均货币持有额为 1 500 元（月初 3 000 元加月末 0 元之和再除以 2）。若该年的每个月月初均会收到 3 000 元，并通过现金形式持有，那么每月现金余额的变化是相同的，在这一年中它的月平均货币持有额仍为 1 500 元，名义收入为 36 000 元，则它的货币流通速度为 36 000/1 500=24。

现在假定，不将收入全部以现金形式持有，而是一部分以现金形式持有，剩下的一部分用于购买债券。现在假设债券的月利率为 1%，如果在月初收到 3 000 元后，将其中的 1 500 元以现金形式持有，1 500 元用于购买债券。月中时，所持有的现金余额为 0。由于债券不能直接用于交易，所以必须将其出售以换取现金。这样到月中时，持有的债券降至 0，现金余额又回到 1 500 元。月末时，现金余额再次为 0，因此每月平均现金余额为 750 元，仅为之前的一半，而货币流通速度却翻番，为 48。购买债券所得到的利息收入是 7.5 元（1 500×1%÷2=7.5）。如果在月初时将持有 1 000 元现金，剩下的 2 000 元用于购买债券。假设每月有 30 天，那么过了 10 天你就把 1 000 元现金花完，再将持有的 2 000 元债券中的 1 000 元变现，再过了 10 天，再将剩下的 1 000 元债券变现，每月取款次数由 1 次变为 2 次。那么，每月的平均现金余额为 500 元，货币流通速度为 72。此时，利息收入为 10 元（2 000×1%÷3+1 000×1%÷3），则多持有 500 元债券可以多赚 2.5 元的利息收入。可以得出结论，如果月初持有债券越多，所获得的利息收入也就越多。既然如此，在理想状态上，月初只留下每日所需要的平均现金 100 元，剩下的 2 900 元都用于购买债券，该月的每一天都去将 100 元债券变现，则可以得到更多的利息。但显然这样是很麻烦的，变现是一方面会产生交易成本，例如债券变现所需要支付佣金。若当前的经济形势不佳，债券价格下降，你可能还会遭受其他资本损失。

总而言之，如果每个月持有的平均现金余额越少，那么则有更多的现金投向债券的购买，赚取更多的利息收入。但在这过程中，债券变现的次数也变得多了，将会付出更多的交易成本。因此，当市场利率越高，你因为交易性货币需求所持有的货币则越少；反之，你所持有的交易性货币则越多。但同时，当交易成本上升时，你会增加交易性货币需求所持有的货币；反之，则会减弱。所以，惠伦认为，交易型货币需求与收入水平正相关，与交易成本正相关，与利率水平负相关。鲍莫尔模型的优点在于从人们会将暂时闲置的资金进行投资获利，更符合实际，具有普遍的适用性。

7.3.2 预防需求

在凯恩斯货币需求理论中，认为预防性货币需求只与收入水平有关，但其后的惠伦等经济学家认为，预防性货币需求的影响因素还包括非流动性成本、持有预防性货币余额的机会成本以及收入支出波动的方差。

非流动成本是指由于持有过多的债券，然而债券不能直接用于商品交易，日常交易中需要现金而变现债券所应付出的成本。而持有预防性货币余额的机会成本是指由于持有现金而放弃一定的利息收入。非流动成本和持有预防性货币余额成本构成了预防性货币需求的总成本。如果为了防范不时之需而持有更多货币，则会减少非流动成本，而持有预防性货币余额的机会成本却增加了；反之，如果你持有较少的货币，这有助于提高利息收入，降低持有预防性货币余额的机会成本，但提高了非流动成本。两种成本之间存在着此消彼长的关系，必须在二者间进行权衡取舍。因此，惠伦认为，预防性货币需求随非流动性货币成本的下降而下降，随机会成本的下降而增加。当利率上升时，持有预防性货币需求的机会成本会上升，使预防性货币需求下降。

再考虑收入支出波动的方差的影响，如果若收入支出波动的方差越大，则会导致预防性货币需求增大；反之，则会下降。

7.3.3 投机需求

凯恩斯对投机性货币需求的分析尽管存在一些缺陷，但为之后经济学家的研究提供了新的思路。根据凯恩斯的观点，人们对于货币与债券两种资产形式之间的选择是由它们的预期报酬率决定的。因此，当货币的预期回报率高于债券的预期回报率时，人们只会选择持有货币；反之，当债券的预期回报率高于货币的预期回报率时，人们只会选择债券这一资产来储藏财富。只有当债券和货币具有相同的预期回报率时，人们才会同时持有这两种资产。但这种情况在现实中是很少出现的，因此凯恩斯关于投机性货币需求的描述也就无法解释人们同时持有货币和债券的实际情况。

为使凯恩斯货币需求理论更具现实意义，诺贝尔经济学奖获得者詹姆斯·托宾将风险因素引入货币需求理论的分析中。托宾提出这样的观点：人们可以同时持有货币和债券，选择货币和债券的不同组合时，一方面要考虑各种组合的预期报酬率，另一方面要考虑到持有不同组合的风险。不同的人对待风险的态度是不同的，但主要可以分为风险偏好者、风险中立者、风险规避者等 3 种类型。所谓风险偏好者是指那些愿意以承担较大的风险为代价，以换取较高的收益的人。风险中立者则是指既不回避风险，也不追求风险的人，在他们看来风险与收益是无差异的。风险回避者是指相对于高的预期报酬率，更愿意选择低风险的人。

在托宾的理论中，假定经济主体为风险回避者。对于一个风险回避者而言，其目标是在既定的风险下实现预期报酬率的最大化，或者在既定的预期报酬率下实现风险的最小化。因此，经济主体面临风险和预期报酬率的取舍，即风险增加的同时，预期报酬率随着增加的资产，人们才会增加对它的持有。预期报酬率和风险之间的关系，可以用无差异曲线进行描述。在同一条无差异曲线上，只有风险较高的一个资产组合有较高的预期报酬率，经济主体才会对这条无差异曲线上的资产组合感到无差异；同时，随着风险的提高，预期报酬率也随着增加。总之，根据托宾的货币需求理论，人们对投机性货币需求不仅取决于利率的高低，同时还取决于资产的风险和相对收益率，解释了人们同时持有货币、债券的原因。托宾的研究不仅完善了凯恩斯货币需求理论，更重要的贡献在于他把风险引入了货币需求理论中，弥补了以往仅从收益方面考虑货币需求的不足。

由于本节中的理论进一步论证了货币流通速度不是一个常数的观点，所以人们对货币数量论的现实性产生了怀疑。

7.4 弗里德曼的现代货币数量论

1956 年，在《货币数量论：一种新阐述》这一著名的论文中，米尔顿·弗里德曼提出了一种全新的货币需求理论，标志着现代货币数量论的诞生，货币主义学派随之出现了，冲击了凯恩斯主义学派的地位。与凯恩斯的不同之处在于，弗里德曼不再对人们持有货币的动机进行分析，而是认为货币是一种资产。因此，影响其他资产的需求因素也会对货币需求产生影响，并以此为切入点展开分析。

7.4.1 弗里德曼的货币需求函数

我们先将弗里德曼得出的货币需求函数进行表述，再对该需求函数进行分析。弗里德曼的货币需求函数如下所述。

$$\frac{M_{\mathrm{d}}}{P}=f(Y_{\mathrm{p}},w,r_{\mathrm{b}}-r_{\mathrm{m}},r_{\mathrm{e}}-r_{\mathrm{m}},\pi_{\mathrm{e}}-r_{\mathrm{m}},u) \tag{7-7}$$

其中各变量的含义分别如下。

（1）M_{d} 表示实际货币的需求。

（2）Y_{p} 表示人们的恒久性收入，用来表示人们持有的财富。

（3）w 表示非人力财富占总财富的比重。

（4）r_{b} 表示持有债券的预期回报率。

（5）r_{m} 表示持有货币的预期回报率。

（6）r_{e} 表示持有股票的预期回报率。

（7）π_{e} 表示预期的通货膨胀率。

（8）u 表示影响货币需求的其他因素。

以上各因素将对货币需求产生什么作用呢？在接下来的内容中，我们将它们一个个展开分析。

1. 恒久性收入

现期收入具有较强的波动性，用它作为衡量财富的标准是不准确的。因此，弗里德曼提出了恒久性收入的概念，恒久性收入是指所有未来预期收入以一定折现率进行折现所得到的收入，是预期长期收入的平均值，其在短期内波动很小。这是因为在经济周期的扩张阶段，收入快速增长，但这一增长中的部分是暂时的，所以恒久性收入的增长比此时的收入增加要小很多；在经济周期的衰退阶段，收入会迅速减少，但减少中的一部分也是暂时的，所以长期平均收入的减少比此时收入的减少小得多。弗里德曼认为，恒久性收入对货币需求具有正向影响：恒久性收入越高，货币需求则越高。

2. 人力财富占总财富的比重

财富是影响货币需求的重要因素，财富可以划分为人力财富和非人力财富两种。人力财富是指人们工作的能力，而非人力财富是指人们所拥有的股票、债券等实物财富。只有当人们通过利用自身的人力财富去努力工作，进而获得收入，再将该收入转化为非人力财富，才能得到真正的效用。但在现实生活中，人力财富向非人力财富的转化绝非易事，特别是在存在大量失业的经济衰退时期，非人力财富的流动性较低。反之，债券、股票等具有实物形态的流动性较高，且互相替代性也较高。因此，越高的人力财富占总财富的比重，就会试图通过持有更多的货币来增加财富的流动性。反之，货币需求减少。

3. 持有股票、债券等资产和持有货币之间的预期回报率之差

持有其他资产的预期回报，实际上就是持有货币的机会成本。债券的预期回报由持有期内的利息和债券价格变动的利得构成；股票的预期回报则由持有期内的股息和股票价格变动的利得构成。持有其他资产和持有货币之间的预期回报率之差越大，则债券和股票的相对预期回报率上升，会提高人们持有股票和债券的意愿，降低持有货币的意愿，货币需求减少。

4. 持有商品和持有货币之间的预期回报率之差

持有商品的预期回报率就是当商品价格上升时所获得的利得，因此可用预期通货膨胀率表示持有商品的预期回报率。当商品相对于货币的预期报酬率上升时，人们会增加商品的持有，减少货币需求。

5. 影响货币需求的其他因素

人们的习惯、偏好等因素也会对货币需求产生影响，但这些因素在短期内可以看成是固定的。

总的来说，从弗里德曼的货币需求函数中，我们得出：恒久性收入会对货币需求产生正向影响，而人力财富占总财富的比重、持有股票、债券、商品的预期回报率与持有货币的预期回报率之差对货币需求产生反向影响。

7.4.2 现代货币数量论的基本内容

弗里德曼认为，货币需求对利率变动并不敏感。当利率变动时，货币的预期报酬率也会发生相同方向的变动，即利率上升时，货币的预期报酬率上升，那为什么货币需求不会发生变化呢？这是因为，影响货币需求的因素是货币和其他资产之间的相对预期报酬率。当利率变化时，不仅货币的预期报酬率，其他资产的预期报酬率也会与利率同向变化，因此货币需求会保持不变。由此，我们可以知道，只有恒久性收入才是真正影响货币需求的因素，货币需求函数可以简化为只受恒久性收入影响的函数。因为恒久性收入的波动性很小，所以货币需求是稳定的。另外，弗里德曼也认为，货币需求函数本身也是稳定的，并不会发生大幅度的位移。货币需求的随机波动很小，因此可以利用货币需求函数对货币需求进行准确的估计。

将货币需求对利率不敏感和货币需求稳定这两个观点结合起来，我们可以得出货币流通速度是稳定的、可以进行预测的结论。这是在货币市场均衡的条件下，我们可以推导出表达式如下

$$V = \frac{Y}{f(Y_{\mathrm{p}})} \tag{7-8}$$

因此，从式（7-8）中，我们可以得出现代货币数量论的基本观点：在货币市场均衡条件下，货币流通速度是稳定且可预测的，当货币供给发生变化时，我们可以将与该货币供给量对应的货币流

通速度代入上式，得出名义国民收入的估计值，货币数量论关于货币供给决定名义收入的观点仍然成立，因此现代货币数量论是古典货币数量论的重新表述。

7.4.3 现代货币数量论与凯恩斯货币需求理论的对比

弗里德曼的现代货币数量论与凯恩斯的货币需求理论之间的区别较大，二者的支持者展开了激烈的争论，他们长期争议的焦点主要集中在以下几个方面。

1. 关于其他金融资产的定义

凯恩斯的货币需求理论与弗里德曼的现代货币数量论存在着多个不同之处，首要的一点就是关于其他金融资产的定义。就凯恩斯的理论而言，他将除货币以外的其他一切金融资产都归纳于同一类，即债券。该观点的主要原因在于凯恩斯认为这些金融资产的预期回报率通常会同时波动。根据该原因，债券的预期回报率也可以完美地表示其他金融资产（如股票）的预期回报率。在货币需求函数中则无需将它们分别进行列示，将债券作为它们的代表即可。反之，弗里德曼认为，在整体经济之中，不同的金融资产由于预期回报率不同，债券、股票甚至实物商品都可以视为货币的替代物。因此，除了利率之外，还有其他因素可以对货币需求造成影响。

2. 货币数量对总支出的影响

如上所述，弗里德曼将商品相对于货币的预期回报率作为其货币需求函数的一个变量，认为货币与商品之间互为替代品，人们会在二者间进行权衡取舍，因此货币需求的变动对总支出可能产生直接影响。而根据凯恩斯的观点，货币需求只会收到利率和收入的影响，故货币需求的变动不会对总支出产生直接的影响。

3. 利率对货币需求的影响

凯恩斯认为，货币的预期回报率是一个常数，利率是影响货币需求的关键因素。与凯恩斯不同，弗里德曼则强调货币的预期回报率并不会是一个常数。当市场利率上升时，银行可以从贷款中获取更多的利润，这会促使银行更多地去吸收存款以谋求更大的贷款规模所带来的利润。首先考虑不存在利率管制的情况。该情况下，当市场利率上升时，银行会通过提高存款利率来吸收更多的存款用于发放贷款。由于各银行间存在竞争关系，所以当以银行存款形式持有的货币的预期回报率会随着贷款和债券的利率上升而上升，直至存款和贷款之间的利率差被不断缩小，银行无法从中获取超额利润为止。这样会保持相当的稳定。再考虑存在利率管制的情况。这时，银行无法随意地提高自身的存款利率来吸引存款，那货币的预期回报率会是常数吗？会因此导致利率上升而上升吗？弗里德曼给出了否定的答案。他认为，银行可以从其他方面的提升来吸引更多的存款。当市场利率上升时，银行可以通过提高自身的服务质量来相互竞争。例如，增加社区银行、自助取款机的数量，为顾客提升方便快捷的服务。因此，市场利率的上升，会带来货币预期回报率的上升，使保持稳定。

弗里德曼之所以认为利率对货币需求不敏感的原因在于：当市场利率发生变动时，弗里德曼货币需求函数的各项机会成本影响很小；当市场利率发生变化时，引起其他资产预期回报率发生变化，而货币的预期回报率也会随之发生变化，二者相互抵消后，货币需求函数中各项机会成本保持相对不变。

4. 对收入变量的选择

凯恩斯认为影响货币需求的收入变量为实际收入，具有较强的波动性。弗里德曼则选取恒久性收入作为货币需求函数的收入变量。相比于实际收入，恒久性收入是长期预期收入的平均值，具有较小的波动性。与此同时，根据弗里德曼利率变动几乎对货币需求没有影响的观点，可以得出货币需求的随机波动是很小的，因此货币流动速度也是稳定可测的。因此得出了与固定货币数量论一致的结论：当货币供应量发生变化时，只会影响总支出和物价水平。

总的来说，弗里德曼的现代货币数量论采用的研究方法与剑桥学派和凯恩斯相似，但他并未对持有货币的动机进行分析。它与凯恩斯货币需求理论的主要不同在于：该理论认为货币需求函数是恒久性收入和其他金融资产相对货币的预期回报率的函数，同时他还认为利率变动对货币需求并不会造成多大的影响，还有货币需求函数是稳定的（不会发生明显的位移，可以对货币需求做出准确预测）。因此，货币流通速度可测，从而货币供应量变动是总支出变动的主要因素，与古典货币数量论结论一致，因此弗里德曼关于货币需求的理论被称为“现代货币数量论”。

7.5 开放条件下的货币需求

本章的上述内容中，均为基于封闭条件展开的分析。在开放条件下，由于可供选择的资产变得更多了，所以对货币需求的分析变得更为复杂。在本节中，我们讨论开放条件下的货币需求，分析货币替代和资产替代对货币需求所造成的影响。

7.5.1 货币替代的含义与成因

在开放经济条件下，一国之内通常存在着多种可兑换的流通货币。当本国出现较为严重的通货膨胀或出现一定的汇率贬值预期时，公众就可能减弱对本国货币稳定的信心，并出于机会成本与相对收益的考虑，而减少持有价值相对较低的本国货币，增加持有价值相对较高的外国货币。于是，外国货币便作为国内的价值储藏手段或交易媒介而逐步替代了本国货币。这种现象通常被称为“货币替代”。与“格雷欣法则”相反的是，货币替代更为普遍地反映了良币驱逐劣币的现象，而不是劣币驱逐良币。以持有的外币增加额与本币增加额之间的比率来衡量货币替代程度，称为货币替代率。

货币替代会对本国货币需求产生影响，货币替代程度越高，对本国货币的需求则越少，反之，当替代程度越低，对本国货币的需求则越多。因此，影响货币替代的因素也会对本国货币需求产生影响。影响货币替代的因素主要有以下几点：国民收入水平、制度因素、利率因素、预期的汇率变动等。

1. 国民收入水平

一般来说，收入越高，人们对商品和劳务的消费需求则越高。这些商品和劳务可以通过本来生产，也可以通过进口获得，因此会增加本币和外币的货币需求，从而对不同货币间的相对机会成本的调整的必要性则越高，发生货币替代的可能性提高。

2. 制度因素

主要是指货币自由兑换程度和市场开放程度。在不同的货币自由兑换程度上，都存在着货币替代现象，但替代程度有明显的不同。例如，当货币完全不能自由兑换时，不能通过合法方式取得外币，此时黑市交易盛行，货币替代以隐形货币替代为主；反之，当货币实现了完全自由兑换时，本外币之间可进行充分替代，此时货币替代程度最高。国内外市场开放程度越高，金融资产的收益率、价格在国家间的传递就越迅速，本外币之间的兑换也更频繁，货币替代程度也会相应提高。

3. 利率因素

当两国之间出现利差时，就会产生套利的机会。当外国利率高于本国利率时，人们会增加外国货币的持有而减少本国货币的持有以获取更高的收益。因此，当外国利率高于本国利率时，货币替代程度提高。

4. 预期的汇率变动

如果预期本币会发生大幅贬值，为了避免本币贬值带来的损失，人们会在贬值前将本币兑换为外币，发生货币替代。当预期本币贬值程度越大，货币程度也越高。

7.5.2 货币替代带来的影响

货币替代对经济生活的影响，可以从积极影响和消极影响两方面考虑。

1. 货币替代有利于本国的金融深化

发生货币替代的国家，该国居民存在对外币的需求，促使本国银行开展国际业务，从而促进国内与国外市场的一体化进程。同时，银行开展外币存款业务，居民在国内即可实现本币向外币的转化，减少资本的外流。

2. 有利于控制中央银行不合理的货币发行行为

之所以发生货币替代，是人们风险规避的选择，实质上是本国货币与外国货币可信度之间的竞争，可以约束本国货币当局的货币发行。

3. 导致了汇率的不稳定性

货币替代现象会增加外币的需求，在供给不变的情况下，本国汇率会大幅度贬值。货币替代程度越高，汇率的易变性则越大。另外，当国内外利率保持稳定时，汇率波动程度很大部分取决于本国通货膨胀率和他国通货膨胀率的差别。货币替代使通货膨胀率差异对汇率的影响比没有货币替代时要大。货币替代频率越高、程度越大，则汇率的波动次数和波动幅度也越大。

4. 降低了货币政策的有效性

一方面，货币替代使央行控制货币供给的难度加大。有了货币替代后，货币的范畴不再局限于本币，央行不再是货币的唯一供给方。来自货币替代的外部冲击就极可能使国内货币供给会大大偏离国内对货币的需求。另外，货币替代会对削弱利率在货币政策中发挥的作用。货币替代条件下，货币有多种供给渠道，货币需求也因为随着其影响因素的增加而具有更强的波动性。同时考虑多样化的货币供给和波动的货币需求，“一国的国内利率如何决定”的问题变得复杂，从而中央银行利用利率这一中间变量来实现货币政策的目标变得困难。

7.5.3 资产替代

随着金融市场的不断发展，金融创新带来了金融工具的多样化，可供人们选择的资产变多了，于是产生了资产替代。所谓资产替代，是指本国居民持有的境外发行的、以外币计价的金融资产。资产替代是基于经济开放的条件下进行的，是人们对国内外资产的风险和收益进行比较后所作出的资产组合。从本质上讲，货币替代也是一种资产替代。

资产替代可能带来资本外逃的不利影响。资本外逃，是指未经批准的，出于规避管制、转移非法所得、规避风险等目的所出现的非正常资本外流。由于具有很强的隐蔽性和违法性，一般很难对其规模进行精准的测量。对我国而言，大规模的资本外逃会对金融系统的稳定性产生冲击，带来系统性风险，不利于市场化改革的进一步推进。

专栏7.2

对资本外逃需保持高度警惕

国家外汇管理局2016年7月21日公布的数据显示，2016年一季度银行结售汇逆差1 248亿美元，二季度大幅收窄至490美元，其中，5月、6月月度结售汇逆差分别为125亿和128亿美元，较1月的544亿美元大幅回落。此外，5月、6月银行代客涉外外汇收付款实现顺差2亿和125亿美元，结束了年初以来连续4个月的逆差态势。从以上数据来看，我国跨境资金流出压力的确有所缓解。然而，综合各方面因素，笔者以为，中短期内我国资本仍将净流出，货币当局需要防范资本外流逐步演变为资本外逃，警惕资本外逃引发金融不稳定。

2014年下半年以来，表征资本流动的各项数据显示我国资本外流已成趋势。其一，截至2016年一季度末，我国非储备性质的金融账户自2014年二季度起连续8个季度净流出，其中，证券投资自2015年一季度起连续5个季度净流出，其他投资自2014年二季度起也是连续8个季度净流出。其二，截至2016年6月末，银行结售汇自2014年三季度以来已经连续8个季度呈逆差，远期结售汇签约额自2015年1月以来连续18个月逆差（2016年5月除外）。此外，误差与遗漏账户可以在一定程度上反映“热钱”的动向。截至2016年一季度末，国际收支平衡表下的净误差与遗漏自2014年二季度起也是连续8个季度为负。

趋势一旦形成就难以轻易改变。笔者以为，虽然资本净流出只是表明可能引发资本外逃，并不意味着就一定会发生资本外逃，但考虑到跨境资本的短期化和虚拟化的特性，货币当局仍然需要对资本外流演化为资本外逃保持高度警惕。

一方面，跨境资本流动渐趋短期化。随着世界各国金融市场的发展，以及对资本流动管制的放松，加上信息技术的进步，金融交易已经能够24小时不间断进行，数额巨大的资金能够在一秒钟以内传送到数千万公里以外。此外，随着全球经济金融一体化程度的日益提高，各个国家或地区的金融市场之间、不同类型的金融市场之间已相互贯通，资金不但能在某一类市场上实现跨国界的流动，而且能在不同类型市场之间迅速转移，使得“长期资本”与“短期资本”之间、“国际金融”与“国内金融”之间的界限日益模糊。在这些因素的作用下，加之资本逐利的天然本性，跨境资本流动的规模不断加大，资本流动短期化的倾向日益明显。

另一方面，跨境资本流动日益虚拟化，即跨国资本资本流动与实体经济“脱钩”迹象越发明显，其变化大大快于实体经济的变化，有逐渐“虚拟化”的趋势。2009年以来，全球国际直接投资（Foreign Direct Investment，FDI）年均规模仅为1万亿～2万亿美元，而据国际货币基金组织的估计，国际金融市场几乎每天都有上万亿美元的资本在世界金融市场伺机进行投机，特别是那些寻求短期汇率和利率变动收益的证券投资基金与对冲基金。数据显示，20世纪90年代以来，FDI、国际证券投资（Foreign Portfolio Investment，FPI）、国际其他投资（Foreign Other Investment，FOI）的总规模均保持稳步增长，但FDI无论在总规模上还是增速上都低于FPI和FOI，三者的增速也均明显高于全球贸易增速；同时，全球外汇市场的日名义平均交易量高达4万亿美元以上，大约是世界日平均实际贸易额的50倍，意味着世界上每天流动的资金中只有2%左右真正用在国际贸易上。

凡事预则立，不预则废。当前，我国正处于深化改革的关键时期，大规模的资本外逃势必加大系统性风险和区域性金融风险，诱发金融不稳定。对于货币当局而言，防范资本外逃的关键手段是加大监测预警力度，未雨绸缪。特别地，资本项目开放要稳字当头，必要的时候加强资本管制。

来源：熊园，对资本外逃需保持高度警惕，证券时报，2016.

7.6 中国货币迷失之谜

7.6.1 什么是货币的迷失

最早关注货币迷失问题的经济学家是美国的斯蒂芬·歌德菲尔德。他在估计美国“二战”后的货币需求时，发现美国实际的货币需求数量远小于引用央行货币供给政策所得出的货币需求函数的估计值，并将该现象称之为“货币失踪”。与此现象相反，改革开放以来，我国货币增长速度大于经济增长率和物价增长率之和，有学者将既没有对物价产生影响也没有对经济增长起促进作用的超额货币看作是货币的迷失。

我们可以从理论上对其进行定义，对剑桥方程式两边同时取自然对数，再对其进行微分可以得到公式如下

$$m' + v' = p' + y' \tag{7-9}$$

其中，m'为货币增长速度；v'为货币流通速度增长率；p'为物价增长率；y'为经济增长率。当货币流通速度不变时，货币增长率等于经济增长率和物价增长率之和。但中国显然并非如此，改革开放以来，中国货币增长率一直超过物价增长率和经济增长率之和。超过的这一部分货币被称为迷失的货币。

出现货币迷失的关键原因在于我们前面的假定即货币的流通速度是不变的。然而，事实上，在任何国家，货币流通速度往往处于不断变化中。例如，从表 7-1 中，我们可以得出我国货币流通速度变化的特点：除 2005 年～2008 年出现货币流通速度的上升外，其余各年度的货币流通速度都呈现平稳下降的状态。因此，要更好地理解货币的迷失，我们就必须对货币流通速度下降的原因展开分析。

表 7-1　　中国 2002 年～2015 年货币流通速度

年份	名义 GDP（亿元）	货币供应量 M_2（亿元）	货币流通速度
2002	121 002.0	185 006.97	0.654 0
2003	136 564.6	221 222.8	0.617 3
2004	160 714.4	254 107.0	0.632 5
2005	185 895.8	298 755.7	0.622 2
2006	217 656.6	345 577.9	0.629 8
2007	268 019.4	403 442.21	0.664 3
2008	316 751.7	475 166.6	0.666 6
2009	345 629.2	610 224.5	0.566 4
2010	408 903.0	725 851.8	0.563 3
2011	484 123.5	851 590.9	0.568 5
2012	534 123.0	974 148.8	0.548 3
2013	588 018.8	1 106 524.98	0.531 4
2014	635 910.0	1 228 374.81	0.517 7
2015	676 708.0	1 392 300.4	0.486 0

注：货币流通速度=名义 GDP/M_2

数据来源：中国人民银行

7.6.2 货币流通速度下降的原因

从我国实际情况出发，导致货币流通速度的主要原因有：经济货币化、产业结构变化、金融市场的发展、地区发展差异以及资本外流。

1. 经济货币化

经济货币化是改革开放以来，中国货币流通速度下降的最主要原因。计划经济向市场经济的过度，使经济生活的货币化程度越来越高，以货币为媒介的商品和劳务的比重不断上升，货币化经济活动在国民经济中的比重也随之加大，导致出现了满足经济增长正常需要之外的超正常货币需求的增长，大量货币沉淀下来以满足这一超常需求，货币流通速度便自然降低。货币化过程中，存在超额的货币需求，货币需求的增加多于 GDP 的增加，所以货币流通速度长期呈降低趋势。这说明微观主体在经济生活中所需要的货币量逐渐加大，由货币需求框架下货币流通速度函数推出货币需求量与货币流通速度呈反方向变化。在货币量不断增多的背景下，中国的货币流通速度不断降低。

2. 产业结构变化

在经济结构中，不同产业部门之间的货币流通速度是不同的。第三产业的发展更需要短期资金，平均一个单位的第三产业的产业增加值所需要的货币量比一个单位第一或第二产业多。假定各产业货币流通速度保持不变时，产业结构的调整就会对实体经济的货币流通速度产生影响。自 21 世纪以来，我国产业结构发生调整，导致第一产业在经济中的比重不断下降，第二、第三产业的比重不断上升。这种产业结构变化导致了货币需求加大，货币流通速度降低。

3. 金融市场的发展

随着金融市场的不断发展，货币不再只是实物商品的交易媒介，同时货币也是股票、债券等金融资产的交易媒介。因此，凯恩斯将原有的费雪方程式进行如下修正，使其更符合我们的现实生活。

$$M \cdot V = P_t \cdot T + P_a \cdot A \tag{7-10}$$

其中，以 P_t 表示实物商品的价格；T 表示实物商品产出，P_a 表示金融资产价格；A 表示金融资产总量，M 表示货币总量，V 表示货币流通速度。考虑到金融资产的作用，根据式（7-10）所计算出来的货币流通速度会比真实的货币流通速度要低。

4. 地区发展差异

我国东西部之间的发展差异导致居民收入差距大，贫富差距明显，财富过多地集中于少数人。对于理性的消费者而言，边际消费倾向是递减的，因此社会的总体消费需求下降，导致总需求不足，导致了 GDP 的上升幅度下降。另一方面，总需求的不足使得政府不得不采取积极政策，这就会让 M 变大。受到这两方面的同时影响，货币流通速度也就下降了。

5. 资本外流

资本外流是指人民币流向境外，资本外流使本国流通中的货币减少了，从而使货币流通速度也降低了。随着金融市场开放程度的不断提高，我国的货币替代率和资本外逃不断增加，这一现象使我国的货币流通速度下降。

本章小结

（1）费雪从交易方程式出发，发展了一种以交易为基础的货币需求理论。费雪认为，货币量与货币流通速度的乘积等于实际产出与价格的乘积。货币需求与产出成比例且对利率的变动不敏感。

该理论还认为货币流通速度是一个常数，货币供应量的增加会导致物价水平同比例上升。

（2）剑桥学派的理论则试图从资产选择的角度来研究货币需求，这一理论与费雪的理论都认为货币需求与产出成比例，但不同的是，剑桥学派并没有排除利率对货币需求的影响。

（3）凯恩斯对人们持有货币的动机进行详细区分，认为人们是出于交易动机、预防动机、投机动机才会影响货币需求。前两种动机只与收入呈正相关关系，而通过对投机动机的论述，凯恩斯将一个重要的变量——利率引入货币需求函数，认为货币需求与利率呈负相关关系。

（4）凯恩斯的追随者对凯恩斯的货币需求理论进行了发展，托宾等人认为持有货币的 3 种动机，都具有利率敏感性，利率也会影响影响交易动机与预防动机。

（5）弗里德曼拓展了货币需求的影响因素，认为恒久性收入、非人力财富所占总财富的比重、债券、股票、商品的对货币的相对的预期回报率等因素都会影响货币需求。由于恒久性收入是相对稳定的，利率对货币需求几乎不存在影响，所以货币流通速度是稳定可测的，从而得出了与古典货币数量论一致的结论：货币供应量的变化只会引起物价的同比例变化。

（6）开放经济条件下，货币替代与资产替代现象会影响货币需求。因此，影响货币替代的因素，如国民收入水平、制度因素、利率因素、预期的汇率变动也会影响货币的需求。同时，需要正确对待货币替代对经济生活带来的影响，趋利避害。

（7）改革开放后，中国出现了“货币迷失之谜”这一现象。这一现象是指货币增长率超过物价增长率和经济增长率之和所带来的超额货币。货币之所以出现迷失，是由于货币流通速度是不断下降的。造成货币流通速度的原因有：经济货币化、产业结构变化、金融市场的发展、地区发展差异以及资本外流。

关键概念

费雪方程式；剑桥方程式；交易动机；预防动机；投机动机；流动性陷阱；交易性货币需求；投机性货币需求；恒久性收入；货币替代；资产替代；资本外逃；货币的迷失

复习思考题

（1）计算当货币流通速度等于 4 且货币供给有 5 000 亿元变为 6 000 亿元时，此时名义 GDP 的变化是多少？

（2）若货币供应量和名义 GDP 的数值如表 7-2 所示，请问每一年各自的货币流通速度分别是多少？

表 7-2　　货币供应量与名义 GDP

	2013 年	2014 年	2015 年
货币供应量（单位：亿元）	1 000	1 200	1 440
名义 GDP（单位：亿元）	10 000	13 000	16 900

（3）当货币供给增长率以 10%的速度下降而货币流通速度按 20%的速度上升时，名义 GDP 是怎么变化的？

（4）如果货币流通速度和名义 GDP 均保持不变，分别为 3 与 5 000，则当货币需求从 4 000 减少到 2 000 时，价格水平是怎么变化的？

(5) 采用费雪的交易方程式对货币需求进行预测，会出现什么问题？

(6)“因为费雪方程式和剑桥方程式具有相同的形式，故他们的内容也是完全一样的”的说法是正确的吗？请解释原因。

(7) 凯恩斯货币需求理论是什么？它如何论述利率和货币需求之间的关系？

(8) 凯恩斯主义经济学家对凯恩斯货币需求理论进行了哪些发展？

(9) 为什么在持有债券的预期回报率高于货币的预期回报率时，人们依然愿意持有一定数量的货币？

(10) 现代货币数量论与古典货币数量论、凯恩斯货币需求理论的区别分别是什么？

(11) 影响货币替代的因素有哪些？货币替代对经济会造成怎样的影响，政府该采取什么措施去消除货币替代带来的不利影响。

(12)“中国货币迷失之谜”的原因是什么？

利率的决定　第8章

【学习目标】

（1）了解3种利率决定理论，重点理解凯恩斯的流动性偏好理论和可贷资金理论。

（2）了解货币的供求、债券的供求和可贷资金的供求是如何影响均衡利率的。

（3）学习如何从某种经济因素的变化去讨论利率的变化。

（4）重点理解货币的供求是如何影响均衡利率的变动的。

（5）了解什么是利率的风险结构。

（6）理解风险溢价是如何形成的。

（7）理解税收因素如何影响债券的利率。

利率是经济中最受关注的变量之一，无论是在宏观经济还是在爱微观经济中，利率的变动都会对经济活动产生巨大的影响。在这一章中，我们将会学习利率的决定理论、利率的风险结构和利率的期限结构三大部分。

8.1 利率的总水平决定

8.1.1 古典利率理论

古典利率理论又称实物利率理论，其主要倡导者有庞巴维克、马歇尔和费雪。

古典利率理论的基本特点是从投资和储蓄等实物因素来讨论利率的决定。该理论认为，人们能够用于贷出的资金来源于储蓄，而储蓄则来源于对当前消费的牺牲（延期消费），由于人们对当前消费的偏好性，只有当贷款者愿意支付报酬时，人们才会愿意“延期消费”，增加储蓄来放贷，所以利率是对“延期消费”的补偿。而利率越高，人们就越愿意“延期消费”，增加储蓄，所以储蓄（S）是利率（i）增函数，表达式如下

$$S = S(i), \frac{\mathrm{d}S}{\mathrm{d}i} > 0 \tag{8-1}$$

而贷款的需求主要来自于投资，只有当投资的预期报酬率高于利率时，人们才会贷款，利率越低，相对的预期报酬率就越高，投资（I）的机会就越多，投资需求就越多，因此，投资是利率的减函数，表达式如下

$$I = I(i), \frac{\mathrm{d}I}{\mathrm{d}i} < 0 \tag{8-2}$$

综上，古典经济学家们认为，只要将储蓄和投资结合起来就能决定利率。他们认为，储蓄代表了资本的供给，投资代表了资本的需求，利率是资本的租用价格，因此资本的供求决定了利率水平。将式（8-1）和式（8-2）结合起来，如图 8-1 所示。

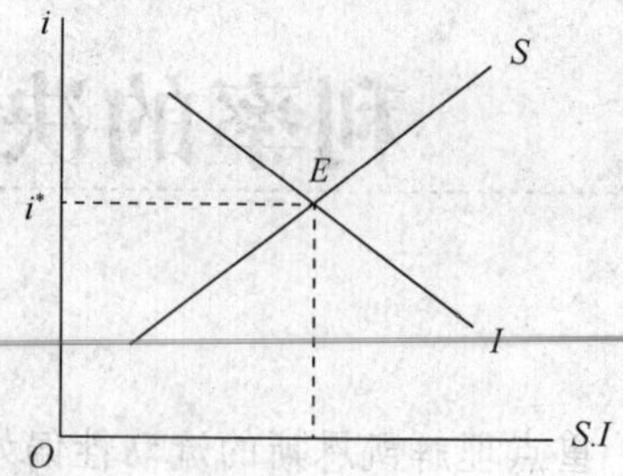

图 8-1　储蓄曲线和投资曲线

图中的 E 点便是储蓄曲线 $S(i)$和投资曲线 $I(i)$的交点，i^* 即为均衡利率。也就是说，按照该理论，当投资大于储蓄时，利率就会上升，使得投资下降，储蓄上升，两者最终回到均衡点，反之亦然。因此，古典利率理论认为经济不会出现长期的供求失衡，它会自动趋于充分就业。

8.1.2　凯恩斯的流动性偏好理论

凯恩斯经济理论对古典利率理论提出了尖锐的批评①，并提出了流动性偏好理论。

约翰·梅纳德·凯恩斯（John Maynard Keynes）开创的流动性偏好理论（Liquidity Preference Framework），其重要的假定是人们储蓄财富的资产只有两类：货币和债券。这点非常重要。他认为，如果储蓄者仅仅持有货币是不能获得任何利息收入的，只有当储蓄者愿意将手中的货币换成债券，从而在一定时间内丧失对这笔资金的灵活控制权，储蓄者才能获得利息收入。因此，利息是丧失周转灵活性，或称流动性的报酬。

凯恩斯认为，既然利息是牺牲流动性的报酬，那么利率就是人们对流动性偏好的衡量。因此，利率是一种价格，是公众愿意以货币形式持有的财富量（即货币需求），恰等于货币存量（即货币供给）的价格。当利率过低时，人们愿意持有更多的货币；而当利率过高时，人们则更倾向于不持有货币。所以在凯恩斯看来，利率纯粹是一种货币现象，其取决于货币的供给和需求。因此，凯恩斯利用货币的供给与需求来说明均衡利率的决定。

基于流动性偏好理论对人们储蓄财富的资产的假定，经济财富的总量就应当等于货币总量与债券总量之和，即等于债券供给量（B^s）和货币供给量（M^s）相加。人们不可能超越他们所能利用的资源购买更多的资产，因此，总需求，即人们愿意持有的债券数量（B^d）和货币数量（M^d），也应当等于货币总量与债券总量之和。具体公式如下

$$B^s + M^s = B^d + M^d \tag{8-3}$$

改写后得到：

$$B^s - B^d = M^d - M^s \tag{8-4}$$

这个改写的等式说明，如果货币市场处于均衡（$M^s = M^d$），则债券市场也处于均衡（$B^s = B^d$）。因此，从货币的供求相等与从债券的供求相等入手来讨论均衡利率是等价的。我们知道，货币供给是由中央银行、商业银行及非银行公众共同决定的，在其他条件不变的情况下，利率越高，货币供给将越大②，因此，货币供给是利率的增函数，即满足如下表达式。

① 其一，凯恩斯认为“延期消费”本身并不能带来利息，除非愿意将手上的货币换成债券；其二，凯恩斯认为，在非充分就业的条件下，投资的增加将引起收入的增加，而储蓄又是和收入正相关的，因此储蓄曲线将向右下方移动，这时候古典利率理论就难以说明新的利率均衡点将在哪一点上，因为要知道均衡利率，就必须知道储蓄曲线的位置，而要知道储蓄曲线的位置，就必须知道收入，而收入又取决于投资，投资又取决于利率，因此推理的结论是，要知道利率是多少，必须先知道利率是多少。这显然是自相矛盾的。

② 利率越高，银行持有超额准备金的机会成本（opportunity cost）就越大。因而银行有动机降低超额存款准备金，而超额存款准备金的下降又会使货币乘数增大，从而使基础货币的扩张能力增大。

$$M^s = M^s(i) \ , \frac{dM^s}{di} > 0 \qquad (8\text{-}5)$$

M^s 代表货币供给。

根据凯恩斯的货币需求函数，有如下表达式成立。

$$M^d = P \cdot L(Y, \ i) \ , \frac{dM^d}{di} < 0 \qquad (8\text{-}6)$$

M^d 代表货币需求，P 代表一般物价水平（用价格指数表示）。

结合式（8-5）和式（8-6），便可以画出图 8-2。如图 8-2 所示，均衡利率即为 M^s 曲线和 M^d 曲线的交点 E 上的利率 i^*。在 E 点上，货币的供给恰好等于人们愿意持有的货币量。

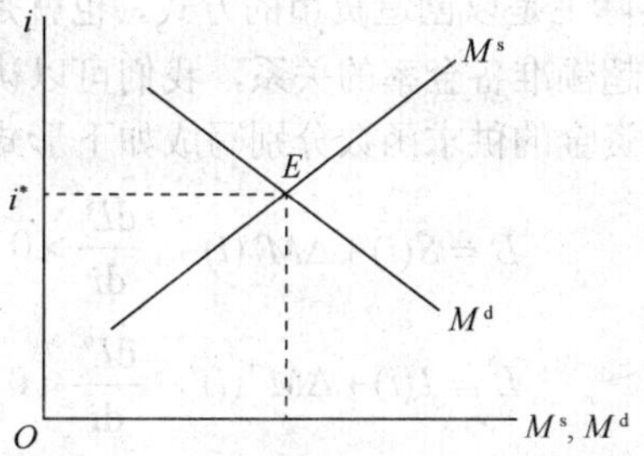

图 8-2 货币供给曲线和货币需求曲线

因为根据凯恩斯的假定，人们只有两种形式持有财富，即货币和债券。当利率高于均衡利率时，人们更倾向于将手中的货币转换成债券[①]，于是，债券开始上升，同时意味着利率开始下降。这一过程将持续到利率下降至均衡利率水平 i^* 为止。反之，当利率低于均衡利率的时候，人们则愿意持有更多的货币以满足流动性需求，因此，人们为了得到更多的货币，就会出售手中的债券。于是，债券的价格开始下跌，利率开始上升，直到利率达到均衡水平 i^*。

8.1.3 可贷资金理论（新古典利率理论）

凯恩斯否定了古典经济学家仅仅从实物角度（储蓄和投资）来考虑利率的决定的传统，但他纯粹将利率视为一种货币现象也完全忽略了储蓄、投资等实际因素对利率的影响。之后，凯恩斯的学生罗伯逊（D・H・Robertson）提出了可贷资金理论（Loanable-Funds Theory of Interest），试图将实际因素及货币因素对利率的影响综合起来考虑。因为可贷资金理论实际上是试图在古典利率理论的框架内，将货币供求的变动额等货币因素的影响考虑进来，以弥补古典利率理论只关注储蓄和投资等实物因素的不足，所以它也被称为新古典利率理论。这一理论受到俄林（B・G・Ohlin）、勒纳（A・P・Lerner）等经济学家的支持，并且成为一种流行的利率决定理论。

可贷资金理论认为，按照凯恩斯的理论，既然利率产生于资金贷放的过程，那就应该从可用于贷放的资金的供求和需求来考察利率的决定。这里要注意的是，可贷资金的需求不等于对货币的需求，这一点是对凯恩斯的理论进行了改进。举个例子，A 企业需要贷款 80 万元来进行投资，这就构成了可贷资金需求（投资需求），同时该企业还需要 20 万元的贷款来保持流动性，最终该企业贷款了 100 万元，但是由于该企业打算以货币形式持有 20 万贷款，所以 A 企业对可贷资金的需求只有 80 万元。

① 我们可以从机会成本的方面来考虑，当利率较高时，持有货币的机会成本也会上升，因为货币是没有收益的，所以将部分货币转换成债券是更加明智的做法。

可贷资金的需求包括以下几方面。

（1）投资 $I(i)$，与利率负相关并构成可贷资金需求的主要部分。

（2）家庭或企业对货币需求量的增加 $\Delta M^s(i)$。显然 $\Delta M^s(i)$ 是利率的减函数，因为利率代表了持有货币的成本，所以利率越高，大家越不愿意持有货币。

可贷资金的供给包括以下几方面。

（1）储蓄 $S(i)$，和利率呈正相关关系，并且是可贷资金的主要来源。

（2）货币供给的增加额 $\Delta M^s(i)$ 构成了可贷资金的另一来源。例如，A 银行的某一老客户急需一笔资金，但是银行此时的各项资金来源并没有增加，为了满足客户的贷款需求，A 银行降低了超额存款准备金率，并将由于富余出来的超额准备金贷放给老客户。由于这笔资金最终会形成银行存款或流通中的现金，所以 A 银行实际上是以创造货币的方式，也就是增加货币供给的方式来满足客户对贷款金的需求。考虑到利率和超额准备金率的关系，我们可以认为 $\Delta M^s(i)$ 是利率的增函数。

综上所述，我们可以将可贷资金的供求函数分别写成如下形式

$$L^s = S(i) + \Delta M^s(i)\text{，}\quad \frac{dL^s}{di} > 0 \tag{8-7}$$

$$L^d = I(i) + \Delta M^d(i)\text{，}\quad \frac{dL^d}{di} < 0 \tag{8-8}$$

其中，L^s 为可贷资金的供给，L^d 为可贷资金的需求。

由可贷资金市场的均衡便可以得到均衡的利率水平，如图 8-3 所示，图中可贷资金供求曲线的交点所对应的利率就是均衡利率：

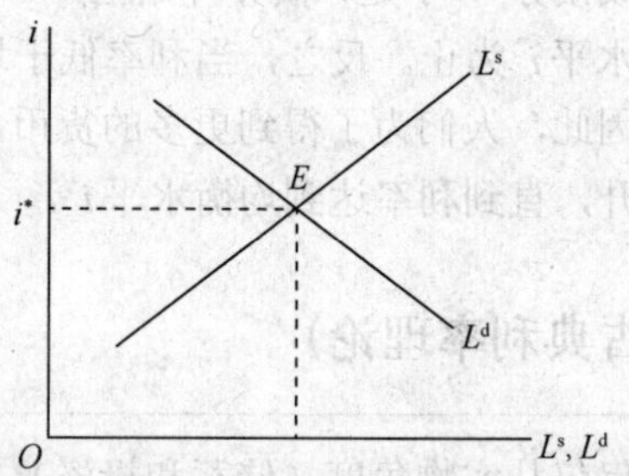

图 8-3　可贷资金的供给曲线和需求曲线

我们可以通过对可贷资金供求曲线的考察来判断均衡利率的变动。

应注意的是，虽然可贷资金理论既考虑了产品市场又考虑了货币市场，但是它和流动性偏好理论一样，它所进行的分析仍然是局部均衡的分析，因为可贷资金市场上的均衡并不能保证产品市场和货币市场同时达到均衡，如图 8-4 所示。

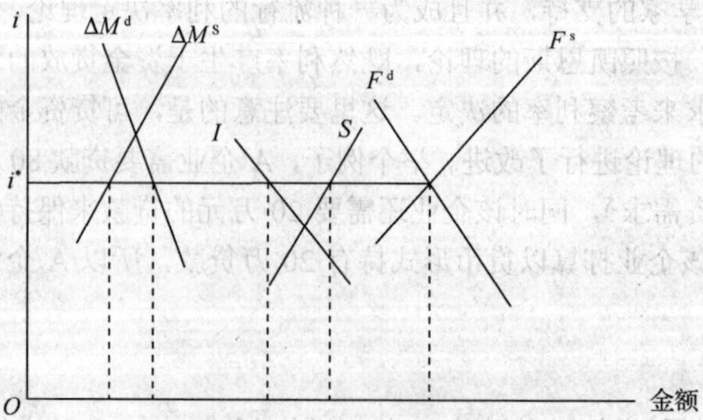

图 8-4　可贷资金理论缺陷

在均衡利率为 i^*的水平下，货币供给和货币需求并没有达到平衡，如图 8-4 所示，存在超额货币需求。而同样，在 i^*均衡利率水平下，投资和储蓄同样不平衡。无论是产品市场还是货币市场都没有处于均衡状态，但是最终的可贷资金市场却是均衡的，也就是说，当产品市场上的超额需求被货币市场上的超额供给所抵消时，可贷资金市场仍是均衡的。只有在 LS-LM 模型中，我们才能得出使产品市场和货币市场同时达到均衡的利率。由于 LS-LM 模型的复杂性，我们将在后面的章节对此专门加以考察。

8.2 均衡利率的变动

通过上面几种利率决定理论的介绍，我们了解到，要讨论均衡利率的变动，可以从以下 3 个方面入手：①货币的供求；②债券的供求；③可贷资金的供求。下面我们将分别从这 3 个方面对利率的变动的影响进行讨论。鉴于货币的供求对利率变动的影响比较复杂，因此特地将它放在最后讨论。

8.2.1 可贷资金的供求对均衡利率的影响

要考虑可贷资金的供求，自然就要从影响可贷资金供求的因素入手。下面列举了几种重要的影响因素，可以根据图 8-3 对这些因素进行分析讨论。

1. 边际消费倾向

边际消费倾向的上升意味着人们更愿意把货币用于消费而不是借贷。这自然就会导致可以作为可贷资金的来源的储蓄（S）包括窖藏（H）①减少，也就是说在每一个利率水平上，可贷资金供给曲线左移，因此均衡利率下降。

2. 国外资本流入

在开放的经济下，会使得国外的资本流入国内。这种资本的流入会导致国内的资本总量上升，自然也会导致可贷资金总量上升，也就是在每一个利率水平上使可贷资金的供给曲线右移，从而导致均衡利率下降。

3. 投资的预期回报率

投资的预期回报率的上升意味着人们更愿意借入资金进行投资活动，因此会使得每一个利率水平上，可贷资金的需求曲线右移，从而导致均衡利率上升。

4. 家庭或企业对货币的需求量

即仅仅作为实际货币持有而非进行投资的货币需求。家庭或者企业出于各种原因，会选择持有一些货币，如企业为了保持一定的周转灵活性，会选择借入部分货币。虽然这部分资金并不用于放贷或者投资，但是这些货币的来源是可贷资金。因此，这种需求便提高了对可贷资金的需求量，从而导致在每一个利率水平上，可贷资金需求曲线右移，进而使得均衡利率上升。

此外，还有新创造的货币、政府的行为等等也会通过影响可贷资金来影响利率，在此不再一一叙述。总之，在讨论可贷资金对利率变动的影响时，关键就是讨论可贷资金供求曲线是如何移动的。我们可以参考式（8-7）和式（8-8），先考虑某种经济现象会如何影响式子中的变量，进而判断对可

① 窖藏（hoarding），即投资者以货币形式持有的资金，例如前面提到的 A 企业就有 20 万元的窖藏。窖藏构成的是可贷资金的需求。与窖藏相对的概念是反窖藏（dishoarding），即将上一期窖藏的资金用于贷放或者购买债券，反窖藏构成了可贷资金的供给。

贷资金供求曲线的移动的影响，最终得到均衡利率的变化。

8.2.2 债券的供求对均衡利率的影响

为了更方便理解为什么债券供求会对均衡利率产生影响，我们可以这样考虑，假设可贷资金供求双方都是通过买卖债券的形式完成借贷，那么一定时期内可贷资金的需求就等于该时期内新增的债券的供给 B^s，可贷资金的供给就等于该时期内新增的债券需求 B^d。由于流量代表着存量的变动，我们可以将流量理论存量理论加以表述，所以，我们可以把 B^s 和 B^d 都看成一定时点上的存量。这样我们就得到了可贷资金利率决定理论的另一种表述形式，即均衡利率取决于债券的供给和需求。如图 8-5（a），E 点就是债券供求平衡点，E 点的利率 i^* 就是均衡利率。如果我们把纵坐标换成债券的价格 P，则得到图 8-5（b）。注意到图 8-5（a）中债券的需求曲线 B^d 是向上倾斜的，而图 8-5（b）中，债券的需求曲线是向下倾斜的，因为债券的需求是利率的增函数，是价格的减函数。接下来，我们就可以联系这两幅图讨论债券的供求对均衡利率的影响。

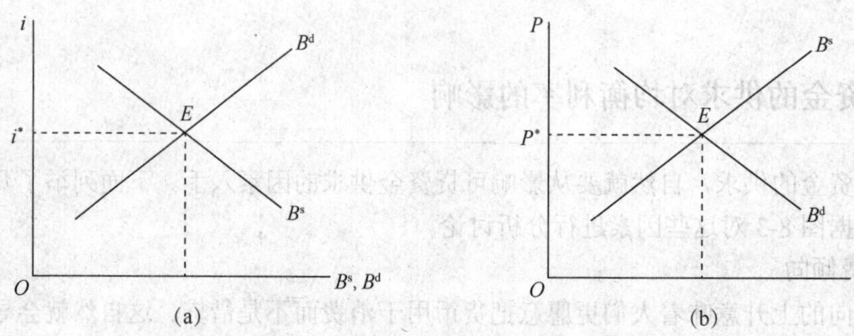

图 8-5 债券的供求对均衡利率的影响

1. 财富

财富的增加对债券供求的影响取决于是哪一部分财富的增加。我们知道，债券也是财富的组成部分，如果是债券资产的增加，那么人们会更愿意出售部分债券资产。这样会使得债券的供给上升，从而在每一个利率水平上使得供给曲线右移，均衡利率上升，参考图 8-5（a）。而如果是债券以外的财富增加，如货币增值，人们则会更愿意将部分增值资产转换成债券。这样会使得债券的需求上升，从而使得在每一个利率水平上，债券的需求曲线左移，导致均衡利率下降。

2. 债券相对其他资产的预期回报率

在其他条件不变的情况下（如风险、流动性），若债券相对于其他资产（如股票）的预期回报率上升，会使人们增加对债券的需求，人们会愿意持有更高回报率的债券，从而使得在每一个利率水平上，债券的需求曲线右移，导致均衡利率上升。反之，若债券相对于其他资产的预期回报率下降，则会导致均衡利率下降。

3. 债券的风险

当债券的风险增大时，例如利率频繁变动，对于稳健的投资者来说，对于持有债券的动力便会不足，人们会更倾向于持有低风险的资产乃至货币。因此，债券的风险增大，会使债券的需求曲线在每一个利率水平上发生左移，导致均衡利率上升。

4. 预期债券的利率

当人们预期未来债券的利率会上升的时候，显然在未来购买债券会得到更多的收益，债券的购买者为了获得更多的收益，就会倾向于减少对当期债券的需求而保留资本在未来购买债券。这将导致当前债券需求曲线的左移。而由于债券的发行者预期在未来出售债券需要支付更高的利率，就会更倾向于在当期出售债券以较低的利率获得资金。这就会导致当前债券的供求曲线右移，参考图8-5（a）。这两种作用都会导致当期的利率上升。同理分析，当人们预期未来债券的利率会下降的话，会使债券的供给曲线和需求曲线同时右移，导致当前的利率下降。

5. 预期的通货膨胀率

众所周知，通货膨胀率的上升，会导致债券的实际利率下降，对于债券的持有者而言这意味着实际收益的下降，而对于债券的发行者而言，这意味着贷款的实际成本下降。所以当预期通货膨胀率上升的时候，企业会更愿意发行债券，使得当前债券的供给曲线右移。同时，对于债券的持有者而言，预期通货膨胀率的上生会使得持有债券的动力下降，因为实际收益减少了，所以会导致当前债券的需求曲线左移。因此在两种作用下，均衡利率会上升。

专栏8.1

费雪效应

费雪效应是指由著名经济学家欧文·费雪提出的一个重要结论：预期通货膨胀率的上升会引起利率的上升。

举个例子，假设我们购买了一张价格为100元，票面利率为5%的一年期债券，一年后，我们的本息收入一共好似105（不算税收），那么这能否说明我们比以前更加富裕了？显然不能简单地下结论。假如第二年的通货膨胀率是3%，原本100元的货物现在要103元，最后的结果是我们确实比以前更富有了，但是没有想象中富有，只富有了2%，而不是5%。而如果通货膨胀率一年后达到了8%，原本100元的货物一年后要108元，我们最后的本息和105元就会买不起现在只要100元的货物，换句话说我们变得贫穷了。因此，人们在购买债券的时候，应该把预期的通货膨胀率算进去考虑利率，因为实际利率比名义利率（票面利率）更加重要。因此当公众预期通货膨胀率 P^e 上升时，就会要求更高的名义利率i以尽量保证自己的实际利率不受影响。

综上，费雪效应可以用下面的等式来说明。

$$i = r + P^e \tag{8-9}$$

其中，i代表名义利率，r代表实际利率，P^e代表预期通货膨胀率。

债券的供求对均衡利率的影响可以推广到其他资产的供求对利率的影响，其分析方法和可贷资金理论类似，也是通过对供求曲线的讨论来研究利率的变动。

8.2.3 货币供求对均衡利率的变动

货币的供求对均衡利率的影响相对于可贷资金和债券来说，更为复杂。从流动性效应上看，货币的供给增加会引起货币供给曲线和可贷资金的供给曲线右移，会引起物价上升，而无论哪种结果都会导致利率下降。因此，看上去货币供给的增加一定会导致利率的下降，但是事实并非如此（见专栏 8.2:“吉布逊谜团”）。流动性效应有一个极其重要的前提假设，就是货币供给的增加不会引起其他条件的改变。而事实上，货币供给的增加会对经济产生广泛影响，很难让其他条件不发生变化，因此对于货币供求对均衡利率的影响需要进一步讨论。

专栏8.2

吉布逊谜团

吉布逊谜团（Gibson Paradox）指的是由英国经济学家吉布逊发现的名义利率与物价水平呈同向变化的现象。根据传统的利率决定理论，货币供给和利率应该呈反向运动，即货币供给的增加会降低利率。但是吉布逊通过统计发现事实并非如此，他收集了1791年—1928年长达137年的历史资料，发现名义利率与物价水平存在正相关的变动。后来凯恩斯将该现象称之为吉布逊谜团。

吉布逊谜团的出现无疑证明了货币供给的增加对利率的影响显然不仅仅只有单纯的流动性效应在发挥作用，当时存在的理论不能解释现象。这就推动了经济学家们继续探究货币供给与均衡利率变动之间的联系。最后认为，除了流动性效应以外，同时还有收入效应、价格效应和通货膨胀预期效应都在对利率的变动发生作用。

1. 收入效应

指利率随着国民收入水平上升而上升。由于货币供给的增加会对经济产生扩张性的影响，人们的收入将会增加。基于我们前面的结论，在货币供给不变的情况下，国民收入的增加会导致货币的交易性需求增加，进而导致利率上升。

2. 价格效应

指利率随价格水平的上升而上升。当货币供给的增加导致物价水平上升的时候，根据流动性偏好理论，价格水平的上升意味着人们对名义货币量需求的提升，因此，价格水平的上升也会导致利率上升。

3. 通货膨胀预期效应

指利率随预期通货膨胀率上升而上升。货币的供给会增加人们对未来物价水平的预期，例如，当央行实行扩张性货币政策的时候，人们往往会预期未来物价水平上涨，也就是会提高预期通货膨胀率。而根据前面的分析，我们知道，预期通货膨胀率的增加，会引起利率的上升。

综上，除去流动效应（在其他条件不变的情况下，货币供给的增加会降低利率）外，货币供给增加产生的收入效应、价格效应和通货膨胀预期效应，都会使利率的水平上升。因此，货币供给的增加会导致利率如何变化，取决于上述的几种效应发挥作用的时间先后以及强度大小。

从时间上来看，一般而言，在货币供给增加后，流动性效应会最先发挥作用，即货币供给的增加会立刻导致均衡利率的降低。而由于货币供给的增加后，需要过一段时间才能提高物价水平和收入进而对利率产生影响（公司不可能在央行增发货币后马上给你涨工资），所以收入效应和价格效应发挥作用存在时滞性，将在流动性效应发挥作用后一定时间才发挥作用。而预期通货膨胀率发挥作用的时间则取决于国民对预期通货膨胀率的调整速度。图 8-6 则列示了 3 种在 T 时刻货币供给增加后，随着时间的推移，各种效应发挥作用后，利率变化的可能性轨迹。

图 8-6（a）所示的情况是，增加货币供给后，流动性效应迅速发挥作用，利率降到最低点，然后收入效应、价格效应、预期通货膨胀率开始发挥作用，令利率上升。由于流动性效应发挥的作用最大，因此，最终的均衡利率回到i_2点，低于最初的均衡利率i_1。

图 8-6（b）所示的情况是，增加货币供给后，流动性效应迅速发挥作用，随后收入效应、价格效应和预期通货膨胀率开始发挥作用，推动利率上升。由于这 3 种效应的作用总和超过了流动性效应，因此均衡利率最终上升到i_2。高于最初的均衡利率i_1。

图 8-6（c）所示的情况比较特别，人们从一开始就随着货币供给的增长迅速提高了对通货膨胀

率的预期，例如，央行宣布要增加货币供给，人们立刻就提升了对通货膨胀率的预期，因此通货膨胀预期效应和流动效应几乎同时发挥作用，并且预期通货膨胀效应的作用超过了流动性效应（公众对通货膨胀率的预期也可能会低于实际通货膨胀率或者等于通货膨胀率，这将在后面的章节进一步讨论），因此，从一开始，利率就在上升，而随后的收入效应和价格效应进一步推动均衡利率上升，最后结果均衡利率 i_2 超过了初始均衡利率水平 i_1。

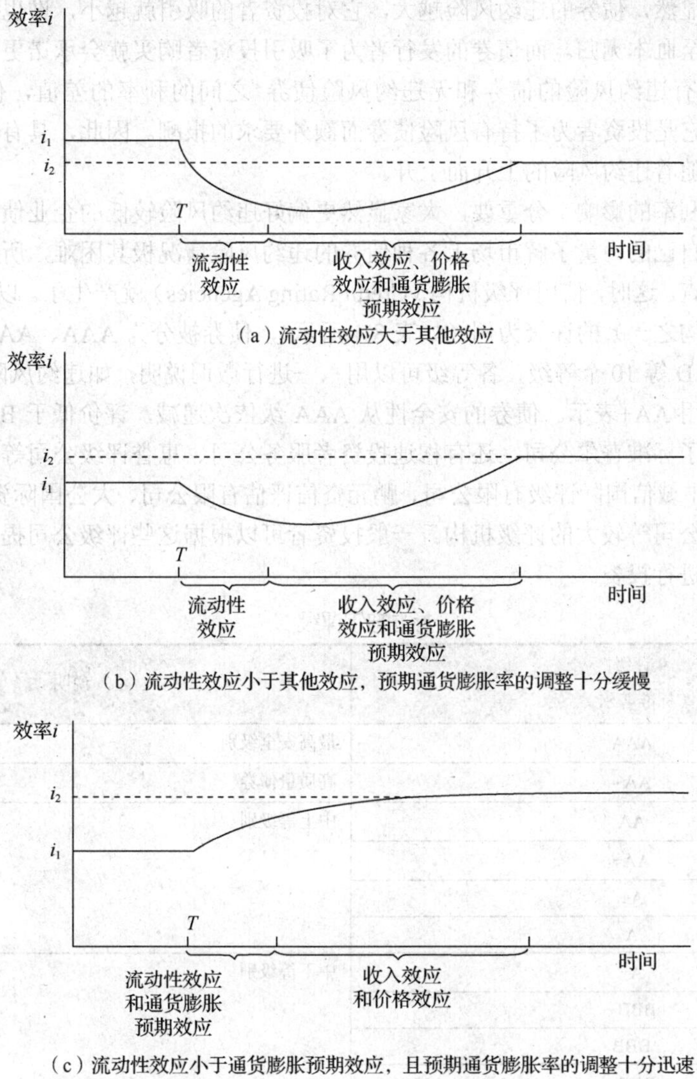

图 8-6　货币供给增加后利率变化的可能性轨迹

8.3 利率的风险结构

在前面的学习中一直讨论的都是一种利率的决定，而我们知道，市场中的利率有千千万万种，各种种类不同、期限不同的债券往往都具有不同的利率。下面我们将讨论各种债券利率之间的关系，也就是利率的结构，包括利率的风险结构和期限结构。

在现实中，不同的发行人发行的具有相同期限的债券由于其价格和票面利率的区别，最终计算出的收益率也会有区别。这种期限相同的债券利率之间的关系，被称为利率的风险结构，其主要决定因素是违约风险、流动性风险和税收。

1. 违约风险

债券的违约风险是指发行人无法或者不愿意履行发行债券应履行的义务，如按期支付利息或者到期时偿付本息。显然，债券的违约风险越大，它对投资者的吸引就越小，谁也不希望资金的投资达不到预期水平乃至血本无归。而债券的发行者为了吸引投资者购买就会承诺更高的利率。因此，在到期期限相同的有违约风险的债券和无违约风险债券①之间的利率的差值，便被称为风险溢价（Risk Premium）。它是投资者为了持有风险债券而额外要求的报酬。因此，具有违约风险的债券的风险溢价总为正且随着违约风险的上升而上升。

违约风险对于利率的影响十分重要，大家显然更偏好违约风险较低的企业债券，但对于一般投资者而言，想要靠自己的力量了解市场上各种债券的违约风险情况极其困难，所以需要有专门的机构进行这方面的调查。这时，信用评级机构（Credit Rating Agencies）就产生了。以标准普尔公司（国际三大信用评级机构之一）的评级为例（如表 8-1 所示），债券被分为 AAA、AA、A、BBB、BB、B、CCC、CC、C、D 等 10 个等级，各等级可以用+、-进行微调说明，如违约风险介于 AAA 和 AA 之间的企业债券便用 AA+表示。债券的安全性从 AAA 级依次递减，评价低于 BB 级的债券具有较高的违约风险。除了标准普尔公司，还有穆迪投资者服务公司、惠誉评级公司等较为可信的评级机构。我国国内也有中诚信国际评级有限公司、鹏元资信评估有限公司、大公国际资信评估有限公司、联合资信评估有限公司等较大的评级机构。一般投资者可以根据这些评级公司提供的评级结果去选购适合自己的债券进行投资。

表 8-1 标准普尔评级

评级 （标准普尔）	说明
AAA	最高安全级别
AA+	高质量债券
AA	中上等级别
AA−	
A+	
A	
A−	中下等级别
BBB+	
BBB	
BBB−	
BB+	
BB	非投资级别
BB−	
B+	
B	
B−	
CCC+	高度投机级别

① 通常我们认为中央政府发行的国债是无违约风险债券（default-free bonds），因为中央政府有税收保证它的偿还能力。

续表

评级（标准普尔）	说明
CCC	
CCC-	
D	风险很大，声望很差 极度投机 极度可能违约

2. 流动性风险

流动性指的是资产以合理价格变现的能力。因为人们往往更偏好于流动性高的资产，所以，流动性越高的资产，其变现能力就越强，在市场上也就越受欢迎，即需求就越大，价格也就越高。因此，在其他条件不变的情况下，流动性越高的债券，其利率会越低。

类似于违约风险的分析，参考图 8-5（b），债券价格和利率是呈负相关关系的，企业债券的流动性相对于国债来说较差，因此它的相对需求量会下降，其需求曲线会左移，导致价格下跌，利率上升。而流动性较好的国债（或者其他债券，这里用国债是为了方便说明，因为国债是公认的流动性强的债券）则相反，相对需求量会上升，其需求曲线右移，价格上升，利率下降。这样一来，流动性较差的企业债券与流动性较好的国债之间便产生了利差。结合违约风险的分析，企业债券与国债之间的利差（风险溢价）既包括了企业债券的违约风险，还反映了企业债券的流动性，所以风险溢价更精确的称呼是“风险与流动性溢价”，但通常仍习惯称为“风险溢价”。

3. 税收因素

除了上述两种因素，税收因素也是造成相同期限的债券利率差异的重要因素。举个例子，A 公司发行了面值为 100 元、售价为 100 元的一年期债券，票面利率为 10%，个人所得税为 30%（为方便说明，不考虑累进税率）。这样一来，你所得到的利息收入为 10 元，税（3 元）后利息收入为 7 元。这样，你的实际税后收益率只有 7%（不考虑通货膨胀）。而如果你购买了市政府发行的面值为 100 元、售价为 100 元的一年期债券（市政府发行的债券通常有税收优惠），其票面利率为 8%，免税。对于这种债券，你的税后利息收益就是 8 元，实际税后收益率就是 8%。显然，如果两种债券的违约风险和流动性风险相同的情况下，精明的投资者更愿意持有市政府发行的债券，因为我们更关心的是税后的实际收益。

8.4 利率的期限结构

我们在上一节介绍了利率的风险结构，了解了期限相同的债券之间利率的差异是如何造成的，接下来，我们将介绍风险结构相同的债券，当它们期限不同的时候，利率之间的差异又该如何解释。

在学习之前，我们首先要了解一个概念——收益率曲线（Yield Curve）。

收益率曲线指的是将风险结构相同但是期限不同的债券的收益率连起来后形成的曲线，其描述了某种特定债券的期限结构。一般来说，有 3 种可能的收益率曲线，如图 8-7 所示。

图 8-7（a）反映的是各种期限的债券利率相同，图 8-7（b）反映的是期限越长的债券利率越高，图 8-7（c）反映的是期限越长的债券利率越低。当然除此之外，收益率曲线也有可能出现更复杂的情况，如先向上倾斜，再向下倾斜，但是具体分析离不开这 3 种基本类型。

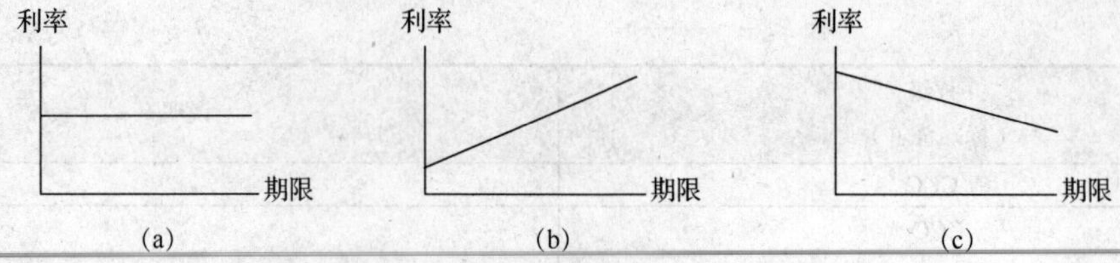

图 8-7　收益率曲线

期限结构理论除了要解释收益率曲线的形状以外，还要解释以下 3 个重要的经验事实。

事实一：随着时间的推移，不同到期期限的债券的利率随具有同向运动的趋势。

事实二：若短期利率较低，收益率曲线很可能向上倾斜；若短期利率较高，则收益率曲线很可能向下倾斜。

事实三：收益率曲线几乎总是向上倾斜的。

目前，主要有 3 种理论解释利率的期限结构，分别是预期理论、分割市场理论与流动性溢价理论。下面将分别介绍。

8.4.1　预期理论

预期理论（Expectation Theory）的假定是：债券的购买者对于不同期限的债券没有任何特殊偏好。在这个假定下，预期理论认为：长期债券的利率等于在其有效期内人们所预期的短期利率的平均值。举个例子，如果人们预测未来 10 年，短期债券利率的平均值是 10%，则按照预期理论的预测，10 年期债券的利率也是 10%。为了更清晰理解预期理论，考虑以下两种投资策略。

（1）购买一张两年期的债券，并持有至到期日，假设年利率为 i_{2t}，每年按复利计息一次。

（2）今年购买一张 1 年期的债券，年利率为 i_{1t}，到期后，利用本息再买一张 1 年期的债券，预期的年利率为 i_{1t}^e。

我们可以计算出第一种方案的预期收益率为 $(1+i_{2t})^2-1$，第二种方案的预期收益率为 $(1+i_{1t})(1+i_{1t}^e)-1$。根据预期理论的假定，购买者对于不同期限的债券没有偏好，因此当市场均衡时，两种方案的收益率应该一致，即有如下等式成立

$$(1+i_{2t})^2-1=(1+i_{1t})(1+i_{1t}^{\mathrm{e}})-1 \tag{8-10}$$

因为，i_{2t}^2 和 $i_{1t}\times i_{1t}^e$ 的值很小，可以忽略不计，将式（8-10）化简后得如下等式

$$i_{2t}=\frac{i_{1t}+i_{1t}^{\mathrm{e}}}{2} \tag{8-11}$$

从式（8-11）中可以看出 i_{2t} 等于当期短期利率 i_{1t} 和一年后预期的短期利率 i_{1t}^{e} 的平均数。这就是预期理论所说的长期债券的利率等于在其有效期内人们所预期的短期债券的利率的均值。推广到 N 年期的债券利率 i_{nt}，计算公式如下

$$i_{nt}=\frac{i_t+i_{t+1}^{\mathrm{e}}+i_{t+2}^{\mathrm{e}}+\ldots+i_{t+n-1}^{\mathrm{e}}}{n} \tag{8-12}$$

从式（8-12）中不难看出，若 $i_{1t}<i_{1t}^{\mathrm{e}}$，则 $i_{2t}>i_{1t}$，即若人们预期未来的短期利率将上升，则长期利率要高于当前的短期利率。同理，若人们预期未来的短期利率将下降，则长期利率要低于当前的短期利率。这样一来，预期理论就解释了我们前面提到了第一和第二个经验事实。但是，预期理论无法解释第三个经验事实，因为按照预期理论，如果收益率曲线总是向上倾斜，意味着人们总是预期未来的短期利率要高于现在。这显然是不符合事实的。因此，针对事实三，经济学家们又提出了分割市场理论。

8.4.2 分割市场理论

分割市场理论（Segmented Market Theory）将不同到期期限的债券市场看做完全独立的。它的假定是：不同到期期限的债券无法替代，即某一到期期限的债券的回报率不会影响到其他到期期限的债券的需求。它与预期理论的假定正好相反，人们对于不同到期期限的债券具有强烈的偏好，只关心自己偏好的期限的债券的利率。因此，分割市场理论恰好能够解释事实三，而不能解释事实一和事实二。

因为在通常情况下，人们更愿意持有到期期限较短的债券，所以，长期债券的需求较少，价格就会较低，利率就会较高。因此，通常的收益率是向上倾斜的。但是这样一来，事实一和事实二就无法用分割市场理论解释了。因为，既然不同期限的债券市场是完全独立的，该理论就无法解释短期利率对长期利率的影响，自然也就无法解释将短期债券和长期债券的利率联系起来的事实一和事实二了。

可以看出，预期理论和分割市场理论都不能解释全部 3 个经验事实。因此，在两者的基础上，经济学家提出了能够解释 3 个事实的流动性溢价理论（期限优先理论）。

8.4.3 期限优先理论

期限优先理论（Preference Habitat Theory）的假定是：投资者对某一种到期期限的债券有特别的偏好（期限优先），因此，只有当其他期限的债券的预期回报率足够高的时候，他们才愿意购买其他期限的债券。而其他期限债券为了吸引投资者而额外支付的利率就被称为期限溢价。因此，期限溢价总是为正的，且随着期限的延长而上升。将期限溢价添加到长期利率与短期利率联系的等式中，就得到了公式如下

$$i_{nt}=\frac{i_t+i_{t+1}^{e}+i_{t+2}^{e}+\ldots+i_{t+n-1}^{e}}{n}+\Delta i_{nt} \tag{8-13}$$

Δi_{nt} 即为 N 年期债券的期限溢价，也称流动性溢价[①]。图 8-8 反映的是期限优先理论和预期理论之间的联系。为方便观察我们假定预期理论的收益率曲线为平坦的，并不影响分析。可以看出，期限优先理论就是通过加上了一个期限溢价来对预期理论进行了修正，进而得到更加完善的理论。

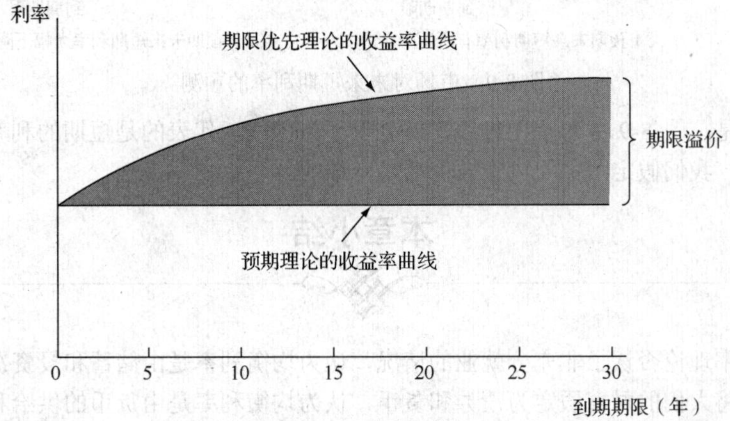

图 8-8　预期优先理论

这样一来，3 个经验事实都能够被期限优先理论解释了。

① 因为人们往往更偏好于流动性较强的短期债券，因此长期债券需要补偿的利率也可以理解为对债券购买者流动性损失的补偿，也可以称为流动性溢价。根据流动性溢价推导出来的结论和期限优先理论的结论是一样的，都需要在预期短期债券均值后加上溢价。

解释事实一：因为短期利率的上升意味着预期短期利率的均值会上升，也就是式子右边的第一项会增加，因此长期利率将随着短期利率的上升而上升。

解释事实二：当短期利率较低时，投资者通常会预期未来的短期利率会上升，因此未来短期利率的均值将高于当前的短期利率，再加上正的期限溢价，长期利率会大大高于当前的短期利率，收益率曲线就会向上倾斜；而当短期利率较高时，投资者则通常会预期未来的短期利率会下跌，这样一来，若未来短期利率的均衡远远低于当前短期利率，即使存在正的期限溢价，长期利率仍然有可能低于短期利率，收益率曲线便会向下倾斜。

解释事实三：因为投资者更偏好短期债券，且期限溢价是随着期限的延长而增加，因此即使预期的未来短期利率不变，在正的期限溢价的作用下，长期利率仍然高于短期利率，所以事实三所说的收益率曲线通常向上倾斜便可以被解释了。

所以根据期限优先理论，我们通过观察收益率曲线便可以得到市场对未来短期利率的预测，结果如图 8-9 所示。

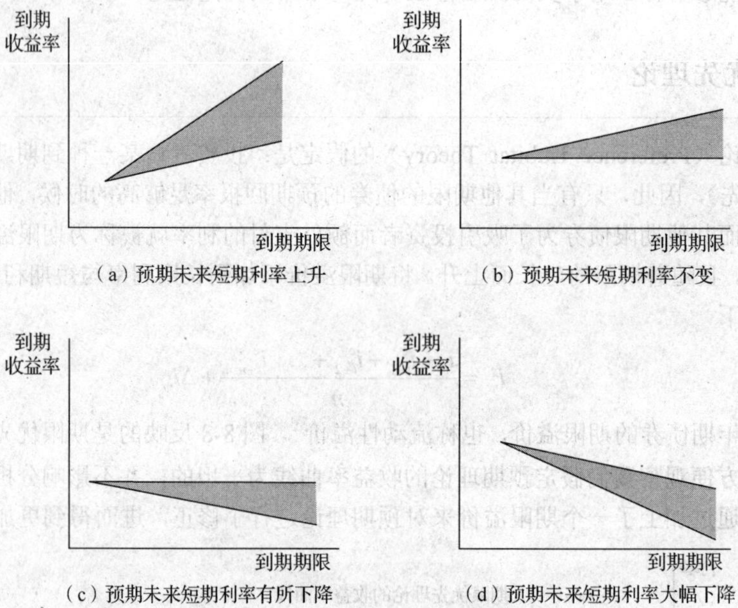

图 8-9　市场对未来短期利率的预测

需要注意的是，图 8-9 中每幅图细线，即处于下方的线，代表的是短期的利率，阴影部分表示的则是期限溢价，我们假定图中的风险溢价都是一致的。

本章小结

（1）古典利率理论否认了非充分就业的情况，认为均衡利率是由储蓄和投资决定的；凯恩斯的流动性偏好理论将人们的财富假定为债券和货币，认为均衡利率是由货币的供给和需求决定的；可贷资金理论综合了前两种理论，认为均衡利率是由可贷资金的供求决定的，并且可贷资金市场的均衡并不意味着货币市场和实物市场的均衡。

（2）影响均衡利率的因素有很多，包括储蓄、投资、收入、价格水平在内的许多因素。

（3）货币的供给对利率的影响比较复杂，其中虽然流动性效应会推动利率下降，但是收入效应、价格效应和通货膨胀预期效应都会推动利率上升，在分析货币供给对利率影响的时候，需要将这些效应都要考虑进去。

（4）利率的风险结构是指到期期限相同的债券之间的利率的关系，主要取决于违约风险、流动性风险和税收。

（5）利率的期限结构是指到期期限不同而其它特征相同的债券之间的利率的关系。解释期限结构的理论主要有预期理论、市场分割理论和期限优先理论。

关键概念

古典利率理论；凯恩斯流动性理论；可贷资金理论；流动性效应收入效应；价格效应；通货膨胀预期效应；风险溢价收益率曲线；预期理论；分割市场理论；期限优先理论期限溢价

复习思考题

（1）凯恩斯是如何批评古典利率理论的？

（2）试列举更多的影响可贷资金供求的因素，并加以说明。

（3）假设在货币供给增加的同时，人们就预期了通货膨胀率的增加，即通货膨胀预期效应和流动性效应同时发挥作用，请参照图 8-6，画出下面 3 种情况下，利率的走势图。

① 人们对通货膨胀率的预期小于货币供给实际引起的通货膨胀率。

② 人们对通货膨胀率的预期等于货币供给实际引起的通货膨胀率。

③ 人们对通货膨胀率的预期大于货币供给实际引起的通货膨胀率。

（4）假如市面上只有 A 企业债券和国债，当 A 企业债券的违约风险上升时，这两种债券的价格和利率会如何变动？原因是什么？

（5）期限优先理论能够解释全部 3 个经验事实，而预期理论和分割市场理论则都不能完全解释 3 个事实，为什么我们在学习的过程中还要去学习预期理论和分割市场理论？

（6）图 8-10 所示的是 2013 年 6 月 5 日时我国国债的收益率曲线，尝试利用前面所学的知识分析一下市场对未来利率的预期，并查找真实数据看是否符合自己的分析，若不符合，尝试解释原因（债券收益信息可以从中国债券信息网查找到）。

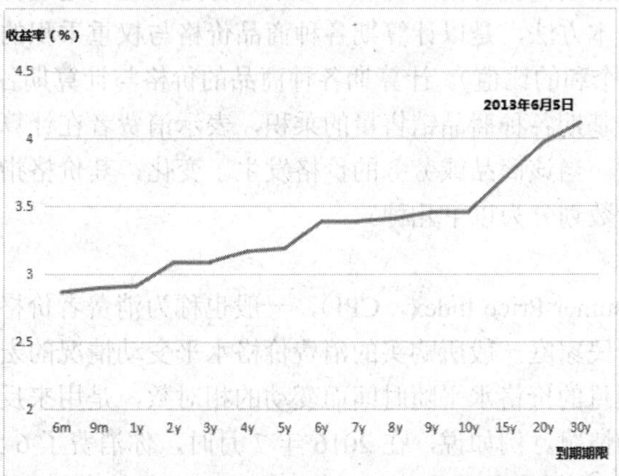

图 8-10　2013 年国债收益率曲线

第9章 物价水平

【学习目标】

(1) 理解什么是物价指数及常见的物价指数。

(2) 理解什么是通货膨胀与通货紧缩。

(3) 了解物价剧烈波动对经济的影响。

(4) 理解通货膨胀与失业率之间的关系。

(5) 了解造成物价波动的原因有哪些。

(6) 理解政府稳定物价水平的措施有哪些。

物价稳定一直以来是各国追求的重要宏观经济目标。这是因为物价剧烈波动对人们生活、国家经济的稳定等将带来重大负面影响。一方面，当物价上涨过快的时候，居民将发现生活用品将越来越贵，日常开支逐渐增加，而企业也将面对原材料价格逐步提高的困惑和频繁调整产品卖出价格的麻烦；另一方面，当物价下降的时候，虽然居民短期内将因减少生活开支而高兴，但是长期来讲，物价下降将造成企业收入降低、利润下降、流动性不足等问题，进而导致居民得到的工资越来越低，甚至企业倒闭、居民失业等问题。因此，物价稳定对于一般居民、企业生存、整个国家的稳定都至关重要。

9.1 物价总水平及其衡量

9.1.1 物价指数

人们通常采用物价指数来度量一般物价总水平。物价指数亦称商品价格指数，是反映各个时期商品价格水准变动情况的指数。物价指数是一个与某一特定日期一定组合的商品或劳务有关的价格计量。物价指数计算的基本方法，是以计算期各种商品价格与权重乘积的和，除以基期各种商品价格与权重乘积的和（即两个和的比值）。计算期各种商品的价格与计算期各种商品的权重的乘积，减去基期各种商品的价格与基期各种商品销售量的乘积，表示消费者在计算期购买商品时，由于物价变动而节省或多付的金额。当该商品或劳务的价格发生了变化，其价格指数也随之变化。根据统计对象的不同，可将物价指数划分为以下几种。

1. 消费价格指数

消费价格指数（Consumer Price Index，CPI），一般也称为消费者价格指数、居民价格指数。消费价格指数是一个反映居民家庭一般所购买的消费价格水平变动情况的宏观经济指标，是度量一组代表性消费商品及服务项目的价格水平随时间而变动的相对数，是用来反映居民家庭购买消费商品及服务的价格水平的变动情况。例如说，在 2016 年 7 月时，你消费了 6 元/千克的大米 5 千克、价值 198 元的 T 恤一件、60 元/千克的猪肉 2.5 千克和 2 000 元/月的房租，总开支为 2 378 元。然而，在 2015 年 7 月时，你消费同样数量的消费品时花了 2 200 元。那么 2016 年 7 月相对于 2015 年 7 月物价指数为：$\frac{2\,378}{2\,200}\times 100=108.09$，即物价上涨率为 8.09%。

专栏9.1

中国消费价格指数的计算

全国居民消费价格指数（CPI）涵盖全国城乡居民生活消费的食品、烟酒和用品、衣着、家庭设备用品和维修服务、医疗保健和个人用品、交通和通信、娱乐教育文化用品和服务、居住8大类、262个基本分类的商品与服务价格。数据来源于全国31个省（区、市）500个市县、6.3万家价格调查点，包括食杂店、百货店、超市、便利店、专业市场、专卖店、购物中心以及农贸市场与服务消费单位等。

各省（区、市）调查总队要在当地抽选调查市县和价格调查点。目前，我国调查地区样本总数共有550多个市县，采价点样本近3万个，近4 000名受过专业培训的价格采集员从事价格收集工作。

第一步，调查市县自主选定价格调查点。这些市县要确定价格调查的商店、农贸市场和服务网点（统计术语称之为调查点），调查点的确定方法如下：首先，将所有调查网点分别以零售额和经营规模为标志，从高到低排队；然后，依据所需调查点数量进行等距抽样，并结合大小兼顾及分布合理的原则抽选。

第二步，价格采集。各省（区、市）都有固定的价格调查人员和临时调查员按统一规定进行价格收集工作。调查点确定以后，各市、县价格调查人员就要按照规定时间对选定的商店、市场和服务网点的商品或服务价格，采用“三定”原则进行收集调查登记，“三定”原则即定点、定时、定人直接采价。定点，就是到已选定的调查点，即固定的调查商店和农贸市场，以保障价格资料来源的稳定性和可比性。定时，即在固定的日子和时间来采价。这是保证基期价格和报告期价格在时间上具有可比性，因为采集价格的时间不同，商品的价格也存在差异。这一点鲜活商品上体现得最为明显，例如鲜菜，通常是上午刚上市时价格高一些，晚上收市时价格则低一些。因此，在进行价格调查时，不但每个月的调查次数和日期应保持一致，每次调查的时间也应相对固定。定人，就是在一定时期内由固定调查人员去调查。这是为了避免因调查人员的频繁变动而引起的人为价格调查误差，保持价格资料的稳定性、连续性和可比性。同时，各地也常常利用价格采集点的计算机管理系统作为辅助性调查工具。

实际采价时还有以下一些原则：同一规格品的价格必须同质可比，即产品性质基本相同可以进行比较；如果商品的挂牌价格与实际成交价格不一致，应调查采集实际成交价格；对于与居民生活密切相关、价格变动比较频繁的商品（如鲜菜、鲜果等鲜活食品），至少每5天调查一次价格；一般性商品每月调查采集2～3次价格。经过审核后由调查总队在规定的时间内将数据上报到国家统计局。

第三步，数据上报。调查市县每月将调查的价格资料通过网络上报给省（区、市）调查总队，经过审核后由调查总队在规定的时间内将数据上报到国家统计局。

第四步，计算CPI。统计局根据各地上报的数据，按照以下方式计算CPI。

$$\text{CPI}=\frac{\text{一组固定商品按当期价格计算的价值}}{\text{一组固定商品按基期价格计算的价值}}\times 100\%$$

居民消费价格统计调查的是社会产品和服务项目的最终价格，一方面同人民群众的生活密切相关，同时在整个国民经济价格体系中也具有重要的地位。它是进行经济分析和决策、价格总水平监测和调控及国民经济核算的重要指标。

2. 生产者价格指数

生产者价格指数（Producer Price Index，PPI）是衡量工业企业产品出厂价格变动趋势和变动程度的指数。生产者价格指数（PPI）与消费者价格指数（CPI）不同，是主要的目的是衡量企业购买的一篮子物品和劳务的总费用。由于企业最终要把它们的费用以更高的消费价格的形式转移给消费者，所以，通常认为生产物价指数的变动对预测消费物价指数的变动是有用的。

3. 国民生产总值平减指数

国民生产总值平减指数（Gross National Product Deflator，GNP Deflator）是按当年价格计算的国民生产总值与按不变价格计算的国民生产总值的比率。它的计算基础比 CPI 和 PPI 更广泛，涉及全部商品和服务，包括消费、生产资料和资本、进出口商品和劳务等。因此，国民生产总值平减指数可以反映全部生产资料、消费品和劳务费用的价格的变动，能够更加准确地反映一般物价水平走向，是对价格水平最宏观测量。

9.1.2 通货膨胀与通货紧缩

根据一般物价水平变动方向的不同，可以分为通货膨胀与通货紧缩。通货膨胀指一般物价水平的持续较强上涨的过程。根据这一定义，通货膨胀包含了 3 层内涵。第一，通货膨胀是一般物价水平的上涨，而不是仅仅个别商品或服务价格的上涨；是多数商品或服务价格上涨，而不是全部商品或服务都上涨，不排除少数商品或服务价格下降。第二，通货膨胀指物价持续上涨。不能将物价季节性、短暂性上涨归结为通货膨胀。例如，每逢节假日时，物价一般将上涨，而这种形式的物价上涨不能称为通货膨胀。第三，物价上涨必须超过一定幅度。如果物价总体上涨幅度只是略高于 0%，那么不应该称之为通货膨胀。至于高于多少才能称之为通货膨胀，世界上并没有统一、明确的数值。

通货紧缩指一般物价水平的持续下降过程。通货紧缩是与通货膨胀相对的一个概念。当市场上流通货币减少，人民的货币所得减少，购买力下降，影响物价至下跌，造成通货紧缩。长期的货币紧缩会抑制投资与生产，导致失业率升高及经济衰退。对于通货紧缩概念的理解，仍然存在争议。但经济学者普遍认为，当消费者价格指数（CPI）连跌 3 个月，即表示已出现通货紧缩。通货紧缩就是产能过剩或需求不足导致物价、工资、利率、粮食、能源等各类价格持续下跌。这种状态的出现，极易造成经济衰退和萧条。由于通货紧缩有时与经济衰退相伴随，甚至有些经济学家在定义通货紧缩时包括了经济衰退，通货紧缩带来的破坏力与影响更加大。因此，人民对通货紧缩更为不包容，偏向对通货紧缩的定义时不需要包括下降超过一定幅度，只需一般物价持续降低到 0%以下，即称之为通货紧缩。

9.2 物价水平波动的经济影响

虽然人们偏向于物价水平较为稳定，但是事实上物价一般都处于变动的状态，甚至出现剧烈波动，如图 9-1 所示。由于现代社会中人们的生活都伴随着买卖，且国家的运行都离不开货币，所以物价波动的影响是方方面面的。我们将物价水平波动的经济影响概括为以下几个方面。

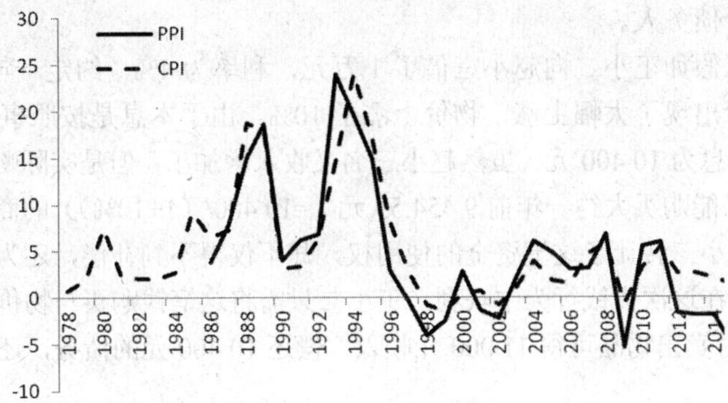

图 9-1　中国 CPI 与 PPI（单位：%）

9.2.1　收入再分配效应

由于社会各阶层收入来源极不相同，人们的收入并非与物价同步变动，所以，在物价总水平变动时，有些人的实际收入水平会下降，有些人的实际收入水平却反而会提高。这种物价变动造成的收入再分配，就是通货膨胀的收入分配效应。收入再分配主要体现为两种情形：利润收入者与工资收入者的收入再分配；国家与公众的收入再分配。

当经济处于通货膨胀时期，物价普遍上涨，但是由于现实中工资并不会紧跟物价变动，存在一定的黏性或滞后，那么拿着固定工资的人面对逐步上涨的物价，原有的工资能够购买的东西将越来越少。例如，如果你每个月拿着 5 000 元的固定工资和物价每年上涨率为 10%，那么一年后你每个月 5 000 元的工资只能购买去年同期 4 545.45 元（=5 000/（1+10%））的东西。但是物价上涨直接造成了企业的收入上涨，而支付给工人的是固定工资，人工成本没有变化，企业的利润将随之提高，进而拿着企业利润收入的人将收入上涨。相反，当通货紧缩时期，那么工资收入者的实际收入将上升而利润收入者的实际收入将下降。

另一方面，物价变动还将带来“国”与“民”之间的收入再分配。这是因为国家会对工资超过一定幅度的人进行征税，并且采取的是所得税累进制，即随着工资的逐步增加，税收占工资的比重将逐步上升。在通货膨胀时期，人们的工资将随之上升。虽然拿着固定工资收入的人的工资暂时不会变化，但是经济中极少出现工资始终不变的工作。当物价持续上涨时，人们的工资绝大多数将上涨。但是国家采取的是所得税累进制，人们的工资将进入更高的所得税级别，缴纳的税占收入的比例普遍出现上涨。然而，这种税收的上涨并非收入真实上涨，更多体现的是弥补物价上涨的收入补贴。由于税收的增长，很多人的实际收入则下降了。相对应的是，国家因通货膨胀带来的名义税收和实际税收都将增加。相反，当通货紧缩时期，人们将因税收降低而实际收入上升，而国家的实际税收收入将降低。

9.2.2　财富再分配效应

财富分配效应也称为资产结构调整效应，是指由物价变动所带来的家庭财产不同构成部分的价值有升有降的现象。实物资产的货币价值大体随通货膨胀的变动而相应升降；金融资产中的股票，它的行市是可变的，但绝非通货膨胀中稳妥的保值资产形式；至于货币债权债务的各种资产，物价上涨，实际的货币额减少，反之，实际的货币额增多。例如，债权人和债务人在物价波动时将出现财富的转移：当发生通货膨胀时，将有利于债务人而不利于债权人；而当经济处于通货紧缩时，将有利于债权人而不利于债务人。

以通货膨胀为例，假如王小二向赵小三借了 1 万元，利率为 4%，约定一年后一次性归还本息。但是在这一年期间物价出现了大幅上涨，物价上涨了 10%。由于本息是按照事先约定的方式支付，赵小三一年后将得到本息为 10 400 元。虽然赵小三名义收入增加了，但是实际购买力却下降了，这是因为他用这 10 400 元只能购买大约一年前 9 454.55 元（=10 400/（1+10%））的商品，还不如原有本金在一年前的购买力。赵小三转让了这笔资金的使用权，却不仅得不到补偿，还为此付出了隐含利息。而王小二作为债务人，在这次借钱行为中获利。王小二只需将这笔钱购买与物价同幅上涨的物品（例如黄金），在偿还债务时卖出物品可得 11 000 元收入，偿还 10 400 元的债务，还剩余 600 元。

9.2.3 产出效应

国民经济的产出水平是随着价格水平的变化而变化的。我们以通货膨胀为例，说明物价波动对产出的影响。通货膨胀的产出效应有以下 3 种情况。

1. 第一种情况

温和的或爬行的需求拉动通货膨胀对产出和就业将有扩大的效应，而通货膨胀预期会削弱通胀的经济增长效应。在这种情况下，通货膨胀是由强烈的需求产生，需求旺盛将造成商品易于销售甚至脱销，厂商将加大投资、扩大再生产，进而促使产出与就业增长。但是当人们存在通货膨胀预期时，厂商为扩大生产规模而提高工资来招工的方式并不能吸引工人。这是因为这些工人认识到，虽然名义工资达到了自己的预期，但是高通货膨胀使得实际工资比较低，进而宁愿选择在家待业。招工难现象的存在，厂商扩大再生产的意图并不能全部实现，通货膨胀的经济增长效应也受到影响。

2. 第二种情况

成本推动通货膨胀会使收入或产出减少，从而引致失业。顾名思义，成本推动型通货膨胀是由生产成本上升带来的。例如，当国际油价突然大幅上升，国内的油价也随之上升，首先将冲击需要大量用油企业的生产成本，并逐步传导到其他企业。企业生产成本的上升，若产成品的价格并不与成本同步上升，就会挤占企业的利润，部分企业将采取裁员、减产的策略来控制成本，进而直接造成部分员工的失业和产出下降。

3. 第三种情况

恶性通货膨胀导致经济崩溃。当出现恶性通货膨胀时，商品或服务的价格普遍出现迅速上涨。面对迅速上涨的物价，公众需要不断地调整生活预算与工作计划，而企业也需要不断调整成本预算和产成品价格。价格作为价值信息的传导者与在社会再生产全过程中处于调节者的地位，都将失去其功效。整个经济将陷入混乱当中，甚至导致经济崩溃。

9.2.4 对外贸易和国际收支效应

物价波动对对外贸易和国际收支效应指物价波动对一国对外贸易和国际收支的影响。当物价变动时，将影响一国货币的价值，进而影响进出口和国际收支。以通货膨胀为例，当中国发生了通货膨胀，人民币将贬值，从而引起汇率不断上升（汇率采用直接标价法）。如果汇率上升的幅度超过物价上升的幅度，将扩大中国的出口，进而影响中国的国际收支。例如，一件商品在中国卖 100 元。如果中美汇率是 6.5，也就是这件商品在美国卖 15.38 美元。但是由于中国通货膨胀率为 5%而美国物价不变，中美汇率变为 6.9，此时这一商品应该在美国卖 15.22 美元（=100（1+5%）/6.9）。这一商品在美国更为便宜了，销量将上升，促进这一商品的出口。

9.2.5 交易成本效应

交易成本（Transaction Costs）又称交易费用，是由诺贝尔经济学奖得主科斯在 1937 年提出。交易成本指达成一笔交易所要花费的成本，也指买卖过程中所花费的全部时间和货币成本，包括传播信息、广告、与市场有关的运输以及谈判、协商、签约、合约执行的监督等活动所花费的成本。

当物价波动时，尤其是剧烈波动时，物价波动将带来不确定性。不确定性的增加，人们制订计划将更为迷茫。这是因为计划都是面向未来，但是物价波动时期，物价并非线性上升或下降，公众和企业就无法计划未来。此外，物价波动时并非所有商品或服务同步变化，有些变化快点，有些变化慢点，甚至少部分将反向变化。此时，追求利润最大的企业将不知哪些商品未来物价高，不知生产什么。一般公众也将不知道买什么，投资什么。

例如，一个生产家用电器的企业通过市场调查发现，家用电器未来发展前景较好，因而决定准备投资扩大再生产。根据目前的收益与成本分析，投资于冰箱比空调将更为划算，因而决定花费大量人力物力投资于冰箱生产性的建设。但是由于物价剧烈波动，当生产性可以用于生产时空调价格暴涨而冰箱价格只是小幅上涨，此时企业丧失了有利可图的机会，甚至由于生产成本上升造成资不抵债。

因而，当物价剧烈波动时，人们无法预测未来，不愿签订未来合同。很多有利可图的机会宁愿错过，也不愿意承担不确定性带来的风险。

9.3 物价水平与就业

9.3.1 菲利普斯曲线

1958 年，新西兰经济学家菲利普斯根据英国 1861—1913 年失业率和货币工资变动率的经验统计资料，提出了一条用以表示失业率和货币工资变动率之间交替关系的曲线。这条曲线表明：当失业率较低时，货币工资增长率较高；反之，当失业率较高时，货币工资增长率较低，甚至是负数。根据成本推动的通货膨胀理论，货币工资可以表示通货膨胀率。因此，这条曲线就可以表示失业率与通货膨胀率之间的交替关系。即失业率高表明经济处于萧条阶段，这时工资与物价水平都较低，从而通货膨胀率也就低；反之失业率低，表明经济处于繁荣阶段，这时工资与物价水平都较高，从而通货膨胀率也就高。失业率和通货膨胀率之间存在着反方向变动的关系。失业率与通货膨胀率之间这种交替关系形成的曲线叫菲利普斯曲线，如图 9-2 所示。

由于失业率与通货膨胀率之间存在的此消彼长关系，政策制定者不能单独调整两者中的一个来实现两者的目标。例如，政策制定者觉得目前失业率较高，通过刺激性货币政策，向市场投放较多货币。货币存量的增加使得企业能够较为容易得到贷款或资金，进而加大投资力度和大量招工，失业率降低。企业纷纷招工，使得吸引工人较难，只能通过提高工资待遇来招工，还需通过提高工资满足原有工人的要求而防止其跳槽。工人工资的普遍上升，将形成较强的购买力与需求旺盛，进而带来物价的上升。政策制定者本来目的仅仅希望降低失业率，但是失业率与通货膨胀率之间的关系使得政府调整失业率时也影响了通货膨胀率。因此，政策制定者只能在失业率与通货膨胀率之间权衡，降低失业率时需要容忍物价的上升，或者保持较低物价的同时容忍较高失业率。

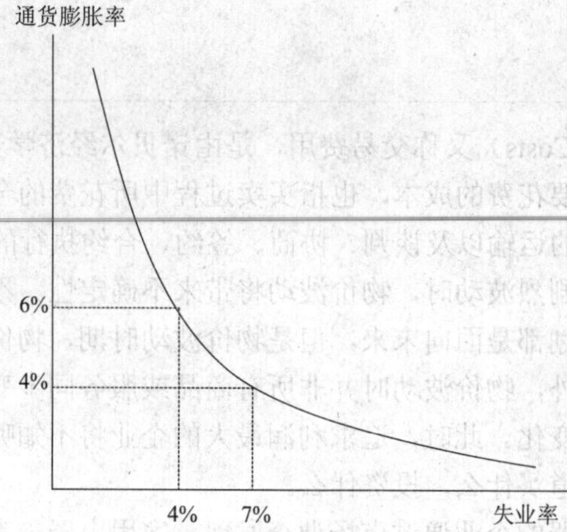

图 9-2　菲利普斯曲线

9.3.2　附加预期的菲利普斯曲线

失业率与通货膨胀率之间存在的此消彼长关系只在短期和不存在预期时成立。1968 年，货币学派的代表弗里德曼指出菲利普斯曲线忽略了影响工资变动的一个重要因素：工人对通货膨胀的预期。对工人来说，实际工资才是真正重要的，所以名义工资变化率必须用通货膨胀率来纠正。当工人预期通货膨胀会发生时，工人将根据实际工资来选择是否工作与工作强度。而影响工人通货膨胀预期的一个重要因素是自然失业率。

自然失业率指充分就业下的失业率，是一个不会造成通货膨胀的失业率，也是劳动市场处于供求稳定状态的失业率。从整个经济看来，任何时候都会有一些正在寻找工作的人，经济学家把在这种情况下的失业称为自然失业率，所以，经济学家对自然失业率的定义，有时被称作“充分就业状态下的失业率”，有时也被称作无加速通货膨胀下的失业率。自然失业率包括摩擦性失业和结构性失业：摩擦性失业是在生产过程中，由于暂时的不可避免的摩擦而导致的失业；结构性失业是劳动力供给结构与劳动力需求结构不一致造成的失业。由于人口结构的变化与技术的进步和人们的消费偏好改变等因素，社会上总会存在着摩擦性失业和结构性失业。

当经济处于自然失业率状态下，政策制定者意欲继续降低失业率的话，短期内的确能使得部分本来处于失业状态的人转为就业状态，降低失业率。这是因为，正如前文所述，当政策制度者刺激经济时，企业将提高工资来吸引工人和保持原有人才。就业岗位的增加使得摩擦性失业的人能够降低摩擦性失业的时间；同时，高工资的吸引促使部分原有结构性失业的人选择一项自己并不是特别偏爱的工作，或者企业在面对招工难的情形下对工人的要求降低。这些都降低了结构性失业的人口。此外，部分原本在低工资的就业环境下宁愿选择失业的自愿性失业的人，例如家庭主妇，在高工资的吸引下也从失业状态转为就业状态。当经济处于高就业状态时，人们收入普遍增加了，购买力的增加，促使物价普遍上涨。此时，从摩擦性失业、结构性失业和自愿性失业转为就业的人慢慢发现，货币逐渐贬值，实际工资并没有上涨，不再迁就原本不偏爱的工作而重新选择失业。失业率重新回归到自然失业率状态。当政策制定者继续刺激经济来降低自然失业率的话，人们将吸取以往的经验，形成通货膨胀预期，认为政策制定者的这种行为将导致物价上升，未来货币将贬值，竟然不被高工资所吸引而不选择或者勉强选择就业。

由于自然失业率并非一个固定的比例，它会随着时间而改变。这使得我们难以准确估计自然失业率。当政策制定者没有意识到经济处于自然失业率，或者低估了自然失业率，意欲降低失业率，长期来讲只会提高人们的通货膨胀预期和实际通货膨胀率。这是因为菲利普斯曲线并非一条固定不变的曲线，它会随着政策环境而改变。

如图 9-3 所示，假定目前自然失业率和实际失业率都为 2%，然而政策制定者低估了自然失业率为 1%，因而希望将失业率回归到自然失业率状态而刺激经济，使得经济从状态 A 到状态 B，失业率达到了政策制定者的目标的同时使得物价上涨率从 2%变为 4%。物价上涨率从人们合意的上涨率 2%到了人们开始难以容忍的 4%，经济处于通货膨胀状态。就业者感受到物价较高和实际工资降低而要求提高工资以弥补物价上升带来的损失，并且部分原有没有工作的人转变为就业的人重新选择失业状态。这将使得菲利普斯曲线从 f 移动到 f'，同时失业率从 1%重新回归到 2%的状态，即从状态 B 变为状态 C。此时，如果政策制定者继续选择自给经济的话，那么经济将从状态 C 变为状态 D 再变为 E，并且菲利普斯曲线从 f' 转变为 f''。政策制定者持续刺激经济的政策只会提高物价，通货膨胀率不断提高，而不能降低失业率达到自然失业率以下。

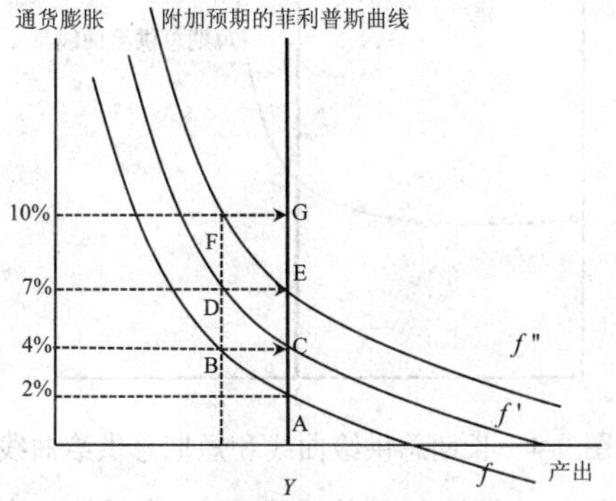

图 9-3　附加预期的菲利普斯曲线

当人们存在通货膨胀预期状态下时，政策制定者任何意欲将失业率降低到低于自然失业率的企图都会提高人们的通货膨胀预期，进而并不能将本来处于失业状态的人转变为就业状态，政策制定者的企图都将以高通货膨胀和不变的失业率结束。因此，当人们存在通货膨胀预期时，菲利普斯曲线将是一条垂直的曲线，即失业率与通货膨胀率无关。

菲利普斯曲线是一条垂直的曲线不仅要求人都具有通货膨胀预期，而且还要求价格和工资都是灵活的。价格与工资灵活是指，价格与工资能灵活调整，不存在缓慢、滞后调整，即价格黏性与工资黏性。工资黏性指工资不能随劳动供求的变动而及时而迅速的变动。一般来讲，工资不是在即时交易中决定的，而是由劳资双方以明确（或隐含）的合同确定的。长期劳动合同是指厂商与工人之间的协议，其中规定了一年或更长时间内的名义工资率。价格黏性是与工资黏性相对应的概念，指短期中价格的调整慢于物品市场供求关系的变化。因为价格调整是有成本的，例如菜单成本。菜单成本指每次调整价格所需要花费的成本。这类成本相似于餐馆打印新菜单所需的成本。因此，现实当中，由于工资黏性或价格黏性的存在，工资与物价都不会迅速调整，菲利普斯曲线也不会迅速移动，即当名义工资上升在短期内也会带来实际工资的上升，进而带来就业率的提高，就业率与物价之间在短期内还是存在一定的替代关系。

9.4 物价波动的原因

物价的高低是由商品或服务的供给与需求来决定的。因此，我们以总供给与总需求曲线分析影响物价波动的原因。

9.4.1 总供给曲线

根据工资和价格是否具有完全灵活性，我们可以将总供给曲线分为长期总供给曲线和短期总供给曲线，如图 9-4 所示。当工资和价格都具有完全灵活性时，工资与价格的不合理总能迅速纠正，直至劳动力市场达到均衡状态与充分就业状态。由于经济实现了充分就业，达到了经济的潜力，任何刺激经济的政策只会带来物价的上升而不会带来实际产出的增加，总供给曲线为一条垂直的曲线，也被称为长期总供给曲线。

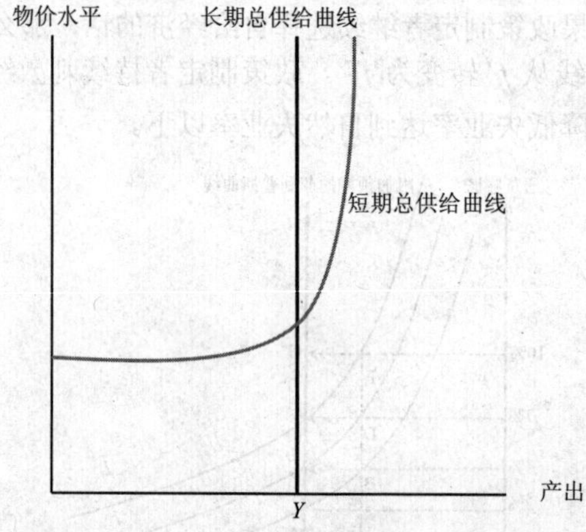

图 9-4　长期总供给曲线和短期总供给曲线

短期总供给曲线是反映短期中总供给与物价水平之间关系的一条曲线。在短期内，总供给与物价水平成同方向变动，总供给曲线是一条向右上方倾斜的线。这可以用黏性工资理论、黏性价格理论和错觉理论来解释。

黏性工资理论是指短期中名义工资的调整慢于劳动供求关系的变化。因为企业根据预期的物价水平决定工人的工资。如果以后实际的物价水平低于预期的水平，即发生了通货紧缩，那么，工人的名义工资仍然不变，但实际工资水平却上升了。工资的增加使企业实际成本增加，从而减少就业，减少生产，总供给减少。总供给与物价水平同方向变动。相反，如果以后实际的物价水平高于预期的水平，即发生了通货膨胀，那么，工人的名义工资仍然不变，但实际工资水平却下降了。工资的减少使企业利润增加，从而增加就业，增加生产，总供给增加。总供给与物价水平仍是同方向变动。

黏性价格理论是指短期中价格的调整慢于物品市场供求关系的变化。因为在物价总水平上升时，一些企业不迅速提高自己产品的价格，从而它的相对价格（相对于物价水平的价格）下降，销售增加，生产增加，总供给增加。这就是物价上升引起总供给增加。同样，在物价总水平下降时，一些企业不迅速降低自己产品的价格，从而它的相对价格上升，销售减少，生产减少，总供给减少。这就是物价下降引起总供给减少。价格的黏性引起物价水平与总供给同方向变动。

错觉理论是指物价水平的变动会使企业在短期内对其产品的市场变动发生错误，从而做出错误决策。物价水平下降实际是各种物品与劳务价格都下降，但企业会更关注自己的产品，没有看到其他产品的价格下降，而只觉得自己的产品价格下降了。由产品价格下降得出市场供大于求的悲观判断，从而就减少生产，引起总供给减少。同样，当物价水平上升时，企业也会没看到其他产品的价格上升，而误以为只有自己的产品价格上升了，从而做出市场供小于求的乐观判断，从而就增加生产，引起总供给增加。当物价水平变动时，企业产生的这些错觉会使物价水平与总供给同方向变动。这些错觉是因为企业家并不是完全理性的，并不能总拥有充分的信息，致使判断失误。在长期中，他们当然会纠正这些失误，但在短期中这些失误是难免的。

短期总供给曲线可分为两部分。一部分向右上方缓慢倾斜，表示总供给上升时物价水平上升速度较为缓慢。这是因为在此阶段，经济并未处于充分就业状态，还有很多闲置资源。吸引这部分失业人员就业和将其他闲置资源加以利用，并不需要提高多少工资和价格，因而在增加产出的同时并不会造成一般物价水平迅速上升。另一部分短期总供给曲线是向上倾斜较为陡峭。这表示，总供给要受经济中资源和其他因素的制约，不可能随物价上升而无限增加，因此成为一条近似垂线的曲线。

9.4.2　物价水平的决定

商品或服务的总供给与总需求共同决定了物价水平的高低。短期内，物价水平主要由短期总供给曲线和总需求曲线决定。此时，短期供给曲线和总需求的位置对于物价水平至关重要。当经济中总需求较为疲软时，一般物价水平将较低，如图 9-5 的左图中的 P_0；当经济中总需求较为旺盛时，一般物价水平将较高，如图 9-5 右图中的 P_1。

长期来讲，物价水平主要由长期总供给曲线和总需求曲线共同决定。由于经济的总产出最终将回归到充分就业时的产出 Y，任何超过 Y 或低于 Y 最终将调整至 Y 的产出水平。以图 9-5 的右图为例，此时经济总产出超过了充分就业时的总产出，经济超负荷运转。原本不偏向于工作的人，或者原本正在找工作的人，将发现虽然名义工资上升了，但是物价也上涨较高，实际工资并没有变化多少，他们将会选择继续失业或待工作状态，直至总产出将从 Y_1 变为 Y，物价从 P_1 变为 P_2。

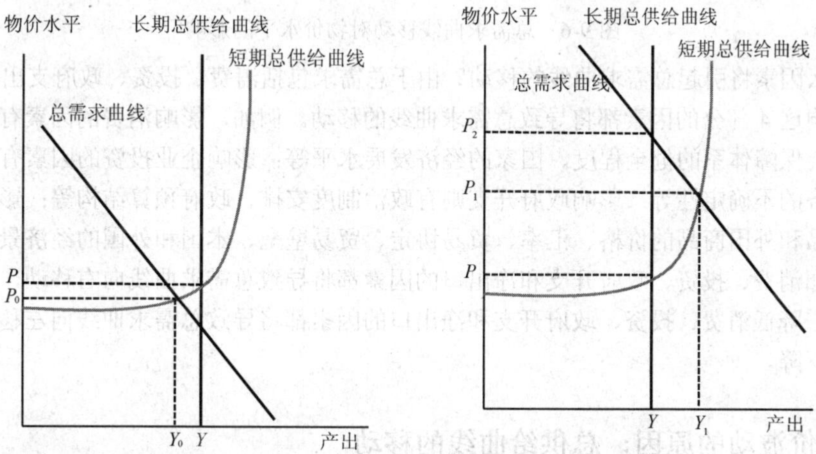

图 9-5　物价水平的决定

9.4.3　物价波动的原因：总需求曲线的移动

当总供给曲线或总需求曲线移动时，物价总水平将随之变化。首先，我们分析总需求曲线移动对物价水平的影响。由于需求管理主要注重于短期需求的管理，因此在此主要关注短期内的物价水平。正如凯恩斯所讲，从长期看，我们都死了。

短期总供给曲线特殊的曲线形式，使得总需求曲线的移动对物价水平的影响根据总需求曲线的位置不同而存在较大差异。以图 9-6 为例，假定当前经济较为疲软，总需求不足，总需求曲线处于 AD_0 的位置。当总需求与总供给达到均衡时，物价处于 P_0 的较低位置，产出也处于 Y_0 的较低位置。现在由于某种原因使得总需求向右移动，例如，政府的刺激政策使得总需求曲线从 AD_0 移

动至 AD_1 的位置，物价从 P_0 略为上涨至 P_1，总产出从 Y_0 大幅上涨至 Y_1。但是如果经济原本已处于较为繁荣时期，总需求曲线处于 AD_2 的位置，物价处于 P_2 的较高位置，产出也处于 Y_2 的较高位置。如果此时进一步刺激经济，将总需求曲线移动至 AD_3，那么物价将大幅上涨至 P_3，但是产出只是小幅上涨至 Y_3。换而言之，当经济尚未达到充分就业状态时，总需求曲线的移动将造成物价波动较小而产出波动较大；当经济超过充分就业状态运行时，总需求曲线的移动将造成物价剧烈波动而产出波动较小。

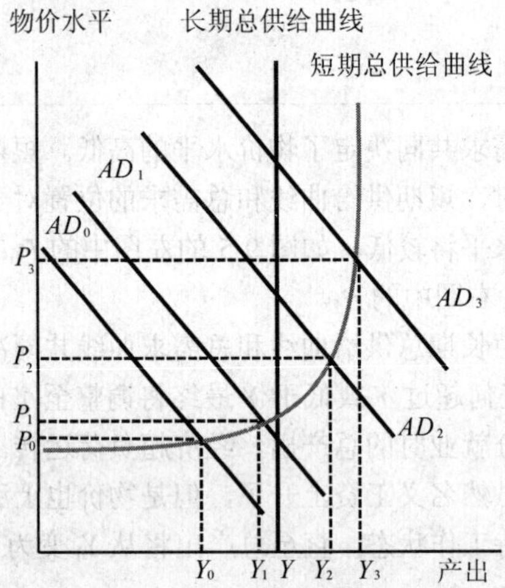

图 9-6　总需求曲线移动对物价水平的影响

那么什么因素将引起总需求曲线的移动？由于总需求包括消费、投资、政府支出和净出口 4 部分，任何影响这 4 部分的因素都将导致总需求曲线的移动。例如，影响消费的因素有消费倾向、文化风俗、社会保障体系的健全程度、国家的经济发展水平等；影响企业投资的因素有利率高低、工资水平、经济的不确定性等；影响政府开支则有政治制度安排、政府预算结构等；影响净出口的因素有本国商品和外国商品的价格、汇率、贸易协定、贸易壁垒、本国和外国的经济景气程度等。总之，凡是增加消费、投资、政府开支和净出口的因素都将导致总需求曲线向右移动，导致物价上升和产出上升；降低消费、投资、政府开支和净出口的因素都将导致总需求曲线向左移动，导致物价下降和产出下降。

9.4.4　物价波动的原因：总供给曲线的移动

这部分我们将分析总供给曲线移动对物价水平的影响。不同于总需求，总供给曲线分为短期总供给曲线与长期总供给曲线。短期总供给曲线与长期总供给曲线具有不同内涵，其移动将导致不同的经济影响。假定目前经济既处于短期均衡，又处于长期均衡，如图 9-7 的 A 点。此时，由于某种原因使得短期总供给曲线从 SAS_0 移动到 SAS_1，将导致价格从 P_0 降低至 P_1 和产出从 Y_0 上涨至 Y_1；当长期总供给曲线移动时，如图 9-7 中从 LAS_0 移动至 LAS_1，将导致价格从 P_0 降低至 P_2 和产出从 Y_0 上涨至 Y_2。对比两者可知：第一，同等幅度的移动，长期总供给曲线移动带来的影响比短期总供给曲线移动带来的影响更大，即向右移动时长期总供给曲线带来的价格降低与产出增长幅度都比较大；第二，长期总供给曲线移动对物价水平和产出的影响是永久性的，而短期总供给曲线的移动将短期均衡从 A 移动至 B，经济超过充分就业水平运作，其不具有持久性，经济将回归至充分就业状态。

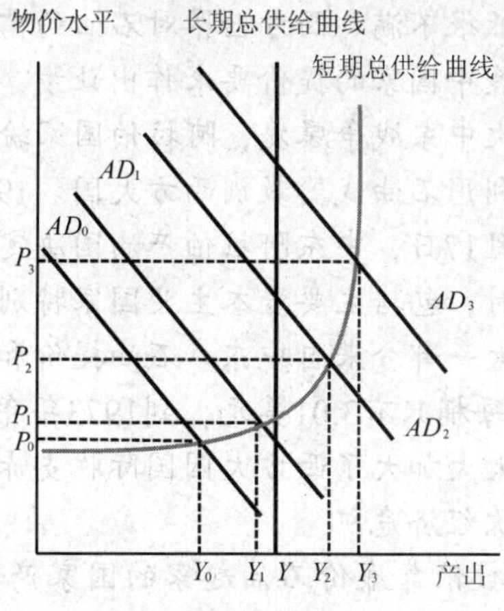

图 9-7 总供给曲线移动对物价水平的影响

那么引发短期总供给曲线和长期总供给曲线的移动有哪些因素？短期总供给曲线和长期总供给曲线体现的含义不同，也导致引致它们移动的因素存在差异。顾名思义，引发短期总供给曲线移动的因素主要来自于短期性的、临时性的因素，如生产成本、预期价格等，而引发长期总供给曲线移动的因素主要源于具有长久性、持续性因素，如技术变革、制度变迁等。

1. 生产成本

生产成本的高低是企业确定产量的重要影响因素。在企业产成品的出厂价格没变的情况下，生产成本的提高将挤占的利润，企业将通过裁员与降低产量来控制成本，导致供给曲线向左移动；相反，生产成本的降低将引发企业扩大生产规模，总供给曲线向右移动。成本推动通货膨胀由于成本上升时的原因不同，可以分为 3 种类型：工资推动、利润推动、进口和出口推动。

工资推动型通货膨胀指工资过度上涨所造成的成本增加而推动的价格总水平上涨。总需求不变的条件下，如果工资的提高引起产品单位成本增加，便会导致物价上涨。在物价上涨后，如果工人又要求提高工资，而再度使成本增加，便会导致物价再次上涨。这种循环被称为工资—物价“螺旋”。许多经济学家将欧洲大多数国家在 20 世纪 60 年代末至 20 世纪 70 年代初经历的通货膨胀认定为工资推动的通货膨胀。例如，在联邦德国，工时报酬的年增长率从 1968 年的 7.5%跃居到 1970 年的 17.5%。在同一时期，美国的工时报酬年增长率由 7%上升到 15.5%。

利润推动型通货膨胀指企业要求较高利润并通过提高物价来满足而造成的物价上涨。寡头企业和垄断企业为保持利润水平不变，依靠其垄断市场的力量，运用价格上涨的手段来抵消成本的增加；或者为追求更大利润，以成本增加作为借口提高商品价格。从而导致价格总水平上升。其中最为典型的是，在 1973 年～1974 年，石油输出国组织（Organization of Petroleum Exporting Countries，OPEC）历史性地将石油价格提高了 4 倍。到 1979 年，石油价格又被再一次提高，引发“石油危机”。

进口和出口推动型通货膨胀指，由于进口品价格上涨，特别是进口原材料价格上涨，引起的通货膨胀。由于出口猛增加，使国内市场产品不足，也能引起物价上涨和通货膨胀。

专栏9.2

第一次石油危机

1950年～1973年，原油价格被七大公司人为地压得很低，平均每桶约1.80美元，仅为煤炭价格的一半左右。经过OPEC的斗争，到1973年1月才上升到2.95美元一桶。产油国对资本主义旧的石油体系，特别是价格过低很不满。西方世界对石油的需求急剧增长，但是，西方石油公司却不肯对主要生产石油的发展中国家的提价要求作出让步，双方的矛盾日益尖锐，大有剑拔弩张之势。1973年10月，第四次中东战争爆发，阿拉伯国家纷纷要求支持以色列的西方国家改变对以色列的庇护态度，决定利用石油武器教训西方大国。1973年10月16日，石油输出国组织决定提高石油价格。1973年10月17日，中东阿拉伯产油国决定减少石油生产，并对西方发达资本主义国家实行石油禁运。当时，包括主要资本主义国家特别是西欧和日本用的石油大部分来自中东，美国用的石油也有很大一部分来自中东。石油提价和禁运立即使西方国家经济出现一片混乱。提价以前，石油价格每桶只有3.01美元，到1973年年底，石油价格达到每桶11.651美元，提价3倍～4倍。石油提价大大加大了西方大国国际收支赤字，最终引发了1973年～1975年的战后资本主义世界最大的一次经济危机。

这次石油危机对美国等少数依靠廉价石油起家的国家产生极大冲击，加深了世界经济危机。美国的工业生产下降了14%，日本的工业生产下降了20%以上，所有工业化国家的生产力增长都明显放慢。1974年的经济增长率，英国为-0.5%，美国为-1.75%，日本为-3.25%。但发动石油战争的阿拉伯国家却因此增强了经济实力，数百亿石油美元流向中东。据统计，仅提价一项，就使阿拉伯国家的石油收入由1973年的300亿美元猛增到1974年的1 100亿美元。

自从发现石油以来，中东人的命运就开始改变了。特别是经过这次石油危机之后，巨额财富潮水般涌入中东，仿佛一夜间，中东产油国就从赤贫过渡到了暴富。全球最大产油国沙特阿拉伯的政府财政收入，1971年只有14亿美元，而石油危机爆发后已超过1 000亿美元。随着石油美元滚滚而来，中东产油国过去几十年间以令人难以置信的资金投入和超过寻常的建设规模，开始了全方位的经济大开发，大幅增加国家福利待遇。这一地区现代工业初具规模，沙漠农业搞得有声有色，现代化城市拔地而起，高等级公路四通八达。由于财政收入增加，中东产油国纷纷把财政盈余用于偿还国内债务和建设基础设施。在沙特和阿联酋等海湾国家，外国企业参加的基础设施建设项目相继开工，项目融资的资金需求十分庞大。在沙特阿拉伯，单是电力项目，十余年就需要1 000亿美元资金。富裕的海湾国家是其他阿拉伯国家出口商的最大市场，也是其他阿拉伯国家资本和投资的主要来源。

这次危机之所以影响大，有多种原因。一是大大出乎美、欧、日政治家的预料。二是西方发达国家的经济过于依赖石油，过于依赖中东石油，经不起风浪。三是时机问题，正赶上战后又一次西方经济衰退的来临，产生了“复合效应”。

2. 预期价格

在经济生活中，人们预计将要发生通货膨胀，为避免经济损失，在各种交易、合同投资中将未来的通货膨胀预先计算进去。预期价格将通过两个途径影响总供给曲线。第一，利率途径。当储蓄者有了通货膨胀预期时，为了保证实际利息收入不变，会要求按照其预期通货膨胀的幅度提高名义利率，而企业资金很大部分来自于借贷，利率的提高将提高企业的生产成本。第二，工资途径。在通货膨胀预期心理的作用下，工人或企业经营者会要求提高工资和其他福利待遇，从而提高生产成本。不管哪个途径都将导致企业生产的上升，企业利润将下降，进而使得总供给曲线向左移动。

3. 技术变革

技术变革是指在生产过程的改变或新产品的引入，使得同样的一批投入能得到更多的或更进步的产出。例如，蒸汽机的出现和广泛使用，推动了各工业部门的机械化，引起了工程技术上的全面改革。在工业上，导致了机器制造业、钢铁工业、运输工业的蓬勃兴起，初步形成了完整的工业技术体系，造成了社会生产力的巨大进步。技术变革不仅带来生产率的提高，还不断创造出新的产品，激发新的需求，丰富人们生活的同时促使总供给曲线右移。

4. 制度变迁

经济制度对经济发展有着重大影响。不同的经济制度为经济的长期增长提供了不同的条件。现有的经济制度主要有计划经济与市场经济两种形式。计划经济是国家对生产、资源分配以及产品消费事先进行计划的经济体制。由于几乎所有计划经济体制都依赖于指令性计划，因此计划经济也被称为指令性经济。市场经济是一种经济体系，在这种体系下产品和服务的生产及销售完全由自由市场的自由价格机制所引导，而不是像计划经济一般由国家所引导。由于计划经济存在政企职责不分、分配中平均主义严重、经济形式和经营方式单一化、忽视市场的作用等问题，所以这种模式不利于充分发挥广大人民群众的积极性和主动性，不利于正确调节社会主义经济中的各种利益矛盾，不利于各种生产要素的合理配置和有效运用，不利于适应复杂多变的社会需要，因而使经济失去了活力。因此，当一国从计划经济转变为市场经济时，将激发人们的积极性，提高工作的效率，提高产出，导致总供给曲线向右移动。

9.5 物价稳定政策

正如前文所述，经济中存在诸多影响物价的因素，造成物价的波动，有时甚至是大起大落式跳动，而物价波动又将给人民生活与宏观经济带来众多的负面冲击，如何稳定物价则成为了各国政府核心关切。那么，有哪些政策可以稳定物价呢？一般来说，政府稳定物价的经济政策主要体现在以下几个方面：货币政策；财政政策；工资与价格管制；道义劝告。

9.5.1 货币政策

弗里德曼认为，“通货膨胀自始至终都是一种货币现象”。这句话阐释了通货膨胀的货币本质，通货膨胀本质上是由于经济中货币过多造成的，而通货紧缩则是货币较少带来的。因此，稳定物价的常见方法就是通过调整货币政策向经济体投入合理规模的货币供应量，以满足经济发展的需求。甚至有些国家的货币政策目标只是稳定物价，即通货膨胀目标制。货币政策主要是通过运用各种货币政策工具调节市场中货币供应量的数量与利率高低，影响民间的消费、投资与进出口，进而影响总需求以及物价，来调节物价水平的。调节总需求的货币政策的三大工具为法定准备金率、公开市场业务和再贴现政策。

根据对总产出与物价的影响方面，可把货币政策分为两类：扩张性货币政策和紧缩性货币政策。在经济萧条时，中央银行增加货币供应量，刺激消费、投资和净出口，增加总需求，称为扩张性货币政策。反之，经济过热、通货膨胀率太高时，中央银行采取一系列措施减少货币供给，以提高利率、抑制投资和消费，使总产出减少或放慢增长速度，使物价水平控制在合理水平，称为紧缩性货币政策。例如，1997 年，亚洲金融危机给中国经济带来了较大负面冲击，造成了中国物价持续下降。为了应对亚洲金融危机的负面冲击与物价下降，中央银行采取扩张性货币政策，增加货币供应量，使得中国逐渐走出通货紧缩的状态。

9.5.2 财政政策

财政政策是指为促进就业水平提高，减轻经济波动，防止通货膨胀，实现稳定增长而对政府财政支出、税收和借债水平所进行的选择，或对政府财政收入和支出水平所作的决策。变动税收是指改变税率和税率结构。变动政府支出指改变政府对商品与劳务的购买支出以及转移支付。

根据对总产出与物价的影响层面，可将财政政策划分为扩张性财政政策、紧缩性财政政策和中性财政政策：扩张性财政政策又称积极的财政政策，是指通过财政分配活动来增加和刺激社会的总需求，其主要措施有增加国债、降低税率、提高政府购买和转移支付；紧缩性财政政策又称适度从紧的财政政策，是指通过财政分配活动来减少和抑制总需求，其主要措施有减少国债、提高税率、减少政府购买和转移支付；中性财政政策又称稳健的财政政策，是指财政的分配活动对社会总需求的影响保持中性。

当经济处于通货紧缩状态，政府可以通过降低税率、提高政府购买和增加转移支付等措施，提高总需求，促使总需求曲线往右移动，提高物价水平；当经济处于通货膨胀时期，政府可以通过提高税率，减少政府购买和转移支付，降低总需求，致使总需求曲线向左移动，降低物价水平。例如，2012 年以来，我国经济面临经济下行和通货紧缩压力，为保持经济平稳较快发展和物价水平基本稳定，实施了减税政策。同时，国家根据经济运行实际进一步完善了结构性减税政策，出台了一些新的减税政策，如 2012 年开始实施的营改增试点。此外，还取消 253 项行政事业性收费项目，对小微企业暂免征收 22 项收费。

9.5.3 工资与价格管制

工资和价格管制是指政府运用行政权力直接规定某些产品的价格与工人的工资水平，并强制执行。虽然这种方式看起来最简单、最快捷，但除非在短暂的紧急时期，大多数经济学家都反对价格管制，原因是工资和价格管制扭曲了资源的分配。用米尔顿·弗里德曼的话说，经济学家可能知道的不多，但他们确实知道如何制造过剩和短缺。以价格管制为例，用来防止价格高出某一特定水平的价格天花板，会造成短缺。而用来防止价格低于某一特定水平的价格地板，会造成过剩。假设对于汽车轮胎的供给和需求在现有的价格水平上达到平衡，政府却在这时设定了比现有价格更低的价格天花板。轮胎的供给量将会减少，但是轮胎的需求量却会上升。结果供不应求，货架被抢购一空。尽管一些消费者足够幸运能够以低价买到轮胎，但其他的很多人将被迫买不到轮胎。

因为价格管制阻止价格体系分配供给，必然要有其他的分配机制来代替。排队，这一在东欧计划经济下常见的情形，是一种可能。当美国在 1973 年—1979 年设置汽油价格上限时，商人以“先到先得”的理念销售汽油。这让司机们不得不排着长队等待购买汽油。汽油的真实价格，包括人们为汽油付出的货币以及他们花费在排队上的时间，往往比价格管制以前的价格还要高。例如，在 1979 年某个时候，政府把汽油价格固定在每加仑 1 美元。如果市场价格是 1.2 美元，一个买了 10 加仑汽油的司机表面上省下了 2 美元，但如果这个司机必须花费半小时用来排队，而她的时间每小时价值 8 美元，她真正花费的就是 10 美元汽油费加 4 美元时间成本，最终汽油的价格变成了每加仑 1.4 美元。

此外，由于价格管制往往导致短缺，价格管制还带来一系列负面影响，如腐败、价格报复性上涨等。当政府把价格人为限制在较低水平时，物品的供给小于需求，那么一部分人的需求将得不到满足。但是谁将得到这些短缺的物品呢？一部分人通过长久的排队来得到，另一部分人则通过权力与贿赂来避免长久的排队得到。因此，价格管制容易滋生腐败。同时，价格管制容易导致价格报复性上涨。由于价格管制时期，人们的需求持续没有得到满足。当价格一旦放开时，物品的需求将急剧上升，而短期供给又无法大幅增长，造成物价报复性上涨。

9.5.4 道义劝告

有些政府稳定物价时也会采用一种不正规的方法——道义劝告，即政府通过规劝的方式让企业和工人不要提高价格和工资。政府制定工资和价格指导线，期望企业和工人资源遵守。这种方式在某些重要的时期也将对稳定物价发挥作用。例如，美国前总统约翰·费茨杰拉德·肯尼迪担心美国钢铁行业提出的价格上升会引发通货膨胀螺旋式上升，成功地呼吁钢铁公司放弃了价格上升。然而，道义劝告能否起到作用，更多取决于政府的威信。当政府威信较好时，人们将相信政府的说法，道义劝告的效果就会较好，否则道义劝告将并无效果。因而，大多数经济学家对道义劝告能否长期影响价格水平持怀疑态度。

本章小结

（1）人们一般用物价指数来度量物价总水平，常见的物价指数包括消费价格指数、生产者价格指数和国民生产总值平减指数。物价指数较大幅度的持续上涨为通货膨胀；物价指数的持续下降为通货紧缩。物价的剧烈波动将带来诸多的负面影响，如收入与财富的再分配、对实际产出的影响、对国际收支的影响以及提高人们的交易费用。

（2）通货膨胀率与失业率之间存在交替关系，即菲利普斯曲线。政府只能在通货膨胀与失业率之间进行权衡。通货膨胀率与失业率之间存在交替关系依赖于工资黏性和价格黏性。当人们存在通货膨胀预期和价格与工资可灵活变动时，通货膨胀率与失业率之间的交替关系将不会存在，转变为一条垂直的直线。当政府试图将失业率降低到自然失业率之下时，只会带来物价上涨，而不会降低失业率。

（3）物价水平由总供给与总需求决定。总需求与总供给的变动都将导致物价的变化。任何影响消费、投资、政府支出和净出口的因素都将导致总需求曲线的移动；生产成本、预期价格、技术革命和制度变迁都将导致总供给曲线的移动。

（4）面对经济冲击带来的物价波动，政府可以通过货币政策、财政政策、工资与价格管制、道义劝告等措施来应对。货币政策是较为常见稳定物价的政策。工资与价格管制虽然可以立竿见影，但是容易滋生腐败、带来如排队一样的资源浪费、物价报复性上涨等问题。道义劝告在特殊时期也能起到稳定物价水平，但是它的效果主要取决于政府的威信。

关键概念

物价指数；消费价格指数；生产价格指数；国民生产总值平减指数；通货膨胀；通货紧缩；收入分配效应财富分配效应交易成本；菲利普斯曲线；自然失业率工资黏性；价格黏性；菜单成本；长期总供给曲线；工资推动型通货膨胀；利润推动型通货膨胀；进口和出口推动型通货膨胀

复习思考题

（1）衡量物价总水平的指标有哪些？各自具有什么特点？

（2）什么是通货膨胀？什么是通货紧缩？每逢春节时，一般商品价格都呈现上升趋势，这种上升是通货膨胀吗？

（3）物价波动会造成什么经济影响？

（4）2007 年美国次贷危机引发的全球性金融危机，对我国经济也造成了一定影响。面对金融危机给我国经济带来的负面影响，我国政府出台了一系列的救市政策。救市规模前所未有，有效地降低了金融危机给我国带来的冲击，但是同时也造成了我国物价大幅波动。2008 年我国物价大幅上涨，而 2009 年物价又出现迅速下降，面临通货紧缩压力。请问物价的这一大起大落对一般工薪阶层有什么影响？

（5）菲利普斯曲线是什么？向下倾斜的菲利普斯曲线存在的条件是什么？

（6）附加预期的菲利普斯曲线为何是垂直的？有什么政策含义？

（7）我国在 1978 年之前采取的是计划经济，而 1978 年之后开始向市场经济转变，请问这一制度转变对我国产出与物价有什么影响？

（8）政府稳定物价的政策措施有哪些？各自有什么特点？

（9）纵观世界经济的发展历史，为何世界各经济体通常物价上涨时期比较多，而物价下降的时期较少？

（10）中国通货膨胀率与失业率之间是否存在向下倾斜式的菲利普斯曲线形状？为什么？

货币政策 第10章

【学习目标】

（1）了解货币政策的特点和类型。

（2）理解货币政策的最终目标及目标之间的关系。

（3）理解各种货币政策工具的作用和特点。

（4）理解货币政策中介目标及中介目标的选择标准。

（5）了解货币政策名义锚与中介目标的异同。

（6）理解货币政策传导机制。

（7）了解货币政策的规则和相机抉择。

为了弥补市场自发调节的不足，中央银行常会采取货币政策，本章首先阐明货币政策的类型和特点。央行采取货币政策的目标是什么？这些目标存在什么关系？为了达到这些目标，中央银行采取了什么样的货币政策工具？货币政策是怎么进行传导的？通过本章的学习，相信你能找到这些问题的答案。

10.1 货币政策的定义

所谓货币政策，有广义和狭义之分。广义的货币政策是指政府、中央银行和其他有关部门所有有关货币方面的规定和所采取的影响货币供应量的一切措施。据此理解，货币政策包括有关建立货币制度的种种规定，包括所有旨在影响金融系统的发展、利用和效率的措施，甚至可进一步包括像政府借款、国债管理乃至政府税收和开支等可能影响货币支出的行为。狭义的货币政策，则是指中央银行为实现给定的经济目标，运用各种工具调节货币供应量和利率所采取的方针和措施的总和。货币政策具有以下特点：货币政策是一种宏观的经济政策，涉及整个国家社会的货币供应量、信贷规模、利率、汇率等宏观经济总量指标，而不是单个银行或某一经济部门的微观的经济政策；货币政策是一种调节总需求而非总供给的政策；货币政策是一种以间接调控为主的政策，它主要采用经济和法律的手段和措施；货币政策是一种长期目标与短期目标相结合的政策，特定条件下的货币政策总是短期性的、不断变动的，而最终目标则是长期性的。

货币政策的基本任务在于合理调节货币供应量和货币流通。只有使货币供应量与经济发展的客观要求相一致，才能使经济资源得到充分利用，从而有利于货币流通保持稳定、经济协调发展。具体地说，货币政策作为一项重要的宏观经济政策，主要有以下 3 个方面的任务：维持适度的货币供给，使之与经济的正常运行相适应；为经济发展创造一个良好、稳定的货币金融环境；抵消来自其他方面的经济干扰。例如，在经济膨胀时期，货币政策的任务是减少货币供应量，以降低社会总需求，保持经济健康发展；在经济衰退时期，货币政策的任务则是增加货币供应量，以刺激社会总需求，促使经济走出低谷。

从不同的角度，货币政策一般可分为扩张型和紧缩型、数量型和价格型、总量型和结构型、常规型和非常规型等类型。

1. 扩张型和紧缩型货币政策

(1) 扩张型货币政策

该类货币政策是通过增加货币供给来提高总需求水平。货币供给扩张时，利率会降低，取得信贷更为容易，因此，经济萧条时多采用扩张型货币政策。

(2) 紧缩性型货币政策

该类货币政策是通过削减货币供给来降低总需求水平。货币供给缩减时，取得信贷比较困难，利率也随之提高，因此，在通货膨胀严重时，多采用紧缩型货币政策。

2. 数量型和价格型货币政策

(1) 数量型货币政策

该类货币政策侧重直接调控货币供应量来调控宏观经济。数量型货币政策工具主要包括公开市场操作与存款准备金率。

(2) 价格型货币政策

该类货币政策侧重通过资产价格的变化来改变企业和居民的资产结构以及财富价值，再根据微观经济活动主体自身的投资消费行为调整来影响宏观经济变量。价格型货币政策工具主要有存贷款基准利率、再贷款利率以及再贴现利率。

3. 总量型和结构型货币政策

(1) 总量型货币政策

该类货币政策指排除各部门各行业对社会资金的特殊需求和用途，对资金供求进行一般或总量的调节政策，也称为一般性货币政策。

(2) 结构型货币政策

该类货币政策是产业结构政策的重要组成部分，是有选择地对某些特殊的信用加以调节和影响并追求结构性调节效果的货币政策，其特点是在调节中有特定的资金流向和用途，所以也称为选择性货币政策。

4. 常规型和非常规型货币政策

(1) 常规型货币政策

该类货币政策指货币当局通过利率的升降来传递其政策立场，调节市场的流动性，影响宏观经济的波动。当正常的经济体受到金融危机的外部冲击后，经济处于下行周期，金融系统的压力骤增，此时市场处于流动性紧缩状态。为增强市场的流动性，央行一般采取降息的常规货币政策手段，以增加市场上的货币供应，激活资本市场。

(2) 非常规货币政策

该类货币政策指在没有降息空间或利率的市场传递机制严重受阻的情形下，央行通过调整资产负债表的结构或膨胀资产负债表的规模直接向市场注入流动性的行为，以保证在利率极低的情况下继续维持市场的流动性。

货币政策通常包括3个方面的基本内容：①政策目标；②政策工具；③政策效果。从确定政策目标，运用政策工具，到实现预期的政策效果，还存在着一些中间作用环节，如中介目标和政策传导机制等。

10.2 货币政策最终目标

货币政策的最终目标是指中央银行制定和实施货币政策，对国民经济进行调控最终要达到的目标。货币政策最终目标的确定与一国一定时期内的社会经济发展状况相联系，在不同的时期，各国货币政策的最终目标也在发展变化。

20世纪30年代以前的国际金本位时期，货币具有自动调节经济的功能，市场自动调节经济为各国所推崇，政府很少对经济进行宏观调控。因此，各国中央银行的货币政策最终目标主要是币值稳定。

20世纪30年代爆发的资本主义世界经济大危机，使资本主义国家失业剧增，严重影响了经济发展和社会稳定。因此，从20世纪30年代到40年代中期，谋求充分就业就成为当时最重要的问题。随着凯恩斯国家干预理论的盛行，英、美等国相继以法律的形式规定充分就业是中央银行货币政策的主要目标。这样，货币政策最终目标就由单一的币值稳定发展成为币值稳定和充分就业的双重目标。

20世纪50年代以后，世界各国的经济发展变得很不平衡，许多国家为了保持自己的经济实力和国际政治地位，把发展经济、促进经济增长作为其货币政策最终目标的重点。进入70年代后，由于之前长期推行凯恩斯主义的宏观调控政策，各国均不同程度地出现了通货膨胀，严重影响了国际收支。尤其是美国自70年代开始，国际贸易不断出现逆差，以美元为中心的国际货币制度开始动摇。伴随着先后两次美元危机，一些国家也开始把国际收支平衡作为一项货币政策目标。于是，货币政策最终目标发展成为币值稳定、充分就业、经济增长和国际收支平衡这样的综合目标体系。后来，国际货币制度进一步发生变化，黄金失去了作为货币价值实体的功能，于是，许多国家把币值稳定这一目标改为物价稳定。由此可见，这一综合目标体系经历了一个逐步发展和充实的过程。

10.2.1 物价稳定

无论是通货膨胀还是通货紧缩，物价水平的剧烈波动都会给经济造成很多不利影响，因此，许多中央银行都将物价稳定作为货币政策的首要目标，甚至作为货币政策唯一的最终目标。何谓物价稳定？大多数经济学家认为，在通货膨胀和通货紧缩已成为世界性经济现象的情况下，企图把物价固定在一个绝对不变的水平上是不可能的，也是不正常的。物价稳定并不意味着中央银行要使价格水平固定不变，关键是能否把物价水平控制在可以承受的范围之内。在不同的国家和不同的情况下，人们对物价波动的承受能力是不同的，但任何一个国家或地区都不愿意物价大幅度上涨，而是企图将通货膨胀限制在最低水平上，以便与其他经济目标相协调。有的经济学家认为，5%以内的通货膨胀率是一种温和的通货膨胀，对经济的发展有一定的刺激作用，也是经济运行所能承受的；而另一些经济学家却认为3%以内的通货膨胀才是可取的。当今全球许多中央银行货币政策目标中的物价稳定，一般是允许通货膨胀率在2%上下较小的范围内波动。当通货膨胀率显著高于2%时，中央银行就可能采取紧缩性的货币政策。反之，则反是。

10.2.2 充分就业

一个国家的劳动力能否充分就业，是衡量该国的各种资源是否被充分利用、经济是否正常发展的标志。而失业不仅是一个经济问题，还会产生很多的社会问题，如心理畸形和犯罪等，大量的失业还会直接导致严重的社会动荡。因此，充分就业是各国货币政策所要追求的最终目标之一。

所谓充分就业，在西方经济学中，一般是指消除了一国经济中的非自愿性失业的状态。非自愿性失业是指在愿意接受现行的工资水平和工作条件的情况下，仍然找不到工作所形成的失业现象。在现实生活中，除了非自愿性失业之外，还存在着一些无法消除的失业，如摩擦性失业、季节性失业和自愿性失业等。摩擦性失业是指由于短期内劳动力供求的暂时失衡而造成的失业。如果你对目前的工作很不满意，你决定辞职重新找一份工资更高、工作环境更理想的工作，那么，在你辞职后到重新找到另一份工作的这段时间里，你就是一位摩擦性失业者。季节性失业是指因为季节性的变动而产生的失业，这类失业在与农业生产相关性较高的部门最普遍。自愿性失业则是指由于劳动者不愿意接受现行的工资水平和工作条件而形成的失业。对于自愿性失业者不管你给他提供多好的工作环境，给他多高的待遇，他都不屑一顾。因此，作为货币政策的最终目标，充分就业也只是意味着通过实施一定的货币政策，减少或消除社会上存在的非自愿性失业，并不意味着将失业率降到零。有的经济学家认为，3%的失业率可视为充分就业，而有的则认为长期维持在4%～5%的失业率比较好。

10.2.3 经济增长

所谓经济增长，在西方经济学中主要有两种观点：一是指国民生产总值或人均国民生产总值的增长，即一国在一定时期内所生产的商品和劳务总量或人均总量的增加；二是指一国生产商品和劳务的能力的增加。经济增长之所以成为货币政策的一个重要目标，是因为经济增长的下降不仅使人们收入减少，应该享受的消费和福利减少，严重的经济衰退还会造成严重的社会心理负担，给社会造成很多的危害。

经济增长应保持一定的速度，过快和过慢都不可取，关键是一国经济要在一个较长时期内始终处于稳定增长的状态之中。但究竟多高的增长速度才合适，要视各国的具体情况而定，关键要看经济增长速度是否与不同时期的经济环境相协调，是否与一国的国力相适应。经济增长的背后，可能隐藏着社会资源的浪费和环境的污染等成本问题，因此要保持一定的经济增长速度应该权衡利弊，只有那些能够提高社会公众的福利水平，使稀缺的社会资源得到充分合理利用的经济增长水平才是合理的。

10.2.4 国际收支平衡

国际收支平衡是指在一定时期内一个国家或地区与世界其他国家或地区之间全部经济活动往来的货币收支基本持平。保持国际收支平衡是保证国民经济持续稳定健康发展和国家经济安全稳定的重要条件。国际收支平衡也并不是绝对的。在短期内，国际收支略有盈余或赤字并不足为虑，在较长时期内，某一年的盈余或赤字可由另一年的赤字或盈余来弥补，能够做到这一点，就可以认为实现了国际收支平衡。如果一个国家的国际收支失衡，不论是顺差还是逆差，都会对该国的经济发展带来不利影响。巨额的国际收支逆差可能会导致外汇市场对本币信心的急剧下降，资本大量外流，外汇储备急剧下降，本币大幅贬值，严重的还会导致该国发生货币金融危机。而长期的巨额国际收支顺差，往往会使外汇储备大量闲置，同时又不得不因购买大量外汇而增发本币，就有可能导致或加剧国内的通货膨胀。运用货币政策调节国际收支，主要的目标是通过调节利率和汇率水平来实现本外币政策的协调和国际收支平衡。

当然，并不是每个国家都将国际收支平衡作为货币政策的目标。例如，自20世纪70年代以来，美国总是存在贸易逆差，而日本总是存在贸易顺差，且两国的国际收支失衡一直在不断扩大，但美国联邦储备银行和日本央行并没有采取措施来纠正它们的国际收支失衡。

10.2.5 金融稳定

除了上述四大目标之外，保持金融稳定相当重要。中央银行应灵活运用货币政策，以避免货币危机、金融危机和经济危机对一国经济的不良影响，维护金融稳定。货币危机是由于货币严重贬值带来的货币信用危机，在不兑现的信用货币条件下，一旦发生信用危机，将可能直接威胁到该货币的流通和生存。经济危机是社会经济的正常运行秩序遭受严重破坏，企业大量破产，失业大幅上升，经济严重衰退，甚至濒临崩溃的一种恶性经济灾难。在世界经济一体化、金融全球化不断推进的今天，保持一个国家的金融稳定意义重大，货币政策拥有广阔的舞台。

具体地说，当银行体系面临流动性困境时，中央银行就应发挥它的最后贷款人职能，防止银行体系的流动性困境进一步恶化成金融恐慌；当外汇市场上的汇率出现不期望的波动时，中央银行就应采取各种政策措施进行干预，稳定汇率；当股票市场等资本市场的波动对投资、消费、宏观经济带来不利冲击时，中央银行也应将资本市场的状况考虑到货币政策中。总之，货币政策在金融稳定中发挥着越来越重要的作用。

10.2.6 最终目标之间的矛盾

货币政策的各个最终目标之间既有统一的一面，又有矛盾的一面。从长期来看，它们之间是一致的。但从短期来看，几乎所有目标之间都有矛盾，追求达成某个目标，就难以顾及另外一个目标。

1. 物价稳定与充分就业之间的矛盾

菲利普斯曲线表明，物价上涨率与失业率之间存在着一种此消彼长的关系，物价上涨率越高，则失业率越低，反之则反是。当失业率很高时，如果要减少失业或实现充分就业，就有必要增加货币供应量以刺激社会总需求增加，而总需求的增加在一定程度上会引起物价水平的上涨。相反，如果要压低物价上涨率，就有必要减少货币供应量以抑制社会总需求增加，而社会总需求的减少很可能会导致失业率的提高。因此，在失业率和物价上涨率之间，可能有 3 种组合：一是失业率较高但物价稳定；二是物价上涨率较高但充分就业；三是在物价上涨率和失业率之间进行折衷和权衡。作为货币政策最终目标，既不应选择失业率较高的物价稳定，也不应选择物价上涨率较高的充分就业，而应该根据具体情况在两者之间进行折中和权衡。

2. 物价稳定与经济增长之间的矛盾

世界各国的经济发展史表明，在经济增长较快时，难免总会伴随有物价较大幅度的上涨，如果这时过分强调物价稳定，经济增长就会受阻。这时，中央银行或货币当局应该在两者之间进行折衷和权衡，即在可以接受的物价上涨水平内保持经济增长，在保证最低经济增长水平的前提下稳定物价。

3. 物价稳定和国际收支平衡之间的矛盾

物价稳定与国际收支平衡之间的关系较为复杂。当国内物价水平上涨，在汇率固定不变时，出口商品的价格就会相对昂贵，对本国的出口造成不利影响，使国际收支恶化。反之，当国内物价水平持续下跌，在汇率固定不变时，本国商品在国际市场上的价格也会相应降低，从而刺激出口的增加，导致国际收支顺差。

而当国内物价稳定时，国际收支却并非一定能够平衡。例如，当一国物价保持不变，而国外物价却下跌之时，就会使本国商品的价格相对于外国商品显得较高，必然导致出口下降、进口增加，从而出现国际收支逆差；而当一国物价保持不变，而国外物价上涨时，就会使本国商品的价格相对于外国商品显得较低，致使该国出口增加，进口减少，从而产生国际收支顺差。

4. 经济增长与国际收支平衡之间的矛盾

随着国内经济增长，国民收入增加和对外支付能力增加，通常会增加对进口商品的需求。如果此时出口贸易不能相应增加，就会引起国际收支恶化，形成国际收支逆差。如果逆差很大，就需要压缩国内有效需求，限制进口，并压缩国内投资规模，其结果是：虽然会改善国际收支，却打击了经济增长。

5. 物价稳定与金融稳定之间的矛盾

当国内物价水平上涨过快，为了预防和抑制通货膨胀，中央银行会实行紧缩型货币政策，减少货币供应量，提高利率。利率上升，一方面会导致有价证券价格下跌，给债券市场和股票市场带来冲击；另一方面，在开放经济条件下，利率上升会吸引国际资金流入，造成汇率和外汇市场的波动。

6. 经济增长与金融稳定之间的矛盾

遵循与上面同样的逻辑，当国内经济低迷，为了刺激经济增长，中央银行会实行扩张型货币政策，增加货币供应量，降低利率。利率降低，一方面会导致有价证券价格上升，或推动金融市场过度繁荣；另一方面，在开放经济条件下，利率降低会促使国际资金流出，造成汇率和外汇市场的波动。

7. 充分就业与国际收支平衡之间的矛盾

当就业率提高时，收入水平随之提高，有支付能力的需求就会扩大，对国外商品的需求和进口也会相应增加。这样就可能恶化国际收支平衡。为了改善国际收支平衡，中央银行一般会实行紧缩型货币政策，以抑制国内需求。这样又会导致就业机会减少和失业率提高。

8. 充分就业与经济增长之间的矛盾

通常情况下，充分就业与经济增长之间具有正相关关系，但是，如果就业增加带来的经济增长伴随着社会平均劳动生产率水平的下降，那就意味着经济增长是以投入产出比的下降为前提的，是一种粗放式增长。这不仅意味着本期浪费更多的资源，还会影响到后期的经济增长，因而这种就业增加是不可取的。只有就业增加所带来的经济增长同时伴随社会平均劳动生产率提高的情况才是应该鼓励的。

由以上分析可见，在货币政策的各个最终目标之间存在着不同程度的矛盾关系，处理这些目标之间的矛盾，应视具体情况具体分析，没有事先的定论。

专栏10.1

我国关于货币政策目标选择的观点

根据《中华人民共和国中国人民银行法》，我国的货币政策目标是："保持货币币值的稳定，并以此促进经济增长"。显然，在"稳定"与"增长"之间，有先后和主次之分。而在许多场合，两者往往存在较为突出的矛盾。因此，我国理论界对于中国货币政策的目标问题，一直存在着争论，主要有以下几种观点。

（1）单一目标观点。这其中又有两种相互对立的意见：一种认为物价稳定是经济正常运行和发展的基本前提，强调物价稳定是货币政策的唯一目标；另一种认为货币是再生产的第一推动力，主张以经济增长作为货币政策的目标，在此基础上稳定物价。

（2）双重目标观点。这种观点认为，中央银行的货币政策目标应当同时兼顾经济增长和物价稳定两方面的要求，即在经济增长中追求物价稳定，在物价稳定中追求经济增长——统筹兼顾，二者的要求才能实现。

（3）多重目标观点。在改革开放不断深化的大背景下，鉴于就业和国际收支问题对宏观经济的影响越来越大，有人提出，我国的货币政策目标应该包括充分就业、国际收支平衡、经济增长和物价稳定等多个方面，即目标应该是多重的。

从实践来看，我国对货币政策目标的提法也在不断发生变化。1986年，国务院在《中华人民共和国银行管理条例》中首次对包括中央银行和商业银行在内的所有金融机构的"任务"做了界定，即“发展经济、稳定货币、提高社会经济效益”。这可以算是对中国货币政策目标的首次表述。1994年国务院《关于金融体制改革的决定》以及1995年通过的《中国人民银行法》中，货币政策的目标被表述为“保持货币币值的稳定，并以此促进经济增长”。2007年11月5日，中国人民银行指出，我国货币政策要坚持多目标，并强调促进经济发展，通过发展来不断解决工作中所面临的各种难题。中央银行制定货币政策要兼顾多个重要经济参数变量。2016年6月24日，中国人民银行行长周小川在华盛顿参加国际货币基金组织中央银行政策研讨时再次明确指出：“长期以来，中国政府赋予央行的年度目标是维护价格稳定、促进经济增长、促进就业、保持国际收支大体平衡。从中长期动态角度来看，转轨经济体的特点决定了中国央行还必须推动改革开放和金融市场发展……”。

10.3 货币政策工具

中央银行要实现其货币政策目标，必须有相应的政策工具。货币政策工具是中央银行为实现货币政策目标而使用的各种策略手段。根据中央银行的调控方式不同，货币政策工具可以分为两大类，即直接调控货币政策工具和间接调控货币政策工具。

10.3.1 直接调控货币政策工具

直接调控货币政策工具是指中央银行为达到货币政策目标依法对商业银行信用和货币供应量或利率进行直接干预的各种手段和措施，主要有信用分配、利率管制、流动性比率和直接干预等。

1. 信用分配

信用分配是指中央银行根据国家的经济形势，权衡经济发展对信贷资金需要的轻重缓急之后，对商业银行的信贷规模和信贷投向加以合理分配和限制的措施。中央银行这样做是为了使有限的信贷资金用到最急需的地方去，避免信用过度扩张。

2. 利率管制

利率管制主要是指中央银行对商业银行的存贷款利率进行管制，直接规定存贷款的利率水平。利率管制的目的是防止商业银行竞争性提高利率争夺存款或竞争性降低利率争夺贷款，形成恶性竞争而威胁到银行体系的稳定，其中最主要的是对存款利率上限进行规定，防止商业银行在吸收存款方面进行恶性竞争。

3. 流动性比率

流动性比率是指流动性资产对存款的比重。中央银行为了限制商业银行的信用能力，有时会规定商业银行的流动性比率。为了保持中央银行规定的流动性比率，商业银行就不能任意把一些流动性资产用于长期贷款，由此中央银行也就达到了限制信用扩张的目的。

4. 直接干预

直接干预是指中央银行直接对商业银行的经营方针、信贷业务、放款范围等加以干预，如直接限制放款额度，直接干预商业银行对存款的吸收，对业务经营不当的商业银行拒绝再贴现或实行惩罚性利率等。采取直接干预主要是因为商业银行在其业务经营中违背了国家的货币信用政策。

总的来说，直接调控货币政策工具的实施效果一般很差，会扭曲资源的配置效率，因此，现在一般都采用间接调控货币政策工具。

10.3.2 间接调控货币政策工具

间接调控货币政策工具是指中央银行为达到货币政策目标用来调控商业银行信用和货币供应量或利率的各种市场化手段和措施。按照货币政策工具对经济的影响范围不同，间接调控货币政策工具又可以分为两类，即一般性货币政策工具和选择性货币政策工具。

1. 一般性货币政策工具

一般性货币政策工具是中央银行调控货币和经济的常规手段，主要是针对社会信用总量和货币供给总量进行控制，是对货币和经济具有全局影响的政策工具。一般性货币政策工具包括“三大法宝”，即法定存款准备金率、再贴现率和公开市场操作。

（1）法定存款准备金率

存款准备金是指金融机构为保证客户提取存款和资金清算需要而准备的资金，金融机构按法律规定向中央银行缴纳的存款准备金占其存款总额的比例就是法定存款准备金率。中央银行通过调整法定存款准备金率，影响金融机构的信贷资金供应能力，从而间接调控货币供应量。法定存款准备金率越高，商业银行可自由利用的资金就越少，机会损失就越多。调整法定存款准备金率可从两个方面影响货币供应量。一方面，调整法定存款准备比率会改变银行体系的准备金结构。提高或降低法定存款准备金比率，会使银行体系的超额准备金和法定准备金相互转化，此消彼长，从而影响银行体系创造派生存款的基础。另一方面，法定存款准备金率是影响货币乘数的一个重要因素。提高/降低法定存款准备金率会降低/提高货币乘数值，从而影响银行体系扩张货币的能力。

法定存款准备金率作为一种货币政策工具，其优点是：对货币供应量具有极强的影响力，力度大、速度快、效果明显，并且它对所有银行的影响力度都是平等的。但换一个角度看，其优点或许正是其缺点：首先，它作用力猛烈，难以进行微调，即使调整幅度很小，也会引起货币供应量的巨大波动，因而不适合用作中央银行的日常操作工具；其次，尽管它对所有银行的影响力度平等，但对不同银行的影响效果却不一样。当中央银行提高法定存款准备金率时，可能会使那些超额准备金率较低的银行陷入流动性困境。因此，中央银行一般很少用法定存款准备金率来调控货币供应量。

专栏10.2

我国的法定存款准备金率

我国在1984年开始建立存款准备金制度，并多次对准备金制度进行了改革。此外，我国法定准备金率也经过了多次调整。1984年开始实施存款准备金制度时，规定的存款准备金率为3档：企业存款20%，农村存款25%，储蓄存款40%。由于比例过高，且准备金率的确定并不合理，于是1985年改为统一的10%。此后为了配合紧缩性货币政策的实施，1987年上调为12%，1988年再上调为13%。1989年进一步规定各专业银行需在13%的法定准备金之外，再缴存5%的备付金。1998年将法定准备金率下调为8%。1999年由8%下调至6%，以增加资金供给，刺激经济增长。2003年由6%上调为7%，主要目的是为了防止货币信贷总量过快增长。2004年开始实行差别存款准备金率制度，并将存款准备金率由7%上调至7.5%。2006年我国3次调高了存款准备金率。2007年我国连续10次上调存款准备金率，2008年上半年存款准备金率又继续5次上调，目的是加强银行体系流动性管理，保持物价水平的基本稳定。2008年9月至该年年底，在国际金融危机急剧恶化的背景下，我国4次下调存款准备金率，以保持银行体系流动性供应，稳定经济增长和市场信心。2010年和2011年上半年我国分别6次共12次上调存款准备金率，以冻结市场多余的流动性，更好地遏制物价上涨势头。2011年第四季度后，由于欧洲主权债务危机进一步加剧等的影响，我国分别于2011年12月、2012年2月和2012年5月共3次下调存款准备金率。2014年4月和6月，又两次实施定向降准，建立引导金融机构提高“三农”和小微企业贷款比例的正向激励机制，分别下调县域农村商业银行和农村合作银行人民币存款准备金率2 个和0.5个百分点，对符合审慎经营要求且“三农”或小微企业贷款达到一定比例的商业银行下调人民币存款准备金率0.5个百分点。此外，下调财务公司、金融租赁公司和汽车金融公司人民币存款准备金率0.5个百分点。2015年以来，中国人民银行5次调整了存款准备金率，包含4次普遍降准和5次定向降准，累计普遍下调金融机构存款准备金率2.5 个百分点，累计额外定向下调金融机构存款准备金率0.5个至6.5个百分点。2016年3月，中国人民银行再次普遍下调金融机构人民币存款准备金率0.5个百分点，以保持金融体系流动性合理充裕。2007年1月至2015年10月，我国存款准备金的变化情况如图10-1所示。

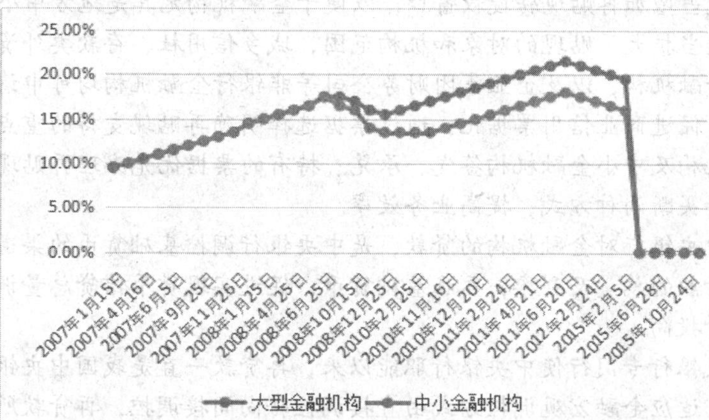

图 10-1　中国法定存款准备金率的调整

（2）再贴现率

所谓再贴现是指商业银行将其持有的未到期已贴现商业票据拿到中央银行进行贴现的行为。再贴现率是中央银行在商业银行进行再贴现时向其收取的利率，其是商业银行进行再贴现所必须支付的一个成本。在货币政策操作中，中央银行通过变动再贴现率，影响商业银行进行再贴现的意愿，进而影响其准备金和基础货币。具体说来，当中央银行提高再贴现率，再贴现成本提高，商业银行就会减少再贴现的数量，从而减少其准备金和基础货币；反之，当中央银行降低再贴现率，再贴现成本降低，商业银行就会增加再贴现的数量，从而增加其准备金和基础货币。

再贴现在很大程度上体现了中央银行最后贷款人的职能，而作为一项政策工具，它还具有“告示效应”，作为一种信号表明中央银行未来的货币政策意向，影响商业银行或社会公众的预期。例如，当中央银行提高再贴现率，据此人们可能会认为中央银行要紧缩货币供给，从而预期物价水平会下降；反之，当中央银行降低再贴现率，据此人们可能会认为中央银行要扩张货币供给，从而预期物价水平会上升。

再贴现的优点是中央银行可利用它来履行最后贷款人的职能，并在一定程度上体现中央银行的政策意图，既可以调节货币总量，又可以调节信贷结构。再贴现的缺点是，中央银行在其中处于被动地位，一方面，是否申请再贴现，何时申请再贴现或贴现多少都取决于商业银行的意愿；另一方面，如果一国金融市场发达，融资渠道多，商业银行就有可能通过其他途径筹措资金，而不去进行再贴现。

专栏10.3

我国的再贴现业务与再贷款业务

我国于1980年开始在全国少数几个城市试办商业票据的承兑贴现业务，1985年起在全国推开。作为宏观调控手段的再贴现业务则始于1986年。但主要有以下几个因素制约了我国再贴现业务的发展：（1）票据市场发展滞后，使再贴现业务发展缺乏有效而充分地市场调节；（2）商业银行办理票据承兑和贴现的数量较小，制约了再贴现业务的发展；（3）再贴现业务的操作缺陷制约了再贴现业务的发展，如对再贴现实行限额管理，再贴现的条件过严、手续较烦琐等。

2008年以来，为有效发挥再贴现促进结构调整、引导资金流向的作用，人民银行进一步完善再贴现管理：适当增加再贴现转授权窗口，以便于金融机构尤其是地方中小金融机构法人申请办理再贴现；适当扩大再贴现的对象和机构范围，城乡信用社、存款类外资金融机构法人、存款类新型农村金融机构，以及企业集团财务公司等非银行金融机构均可申请再贴现；推广使用商业承兑汇票，促进商业信用票据化；通过票据选择明确再贴现支持的重点，对涉农票据、县域企业和金融机构及中小金融机构签发、承兑、持有的票据优先办理再贴现；进一步明确再贴现可采取回购和买断两种方式，提高业务效率。

再贷款是指中央银行对金融机构的贷款，是中央银行调控基础货币的渠道之一。中央银行通过适时调整再贷款的总量及利率，吞吐基础货币，促进实现货币信贷总量调控目标，合理引导资金流向和信贷投向。

自1984年人民银行专门行使中央银行职能以来，再贷款一直是我国中央银行的重要货币政策工具。近年来，适应金融宏观调控方式由直接调控转向间接调控，再贷款所占基础货币的比重逐步下降，结构和投向发生重要变化。新增再贷款主要用于促进信贷结构调整，引导扩大县域和“三农”信贷投放。

来源：中国人民银行网站

（3）公开市场操作

所谓公开市场操作是指中央银行通过在证券市场上买卖有价证券，影响银行体系的准备金，进而影响货币供应量的行为。例如，当中央银行在公开市场上买入政府债券，就会增加银行体系的准备金，从而增加银行体系的货币创造基础，引起货币供应量的扩张；反之，当中央银行在公开市场上卖出政府债券，就会减少银行体系的准备金，从而减少银行体系的货币创造基础，引起货币供应量的收缩。

一般而言，中央银行公开市场操作对券种选择有两个基本要求：一是市场容量大；二是潜在风险小。一方面，只有市场容量足够大，中央银行在进行大规模公开市场操作时才不致引起证券价格的剧烈波动和资源的扭曲性配置，从而维护市场的公正和公平；才能保证充足的流动性，降低证券交易的潜在风险。另一方面，只有潜在风险小的债券，才有利于中央银行在大规模的交易和持有时，保证其自身的利益和安全。根据这两个基本要求，中央银行公开市场操作最理想的工具是短期政府债券。正因为如此，在公开市场操作成熟的国家，政府会频繁地大量发行期限非常短的债券，以便于中央银行的货币调控。

公开市场操作可以分为主动性的和防御性的两类。主动性公开市场操作旨在改变银行体系的准备金和基础货币。例如，当宏观经济出现衰退的迹象，投资减少、消费不振，中央银行为了扩大货币供应量，就会采取主动性的公开市场操作，大量买入政府证券，增加银行体系的准备金。防御性公开市场操作旨在抵消影响基础货币的其他因素变动的影响，从而使基础货币保持相对稳定。例如，政府存款的增加会减少基础货币，如果中央银行不希望政府存款的增加减少基础货币，它就可以通过在公开市场购买政府证券来冲销基础货币的减少。

公开市场操作通常以正回购或逆回购的方式进行。正回购是中央银行向金融机构卖出有价证券，并约定在未来特定日期按协商好的价格买回有价证券的交易行为。正回购是中央银行从市场收回流动性的操作，正回购到期则是中央银行向市场投放流动性的操作。而逆回购是中央银行向金融机构购买有价证券，并约定在未来特定日期按协商好的价格将有价证券卖回原来金融机构的交易行为。逆回购是中央银行向市场上投放流动性的操作，逆回购到期则是中央银行从市场收回流动性的操作。一言以蔽之，逆回购就是央行主动借钱给银行；正回购则是央行把钱从银行那里抽走。

公开市场操作已成为许多国家最重要的日常性货币政策工具，它主要具有以下优点：①中央银行在公开市场操作中处于主动地位，买卖证券的数量和时机完全由中央银行控制；②公开市场操作灵活多变，可以进行经常性、连续性的操作，并且在调控过头时易于反向纠正，迅速改变其操作方向，直到满足中央银行的要求为止；③公开市场操作可对货币供应量进行微调，被称为“微调”的货币政策工具。当然，作为一种货币政策工具，公开市场操作也不可避免地存在一些缺点：①公开市场操作较为细微，政策意图的“告示作用”较弱；②需要以具有较为发达的证券市场作为前提。

专栏10.4

我国的公开市场操作

中国公开市场操作包括人民币操作和外汇操作两部分。外汇公开市场操作1994年3月启动，人民币公开市场操作1998年5月26日恢复交易，规模逐步扩大。1999年以来，公开市场操作发展较快，目前已成为中国人民银行货币政策日常操作的主要工具之一，对于调节银行体系流动性水平、引导货币市场利率走势、促进货币供应量合理增长发挥了积极的作用。

中国人民银行从1998年开始建立公开市场业务一级交易商制度，选择了一批能够承担大额债券交易的商业银行作为公开市场业务的交易对象。近年来，公开市场业务一级交易商制度不断完善，先后建立了一级交易商考评调整机制、信息报告制度等相关管理制度，一级交易商的机构类别也从商业银行扩展至证券公司等其它金融机构。

中国人民银行公开市场操作工具包括国债、政策性金融债以及中央银行票据等。从交易品种看，中国人民银行公开市场业务债券交易主要包括回购交易、现券交易和发行中央银行票据，其中，回购交易分为正回购和逆回购两种；现券交易分为现券买断和现券卖断两种；中央银行票据即中国人民银行发行的短期债券。

中国人民银行公开市场操作以招标方式形成价格（利率）机制。

来源：中国人民银行网站

2. 选择性货币政策工具

选择性货币政策工具对货币和经济的影响只是局部而非全局性的，是中央银行针对某些特殊经济领域或特殊信贷而采用的信用调节工具，偏重于调节资金结构和经济结构。目前，选择性货币政策工具主要有以下几种。

（1）消费信用控制

消费信用控制是指中央银行为控制不动产以外的各种耐用消费品的销售融资而采用的一种政策措施，其主要内容包括：首付款的最低金额、借款的最长期限、购买耐用消费品的种类等。

现在，我们的很多消费都可以通过消费信用获得，但是，当消费需求增长过快时，就可能引发或加剧通货膨胀；反之，如果消费需求严重不足，就会造成企业的库存增加，打击企业的投资意愿，使经济陷于衰退。为了降低因消费需求的波动而导致的经济周期波动，中央银行可进行消费信用控制。当经济过热、通货膨胀率较高时，就紧缩消费信用；反之，当经济增长乏力、消费需求不振时，就扩大消费信用。

（2）不动产信用控制

不动产信用控制指中央银行对商业银行等金融机构在房地产方面贷款的限制措施，其主要内容包括：贷款的最高限额，贷款的最长期限，首付款的最低金额，分期还款的最低金额。不动产信用控制的应用逻辑与上述消费信用控制类似。

3. 证券市场信用控制

证券市场信用控制是指中央银行对有关证券交易的各种贷款进行限制，旨在抑制过度投机。如控制证券保证金比率，并根据证券市场的状况随时进行调整。证券保证金比率是指证券购买者在买入证券时必须支付现款的比率。证券保证金比率越低，人们在证券交易时受自有资金的约束就越小，就越容易引发道德风险；反之，证券保证金比率越高，人们在证券交易时受自有资金的约束就越大，就可更加有效地抑制证券市场的投机气氛。

4. 道义劝告

道义劝告也叫窗口指导，是指中央银行凭借自己在金融体系中的特殊地位和威望，以书面通告、指示或口头通知甚至与金融机构负责人面谈等形式向商业银行及其他金融机构通报经济形势，说明其立场，使其自觉采取相应措施，配合中央银行货币政策的实施。道义劝告不具有强制性，但鉴于中央银行的地位和威望，金融机构通常都会采取合作态度。

5. 优惠利率

优惠利率是指中央银行对国家拟重点发展的某些行业、部门规定较低的贷款利率，以刺激这些部门及行业的生产，调动它们的积极性，实现产业结构和产品结构的调整和优化。优惠利率不仅在发达国家普遍采用，在发展中国家也多有采用。

6. 特种存款

特种存款是指中央银行根据商业银行和其他金融机构信贷资金的营运情况，根据银根松紧和资金调度的需要，以特定方式向这些金融机构集中一定数量的资金。特种存款是中央银行回笼流动性一种政策工具。

综上所述，一般性货币政策工具的影响具有全局性，主要针对社会信用总量和货币供给总量进行控制，而选择性的货币政策工具的影响只是局部性的，偏重于调整资金结构和经济结构。这两类工具的配合使用，可以兼顾到总量调节和结构调整。

专栏10.5

全球金融危机以来我国的货币政策工具创新

为应对2008年全球金融危机对我国经济的冲击以及后危机时期的结构性调整，我国进行了一系列货币政策创新，包括短期流动性调节（Short-term Liquidity Operations，SLO）、常备借贷便利（Standing Lending Facility，SLF）、中期借贷便利（Mid-term Lending Facility，MLF）、抵押补充贷款（Pledged Supplementary Lending，PSL）和定向降准等，丰富并优化了货币政策工具箱。

（一）短期流动性调节

短期流动性调节（SLO）由中国人民银行于2013年年初创设，是公开市场常规操作的补充工具，原则上在公开市场常规操作的间歇期使用，以7天期内短期回购为主，遇节假日可适当延长操作期限，采用市场化利率招标方式开展操作。中国人民银行根据货币调控需要，综合考虑银行体系流动性供求状况、货币市场利率水平等因素，灵活决定该工具的操作时机、操作规模及期限品种等。该工具的操作对象为公开市场业务一级交易商中具有系统重要性影响、资产状况良好、政策传导能力强的部分金融机构。从实际操作来看，绝大部分SLO操作的方向都是投放流动性的，可以认为SLO是一种超短期的逆回购。

（二）常备借贷便利

常备借贷便利（SLF）也是由中国人民银行于 2013 年年初创设的，其主要功能是满足金融机构的大额流动性需求，期限比短期流动性调节长，最长为3个月，以1～3个月期操作为主；利率水平根据货币调控需要、发放方式等综合确定。常备借贷便利主要以抵押方式发放，合格抵押品包括高信用评级的债券类资产及优质信贷资产等。常备借贷便利的初期使用对象为政策性银行和全国性商业银行，2015年年初已扩展到相当一部分的中小金融机构，在操作上由金融机构根据自身流动性需求主动发起对常备借贷便利的申请。常备借贷便利的操作主要解决节假日等影响资金面波动较大的问题。由于该政策工具需要金融机构提供高质量的抵押品，且由金融机构主动发起，有学者将其视作一类特殊的再贷款形式。

（三）中期借贷便利

中期借贷便利（MLF）创设于2014年9月，是中央银行提供中期基础货币的货币政策工具，对象为符合宏观审慎管理要求的商业银行、政策性银行，可通过招标方式开展。中期借贷便利采取质押方式发放，金融机构提供国债、央行票据、政策性金融债、高等级信用债等优质债券作为合格质押品。中期借贷便利期限为3个月或6个月，其利率发挥中期政策利率的作用，通过调节向金融机构中期融资的成本，引导金融机构降低贷款利率，支持实体经济增长，支持机构加大对小微企业和“三农”等国民经济重点领域和薄弱环节的支持力度。中期借贷便利与常备借贷便利的相比区别不大，只是期限更长一些，作为中期流动性管理工具，更能稳定市场的预期。它的出现既能满足稳定利率的要求，又能不直接向市场投放基础货币，在外汇占款渠道投放基础货币出现阶段性放缓的情况下，起到了主动补充流动性缺口的作用。

（四）抵押补充贷款

抵押补充贷款（PSL）于2014年4月创设，是中央银行长期基础货币的投放工具，其初衷是为开发性金融（国家开发银行）支持“棚户区改造”重点项目提供长期稳定、成本适当的资金来源。抵押补充贷款采取质押方式发放，合格抵押品包括高等级债券资产和优质信贷资产。实际操作中，国家开发银行获得抵押补充贷款时的抵押物为棚改项目贷款，期限为3年，贷款利率低于同期市场利率，还款来源是国开行未来在银行间债市发行的住宅金融专项债券。此外，央行还对其他若干家股份制银行和大型城商行投放抵押补充贷款，旨在为支持国民经济重点领域、薄弱环节和社会事业发展而对金融机构提供期限较长的大额融资。

（五）定向降准

定向调整存款准备金率的政策主要从2014年开始使用，但早在2010年，央行和银监会就出台了《关于鼓励县域法人金融机构将新增存款一定比例用于当地贷款的考核办法（试行）》的通知，规定对一定比例存款投放当地且考核达标的县域法人金融机构，存款准备金率按低于同类金融机构正常标准1%执行，实质上相当于定向降低部分县域金融机构的存款准备金率。此后，自2014年起，央行已多次使用定向降准政策，引导流动性向县域、三农（农村、农业、农民）、小微企业、消费领域扩张。

来源：许光建、吴珊，全球金融危机以来我国的货币政策工具及其创新，行政管理改革，2015年第11期

10.4 货币政策中介目标

10.4.1 中介目标的概念

货币政策中介目标的概念是20世纪60年代由美国经济学家最早提出的。所谓货币政策中介目标，是指中央银行在货币政策实施过程中为更好地观测货币政策的效力并保证最终目标的实现，在货币政策工具和最终目标之间插入的一些作为调节对象的过渡性指标。根据这些指标对货币政策工具反应的先后和作用于最终目标的过程，又可分为两类：一类是近期中介目标，中央银行对它的控制力较强，但离货币政策最终目标较远，又称为操作目标；另一类是远期中介目标，中央银行对它的控制力较弱，但离最终目标较近，又称为中间目标。

中介目标之所以重要，主要有两点原因：一是鉴于货币政策作用机理具有滞后性和动态性，有必要借助于一些能够较为迅速地反映经济状况变化的金融或非金融指标，作为观察货币政策实施效果的信号；二是鉴于货币政策制定者可能的机会主义行为，有必要为货币当局设定一个名义锚，以便社会公众观察和判断货币当局的言行是否一致。

10.4.2 中介目标的选择标准

货币政策的中介目标不是任意选取的，一般认为，货币政策中介目标的选取必须满足3个标准，即可测性、可控性和相关性。

1. 可测性

可测性有两个方面的含义：一是中介目标有比较明确的定义，可以量化，便于观察、分析和监测；二是中介目标的准确数据能够为中央银行及时获取。二者缺一不可。

2. 可控性

可控性是指中央银行能够运用各种货币政策工具，对中介目标进行有效地调节和控制，即这个变量是中央银行可以大致直接控制的，能够在足够短的时间内按照货币政策工具设定的方向和力度发生变化。

3. 相关性

相关性是指中介目标与货币政策最终目标之间必须存在密切、稳定的统计上的相关性，中介目标变量发生变化必定会引起最终目标变量发生某种程度的变化，中央银行可以根据中介目标变量的变化来判断最终目标变量的变化情况。

另外，针对经济转型国家的实际情况，一些学者还提出了中介目标选择的另外两个标准，即抗干扰性和与经济金融体制的适应性。在经济转型国家，货币政策的实施常会受到许多外来因素或非政策因素的干扰，只有选取那些抗干扰性强的中介指标，才有利于顺利达到最终目标。另外，经济金融体制不同，中央银行为实现既定的货币政策目标而采用的政策工具不同，选择作为中介目标的指标变量也必然有所区别，所选取的中介目标变量必须与经济金融体制有良好的适应性。

10.4.3 货币政策近期中介目标（操作目标）

可选作近期中介目标的指标一般有短期利率、基础货币、超额准备金和再贷款等。

1. 短期利率

短期利率是指在货币供求关系作用下的利息收益与本金的比率，包括同业拆借利率、回购利率等等，经常被选作操作目标的短期利率是银行同业拆借利率。银行同业拆借市场作为货币市场的基础，其利率通常是整个货币市场的基准利率。从可测性来看，中央银行可以很方便地得到银行同业拆借利率的有关数据；从可控性来看，中央银行可以利用公开市场操作或再贴现等政策工具来调控同业拆借利率；从相关性来看，中央银行通过调控银行同业拆借利率就可以影响货币供应量，以影响长期利率，从而有较强的相关性。当然，短期利率作为操作目标也有缺陷，主要是由于短期利率的变化非常快，可能影响其可测性和可控性。

2. 基础货币

基础货币由流通中的通货和银行准备金组成，是货币供应量倍数伸缩的基础。从 3 个标准来看，基础货币是比较理想的操作目标。首先是可测性强，基础货币直接表现为中央银行的负债，其数额随时反映在中央银行的资产负债表上，很容易为中央银行所掌握。其次是可控性强，通货可以由中央银行直接控制，非借入准备金可以由中央银行通过公开市场操作完全控制，借入准备金虽不能完全控制但可以通过贴现窗口进行目标设定，并进行预测。再次是相关性也比较强，货币供应量等于基础货币与货币乘数之积，只要中央银行控制了基础货币，就等于间接控制了货币供应量，从而就能进一步影响利率、价格及国民收入，实现其最终目标。

3. 超额准备金

银行准备金是指商业银行和其他存款机构在中央银行的存款余额及其持有的库存现金。按准备金的需求性质，准备金可以划分为法定存款准备金和超额准备金两部分。法定存款准备金是银行按照法律规定所必须上交的那部分准备金，其数量取决于银行吸收存款的数量和法定准备金率。超额准备金是总准备金扣除法定准备金后的那部分。从可测性来看，由于超额准备金并不明显地反映在中央银行的资产负债表上，其可测性就不太好；从可控性来看，商业银行持有多少超额准备金，是根据自身的利益最大化、风险偏好等因素来决定的，中央银行对商业银行超额准备金的可控性并不是很强；从相关性来看，超额准备金与信用总量和存款货币的波动具有较大的相关性，在经济趋向繁荣时，对贷款的需求增加，商业银行会减少超额准备金，增加放款，从而满足投资需求和促进经济增长。

4. 再贷款

再贷款是中央银行对商业银行提供的贷款。就可测性而言，再贷款直接反映在中央银行资产负债表的资产方，中央银行可以直接从其资产负债表中得到有关再贷款的真实数据；就可控性而言，再贷款是中央银行的资产活动，理论上中央银行完全可以按照自己的目标控制再贷款的规模；就相关性而言，中央银行通过调整再贷款的规模能够影响商业银行的超额准备金，从而与商业银行的信贷规模相关性较强。一般而言，只有当企业对商业银行的信贷需求大量增加时，商业银行才会向中央银行申请再贷款。因此，再贷款与经济波动是顺周期的。

10.4.4 货币政策远期中介目标（中间目标）

可选作远期中介目标的指标一般有长期利率、货币供应量、信贷规模和汇率等。

1. 长期利率

长期利率是指凭借长期金融投资所取得的利息收益与投资资本的比率。西方传统的货币政策多以长期利率作为中介目标，是因为：（1）从可测性来看，长期利率可以量化，其数据能够经常汇集，中央银行可及时获得长期利率变动的有关数据；（2）从可控性来看，长期利率通常受到银行系统可贷资金的作用，而可贷资金又受到中央银行资产的控制，因此，长期利率属于中央银行影响可及的范围；（3）从相关性来看，长期利率与投资、消费等都具有较高的相关性。长期利率上升，投资和消费可能都会减少，反之则反是。

当然，长期利率作为远期中介目标也有其局限性：（1）要求利率市场化，如此利率才能正确反映并有效调节货币需求；（2）要求货币市场和资本市场的发育都比较成熟，这样中央银行才易于通过控制短期利率而有效影响长期利率，进而影响投资和消费；（3）中央银行能够调控的是名义利率而非实际利率，它说明不了借贷的实际成本；（4）利率作为经济的内生变量和政策变量往往难以区分，使政策效果和非政策效果混杂在一起，导致中央银行无法确定政策是否有效，容易造成错误判断。由于这些局限性，长期利率一般只是作为远期中介目标的参考变量。

2. 货币供应量

货币供应量是以弗里德曼为代表的现代货币主义者所推崇的中介目标。依据中介目标的 3 条标准来看，货币供应量不失为一个性能较为良好的指标。（1）可测性较强，M_0、M_1、M_2 等各层次货币指标都有明确的定义，分别反映在中央银行和商业银行及其他金融机构的资产负债表内，可以很方便地收集、测算和分析；（2）在可控性方面，M_0 直接由中央银行发行并进入流通；至于 M_1 和 M_2，中央银行可以通过公开市场操作、调整法定存款准备金率、调整再贴现率等手段，影响基础货币和货币乘数，实现对其较大程度的控制；（3）就相关性而言，货币供应量的变动对投资、消费或净出口都会带来一定的影响，与总产出、物价水平和就业水平等经济变量有着十分密切的关系。

但以货币供应量作为中介目标也有几个问题需要考虑：一是货币供应量的变动除了受制于基础货币的改变，还受其他种种非政策性因素的影响，如现金漏损率、商业银行超额准备金率、定期存款比率等，并非中央银行所能完全控制；二是货币供应量传导的时滞问题，即中央银行通过变动准备金影响货币供应量，此间存在较长的时滞；三是不同层次的货币与货币政策最终目标的相关性可能有强弱差异。例如，M_0 和 M_1 一般与物价水平之间的相关性较强，而 M_2 通常与投资、就业和经济增长之间存在较强的相关性。

最后，近些年来，随着金融创新的迅猛发展和新型金融工具的大量涌现，货币的边界日益模糊，使得货币供应量的计量日趋复杂，中央银行对货币供应量的控制也更加困难，使其作为货币政策中介目标的可测性和可控性均受到冲击。

3. 信贷规模

以信贷规模作为中介目标，主要通过央行对商业银行贷款限额的控制来调节全社会的信用总量。理论上，信贷规模也符合中介目标选择的 3 个标准。首先，从可测性来看，信贷规模有明确的定义，其数据可通过对商业银行和其他金融机构的贷款金额加总得到，这对中央银行而言并非难事；其次，在可控性方面，中央银行可通过行政方式规定商业银行信贷规模的上限，中央银行对信贷规模的控制能力从理论上说是较强的。最后，就相关性而言，信贷规模与经济增长之间存在较强的相关性。信贷是企业资本投资和流动资金的主要融资渠道，它是顺循环的，信贷规模增加，投资和消费就会增加，从而促进经济增长。

在过去相当长的时期内，信贷规模一直是我国货币政策的一个主要中介目标。但是，随着经济体制改革的深入，信贷规模已不宜再作为我国货币政策的中介目标，其局限性主要表现为：①信贷规模往往人为制定，很难做到科学合理，据此进行调节难保有效；②信贷规模的调节过程具有明显的行政性干预色彩和对信用总量的直接性调控，往往对宏观经济造成较大冲击，且不利于商业银行自主经营；③随着融资渠道与方式的多样化，以单一的信贷规模作为中介目标的可控性越来越低。因此，从1998年起，我国就取消了信贷规模控制，实行资产负债比例管理，商业银行贷款的发放完全取决于其负债规模、利润目标和风险控制。这样以来，中央银行对信贷规模的可控性进一步下降。

4. 汇率

在开放经济下，汇率是唯一与国际收支直接相关、能够迅速反映国际收支变化情况及趋势的经济变量，因而特别适合用作以国际收支平衡作为最终目标的货币政策的中介变量。汇率也在一定程度上符合货币政策中介目标的3个标准：①可测性，汇率作为一种货币交易价格，其数据来源广泛，中央银行很容易从商业银行、外汇市场和国际金融机构等来源获取；②可控性，中央银行不但可以通过外汇市场的公开市场操作直接调控汇率，理论上，在资本账户开放的条件下，中央银行还可通过调节利率迅速影响汇率；③相关性，汇率是与国际收支直接相关，汇率发生变动势必影响国际收支，这是由于国际收支很大程度上取决于贸易和资本品的价格，而汇率变动会对贸易和资本品的价格产生直接影响。另外，汇率变化还可通过影响进出口而影响一个国家的经济增长，特别是在外贸依存度越大的国家，汇率影响经济增长也越明显。

实践中，全球有一些国家出于特定的经济金融条件，将汇率作为货币政策的中介目标。主要有两类情况：一是小型开放的市场经济国家，由于对外依存度很高，国际经济对其经济稳定非常重要，理所当然将汇率作为货币政策的中介目标，如新加坡；二是发生恶性通货膨胀的国家，为了克服恶性通货膨胀，将本国货币与外国较强的货币强行挂钩，试图借此来增强对本币的信心，其间汇率自然被当作货币政策的中介目标，如历史上的墨西哥。

专栏10.6

货币政策的名义锚

名义锚是一种作为货币政策瞄准目标的名义变量。在政策选择的实践中，一个可信的事先政策承诺或规则必须有某个特定的名义锚。选择并宣布一个可观测的名义锚，是为了让公众监视政府的行为，以便评估政府是否坚持事先政策承诺。名义锚可划分为固定名义锚 、移动名义锚和基本名义锚3种类型。第一类，固定名义锚，是指将本国货币钉住一种商品或一组商品，由于这种情况下的价格水平在长期趋向较为固定，因而成为固定名义锚，最为典型的是金本位制下各国货币钉住金平价。第二类，移动名义锚。货币政策瞄准宏观名义量的增长，包括货币供应量目标，通货膨胀目标以及名义收入目标，由于这些变量通常表现为建立在历史经验基础上的增长率，而不产生回归平价的趋向，因而称为移动名义锚。第三类，基本名义锚。这一类名义锚并非完全区别于前两类，它主要是指根据另一国货币来管理本国货币价格水平的制度安排，尤指汇率锚。

名义锚是对一国货币价值施加的一种限制，在某种程度上它是货币政策成功的一种必要要素。名义锚之所以重要，首先，从纯技术角度讲，名义锚提供了价格水平唯一决定的条件，它通过直接对本币价值的抑制，明确了通货膨胀预期，促进了价格水平的稳定；其次，更广泛地讲，它可以看作是施加在相机抉择政策上的一种限制，有利于减弱货币政策动态不一致问题，增强了货币政策的信誉，明确了中央银行的责任，同时通过向公众传递这些钉住目标而提高了货币政策的透明度。经济学家通过研究发现，几乎每一种货币政策策略都对应着一种显性或隐性的名义锚。世界范围内可以为货币政策提供名义锚的货币政策框架有：汇率目标制、货币供应量目标制、通货膨胀目标制、有隐性名义锚而无显性名义锚的货币政策。《国际金融统计》（IMF，1999）将世界各国的货币政策按名义锚进行分类：（1）汇率名义锚，政府随时准备买卖外汇资产以保证汇率维持在事先宣布的水平或波动区间，把汇率作为名义锚或货币政策中间目标；（2）货币供应量目标，政府运用政策工具来达到货币供应量（如M_1和M_2）增长率目标，货币供应量目标就变成了名义锚或货币政策的中间目标；（3）通货膨胀目标制框架，政府事先宣布中期的量化的通货膨胀率目标值，并通过制度承诺来保证目标实现。货币政策决策要用通货膨胀率目标值和预期通货膨胀率差来指导；（4）IMF支持或其他货币计划；（5）其他。通俗地说，名义锚的目标就是保证价格水平的稳定，中央银行为约束其过度的货币创造而向公众作出钉住某一名义变量的承诺，该名义变量就是货币政策钉住的名义锚。如果钉住的变量高于预先设定的水平，货币政策就会自动收缩；反之，如果低于预先设定的水平，货币政策就会自动放松。形象地说，名义锚的作用就如大船上的锚，它的泊位固定下来之后，经济之舟就不会因为通货膨胀而四处飘荡。

名义锚不同于货币政策中介目标，其相当于货币政策的目标变量，是由中央银行事先设定的一个明确的量化指标，不完全等同于货币政策的中介目标，但两者存在一定的交叉。首先，从世界各国的货币政策实践来看，通常被选作货币政策中介目标的指标变量有总量指标（货币供应量、信贷规模等）和价格指标（利率、汇率等）两大类。而货币政策的目标变量通常仅限于汇率、货币供应量和通货膨胀率3种。其次，关于货币政策中介目标的研究，侧重于强调两方面的内容：一是由于货币政策作用过程存在不确定性和时滞，因而需要借助于中介目标来观测货币政策的实施效果；二是中介目标的选取，必须要满足可测性、可控性和相关性3条标准。而关于货币政策目标变量的研究，除了重视这两点之外，更多的是要强调目标变量所具有的名义驻锚功能，一国中央银行设定目标变量往往都是基于某种十分明确的政策目的。最后，货币政策的目标变量是由中央银行事先设定的一个明确的量化指标，而中介目标不一定如此。例如，在利率作为货币政策中介目标的情况下，中央银行可能只是通过观测利率的变化 （并非事先设定一个量化的利率目标）来判断货币政策的执行效果。

来源：李辉，货币政策名义锚理论的发展与实践述评，湖北经济学院学报，2008年第2期

10.5 货币政策传导机制

货币政策传导机制是中央银行利用货币政策工具，通过引起经济过程中各中介变量的反应，进而影响实际经济变量发生变化达到货币政策最终目标的过程。更简单地说，就是中央银行执行货币政策后，通过什么样的途径达到货币政策的最终目标，实际上就是中央银行货币政策的变化如何影响实际经济。

自 20 世纪 30 年代凯恩斯建立宏观经济分析框架以来，各经济流派从不同的经济条件出发，分别形成了各自的货币政策传导机制理论。弗雷德里克·S·米什金根据货币与其他资产之间的不同替代性，将货币政策传导机制分为两大类，即货币渠道和信贷渠道。

货币渠道主要包括利率渠道、托宾 q 渠道、财富渠道以及汇率渠道。持货币渠道观点的学者认为，金融资产只有货币和债券两种形式，银行贷款只是债券的一种，贷款和债券可以相互替代。货币政策的传导过程仅是通过“货币途径”完成的，主要是通过不同金融资产的价格（主要是利率）的变化发生作用，并影响投资水平和产出。货币渠道只强调资产负债表中负债的一方，而忽视了资产的一方，认为货币供给变化的根源并不重要；不管货币总量的增加是银行发放贷款还是购买证券

引起的，它对经济活动都将产生同样的影响。不过，货币渠道观点建立在完全信息的金融市场假设基础上，而忽视了事实上的信息不完全问题和金融市场的自身结构问题。

信贷渠道主要包括银行贷款渠道和资产负债表渠道。持信贷渠道观点的学者认为，货币渠道只强调资产负债表中的负债一方是不对的，作为资产的一方同样会对经济活动产生重要影响，其作用甚至超过货币。信贷渠道可以理解为一个有关货币、债券和贷款 3 种资产组合的模型，并且在债券和贷款之间不存在完全替代关系。不对称信息和其他摩擦因素造成了外部融资成本（如发行股票、债券的成本）与内部融资成本（如留存利润的机会成本）之间的“外部融资溢价”。“外部融资溢价”是信贷渠道的核心概念，它反映了信用市场的不完全性。根据信贷渠道理论，货币政策不仅影响到一般利率水平，而且还影响到外部融资溢价的大小，外部融资溢价的变化比单独利率变化能更好地解释货币政策效应的强度、时间和构成，银行信贷的可得性在货币政策的传导过程中占据重要地位。该理论的缺陷在于信贷渠道主要影响中小企业，对大企业的影响并不显著。此外，金融创新产生了很多替代银行信贷的金融工具，也导致了信贷渠道的局限。

10.5.1 货币渠道

货币渠道主要包括利率渠道、托宾 q 渠道、财富渠道以及汇率渠道。

1. 利率渠道

凯恩斯的货币政策利率渠道传导机制理论认为，在既定的流动性偏好（即货币需求函数）下，货币供应量的增加导致市场利率的下降；在既定的资本边际效率下，更低的利率刺激投资支出的增加；投资通过投资乘数效应导致产出增加。其中，利率是核心环节。货币政策通过利率渠道发挥作用的关键途径有两条：一是货币与利率的关系，即流动性偏好；二是利率与投资之间的关系，即投资利率弹性。其传导过程如下。

$$货币供应量（M_s）\uparrow \rightarrow 利率（i）\downarrow \rightarrow 投资（I）\uparrow \rightarrow 产出（Y）\uparrow$$

凯恩斯利率渠道传导机制可能受到如下几种情形制约而无效。

（1）当利率十分低时，货币供应量的扩张被货币流通速度的减缓所抵消，投资的利率弹性非常低，货币政策进入“流动性陷阱”，则货币政策传导机制中断。

（2）即使在利率达到“流动性陷阱”之前，如果社会公众的流动性偏好比货币数量增加得更快，增加货币供应量也不可能降低利率，从而导致货币政策传导无效。

（3）中央银行通过货币扩张实现了利率水平的下调，但资本的边际效率下降，且下降的速度比利率下降的速度还要快时，扩张性货币政策也基本无效。

（4）当消费倾向下降，且下降力量大于投资力量时，旨在刺激总需求的货币政策也属无效。

（5）如果社会处于未充分就业状态，货币供应量的增加会引起收入和物价的上涨，但物价上涨的幅度小于货币供应量增加的幅度；如果社会已经处于充分就业状态，生产资源和劳动力的供给不再具有弹性，商品短期供给弹性逐渐趋于零。此时，物价水平随货币数量的增加而同比例地上涨，扩张性货币政策传导机制基本上无效。

2. 托宾 Q 渠道

托宾 Q 为企业的市场价值与资本重置成本之比，即：Q=企业的市场价值/企业资本的重置成本。其含义是：在均衡状态下，Q=1，表明资本以经济的自然增长速度重置和扩张；如果 Q>1，表明企业的市值高于重置成本，企业只需发行少量股票就可以获得较多新的投资品，企业投资支出将会上升；如果 Q<1，企业的市值低于重置成本，投资新项目就不如在市场上收购即有企业更划算，公司将不去购买新的投资品，投资支出将会降低。传导过程如下。

货币供给量（M_s）↑→股票价格（P_s）↑→Q↑→投资（I）↑→产出（Y）↑

托宾的Q理论说明了货币政策通过股票价格作用于实际经济的过程。Q理论必须具备一定的前提条件。首先，经济主体能够按照经济原则，自主、灵敏地调整自身的资产结构。其次，有完善的市场体系，特别是金融市场体系，要有种类繁多的、适应不同投资偏好的经济主体需求的金融产品。从传导过程看，中央银行货币政策对Q值的影响并不一定是直接的。它是通过股票价格的变动引致的资产选择和资产替代行为而体现的。这种选择行为分别包括货币资产和其他金融资产之间以及金融资产和实物资产等。因此，在这个货币政策的传导过程中，与实际资产的重置成本相关的股票市场价值是新增投资的主要决定因素，Q就成了托宾理论体系中货币政策影响实际经济活动的唯一纽带。但是，Q值难以作为主动性的调控指标，因为货币政策并不是影响Q值的唯一因素。在现实经济运行中，除货币政策以外的许多政治经济因素，如比较重大的事件、经济主体的预期及其变化、政治的变化等，都能够从不同的侧面、以不同的方式影响Q值。因此，货币政策与Q值的联系并不紧密。

3. 财富渠道

所谓财富，是指人们所持有的所有未来收入的现在价值，或者说是人们所持有的能够带来收入的资产。储蓄生命周期理论认为，消费者是按时间均匀地安排他们一生的消费支出的，而决定消费者支出的是消费者的毕生财富，不仅仅是当期的收入水平。毕生财富包括人力资本、真实资本和金融财富等，金融财富的主要内容是股票和债券。当中央银行增加货币供给量，导致股票和债券价格上升，消费者的毕生财富就会增加，消费者就会扩大意愿消费支出，进而影响国民收入。因此，财富渠道可表示如下。

货币供给量（M_s）↑→股票价格（P_s）↑→毕生财富（A）↑→消费（C）↑→产出（Y）↑

另外，货币也是财富的重要表现形式之一，是决定消费支出和投资支出的重要决定因素。货币供应量的增加或减少，会直接改变财富的数量，使人们感到富裕或贫穷，从而改变自己的消费支出意愿，进而影响国民收入水平的变动。这也是财富渠道传导机制的一种表现形式。

4. 汇率渠道

根据蒙代尔-弗莱明模型，在固定汇率制度下，无论资本是否完全自由流动，中央银行的货币政策都无效。在浮动汇率制度下，汇率渠道传导机制的逻辑则简单明了：外汇被看作是资产的一种存在形式，而汇率成为外汇资产的价格表示，汇率的变动对调整国内经济有着重要作用。当货币供应量扩张，导致国内利率下降，国内货币储蓄相对外币储蓄变得缺少吸引力，导致相对于其他货币的本国货币存款的价值下降，本币贬值。国内货币的价值下降使国内货物比国外货物相对便宜，引起净出口的上升，从而总产出上升，传导过程如下。

货币供应量（M_s）↑→利率（i）↓→汇率（e）↑→净出口（NX）↑→产出（Y）↑

10.5.2 信贷渠道

信贷渠道是新凯恩斯主义发展出来的货币传导机制，指非货币金融资产中的银行贷款与债券和股票不可完全替代时，货币供给的变化影响银行信贷供给，从而进一步影响投资和消费的作用过程。简单地说，就是指货币政策的变化通过银行系统引起了信贷市场的系统性变化，从而影响实体经济。信贷渠道有两个主要传导途径：银行贷款渠道和资产负债表渠道，其中，后者又可进一步细分为企业资产负债表渠道和居民资产负债表渠道两个具体传导途径。

1. 银行贷款渠道

银行贷款渠道是指中央银行采取特定的货币政策工具影响金融中介机构的贷款规模和贷款结

构，相应地影响到投资和总需求的变动。由于银行贷款与其他金融资产（如债券和股票）不可完全替代，特定类型的借款人的融资需求只能通过银行贷款得以满足，从而使得货币政策除经由一般的利率机制传导以外，还可通过银行贷款的增减变化进一步强化其对经济运行的影响。货币政策的这个传导过程并不依靠利率渠道而是通过影响信贷市场上的信贷可获得性发挥作用。以扩张性货币政策为例，其传导过程如下。

货币供应量（M_s）↑→银行活期存款（D）↑→银行贷款（L）↑→投资（I）↑→产出（Y）↑

即随着货币供应量增加，银行活期存款相应增加，从而当银行资产结构基本不变时，银行贷款的供给也随之扩大，结果在因利率普遍下降而扩大投资的基础上，致使那些依赖银行贷款融资的特定借款人进一步扩大投资，国民收入随之上升。

银行贷款渠道的关键在于，在银行资产负债表的负债方，存款没有很好的替代品，且对某些借款者而言，除了从银行信贷获得资金外，别无他途。在传统的利率渠道中，货币政策的变动所能作用的只是银行存款，只注重利率的变化对居民和企业货币需求以及消费和投资决策的影响。而信贷渠道理论认为银行存款的增加不但降低了利率，而且使银行贷款增加，增大了信贷的供给，促使投资水平上升。

最后，银行贷款渠道特别突出了银行在货币政策传导过程中的作用，认为银行既是中央银行调控的客体，也是货币市场上的主体，是联系中央银行和其他各类经济主体的重要桥梁，因此是金融市场不发达情况下货币政策的主要传导渠道。

2. 资产负债表渠道

广义的信贷渠道并不仅仅局限于银行贷款这个途径，西方学者也试图从资产负债表的角度来解释货币政策的传导机制。资产负债表渠道有企业资产负债表渠道和居民资产负债表渠道两个具体传导途径。

（1）企业资产负债表渠道

又称净财富渠道或非对称信息效应渠道。在信息不完全条件下，市场的投资水平正向地取决于企业的资产负债表状况，即企业净值与其负债之比。企业净值是指企业流动资产与可售抵押品之和。在资产负债表渠道下，货币政策通过影响企业的受信能力，从而影响到银行对其给予的授信，并影响到企业的投资活动，达到放大货币政策影响力的作用。从企业资产负债表渠道看，以紧缩性货币政策为例，其传导机制如下。

货币供应量（M_s）↓→利率（i）↑→股票价格（P_s）↓→企业利息成本↑→净现金流↓→逆向选择（A_s）↑&道德风险（MH）↑→贷款（L）↓→投资（I）↓→产出（Y）↓

其含义是：名义利率上升，从资本价值看，资产价格（股票）下跌，现有资本品的价值随之减少，企业的抵押品价格降低，净值降低，资产状况相应恶化；从净现金流量看，企业利息成本和利息支出费用开支增加，直接减少净现金流。由于净值降低，缺少为贷款提供的担保品，企业的逆向选择就会高，导致银行对其投资支出贷款的下降。同时，企业所有者在公司资产中的存量价值也降低了，使他们更倾向于从事风险性高的投资项目，道德风险增加。这同样会降低银行对该企业的贷款。因此，资信状况不佳的企业既无法从市场直接融资，又无法获得银行贷款，导致投资与产出下降。

企业资产负债表渠道的重要特征是：名义利率影响现金流量。这里的利率机制不同于传统的利率变化的作用——在传统的利率渠道中，起作用的是真实利率而不是名义利率。在这个传导机制中，是短期利率支付而不是长期利率支付对现金流量有着重要的影响。另外，根据信贷渠道理论，货币政策提高或降低公开市场利率，将同方向的改变外部融资溢价。正是由于货币政策改变外部融资溢价，货币政策对借贷成本的影响才会放大，它对真实支出和真实经济的影响效果亦随之放大。以紧缩性货币政策为例。它不仅会影响企业外部融资的可得性，从而影响总需求，并使经济放缓，企业的现金流和盈利随之而下降。企业现金流和盈利下降则会恶化借款者与贷款者之间的信息不对称问题，使借款者的外部融资溢价随之而上升，这就会进一步对支出产生紧缩性影响。因此，信贷市场摩擦会扩散、放大初始货币紧缩对总支出进而对经济增长率的影响。这被称为金融加速器。

（2）居民资产负债表渠道

又称流动性效应渠道。居民资产负债表是通过影响无法获得银行外信用的消费者意愿而起作用的。货币政策紧缩使那些没有其他融资渠道的消费者不得不减少对耐用消费品的支出。根据流动性效应的观点，耐用消费品的流动性较差，变现时容易遭受损失，而金融资产的流动性通常较好，很容易按市场价值迅速变现。因此，消费者的资产负债表的状况对消费者评价自己是否可能陷入财务困境具有重要影响。如果消费者对自己陷入财务困境的可能性预期较高时，他将减少缺乏流动性的耐用消费品，多持有流动性较高的金融资产；当消费者持有的金融资产比债务多时，对自己陷入财务困难的可能性的预期会比较低，因而更愿意购买耐用消费品。当股票等金融资产的价格上扬时，金融资产的价值上升，消费者的消费意愿随之增强，耐用消费品的支出从而产出就会增加。以扩张性货币政策为例，其传导机制如下。

货币供应量（M_s）↑→利率（i）↓→股票价格（P_s）↑→金融资产价值（V）↑→

居民资产负债表改善→财务危机可能性（D）↓→耐用消费品支出（CA）↑→产出（Y）↑

含义是：利率下降，股票价格上升，金融资产的价值上升，居民资产负债表改善，消费者估计自己发生财务危机的可能性较小，更愿意购买耐用品，最终导致产出增加。

专栏10.7

货币政策风险承担渠道

2008年全球金融危机爆发后，货币政策与金融危机间的关系，货币政策立场对银行风险承担意愿的影响，就成为学者研究的热点。Borio&Zhu提出了货币政策传导的风险承担渠道，即通过参与主体的价值、收入和现金流机制、追逐收益机制、中央银行的沟通及反应机制和杠杆机制等作用机理，货币政策调整先是影响了金融机构（主要是银行）的风险偏好或风险容忍度，进而对银行资产组合、信用风险定价以及贷款决策产生影响，并最终作用于实体经济。

迄今为止，文献中所提及的大多数机制都表明，长期来看，货币政策立场与商业银行风险承担之间有着负向关系，即长期宽松的货币政策将增强银行的风险承担意愿，但对其内在作用机理不同学者有着不同解释，可将其归纳总结为以下4个方面。

（1）参与主体的价值、收入和现金流机制

价值（Valuations）、收入（Incomes）和现金流机制（Cashflows）机制类似金融加速器，可以理解为金融加速器的一种叠加效应，区别在于风险承担渠道强调信贷部门内部融资摩擦的放大机制。例如，较长时期的低利率会刺激资产、抵押品价值、收入及利润的增加，这样就会改变银行贷款违约风险及贷款损失准备的估计，银行风险偏好及风险容忍度随之改变，促使银行风险承担的意愿和能力上升。总而言之，长时间过度放松的货币政策通过货币价值的上升（也可称为货币幻觉）降低了风险防范意识，增强了商业银行风险承担意愿。

（2）追逐收益机制

追逐收益（Search for Yield）机制是由于市场名义利率与收益目标间相互作用而产生的。当名义利率下降时，由于收益目标具有黏性，金融机构就会倾向于风险较大的资产，从而增强自身的风险承担意愿。例如，金融危机前的货币政策宽松时期，许多投资者放弃对低风险美国国债的购买，转而去购买高风险、高收益的公司债券或新兴经济体国家债券。另外，拥有长期负债的金融机构需要用其在资产方获得的收益来匹配其向负债方承诺的支出：当利率维持在高位时，这些金融机构可以通过投资于安全资产来获取必要的收入；当利率维持在低位时，这些金融机构则被迫投资于风险较高的资产，以匹配其负债方的支出。这种追逐收益的机制使得商业银行在长期低利率环境下开始涉足更多的高风险业务，原本不能获得银行贷款的市场主体，也会在此机制下取得贷款，使得扩张性货币政策通过风险承担渠道影响整个实体经济。

（3）中央银行的沟通及反应机制

中央银行在调整货币政策立场时，会充分利用预期管理来实现中央银行的调整目标，预期管理的实现不仅与央行沟通效果有关，还与央行的信誉与透明度有关。尽管央行可以通过增加自身的透明度及沟通效果消除未来的不确定性，但在长期低利率的货币政策环境下这会增强银行的风险承担意愿。同时，如果市场参与主体预期央行在危机时期会出手相助的话，金融机构就会增加风险的暴露头寸，承担更大的风险。因此，有学者建议，即使在宏观经济较好时期，也应使货币政策保持稍微偏紧的状态。

（4）杠杆机制

金融机构都有固定的（如商业银行）或顺周期的（如投资银行）杠杆比率目标，当这些银行的资产组合或利润遭受冲击时，银行通过买卖资产（而非分配红利或增加资本金）加以应对。尽管上述杠杆机制并未关注银行资产组合的质量，但这种分析也显示出了风险承担渠道的作用机理。

来源：张强、张宝，货币政策传导的风险承担渠道研究进展，经济学动态，2011年第10期

10.6 货币政策效果

货币政策效果就是中央银行通过实施货币政策达到其最终目标的程度。影响货币政策效果的因素有很多，其中货币政策传导机制是否通畅是问题的关键，是货币政策有效性的基础。中央银行制定和实施货币政策，需要通过各种传导机制才能改变最终目标变量。如果货币政策传导通畅，中央银行就比较容易达到预期的货币政策效果；反之，如果货币政策传导不畅，中央银行就难以达到预期的货币政策效果。除此之外，货币政策时滞、中央银行独立性、微观主体预期、政治因素、货币流通速度以及金融改革和金融创新等因素也对货币政策效果有着重要影响。

10.6.1 货币政策时滞与货币政策效果

任何政策从制定到获得预期的效果，都必须经过一段时间，这段时间叫做“时滞”。时滞由两部分组成：内部时滞和外部时滞。

货币政策内部时滞是指从形势变化到中央银行采取行动的这段时间，它可再分为两个阶段，其中，从形势变化到中央银行认识到需要采取政策行动之间的时间距离，称为认识时滞；从中央银行认识的需要采取政策行动到实际采取政策行动之间的时间距离，称为行动时滞。内部时滞的长短取决于中央银行对经济形势的预见能力、制定对策的效率和行动的决心等。货币政策外部时滞又称影响时滞，是指从中央银行实际采取政策行动到对政策目标产生影响之间的时间距离。外部时滞主要由客观的经济和金融条件决定。

时滞是影响货币政策效果的重要因素。一般来说，时滞越短，则政策见效越快，就越有利于中央银行及时调整货币政策的方向和力度。但相对来说，时滞长短对政策效果的影响不是最重要的，最重要的是时滞是否稳定、可预测。如果时滞不稳定，难以预测，那么即使货币政策措施是正确的，且出台的时机也合适，但货币政策可能在错误的时点上才生效，结果可能适得其反。例如，中央银行在经济衰退时实施的扩张性政策，如果直到经济已经繁荣时才开始发生效力，结果可能引发通货膨胀。反之，中央银行在经济过热时实行的紧缩性货币政策，如果直到经济变冷时才开始发挥作用，结果可能会使经济雪上加霜。因此，政策时滞使得中央银行在执行货币政策时可能达不到它的最终目标。

10.6.2 中央银行独立性与货币政策效果

中央银行独立性是指中央银行在行使其职能时不受其他利益集团影响的程度，通常包括两个方面，即政策独立性和信用独立性。政策独立性是中央银行在制定和执行货币政策时自主权力的大小。如果中央银行在制定和执行货币政策时较少受到外来的干扰，则该中央银行具有较强的政策独立性。政策独立性通常受一个国家政治权力结构的影响，越倾向于中央集权的国家，其中央银行的政策独立性往往越弱。信用独立性是指财政赤字对中央银行的依赖程度，如果财政赤字主要依靠从中央银行借款或透支来弥补，则该中央银行的信用独立性就较弱。信用独立性通常受一个国家金融市场发展程度的影响，金融市场越发达的国家，其中央银行的独立性往往越高。

中央银行的独立性对货币政策效果具有很大影响。首先，中央银行的政策独立性越强，货币政策的行动时滞会越短。其次，中央银行的信用独立性越强，基础货币供给受财政赤字的影响就越小。有经验表明，中央银行独立性越小的国家，通货膨胀率越高；中央银行独立性越大的国家，经济的平均年增长率越高。

10.6.3 微观主体预期与货币政策效果

微观主体的预期也对货币政策效果构成挑战，这是理性预期学派的观点。理性预期学派假定，人都是理性的经济人，他们能够在充分信息的基础上，对经济变动做出明智反应，不会发生系列性错误，即使有时会发生错误判断，但是这些错误都是随机的、偶然性的，而且平均值为零。在理性预期的条件下，宏观政策之所以失败，是由于经济行为者已经将政府宏观政策的变动趋势和规律纳入其预期之中；对于政府宏观经济政策的变化，经济行为者都已经设定相应的对策措施。于是，宏观政策的预期效果总是被经济行为者的理性预期作用所抵消，政府的宏观政策基本上是无效的。这一原理对货币政策同样起作用。

例如，政府为刺激经济增长和就业增加而采用扩张性的货币政策，在存在理性预期的条件下，企业家会很快掌握有关信息并形成扩张性预期，他们就会及时提高价格而不是产量，其他经济主体也会采取预防性措施，如工人要求提高工资、消费者提前购买、商业银行提高利率等。于是，政府的扩张性货币政策最终只是导致价格水平、利率水平等名义变量的上升，实际的产量和就业水平并没有增加，政府的政策目标难以实现。

10.6.4 政治因素与货币政策效果

政治因素对货币政策效果的干扰很大，它可能使中央银行偏离正确的政策，甚至使货币政策部分失效。任何一项货币政策，给不同的阶层、集团、部门或地方带来的利益是不同的。为了使己方获益最多或受损最少，这些主体往往会形成一定的政治压力，迫使货币政策向有利于自己的方向调整。

官僚机构为了自身利益，可能会置社会公众利益于不顾，由此产生政治经济周期，从而影响货币政策效果。在西方，许多国家的政治过程短期化，政府几年就换届一次。由于低失业和高生产会给执政党带来不少选票，因此，在大选前政府都倾向于采取扩张性货币政策，力图刺激经济，使产出增加和失业率下降。但是，货币政策的贯彻应是长期的，必须具有连续性，而政府频繁更替的压力，就可能导致货币政策短期化。此外，某些特殊利益集团可能从自身利益考虑，而对货币政策的制定和执行施加压力。例如，银行家总是希望利率居高不下，以便从中得益，因而可能会迫使中央银行实行紧缩性货币政策；而受利率上升影响较大的房地产、建筑业，则可能会联合起来，迫使中央银行实行扩张性货币政策。

10.6.5 货币流通速度与货币政策效果

货币流通速度也是影响货币政策效果的一个主要因素。货币流通速度如果不稳定，难以预测，则货币政策效果不仅可能被削弱，货币政策还可能会成为经济不稳定的根源。这是因为，社会总需求从流量上看，表现为一定时期内的货币支出总量，它等于货币供应量与货币流通速度的乘积。如果货币流通速度不稳定且难以预测，那么即使中央银行能完全按照预定的目标调节货币供应量，也难以保证社会总需求能够达到预期的水平。例如，假设货币流通速度已经加快了许多，如果不考虑其他条件的变化，货币供应量只需增加10%即可满足社会总需求，但是由于货币当局没有预测到货币流通速度的变化，仍然按照货币流通速度没有多大变化的情况将货币供应量增加20%，那么这一措施就很可能导致经济过热。

在现实生活中，对货币流通速度的估算很难做到不发生误差。这当然就限制了货币政策的效果。

10.6.6 金融改革和金融创新与货币政策效果

金融改革与金融创新显著影响了各国货币政策的制定和实施。一方面，金融改革和金融创新在一定程度上提高了政府干预货币信用的能力；另一方面，利率自由化、金融工具和金融交易的多样化以及金融市场的国际化和金融机构控制的放松又在一定程度上影响了货币政策的制定、执行和有效性。这主要表现在以下几个方面。

（1）利率市场化使得利率波动更加剧烈和不易控制，资本流动更加频繁，各种不确定因素更多。

（2）各种新型金融工具的涌现改变了货币的流通速度，可能会抵消信用紧缩时的紧缩效果，加重信用扩张时的扩张效果。

（3）各种新型金融工具的涌现还使货币的界定发生重大变化，使得货币与其他金融资产之间的区别日益模糊，弱化了货币政策的微调效果。

（4）金融市场的国际化使得各国金融市场联系日益紧密，资本转移更加方便，国际资本与国内资本混合生成，相互作用，也会抵消货币政策的效果。

10.6.7 货币政策效果的表现

货币政策效果表现为数量效果和质量效果两个方面，货币政策效果的优劣可从这两个方面进行判断。

1. 货币政策的数量效果

货币政策的数量效果通常是指货币政策效果的强度，即货币政策发挥效力的大小。判断货币政策数量效果的一般依据，是货币政策实际效果与预期目标之间的差距。例如，为抑制价格水平上涨实施紧缩型货币政策，在评估其效果时，可以从以下几方面进行考察。

第一，如果这项货币政策抑制住价格水平上涨或促使价格水平回落，同时又不影响产出增长，那么就可以说这项紧缩性货币政策的有效性最大。

第二，如果这项货币政策在抑制价格水平上涨或促使价格水平回落的同时，也抑制了产出增长，那么该政策的有效性大小，要视价格水平变动率与产出变动率的对比而定。若抑制价格水平的目标接近实现，而产出只是少量减少，则可认为货币政策的有效性较大；若价格水平目标的实现并不理想，产出量却大减，则货币政策的有效性就较小。

第三，如果这项政策无力抑制价格水平上涨或促使价格水平回落，却抑制了产出增长甚至使产出增长为负，则该货币政策无效。

2. 货币政策的质量效果

货币政策的质量效果是指货币政策的变动对社会经济各部门的作用强度的差异效果。这又可从两个方面进行考察：第一，货币政策对各经济部门的影响力是否相同；第二，如果影响力不相同，那么货币政策对各经济部门的作用到底有多大。

例如，就消费支出而言，消费支出是国民收入的函数，同时也对货币持有量和利率水平有影响。货币政策对消费支出的影响主要表现为以下两个方面。

（1）由数量效果引申而带来的国民收入水平的变化。货币政策的数量效果越大，国民收入的消费支出弹性就越小。

（2）利率水平的变动。尽管整个消费支出受利率变动的影响较小，但耐用消费品的消费支出受利率变动的影响较大，一般二者成反比。

就投资支出而言，投资支出与利率水平的高低也成反比。利率水平越高，投资支出越低。相对来说，货币政策对政府支出的影响较小。总之，货币政策的质量效果是不均匀的，对不同经济部门的影响有所不同。

专栏10.8

美联储的量化宽松货币政策

2007 年美国次贷危机的爆发，导致美国金融市场濒临崩溃的边缘。在传统货币政策已经基本失效的情况下，为了挽救美国的经济，美联储从2008年—2014年6年间先后共推出了4轮量化宽松货币政策。所谓量化宽松货币政策（Quantitative Easing，QE），是指基准利率接近或达到零以后，央行通过从二级市场购买各种中长期的债券，增加货币供应量或市场流动性，改变利率期限结构，刺激经济活动的货币政策操作方式。不同国家、不同时期，实施QE货币政策的方式不尽相同。根据同一中央银行购买资产类别和数量的差异，通常又将量化宽松的货币政策区分为QE_1、QE_2……

2008年11月，联储宣布将购买由房利美、房地美和联邦住宅贷款银行发行的价值1 000亿美元的债券及其担保的约5 000亿美元的资产支持证券。人们通常将这次资产购买计划称为第一轮量化宽松货币政策（QE_1）。实际上，到2010年3月，它总共购买了1.25万亿美元的抵押贷款支持证券、3 000亿美元国债和1 750亿美元的机构证券。但美国经济并没有因美联储资产购买计划而迅速地摆脱不利困境，于是，联储于2010年11月推出了第二轮量化宽松货币政策（QE_2），每月购买750亿美元（总额6 000亿美元）的财政部长期债券。2011年9月，美联储实施4 000亿美元的扭转操作，即购买剩余期限在6年～30年的国债，出售或赎回票面价值相当、剩余期限3年以内的国债，降低长期利率和借贷成本，刺激抵押贷款和经济增长。QE_2实施后，美国经济仍存在下滑迹象。为了从根本上扭转经济低迷和失业高企的局面，2012年9月13日，美联储宣布启动第三轮量化宽松货币政策（QE_3）。QE_3主要包括3个内容。一是按每月400亿美元的进度购买MBS（Mortgage-Backed Security，抵押支持债券或抵押贷款证券化），直至疲弱的就业市场持续好转。与前两轮量化宽松政策不同，第三轮量化宽松货币政策仅仅说明了购买进度，并未对时间和总量进行承诺限制。二是在2012年年底前，继续执行“扭转操作”。三是承诺将联邦基金利率维持在0%～0.25%的低位区间不变，并将时间从原来的2014年年底延长到2015年中期。2012年12月12日，在经济形势不乐观和经济预期不确定的背景下，美联储宣布推出第四轮量化宽松货币政策（QE_4）。联邦公开市场委员会宣布，在失业率高于6.5%且未来一两年内通胀率预期不超过2.5%的情况下，继续维持联邦基金利率在0%～0.25%的区间不变，继续延长到期计划，每月购买450亿美元的长期国债，以替代“长债换短债”的扭曲操作，不再以短期资产进行置换，再度扩大了货币供给总量。至此，美联储每月购买资产总计已经达到了850亿美元。

从货币政策效果来看，在实施量化宽松的货币政策之后，美国失业率逐渐下降，经济开始复苏，较好地抵御了金融危机的不利冲击。

10.7 货币政策哲学

10.7.1 货币政策规则和相机抉择

货币政策规则是指中央银行事先确定的据以进行货币政策决策和操作的固定程序或指导原则。相机抉择是指中央银行在货币政策决策和操作过程中不受任何固定程序或原则的约束，而是根据经济形势灵活地进行调节。

在货币政策的决策与操作中，央行是应按规则行事还是按相机抉择行事，这个问题一直存在争论。关于“规则”与“相机抉择”的争论最早可追溯到 19 世纪中期英国的通货学派与银行学派之争。对于当时英国长期存在的高通胀，银行学派认为，货币供给内生于货币需求，通货膨胀不可能是银行券过度发行引起的；通货学派则认为通货膨胀源于英格兰银行没有黄金储备支持的银行券过度发行，货币政策应该受严格的规则约束。20 世纪中期，受凯恩斯主义思想的影响，通过国家干预宏观经济的调控方式一直备受信任，相机抉择在争论中始终处于优势地位。然而，始于 20 世纪 70 年代的“滞胀”困境，使得西方学者对一直以来奉行的凯恩斯“相机抉择”调控模式产生了怀疑。此时，以弗里德曼为代表的货币主义学派，提出了一个简单的货币数量规则，即主张货币增长率要保持不变的速度，让经济个体对通货膨胀有充分的预期。这被称为“弗里德曼规则”。弗里德曼认为，货币政策对实际经济的影响存在一个长时间并且可变的时滞，人们凭借现有的知识，无法适时适度地操纵货币政策达到烫平经济波动的目的，货币政策所能做得最好的，就是提供一个稳定的名义锚，并且努力避免自身成为扰动的源泉。1977 年，基德兰德和普雷斯科特提出，相机抉择的政府政策具有动态不一致性，从而为研究货币政策提供了一个全新的视角，极大地促进了货币政策规则的理论研究，并在指导各国中央银行货币政策实践方面作用显著。所谓动态不一致性，也称为时间不一致性，是指一个政策只是在制定阶段是最优的，而在执行阶段并不是最优的，或者简单地说，今天为明天所选择的最优政策，到了明天却不再是最优的。动态不一致性会导致初始的货币承诺是不可信的。在该理论框架下，货币政策应该按规则行事，而不应该给货币当局相机抉择的权力。但是，支持相机抉择的经济学家认为，即使按规则行事的货币政策也可能导致动态不一致性，而且还不能顾及未预期到的冲击。

理论上，规则与相机抉择在调控宏观经济方面都具有各自的优点：一方面，规则可以更好地向公众传递货币政策的意图，从而稳定公众预期，克服动态不一致性，维护宏观经济的稳定；另一方面，相机抉择具有灵活性的特点，能够有效应对经济中的不确定性冲击。经过不断的争论，到 20 世纪 90 年代以后，人们对规则和相机抉择问题逐渐达成了基本共识，即纯粹的规则和纯粹的相机抉择是两种极端的货币政策操作方式。因此，大多数中央银行都采取了折中的做法，即将规则与相机抉择相结合。

10.7.2 货币政策的透明度和沟通

货币政策透明度泛指货币政策的公开程度，它包括多个层面：在政治层面，是指货币政策目标的公开性；在经济层面，透明度是指中央银行制定货币政策中使用的经济信息是否能够为公众所得；在货币政策的程序层面，透明度是指政策决策采取的方式是否被公众所了解和掌握，包括明确的货币政策规则或策略、过程的真实记录、会议和投票记录等；在操作层面，透明度是指中央银行货币政策的执行过程和结果是否及时地向公众提供。因此，货币政策透明度是指一种环境，即在易懂、容易获取和及时的基础上，让公众了解有关政策目标及其法律、制度和经济框架、政策制定及其原理、与货币和金融政策有关的数据和信息以及机构的职责。

一般认为，透明度能够增加货币政策的有效性。最初，透明度措施一般都是由外界强加于中央银行，但渐渐地，中央银行自己也成为透明度的积极支持者。事实表明，透明度提高了公众对货币政策的理解力。中央银行与公众之间的交流和沟通，在许多方面改善了货币政策功能。透明度可以减少私人部门的不确定性，能够给予中央银行在稳定经济干扰、减少产出波动方面以更大的灵活性，由于它在经济上的合理性得到了人们的认识，因此也作为货币政策框架的一个独立成分而存在。

货币政策的透明度与中央银行和公众的沟通是密切相关的。中央银行与公众之间面临两种不同性质的不确定性。一种不确定性直接源于中央银行的私人信息，如中央银行的目标、它所拥有的经济状态数据等；另一种由中央银行私人信息以外的因素引起，如中央银行与公众在信息理解上的不确定性；经济观点不同所引起的不确定性；经济模型上的不确定性；经济主体的行为、反应和预期形成方面的不确定性等。从后一种不确定性来看，为了真正增加透明度，中央银行与公众之间的沟通和交流非常重要。有效地沟通，不仅能够让公众更好地理解和把握中央银行的货币政策，也能够让中央银行更好地了解公众对未来的预期，从而便于中央银行货币政策的调整。有效地沟通还能够提高中央银行的可信度，帮助避免货币政策超出预期，引发不必要的经济波动。有效地沟通也有助于中央银行准确了解相关的微观信息，便于中央银行更加科学地制定货币政策决策。现在，许多国家的中央银行都强调与公众的沟通和交流。实践证明，在美、英等国家，通过沟通和交流，极大地提高了货币政策的效率。

10.7.3 货币政策的责任性

责任性的定义是“有义务对其行为做出解释并承担责任”，所以货物政策的责任性很清楚地表明中央银行不仅要向议会以及公众解释澄清其货币政策决策，更要承担起货币政策的执行后果。从逻辑关系上说，政府为了保证其承诺得以履行，将货币政策委托给相对独立的中央银行去执行并和其订立相关契约，责任性由此产生。被委托方既然获得一定的独立性来执行货币政策任务，当然需要对委托方负起相应的责任。对于中央银行来说责任性似乎是对独立性的一种妥协，但它是中央银行的运作符合现代民主机制的保障，也确保中央银行不偏离既定的货币政策目标。

一般来说，货币政策责任性的概念包括以下 3 个方面内容。

（1）最终目标的量化。在民主社会，一般应由民选的政治团体来决定货币政策的最终目标，中央银行不能既具备高度的独立性又能够自由地决定其货币政策目标，换句话说，央行的目标应该事先被确定，从责任性出发，央行不应具有目标独立性。

（2）货币政策的透明度。透明度是责任性的重要组成部分，责任性需要央行对其政策进行辩护，对其决策进行说明。如果中央银行的决策过程不够透明，披露的信息不够全面，那责任性就是不完整的。事实上，在民主社会中，一切公共政策都应该尽可能公开化。公开释放的信息有助于公众评判央行的表现，任何货币政策越透明，就越有利于公众评估央行的行为是否负责，因此央行应定期根据其货币政策目标报告其过去的行动和未来的规划，特别是有的央行无明确的目标，全靠自身判断决策时，透明度显得尤为必要。

（3）谁对货币政策负最终责任的问题。谁对货币政策最终负责同样关系到央行的责任性，涉及 3 个非常关键的问题：央行同议会的关系、央行的监督控制机制和央行行长的解聘程序。通过增加中央银行的货币政策责任性，会相应地提高货币政策的可信性，能够更好地稳定公众对货币政策的预期，从而提高货币政策的有效性。

专栏10.9

我国的货币政策委员会职责和会议制度

中国人民银行货币政策委员会是中国人民银行制定货币政策的咨询议事机构。根据《中华人民共和国中国人民银行法》和国务院颁布的《中国人民银行货币政策委员会条例》，经国务院批准，中国人民银行货币政策委员会于1997年7月成立。2003年12月27日新修订的《中国人民银行法》第十二条明确指出："中国人民银行设立货币政策委员会。货币政策委员会的职责、组成和工作程序，由国务院规定，报全国人民代表大会常务委员会备案。中国人民银行货币政策委员会应当在国家宏观调控、货币政策制定和调整中，发挥重要作用"。

根据1997年4月5日国务院发布的《中国人民银行货币政策委员会条例》，货币政策委员会的职责是，在综合分析宏观经济形势的基础上，依据国家宏观调控目标，讨论货币政策的制定和调整、一定时期内的货币政策控制目标、货币政策工具的运用、有关货币政策的重要措施、货币政策与其他宏观经济政策的协调等涉及货币政策等重大事项，并提出建议。

货币政策委员会通过全体会议履行职责，在每季度召开例会，货币政策委员会主席或者1/3以上委员联名，可以提议召开临时会议。

货币政策委员会会议应当以会议纪要的形式记录各种意见，货币政策委员会委员提出的货币政策议案，经出席会议的2/3以上委员表决通过，形成货币政策委员会建议书。中国人民银行报请国务院批准有关年度货币供应量、利率、汇率或者其他货币政策重要事项的决定方案时，应当将货币政策委员会建议书或会议纪要作为附件，一并报送。中国人民银行报送国务院备案的有关货币政策其他事项的决定，应当将货币政策委员会建议书或者会议纪要，一并备案。

来源：中国人民银行网站

本章小结

（1）货币政策有广义和狭义之分。广义的货币政策是指政府、中央银行和其他有关部门所有有关货币方面的规定和所采取的影响货币供给数量的一切措施；狭义的货币政策，则是指中央银行为实现给定的经济目标，运用各种工具调节货币供给和利率所采取的方针和措施的总和。货币政策的最终目标主要有物价稳定、充分就业、经济增长、国际收支平衡和金融稳定。几乎每个最终目标之间都存在一定的矛盾关系。

（2）为了达到货币政策最终目标，需要有相应的政策工具。货币政策工具包含直接调控货币政策工具和间接调控货币政策工具两大类。直接调控货币政策工具主要包括信用分配、利率管制、流动性比率和直接干预等。间接调控货币政策工具又可以分为一般性货币政策工具和选择性货币政策工具。前者包括法定存款准备金率、再贴现率和公开市场操作。后者主要有消费信用控制、不动产信用控制、证券市场信用控制、道义劝告、优惠利率和特种存款等。

（3）货币政策工具一般不能直接影响最终目标，在货币政策工具和最终目标之间需要插入中介目标作为过渡性指标。货币政策中介目标可分为两类：一类是近期中介目标，又称为操作目标，一般有短期利率、基础货币、超额准备金和再贷款等；另一类是远期中介目标，又称为中间目标，一般有长期利率、货币供给量、信贷规模和汇率等。货币政策中介目标的选取必须满足可测性、可控性和相关性等 3 个标准。

（4）货币政策工具必须通过货币政策传导机制才能影响货币政策最终目标。货币政策传导机制分为两大类，即货币渠道和信贷渠道。货币渠道主要包括利率渠道、托宾 q 渠道、财富渠道以及汇率渠道。信贷渠道有两个主要传导途径：银行贷款渠道和资产负债表渠道，后者又进一步细分为企业资产负债表渠道和居民资产负债表渠道。

（5）中央银行通过实施货币政策达到其最终目标的程度称为货币政策效果。影响货币政策效果的因素有很多，除货币政策传导机制之外，货币政策时滞、中央银行独立性、微观主体预期、政治因素、货币流通速度以及金融改革和金融创新等因素也对货币政策效果有着重要影响。

（6）货币政策的决策和操作有规则和相机抉择之分。现在越来越多的国家采用规则和相机抉择相结合的货币政策框架。中央银行也越来越强调货币政策的透明度、沟通和责任性。

关键概念

货币政策；货币政策最终目标；货币政策工具；公开市场操作；货币政策传导机制；货币政策中介目标；名义锚；金融加速器；货币渠道；信贷渠道；货币政策时滞；中央银行独立性；一般性货币政策工具；选择性货币政策工具；货币政策规则；相机抉择

复习思考题

（1）货币政策有什么特点？包含哪些基本内容？担负哪些主要任务？

（2）货币政策有哪些主要类型？

（3）货币政策的最终目标有哪些？它们之间有何关系？

（4）我国关于货币政策最终目标的选择有哪些观点？

（5）什么是货币政策工具？货币政策工具包含哪些类型？

（6）法定存款准备金率、再贴现率和公开市场操作等三大货币政策工具各有什么优缺点？

（7）中央银行在实施公开市场操作时对券种选择有什么要求？

（8）货币政策中介目标的选择有哪些标准？有哪些指标可选作货币政策中介目标？

（9）货币政策的名义锚与中介目标有什么不同？

（10）中央银行操作货币政策工具后，可以通过哪些渠道达到其最终目标？

（11）什么是货币政策风险承担渠道？其内在作用机理有哪些？

（12）影响货币政策效果的因素有哪些？

第11章 汇率的决定与汇率制度

【学习目标】

（1）了解汇率的决定。

（2）掌握汇率制度。

（3）理解汇率波动的经济影响。

（4）理解最优货币区。

汇率是两国货币的相对价格，是国际金融市场上最具影响力的指标。汇率的决定因素十分丰富，它的变化及波动是影响国与国之间经济发展关键因素，不同汇率制度下汇率所起着不一样的作用。当前中国与各国贸易频频，汇率在国际市场将越来越重要。

11.1 汇率的决定

汇率是以一种货币表示的另一种货币的价格，其本质是两国货币各自所代表或所具有的价值的比率。同自由市场上交易的所有商品或资产一样，外汇市场上某种货币的价格——汇率也是有该种货币的供给和需求共同决定的，因此我们将始终把对汇率决定的分析置于供求分析的框架之中。我们将从长期和短期的角度考察汇率的决定。

11.1.1 长期中汇率的决定

1. 一价定律

一价定律理论为，如果两国生产的商品是同质的，并且运输成本和交易壁垒非常低，那么，无论商品由哪国生产，其在全世界的价格都应当是一样的。假定同样的产品 X 在 A 国定价为每单位 1 000A 币，B 国为 100B 币。按照一价定律，A 币和 B 币的汇率应当是 10A 币/B 币，这样每单位 A 国的 X 在 B 国价格为 100B 币，每单位 B 国的 X 在 A 国的价格为 1 000A 币。

2. 购买力平价理论

有关汇率决定的另一个理论是购买力平价理论。该理论认为，人们之所以需要外国货币，是因为它在外国具有对一般商品的购买力；外国人之所以需要本国货币，也是因为它在本国具有购买力。因此，一国货币的对外汇率，主要是由两种货币在其各自国内所具有的购买力决定的，即两种货币的购买力之比决定了两国货币的兑换比率。而一国货币的购买力是其国内整体物价水平的倒数，因此，均衡汇率就等于两国物价水平的比率。例如，在一段时期内，A 国国内的物价水平相对于 B 国国内的物价水平上升了 10%，则在该时期内 B 币相对于 A 币将升值 10%。任何两种货币的汇率变动都应当反映两国物价水平的变化。

但是，购买力平价理论并不能充分地解释长期中汇率的决定与变动，这可能主要是因为很多商品和劳务的价格计入了一国的价格水平，但它们并没有进行跨国交易，因此即使它们的价格确实上涨了并导致了该国整体价格水平相对另一国的价格水平上涨，也不会对两国汇率带来直接的影响。

3. 影响长期汇率的因素

一般认为，在长期中对一国货币汇率的影响主要来自于对其可贸易产品（即该国可用于出口以满足别国居民需求的货物和劳务）的需求。因此，就 A 国和 B 国来说，在其他条件不变时，任何导致 A 国产品相对于 B 国产品需求增加的因素，都有使 A 国货币升值的趋势，因为要购买 A 国的产品需用 A 国的货币，对 A 国产品需求的增加，就会带来在外汇市场上 A 币供给的减少和 A 币需求的增加，从而使得 A 币相对于 B 币升值。反之，任何导致 A 国产品相对于 B 国产品需求减少的因素，都会使 A 币贬值。

那么，哪些因素会影响到本国产品相对于外国产品的需求呢？一般认为，这样的因素主要有 4 个，即相对价格水平、贸易壁垒、对本国产品相对于外国产品的偏好以及生产率，如表 11-1 所示。下面我们分别考察在其他条件不变时，这些因素各自变动对汇率的影响。

（1）相对价格水平

当 A 国产品价格上升而 B 国产品价格不变时，对 A 国产品的需求会下降而对 B 国产品的需求会相对上升，则对 A 币的需求下降而对 B 币的需求相对上升，从而 A 币相对于 B 币趋于贬值，即 E 值下降。相反，如果 B 国产品价格上升，从而 A 国产品的相对价格下跌时，则 A 币相对于 B 币就会趋于升值，E 值上升。

结论：在长期中，一国价格水平相对于别国价格水平的上升，将导致该国货币贬值；一国相对价格水平的下降，将导致该国货币的升值。

（2）贸易壁垒

关税和配额等自由贸易壁垒会影响汇率。关税主要是针对国外进口产品征收的税收，限额是对可以进口的外国产品的数量限制。它们都构成自由贸易的壁垒，从而会对汇率产生影响。如果 A 国对来自 B 国的某些进口产品征收关税或实施限额，这些贸易壁垒就会增加对 A 国同类产品的需求，在其他条件不变时，对 A 国产品需求的增加会促使 A 币趋于升值，E 值上升。

结论：一国实施关税和限额会促使其货币在长期中趋于升值。

（3）对本国产品相对于外国产品的偏好

如果 B 国居民的偏好发生变化，变得更加喜爱 A 国的产品，则对 A 国产品出口需求的增加会促使 A 币趋于升值，E 值上升。相反，如果 B 国产品在 A 国变得更受欢迎，则对 B 国产品出口需求的增加会使 A 币趋于贬值，E 值下降。

结论：在长期中，对一国出口产品偏好的增强将导致该国货币升值；相反，对进口产品偏好的增加会导致该国货币贬值。

（4）生产率

如果 A 国的生产率高于 B 国的生产率，则 A 国的工商企业可以在降低其产品相对于 B 国产品价格的情况下仍保证获利。产品价格的下降会增加对 A 国产品的需求，从而 A 币趋于升值，E 值上升。相反，如果 A 国的生产率低于 B 国，则其产品的价格会变得相对昂贵，需求减少，A 币趋于贬值，E 值下降。

结论：在长期中，如果一国生产率相对于其他国家有所提高，则该国货币将趋于升值；若一国生产率低于其他国家，则该国货币将趋于贬值。

表 11-1　影响长期汇率的因素

因素	因素变动	汇率的反应 E
A 国相对于 B 国的物价水平	↑	↓
A 国相对于 B 国的贸易壁垒	↑	↑
A 国国内对进口产品的偏好	↑	↓

续表

因素	因素变动	汇率的反应 E
A 国国外对其出口产品的偏好	↑	↑
A 国相对于 B 国的生产率	↑	↑

注：E 为以一单位 A 币表示的 B 币数量。

11.1.2 短期中汇率的决定

之前我们在分析汇率在长期中的决定时强调了产品进出口需求对汇率决定的作用，但这样的分析结论却无法适用于短期内汇率的决定，因为我们在现实中经常可以观察到在上述长期因素未发生明显变化时，外汇市场上汇率却有相当剧烈的波动。事实上，各国外汇市场的交易额一般都要比同期进出口额大得多，例如，美国每年的外汇交易额都是其当年进出口总额的 25 倍多。那么，是什么原因决定了外汇市场的交易呢？或者说，是什么原因决定了人们要把本币资产（用本国货币计值的存款）换成外币资产（用外国货币计值的存款）或者相反呢？下面我们将用现代的资产需求理论对此进行分析。我们将继续以 A 国和 B 国为例，并且假定 A 币资产和 B 币资产是完全的替代品，即资本在两国间的流动不受限制，而且两种货币的风险和流动性基本相同。

1. 国内资产的供给曲线

我们从供给曲线开始讨论。在这里的分析中，我们将 A 国视为本国，因此国内资产就是以 A 币计价的资产，而外国资产就是以 B 币计价的资产，如图 11-1 所示。

A 币资产的供给量主要是 A 国存款、债券和股权的数量，实际上就汇率而言，我们可以将这个数量视为固定的。在任何汇率水平上，供给量都是不变的。

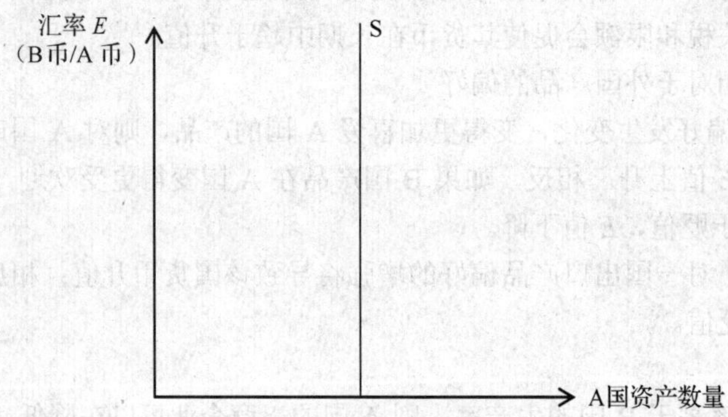

图 11-1 国内资产的供给曲线

2. 国内资产的需求曲线

需求曲线是在假定其他任何因素不变的情况下，特别是预期未来汇率水平不变的情况下，对应任一即期汇率水平的需求量。我们将即期汇率以 E_t 表示，下一阶段的预期汇率以 E^e_{t+1} 来表示。

按照资产需求理论的理解，影响人们对本币（A 币）资产和外币（B 币）资产需求最重要的因素是两种资产之间相对的预期回报率。假如 A 国居民或 B 国居民预期 A 币资产回报率高于 B 币资产，则对 A 币资产需求增加，从而会相应降低对 B 币资产的需求。

假定我们的起始位置是图 11-2 中的 A 点，此时，即期汇率等于 E_1。如果预期未来汇率水平保持不变，仍为 E^e_{t+1}。较低的汇率水平（例如 E_2）意味着 A 币价值可能会上升，也就是 A 币升值。A 币预期上升（升值）幅度越大，A 币（国内）资产的相对预期回报率就越高，根据资产需求理论，

A 币资产的需求量会增加，如 B 点。如果即期汇率继续下跌到 E_3，A 币预期升值幅度进一步增加，预期回报率上升，因此，A 币资产需求量进一步扩张，如 C 点。将上述这些点连接而得到的需求曲线 D 是向下倾斜的，说明在假定其他因素保持不变的情况下，A 币即期价值越低，A 币资产的需求量越大。

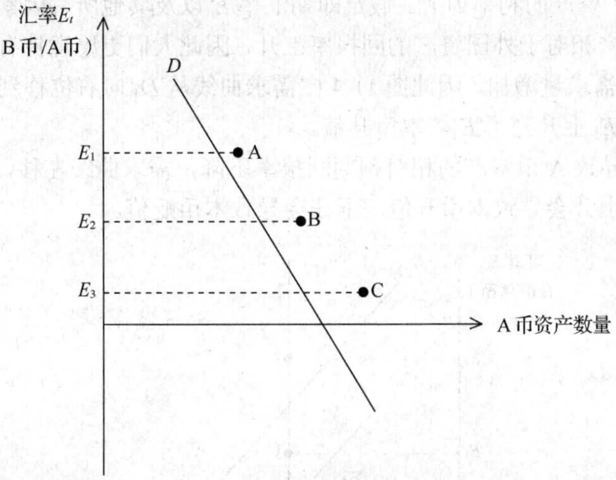

图 11-2　国内资产的需求曲线

3. 外汇市场的均衡

与通常的供求分析相同，市场在 A 币资产供给量等于需求量是达到均衡。在图 11-3 中，需求曲线与供给曲线相交的 B 点即为均衡点。B 点对应的汇率水平为 E^*。

假定汇率为 E_1，高于均衡汇率 E^*。我们在图 11-3 中看到，A 币资产的供给量大于需求量，出现了超额供给，说明卖出 A 币资产的人比买入 A 币资产的人多，A 币价值将会下跌。只要汇率水平高于均衡汇率，就会存在 A 币资产超额供给的情况，A 币价值就会继续下跌，直至达到均衡汇率。

同理，如果汇率为 E_2，低于均衡汇率 E^*，A 币资产的需求量大于供给量，出现了超额需求，说明买入 A 币资产的人比卖出的人多，A 币价值上升，直至重新回到均衡汇率。

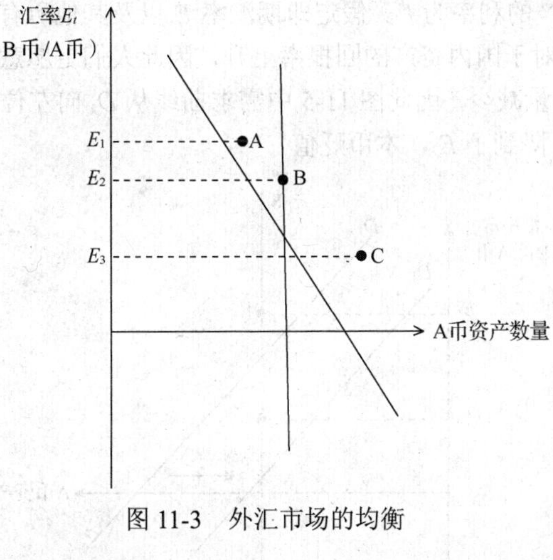

图 11-3　外汇市场的均衡

4. 汇率的变动

外汇市场的供求分析可以解释汇率如何变动以及变动的原因。为了简化分析，我们可以假定 A 币资产的数量是固定的。在这一假定条件下，我们只需要观察那些导致美元资产需求曲线位移的因素就可以解释汇率是如何发生变动的。

我们已经知道国内资产的需求量取决于 A 币资产的相对预期回报率。为了了解需求曲线如何发生位移，我们需要知道在即期汇率 E_t 不变的情况下，其他因素的变动会引起需求量怎样的变化。

（1）国内利率 i^D

假定本国（A 币）资产的利率为 i^D。假定即期汇率 E^t 以及其他所有因素不变，如果 A 币资产的利率 i^D 上升，A 币资产相对于外国资产的回报率上升，因此人们更愿意持有 A 币资产。对应每一汇率水平的 A 币资产的需求量增加，因此图 11-4 中需求曲线从 D_1 向右位移到 D_2，并在点 2 实现了新的均衡，均衡汇率由 E_1 上升到了 E_2，本币升值。

同理，i^D 下跌会导致 A 币资产的相对预期回报率下降，需求曲线左移，汇率下跌，本币贬值。

综上，国内利率上升会导致本币升值，下跌会导致本币贬值。

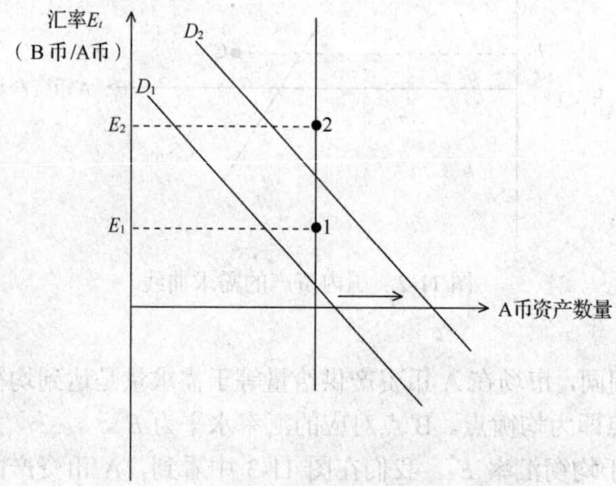

图 11-4　国内利率对汇率变动的影响

国内利率水平 i^D 上升，国内资产的相对预期回报率增加，推动需求曲线右移，均衡汇率从 E_1 上升到 E_2。

（2）外国利率 i^F

假定外国（B 币）资产的利率为 i^F。假定即期汇率 E_t 以及其他所有因素不变，如果 B 币资产的利率 i^F 上升，B 币资产相对于国内资产的回报率上升，因此人们更愿意持有 B 币资产。对应每一汇率水平的 A 币资产的需求量减少，因此图 11-5 中需求曲线从 D_1 向左位移到 D_2，并在点 2 实现了新的均衡，均衡汇率由 E_1 下降到了 E_2，本币贬值。

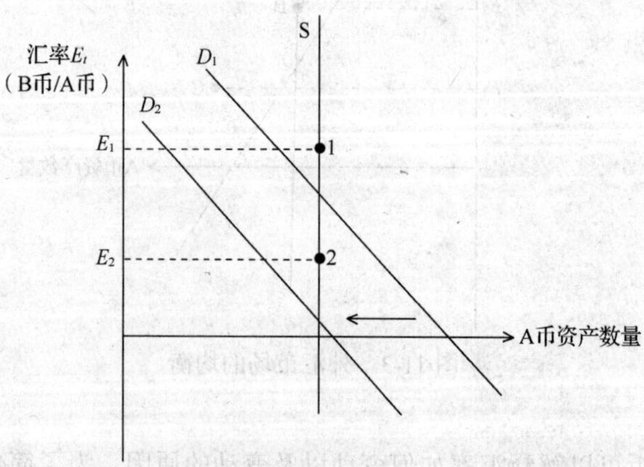

图 11-5　国外利率对汇率变动的影响

同理，i^F 下跌会导致 A 币资产的相对预期回报率上升，需求曲线右移，汇率上升，本币升值。

综上，国外利率上升会导致本币贬值，下跌会导致本币升值。

国外利率水平 i^F 上升，国内资产的相对预期回报率下降，推动需求曲线左移，均衡汇率从 E_1 下降到 E_2。

（3）预期未来汇率 E_{t+1}^t 的变动

预期未来汇率的变动会影响国内资产的未来在出售价格，从而影响国内资产的需求。引起预期未来汇率 E_{t+1}^t 上升的任何因素都会增加 A 币的相对预期回报率，从而增加任何给定汇率水平上的 A 币资产需求量，从而导致需求曲线从 D_1 向右位移至 D_2，从而均衡汇率由 E_1 上升至 E_2，本币升值，如图 11-6 所示。

同理，E_{t+1}^t 下跌会导致 A 币资产的相对预期回报率下降，需求曲线左移，汇率下跌，本币贬值。

综上，预期未来汇率上升会导致本币升值，下跌会导致本币贬值。

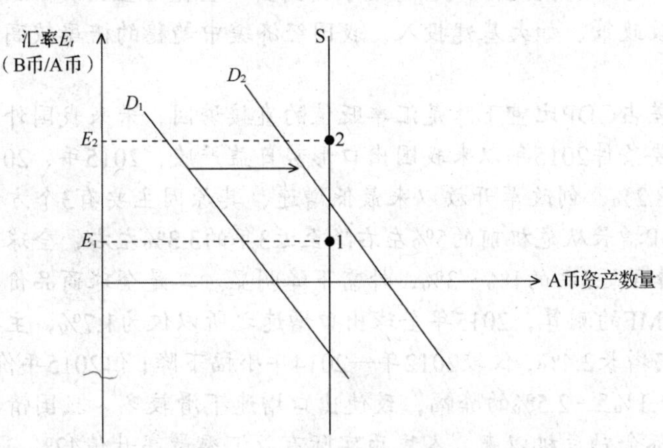

图 11-6　预期未来汇率对汇率变动的影响

而影响预期未来汇率的因素为长期汇率的 4 个决定因素：相对物价水平、相对贸易壁垒、相对进出口需求与相对生产能力。

5. 汇率的影响因素总结

总结上述内容，影响汇率的因素如表 11-2 所示。

表 11-2　影响汇率的因素

因素	因素变动	每一汇率水平对应的需求量的变动	汇率的反映
国内利率 i^D	↑	↑	↑
外国利率 i^F	↑	↓	↓
预期相对国内物价水平	↑	↓	↓
预期相对贸易壁垒	↑	↑	↑
预期相对进口需求	↑	↓	↓
预期相对出口需求	↑	↑	↑
预期相对生产能力	↑	↑	↑

专栏11.1

人民币汇率影响因素

2014年年初以来，美元兑人民币汇率一改持续了10年的升值态势，转向贬值模式，特别是

2016年11月9日美国总统选举结果出炉后更是快速贬值。这种现象的发生既有内在驱动因素，也有一定投机因素。

未来，伴随着全球经济缓慢复苏，我国经济缓中趋稳，人民币大幅快速贬值可能性较低，有序可控贬值可期。

经济增速放缓是汇率贬值的根本原因，未来我国经济缓中趋稳将为人民币汇率稳定奠定坚实基础。2011年以来，我国经济增速持续较快下滑主要受全球经济复苏乏力、自身进入结构转型阶段、产能过剩矛盾加剧等多方面影响，其中，全球经济疲弱使我国出口贡献多为负贡献，2016年前三季度拉低GDP增速0.5个百分点，是我国经济增速下滑的最主要原因。未来，伴随美国新政府实施减税、扩大财政支出加大基础设施建设等新政规划出台和实施落地，以及欧洲、日本量化宽松政策继续深入推进，全球经济有望步入缓慢复苏轨道。IMF预计2016年～2021年全球经济增速将从3.08%回升至3.78%，有助于我国出口企稳乃至回暖。加上我国持续深化改革创新、推行积极财政政策、加大基建投入，我国经济缓中趋稳的概率较高，将为人民币汇率稳定奠定坚实基础。

出口和贸易顺差占GDP比重下降是汇率贬值的直接诱因，未来我国外贸形势企稳回暖将为人民币稳定创造必要条件2015年以来我国出口形势日益严峻，2015年、2016年前10个月出口增速分别为-2.9%和-8.2%，创改革开放以来最低增速，其原因主要有3个方面。一是国际经济形势不乐观。全球GDP增长从危机前的5%左右降至近3年的3.3%左右，全球出口增速从2003年～2012年的15%以上降至近3年的1%～3%，外需下降明显。二是全球商品价格特别是大宗商品价格跌幅较大。根据IMF的测算，2015年全球出口增速之所以仅为1.7%，主要是由于价格下跌引致，当年货物贸易仍增长2.4%，仅较2012年—2014年小幅下降；但2015年价格降幅高达-13.9%，大幅度超过前3年-1.1%至-2.5%的降幅，致使出口增速下滑较多。我国情况也是如此。三是人民币汇率高企。国际金融危机以来，人民币实际有效汇率最高升值42%，而日本、俄罗斯、澳大利亚和加拿大贬值幅度高达15%～25%。进入2017年，影响我国出口的上述因素均会有不同程度的改善，我国出口企稳回升可能性加大，将对人民币汇率稳定提供实质性支持。一是全球经济可能继续缓慢复苏，外需趋于改善。二是商品价格特别是大宗商品价格回升。根据IMF预测，2017年全球贸易呈现量价齐升态势，与2016年相比，贸易量同比提升0.8个百分点至3.6%，贸易价格同比提高6.9个百分点至1.5%，受益于此，我国出口价格将出现实质性回升（出口数量已于2016年率先回升），出口总额将有所提升。三是人民币汇率贬值效应显现。2016年11月末人民币实际有效汇率较2015年末贬值6%左右，有助于出口改善。四是我国外贸竞争力持续增强。近几年全球经济疲弱，但我国全球出口市场份额稳步上升，2009年以来始终位居世界第一，2015年升至历史最高的13.8%；加之我国出口结构继续改善，2016年前10个月一般贸易和加工贸易出口同比增速分别为-6.5%和-12.3%，与出口-8.2%的增速相比出口结构进一步优化，中长期有利于出口增长稳定。利差收窄是汇率贬值的触发因素，未来我国与世界主要经济体利差趋稳将缓解人民币继续贬值压力。

2011年中到2016年3月，伴随着经济增速下台阶，我国连续8次降息、8次降准，1年期基准利率和法定存款准备金率分别从3.5%和21.5%快速降至1.5%和17%，1年期基准利率降至历史最低水平。与此同时，我国与发达经济体利差不断收窄。2016年末我国10年期国债与美国、英国、德国、法国和日本的利差分别下降50BP、136BP、265BP、200BP和286BP，中国与除美国外的4个国家利差较2011年中的危机以来高点收窄50BP～90BP，对美国收窄幅度最大达140BP，这与美国新总统新政策预期高度相关。

美元兑人民币汇率自2007年7月汇改前到2011年末快速升值24%后，2011年末到2015年

"811"汇改期间基本在6.1～6.3的区间双向波动，10年期国债利差空间收窄对汇率影响较小；"811"汇改后，人民币对美元贬值速度加快，2016年11月末贬至6.9左右，较2015年"811"汇改前贬值9.8%。考虑到针对我国经济存在的产能过剩、楼市库存大、债务高企等主要矛盾和问题，2015年末中央经济工作会议提出供给侧改革，重点推行"三去一降一补"的政策，即去产能、去库存、去杠杆、降成本、补短板5大任务。其中，去产能、去杠杆这两大任务都需要将利率保持在较为合理的水平，不能过度宽松。未来几年我国经济稳增长压力依然较大，CPI大幅上升可能性较低，且我国基准利率已降至历史最低水平。加之美国新总统到任后新政实施，加息和美元指数走高是大概率事件。因此，我国基准利率下行空间有限。未来欧日等国家受量化宽松继续推行、英国受脱欧影响，利率仍将保持低位，我国与这些国家的利差趋于稳定；美国实施减税、加大基建等刺激政策，客观上需要较低的利率环境，短期加息幅度和加息频率有限，中国对美国利差可能受美国加息影响进一步收窄，但收窄幅度可控，不会对汇率形成很大制约。

来源：杨琳，人民币汇率影响因素，中国金融，2016年第24期

11.2 汇率制度

汇率制度是指一国货币当局对本国汇率变动的基本方式所作的一系列安排或规定。例如，规定本国货币的对外价值，规定汇率的波动幅度，规定本国货币与其他货币的汇率关系，规定影响和干预汇率变动的方式等。传统上，汇率制度分为固定汇率制和浮动汇率制两类。1973 年以后，汇率制度日益多样化，国际货币基金组织重新将汇率制度分为钉住汇率制和弹性汇率制两种，后者包括各种类型的浮动汇率制。

11.2.1 固定汇率制度

固定汇率制度是指两国货币具有法定兑换比率且基本保持固定，现实汇率只能围绕该比率在很小的范围内上下波动的汇率制度。从 19 世纪中后期的金本位制在西方主要国家确定到 1973 年为止，世界各国的汇率制度基本上都属于固定汇率制度。固定汇率制度包括金本位制下的固定汇率制度和布雷顿森林体系下的固定汇率制度。

1. 金本位制下的固定汇率制度

典型的金本位制是金币本位制。在金币本位制下，每一国的金币都有其法定的含金量，黄金可以自由铸造成金币，自由输出入，银行券可以自由兑换金币或黄金。两国货币的含金量之比即铸币平价构成两国货币汇率的基础，但外汇市场上的现实汇率与铸币平价并不完全一致，因为现实汇率还要受外汇供求关系的影响而上下波动。不过，由于黄金在国与国之间可以自由输出入，因此市场汇率的波动又是有限的，要受到黄金输送点的限制。当汇率的波动超过黄金输送点的上限或下限时，外汇的交易就会被黄金输出入所代替。

黄金输送点分为黄金输出点和黄金输入点，前者是指铸币平价加上单位外汇所含黄金量在两国之间的运送费，后者是铸币平价减黄金运送费。当一国外汇的市场价出现上升并超过黄金输出点时，该国居民将宁愿以本币向本国货币当局兑换黄金，然后将黄金运送到国外去清偿外国债务，而不愿在市场上以高价购买外汇。这样一方面黄金大量外流，另一方面，外汇市场上的外汇需求量又急剧减少，外汇需求量的减少会缓和外汇汇率的上升势头，最终使汇率不会超出黄金输出点的高度。相

反，如果外汇汇率下降并降至黄金输入点以下，本国居民将宁愿用收取外汇的形式收回国外的债权，再以外汇向外国货币当局兑换黄金并将黄金运回国内。这样一方面黄金会大量流入国内，另一方面，外汇市场上的外汇供给量会减少，外汇供给量的减少会遏制外汇汇率下跌的势头，使汇率不至跌到黄金输入点以下。

因此，在金本位制下，市场汇率总是围绕着铸币平价在小幅波动，波动幅度以黄金输出点为上限，以黄金输入点为下限。

2. 布雷顿森林体系下的固定汇率制度

1944 年 7 月，在“二战”即将结束之际，世界上 44 个国家的代表在美国新罕布什州的布雷顿森林召开会议，通过了“国际货币基金组织协定”。从此，以美元为中心的固定汇率制度——布雷顿森林体制开始实行，其基本内容大致有以下两点。

（1）“双挂钩”

即美元与黄金挂钩，其他国家的货币与美元挂钩。前者是指美国承诺以 35 美元一盎司黄金的官价承担各国用美元向美国兑换黄金的义务。这实际上意味着美国政府规定了美元的金平价为 1 美元=0.888 671 克黄金，美元因此与黄金等同起来了。后者是指其他各国或者通过直接规定本国货币对美元的汇率，或者通过规定本国货币的金平价，确定其与美元金平价的比价关系，从而与美元挂起钩来。

（2）人为维持汇率的稳定

一个国家货币对美元的汇率一旦经由国际货币基金组织确认下来，就不能再随意变动，除非该国的国际收支发生了根本性不平衡才可能进行法定升值或贬值。外汇市场上的实际汇率波动幅度不得超过货币平价的上下各 1%（1971 年 12 月国际货币基金组织将这一幅度扩大到了货币平价的上下各 2.25%），如果超过了这一界限，各有关国家的货币当局有义务采取各种干预措施，如动用外汇平准基金，进行公开市场操作等，将市场汇率的波动控制在规定的范围之内。

11.2.2 浮动汇率制度

布雷顿森林体制下的固定汇率制虽然对“二战”后世界贸易和经济的发展起到了一定的积极作用，但这一国际货币体制也存在着不少缺陷。随着时间的推移，这些缺陷逐渐暴露，进入 20 世纪 60 年代以后就开始不断地出现危机。1971 年，布雷顿森林体制解体，西方各主要工业国纷纷被迫放弃了固定汇率制度而选择了浮动汇率制度。

浮动汇率制是指现实汇率不受平价的限制，随外汇市场供求状况变动而波动的一种汇率制度。在浮动汇率制下，一国货币不再规定金平价，不再规定对外货币的中心汇率，不再规定现实汇率的波动幅度，货币当局也不再承担维持汇率波动界限的义务。目前，各国实行的浮动汇率制有多种类型。

1. 按照政府是否对汇率采取一定的干预措施区分，可分为自由浮动和管理浮动

（1）自由浮动也称清洁浮动，是指汇率完全按照外汇市场供求变化自行调节，自由涨落，货币当局不进行任何干预。这是一个纯理论的概念，因为在现实中，各国政府为了本国的经济利益，没有不对汇率进行干预的，只不过干预的程度不同而已。那种纯粹的自由浮动都是暂时的，不可能长期存在。

（2）管理浮动也称肮脏浮动，是指政府或一国货币当局为使市场汇率向有利于本国的方向浮动，避免汇率波幅过大影响对外贸易和国际收支，而对市场汇率的升降幅度进行公开或隐蔽的干预。使用的干预措施可以是由政府在外汇市场上直接进行外汇买卖的直接干预方式，也可以是通过调整本

国银行利率或贴现率等间接方式。

2. 按照汇率浮动的形式，可分为单独浮动、联合浮动和钉住浮动

（1）单独浮动，是指一国货币不与任何外国货币发生固定联系，其汇率根据外汇市场的供求状况独立浮动。采用这种制度的最初主要是发达国家，现在越来越多的新兴工业化国家和发展中国家也开始选用这一方式。

（2）联合浮动，是指一些国家为了某种共同的需要，组成某种形式的经济联合体或货币集团，在汇率方面实行内外有别的方针，对集团内部实行固定汇率制，对集团外部的其他国家则采取共同浮动。历史上联合浮动的典型例子是欧洲经济共同体（前欧洲共同体中最重要的组成部分），随着1999年1月1日欧元的诞生，和其后两年的细致工作，它已由联合浮动成功过渡为在欧元区内以欧元作为唯一的流通货币。

（3）钉住浮动。有些国家由于历史、地理等诸方面的原因，其对外贸易、金融往来主要集中于某一工业发达的国家，或主要使用某一外国货币。为了使这种贸易、金融关系稳定发展，以免遭受相互间汇率频繁变动的不利影响，这些国家通常会将本国货币钉住该工业发达国家的货币，使本国货币汇率随该国货币汇率的浮动而浮动。目前，大约有50个发展中国家在将本国货币钉住美元、英镑等单一货币。另有些国家为使本国货币免受某一国货币的支配，便将本国货币与由若干种货币组成的一篮子货币挂钩。这一篮子外国货币，主要由与本国经济联系最为密切的国家的货币和对外支付中使用最多的货币组成。

11.2.3 现行人民币汇率制度

现行的人民币汇率制度是从2005年开始的。党中央、国务院于2005年7月21日出台了完善人民币汇率形成机制改革。我国开始实行以市场供求为基础、参考一篮子货币进行调节、有管理的浮动汇率制度。改革的内容是，人民币汇率不再钉住单一美元，而是按照我国对外经济发展的实际情况。

现行人民币汇率制度的特点如下。

1. 市场供求为基础

新的人民币汇率制度，以市场汇率作为人民币对其他国家货币的唯一价值标准。这使外汇市场上的外汇供求状况成为决定人民币汇率的主要依据。根据这一基础确定的汇率与当前的进出口贸易、通货膨胀水平、国内货币政策、资本的输出输入等经济状况密切相连，经济的变化情况会通过外汇供求的变化作用到外汇汇率上。

2. 有管理的汇率

我国的外汇市场是需要继续健全和完善的市场，政府必须用宏观调控措施来对市场的缺陷加以弥补，因而对人民币汇率进行必要的管理是必需的。这主要体现在：国家通对外汇市场进行监管、国家人民币汇率实施宏观调控、中国人民银行进行必要的市场干预。

3. 浮动的汇率

浮动的汇率制度就是一种具有适度弹性的汇率制度。中国人民银行于每个工作日闭市后公布当日银行间外汇市场美元等交易货币对人民币汇率的收盘价，作为下一个工作日该货币对人民币交易的中间价格。现阶段，每日银行间外汇市场美元对人民币的交易价仍在人民银行公布的美元交易中间价上下 0.3%的幅度内浮动，非美元货币对人民币的交易价在人民银行公布的该货币交易中间价3%的幅度内浮动率稳定。

11.3 汇率波动的经济影响

所谓汇率波动主要是指汇率水平波动，汇率水平波动必然引起经济的变化，从影响范围来看可以简单分为对国内经济影响及对国际经济的影响。汇率波动是国与国之间价格的联动反应，那么从小范围看必然会引起一国的贸易进出口、外国直接投资、国民收入的波动；从大范围来看则将引起全球性范围的经济变化，这个将引发全球性的金融危机、债务成本和证券成本。

11.3.1 汇率波动对一国经济的影响

汇率波动对一国经济的影响主要体现在贸易进出口、外国直接投资和国民收入上。

1. 贸易进出口

一般来说，汇率变动的影响机制首先通过进出口产品的价格途径影响到国际贸易。这种传导机制被称为汇率传导（Exchange Rate Pass-through）。基本的观点是假定商品交易者为风险厌恶者或风险中性者，汇率波动导致国际贸易商面临汇率风险，汇率风险的加大将影响对风险收益的要求增加，从而最迅速最直接的作用就是影响国际贸易商品价格的变动，进而影响正常的国际贸易。汇率波动的这种影响程度将依据汇率波动的幅度、频率及其交易额的大小而定。该汇率的不确定性产生的直接影响是建立在双边汇率基础之上的，如果一个国家选择钉住世界主要国家货币的汇率制度，就可能产生更重要的间接影响。如果被钉住国家汇率存在波动，实际汇率快速变动，那么就会对所有钉住主要货币之一的国家竞争力产生间接影响。该影响依赖于被钉住通货相对于世界其他国家货币升值还是贬值。汇率波动对贸易影响的一般分析中，意味着货币贬值将改善贸易收支，反之，货币升值会使贸易陷入恶化的境地。但是，现实情况并非如此。

专栏11.2

人民币汇率走低效应初显 2015年12月进出口跌幅双双收窄

海关总署公布的最新数据显示，2015年12月，中国进出口跌幅双双收窄。按人民币计价，12月进口下跌4%，为2014年12月以来最小跌幅，而12月出口同比上涨2.3%，是2015年2月以来同比首升，当月贸易顺差扩大至3 820.5亿元。以美元计价的出口虽仍下滑1.4%，但跌幅比上月显著收窄5.7个百分点。

2015年12月以来，人民币汇率出现较大波动。人民币汇率波动是影响我国进出口贸易的关键因素之一。有分析人士认为，中国贸易数据回暖，与人民币汇率走低不无关系。

交通银行金融研究中心资深研究员刘涛表示，2015年12月我国出口改善主要得益于两方面原因。一方面，进入2015年四季度以来，美国经济呈现稳健复苏态势，欧盟经济也不断展现温和复苏迹象。美、欧两大经济体同时发出积极信号，对全球市场信心提振作用明显；另一方面，近期我国密集出台一系列促外贸、稳增长若干措施，包括改进通关服务、完善加工贸易管理模式、进一步清理和规范进出口环节收费等，对出口改善也形成了正面带动效应。此外，2010年8月人民币汇率调整效应可能正在逐步显现。

“2015年8月份以来的人民币贬值，改变过去人民币高估的局面，也利好中国出口。”九州证券全球首席经济学家邓海清认为，出口继续回暖仍然可期，有助于中国经济企稳回升。

1. 汇率贬值理论上提振出口

招商证券首席宏观分析师谢亚轩表示，2015年12月人民币较2014年同期贬值，在直接兑换层面带动人民币计价的出口规模有所提升。此外，欧元、日元在2015年12月相对美元升值也是促使美元计价出口规模提升的因素。

进口同比增速同样好于市场预期。谢亚轩表示，结合前期经济数据看，国内需求边际改善、2015年12月金属和工业类大宗商品价格有所反弹是提振进口的两个因素。出口回升幅度超过进口使得贸易顺差再回高位，也有利于人民币汇率稳定。

“当前，人民币汇率不存在持续贬值的基础。”商务部新闻发言人沈丹阳表示，中国经济、对外贸易、双向投资增速在全球主要经济体中依然较高，经济基本面决定了人民币汇率的价值中枢是基本稳定的。

招商银行金融市场部高级分析师万钊表示，人民币贬值利于出口，且主要的大宗商品进口国货币表现弱于人民币，因此，人民币贬值并未明显影响进口。

2. 汇率贬值不一定提升企业利润

市场普遍认为，人民币前期的贬值将有利于公司降低成本，提高产品竞争力，对出口企业形成利好。但资料显示，人民币贬值并不一定能带来出口企业利润的增长。

一般来说，出口企业的一份订单从报价到收到付款，通常需要4个月的时间。9月份为中国外贸的传统旺季，订单数量也更多一些，而这些订单会在12月进行结算。这就意味着，2015年9月份签订的订单，如果以美元结算，现在可以兑换更多的人民币。这在海关总署发布的出口数据中已经有所体现。

浙江湖州的一家服装出口企业的经营情况表明，随着人民币汇率的下降，进口商可能会要求压价成交，出口企业为了保住订单不得不在价格上作出让步。除此之外，人民币贬值对出口企业利润增长的带动作用有限，也因为劳动力成本等其他成本的升高对冲了汇率贬值带来的利好。

海关总署新闻发言人黄颂平表示，2015年12月出口上升或因为翘尾因素，12月份出口上涨是暂时的，不代表一种趋势。此外，人民币疲弱虽然有助于出口，但弱势人民币对出口的影响将逐渐减退，未来会密切关注汇率变化。

3. 深化改革开放仍是增长之道

海关总署发布的数据显示，2015年我国出口同比下降1.8%，进口同比下降13.2%。黄颂平表示，去年中国外贸进出口双降，从出口方面看，主要原因是外需低迷。从进口方面看，全球主要大宗商品价格大幅下跌，造成大宗商品进口量增速的放缓。

回顾2015年贸易形势，全球主要经济体进口（不含中国）同比负增长超过10%，全球经济增长放缓。谢亚轩表示，结构上每1%的GDP增长所对应的贸易增长有所降低，汇率兑换因素和大宗商品价格下滑抑制了全球贸易规模增速，这也是中国2015年度出口低迷的重要原因。

“但以其他国家的官方贸易数据计算，中国在新兴市场、发达国家出口中的份额仍有所上升。”谢亚轩表示。

澳新银行研究报告指出，尽管中国2015年12月出口增长大幅超出预期，但目前难以判定亚洲区域贸易是否已见底。虽然人民币持续走弱，由于全球需求持续疲弱，中国2016年的贸易前景仍不容乐观。

黄颂平表示，今年世界经济低增长、外需低迷的情况不会有明显的改善，中国对外贸易发展仍然面临很多困难。但随着中国全面深化改革和对外开放进程的不断推进，我国经济一定能够实现更高质量、更有效益的发展。

来源：李国辉，人民币汇率走低效应初显:去年12月份进出口跌幅双双收窄，金融时报，2016年

2. 外国直接投资

汇率波动也可通过对外国直接投资的作用而影响一国经济发展，其影响主要表现在较高的汇率波动增加了已经投资的收益回报的不确定性。潜在投资者只有在预期收益高到足以补偿其通货风险时才可能对外投资。因此，较高的汇率波动会降低外国直接投资。汇率变化对外国直接投资影响取决于外国直接投资类型。市场导向型外国直接投资注重投资所在地未来的市场前景。在其他影响因素保持不变的前提下，为减少交易成本，投资所在国货币的升值将引致外国直接投资增加。而出口导向型外国直接投资是为了利用该国低廉的要素资源使生产产品成本最小化从而使产品有利于返销投资来源国或其他国家，因而投资所在国货币贬值，至少是汇率的稳定将引致外国直接投资的增加。汇率变化，尤其是世界主要货币实际汇率变化，会直接影响到主要货币国家的真实财富。因为世界主要货币国家往往资本充足，是外国直接投资的主要角色。他们的财富变化直接影响着外国直接投资的数量与方向。该影响增加或降低外国直接投资依赖于外国直接投资者货币升值还是贬值。汇率变动对外国直接投资者的影响还取决于外国直接投资者对被投资国的信心和外国直接投资对不同国家投资的财富弹性。

3. 国民收入

人民币汇率与经济增长之间的关系汇率与经济增长有密切的关系。这种关系是双向的，实际汇率的变动影响经济增长，实际汇率贬值促进经济增长，实际汇率升值抑制经济增长。传导机制如下。

（1）实际汇率贬值，降低出口品国内货币价格，提高进口品国内货币价格，通过支出转移效应促进出口，抑制进口，增加国外对本国净需求，拉动国内经济增长。

（2）实际汇率贬值，降低在本国的投资成本，促进外商直接投资，从而推动国内经济增长另一方面，经济增长影响实际汇率。而经济增长反作用于汇率。

11.3.2 汇率波动对国际经济的影响

汇率波动对国际经济的影响就其影响来讲，有金融危机、债务成本、证券成分等影响。

1. 金融危机

近年来讨论较多的是20世纪90年代爆发的亚洲金融危机，认为汇率波动导致了金融危机发生，其根据在于危机爆发前的几个月时间，美元相对于其他主要货币大幅度相对快速的升值，如对日元、德国马克。结果使那些钉住美元国家的通货相对于其他国家货币升值，从而恶化了这些国家贸易的相对价格竞争力，外国直接投资在东南亚急剧减少，致使外部账户恶化，最终导致亚洲金融危机的爆发。但是，这种影响不是确定的，那些钉住主要货币贬值的国家却经历了相反的影响。总的看来，国与国之间汇率的波动将引发连锁反应，最终导致金融危机。

2. 债务成本

汇率变动最重要的影响之一就是影响一个国家的外债负担，即汇率变动会产生资产平衡表效应。许多发展中国家都是净债务国，因此，汇率的变化就会影响他们的实际债务成本。例如，美元强劲升值，意味着以美元计价的对外债务成本增加。但是，汇率变动对债务成本的影响并不是在一个方向上进行的，对那些货币升值国家的对外债务成本而言却降低了并且改善了他们的资产平衡表。总之，汇率波动以不同的路径影响一国经济发展依赖于他们的债务类别、依赖于与之紧密联系的世界主要货币种类。此外，贸易与外国直接投资渠道也显示汇率波动的确能对经济发展产生影响。

专栏11.3

人民币汇率变化对中国债券市场的影响

2015年8月11日，央行宣布改革人民币中间价报价机制，做市商在每日银行间外汇市场开盘前，参考上日银行间外汇市场收盘汇率，综合考虑外汇供求情况以及国际主要货币汇率变化向中国外汇交易中心提供中间价报价。当日，美元兑人民币价格创有史以来最大跌幅。自汇改以来人民币汇率波动加大，央行也运用外汇储备在市场上稳定人民币汇率防止现趋势性的贬值。而一方面由于外汇占款的持续下降，资本外流较为明显。而经济基本面的下行需要一个较低的利率环境。在人民币汇率波动加大的环境下，央行是否能继续维持较为宽松的资金面也是大家关注的问题。在中国当前财政货币政策下，结合国内外经济形势，债券市场又会有什么变化，是我们讨论的焦点。

首先汇率与利率都是金融市场的价格，是实体经济运行的结果，两者不互为因果，也无法通过一者去推导另一者。对于独立的大国经济体而言，利率下行与汇率贬值的组合其实就是反映了对经济悲观的预期。

汇率对债券的影响最主要是通过汇率对流动性的影响。货币贬值将会带来资本外流，从来造成国内资金趋紧。国内货币市场流动性受汇率因素的影响，主要是通过外汇占款中的热钱因素。但是，2014年～2015年，热钱出现系统性外流，每月在4 000亿人民币左右。然而2014年至今整体货币市场流动性是较为宽松的，原因在于货币政策对于资本外流进行了对冲，宽松的货币政策为市场资金面稳定提供支持。在经济持续下滑，复苏动力不足的宏观环境下，央行也需要通过降息降准等方式，降低社会融资成本，防止系统性风险。持续宽松的货币政策带来了超预期的流动性，债券市场自2014年迎来了至今的牛市。对于现在国内的经济形势而言，货币政策还是优先于汇率政策的。如果人民币贬值带来一定资金面压力，货币宽松有望加码，而现阶段中国债券市场受货币市场流动性因素影响较大，市场提供流动性充裕，长期有利于债券市场。但从另一个方面来看，宽松的货币政策会令人民币贬值预期增强。但在现在低迷的宏观经济环境下，稳增长是目前压倒一切的首要政策目标，汇率问题不会制约货币政策走向。

从国内经济层面来说，如果贬值导致资金流出而推升利率，则经济下行风险加大，同时国内资产价格下降而带来新的贬值压力。所以放松货币也是稳定汇率的必要条件。从全球范围来看，新兴市场2014年到2015年普遍贬值幅度都比较明显。日本、欧元区等发达经济体则一直在实行量化宽松。这期间美国是唯一有加息预期的国家，但迫于全球经济的压力，也使其加息再三推迟，时机并不成熟。面对这样的全球经济环境，中国央行降利率、防风险势在必行，而资金流动性的宽松有望传导到长端利率，推动无风险利率整体下行、债券上涨。

其次，人民币虽然中短期存在贬值压力，但长期不具备大幅贬值的基础。首先，中国经济虽然在下滑，但经常项目顺差占GDP之比仍维持在高位。贸易账户没有出现趋势性恶化，国家的贸易竞争力仍处于升值通道。从外商直接投资（Foreign Direct Investment，FDI）累计同比来看，外国直接投资流入增速并未出现剧烈下滑。另一方面，自汇改以来中国大力打击地下钱庄，控制民间资本外流。资本流动的管制能够有效限制汇率套利和大规模资本外逃。而人民币国际化的目标下，当局会努力保持汇率的平稳，中国充足外汇储备也可以实现这一目标。国内较高的存款准备金率也是巨大的安全垫，下调空间较大，央行也有足以应对流动性压力的政策空间。在顺差和较高的利率支撑下，人民币贬值的空间有限，资金流出央行也有足够能力对冲。所以，在汇率改革后，人民币的区间幅波动是常态，市场会在过度反应后回归平静。

那么汇率若贬值，是否会加大信用风险？从国外历史经验来看，快速贬值时资本外流加快，将打击资产价格。韩国也经历了1996年、2000年、2008年3次大幅度贬值，不同的诱因造成的结果虽然不相同，但都会带来信用风险的提升和信用利差的走阔。1996年，韩国当时高增长、高通胀、高利率的三高现象突出，金融系统管制松弛，公司高杠杆、国家外债高。由于日元贬值引发韩元大幅贬值，结果就是资本外流严重，信用风险加剧，银行不良贷款飙升，流动性和信用风险上升。2000年，由于美元升值引起韩元贬值，一些企业破产导致信用风险抬升，韩国无风险利率下行，信用利差加大。第三次次贷危机后，韩元大副贬值，韩国也出台很多政策稳定汇率和经济，无风险利率下行，信用利差同样扩大。

现在中国也面临人民币贬值及信用利差低位运行的风险。由于刚性兑付的存在，政府不得不为资质较差的主体买单，市场风险偏好推高。这样无风险利率难以降低。随着利率市场化的推进，政府也持续释放信号打破刚性兑付。随着天威集团、二重集团等央企背景的发行主体债券违约，市场投资者也得到教育，政府不会无止境的给企业平台买单。在《地方政府性存量债务清理处置办法》中关于地方政府债的方案也释放了这个信号。当市场交还给市场后，由于经济下行带来传统行业的低迷，违约有可能会更密集的出现，信用利差有望扩大。当前中低等级的信用债债券安全边际较低，信用风险增加后对其冲击将会较大。

来源：胡文波，人民币汇率变化对中国债券市场的影响，现代经济信息，2015年

3. 证券成本

具体而言，汇率变动通过三条途径影响证券市场。

（1）通过影响证券市场决策行为来影响资本流动，最终影响证券市场价格

证券资产的供给与资产价格正相关。在一定价格水平下，证券资产的需求与资产价格同向变动。价格上涨，市场对该资产的需求不但不会减少，反而增加；反之亦然，表现出“强者恒强，弱者恒弱”的特点。但由于证券资产的供给弹性大于需求弹性，随价格持续上涨或下跌，需求将与价格呈负相关关系。因此，价格越高，需求量越少；反之亦然。证券资产的供给与需求的这种背离说明二者之间的均衡关系被完全破坏，价格将被迫发生逆转，导致市场大幅波动。

如外汇市场对本国货币形成升值预期，将在短期内吸引国际资本流入，以获得以本币计值资产升值的收益，导致证券资产价格上涨，并吸引更多国际资本流入，进一步加大升值压力，推动证券价格上涨。加上证券市场助涨助跌的特点，极易形成市场泡沫。反之，如果外汇市场产生本币贬值预期，则资本大量流出，造成证券价格剧烈波动，并加剧货币贬值。如果市场的上述预期因汇率制度变革而实现，那么这种预期将得以强化，推动汇率水平进一步上涨或下跌。

（2）影响上市公司进出口及收益水平

本币贬值短期内可刺激出口，限制进口。同时，为避免本币大幅贬值，政府则会提高利率以支持本币汇率水平，公司经营成本就会上升，利润将会减少，证券价格也会下跌。反之，升值则可提高本币购买力，降低进口成本，可以较低价格收购国外企业，扩大对外投资；同时，会抑制出口，造成通胀。总之，相关企业业绩将因此受较大影响，上市公司资产价值变化，促使国际投资者调整投资策略。

其次，汇率变动对不同的上市公司收益率产生不同影响。收入中外汇与人民币比重不同，人民币升值对上市公司收益率的影响也不同。人民币占收入比重越多的，正面影响越大；而外汇收入占总收入越多，负面影响越大。相应地，不同企业的市场定价也将发生变化。对汇率变动的预期可能改变部分企业的投融资计划。在境内美元债务越多的公司从人民币升值中获得的好处越大，若人民币升值一定比例，则该公司财务费用负担就可减少相应比例。这显然将影响公司业绩及股价。

最后，汇率变动对贸易品进口的冲击是普遍的、持久的、实质性的。在人民币升值的情况下，

我国内地生产成本和价格越高的产业，与境外差距越大，或者说内地厂家对进口商品的优势越小，则进口冲击对上市公司业绩的影响越大；而那些与境外价格接轨程度较高的产业所受影响则要小些。而另一方面，机场、港口、铁路、高速公路、电力、供水和房地产等非贸易品将因需求扩张而出现价格上涨，市场定价将上调。总之，汇率变动将导致上市公司的资产价格进行结构性调整。

（3）通过公开市场、外汇市场等领域操作影响证券市场

本币贬值时，为稳定汇率水平，政府可动用国际储备，抛售外汇，减少本币供应量，导致证券价格下跌。另一方面，也可利用债市与股市的联动关系进行操作，如抛售外汇，同时回购国债，使国债市场价格上扬；既抑制本币升势（贬值），又不减少本币供应量。

专栏11.4

世界部分经济体的汇率变动与证券市场的互动关系

对于汇率变动与证券市场的关系，实证研究一直存在缺陷，未能较好地分析股市对汇率变动的提前反应，各种分析因受各种因素影响而得出不同结论。

20世纪80年代的日本泡沫经济时代与1997年亚洲金融危机中，汇率与股市间的同向变动明显，汇率下跌，股票指数持续大跌，而股市狂泻反过来又促使其汇率大幅下跌，给地区经济造成严重影响。

实证分析表明，1983年—2000年，美、日汇率变动与股市变动之间存在明显的正相关关系，美元汇率波动幅度每增加0.2%，股市就伴随增加1个百分点波幅。只有德国为负相关关系。当然，汇率波动与股市之间并无稳定的数量关系，币值不稳定通常伴随股市不稳定。各种研究对于二者是伴随关系还是因果关系意见不一，因为汇率与股市均取决于宏观经济表现，可能让人把伴随关系误认为因果关系。

但是，各年度的汇率变动与股市之间并未保持相同方向，如1992年美元汇率与美股之间呈显著的反向关系，而1999年则为显著的同向关系。2003年至今，美元持续疲弱，而同时，美国股市却频频走强，股市与外汇市场呈现背离特征。东南亚主要市场也存在类似现象。

来源：刘超，汇率变动对证券市场的影响实证，特区经济，2007年第6期

11.4 区域货币合作

在世界经济尤其是区域经济一体化发展的大背景下，区域货币合作已成为国际金融界的一个研究热点，并在部分国家和地区出现尝试性实践，其中欧盟的区域货币一体化进程最引人注目。

11.4.1 区域货币合作理论的产生和发展

1. 最优货币区的定义

根据《新帕尔格雷夫经济学大辞典》的定义，最优货币区（Optimal Currency Areas，OCA）是这样一种区域：在此区域内，一般的支付手段或是一种单一的共同货币，或是几种货币，这几种货币之间具有无限可兑换性其汇率在进行经常交易和资本交易时互相钉住保持不变，但是区域内国家与区域以外的国家之间的汇率保持浮动。

2. 最优货币区的发展

1961 年 9 月，美国哥伦比亚大学教授罗伯特·蒙代尔（Robert Mundell）在《美国经济评论》上发表了他著名的《最优货币区理论》一文，以全新的视角看待固定汇率制和浮动汇率制问题。他从一个崭新的角度研究汇率和货币区，开创了观察汇率问题和货币区的全新视野。蒙代尔提出用生产要素的流动性作为确定最优货币区的标准，所以有人将他的 OCA 理论称为要素流动论。蒙代尔的最优货币区理论提出之后，引起了西方经济学界的密切关注，也引起了更多经济学家对有关最优货币区判断标准的讨论，促进了最优货币区理论的进一步发展。

20 世纪 60 年代至 70 年代中期，人们对最优货币理论的讨论大多集中在最优货币区的构成条件上，这些讨论从不同的侧面发展了最优货币区理论。

1963 年，罗纳德·麦金农（R.I.McKinnon）提出了把"经济开放度"作为衡量最优货币区的又一评价标准，即一国生产或消费中贸易品占社会总产品的比率。1969 年，彼得·凯南（P.B.Kenen）在《最佳货币区：一个折中的观念》指出"经济高度多样化的国家是货币区的更为理想的参与者"。詹姆斯·英格拉姆（J.C.Ingram）指出：为了达到货币区的最优化，有必要考察经济社会的金融特征，并提出以"国际金融高度一体化"作为最优货币区标准的观点。哈伯勒（C·Haberler）和弗莱明（J.M.Fleming）提出把"通货膨胀率的相似性"作为衡量最优货币区的标准的关点，即通货膨胀率接近的国家更适于达成货币一体化。

20 世纪 90 年代以来，随着现实世界一体化和区域化发展趋势的增强，各国宏观经济政策的重点逐步从相对孤立的宏观经济稳定转移到区域经济一体化和共同发展上，汇率制度本身越来越成为促进区域一体化发展的政策工具。新的研究不仅放宽了对于价格和市场竞争性的假设，综合了各种关于最优现实标准的探讨，而且提供了从动态视角阐释"最优"的研究思路。

总的来看，期间最优货币区理论得到了很大的发展，但也存在一些缺陷。首先，这些标准都有一定的片面性。其次，有些标准难以量化缺乏实际上的可操作性。最后，这些理论在强调组成货币区的正面效应时忽视了一国加入货币区的成本问题。加入货币区在给一国带来收益的同时也不可避免地会产生一定的成本，特别是货币是一国经济主权的象征，加入某一货币区即意味着该国对其主权的放弃。因此，成本和收益的权衡对一个考虑加入货币联盟的国家而言，具有现实的重要意义。

11.4.2 区域货币合作的主要实践

1. 欧洲货币一体化

早在 20 世纪 50 年代起，欧洲共同体（欧洲联盟的前身），就开始了进行货币一体化的尝试，一直到 2002 年 1 月 1 日起欧元正式流通，成为欧元区各国唯一的法定货币。欧洲货币一体化的实现是世界货币史上的一个创举。正如欧洲中央银行前行长杜伊森贝赫所说，欧元是欧洲人民联合的象征。

随着欧元区资本市场不断一体化发展，欧元区国家投资者，尤其是政府部门更愿意在欧元区而非国内市场借债，单一货币欧元为在国际市场融资带来的优势，同时投资银行费率的降低和投资者倾向于通过国际市场进行投资组合分散风险也带动欧元区的主权债券发行的增长。以欧元发行的国际负债额已经远远超过以美元发行的国际负债额，成为全球最大的发行比重。伴随着欧元区成为世界第二大经济体，以及巨大的具备较强流动性的金融市场的形成，欧元拥有了挑战美元作为最大储备货币的潜力。由于许多国家的中央银行，尤其是亚洲国家的中央银行在将外汇储备多元化时越来越青睐于欧元。2016 年第三季度的外储中美元占 63.3%，为 2014 年第三季度以来最低。欧元占比从第二季度的 20.0%升至 20.3%。日元则从 4.4%上升至 4.5%。

2. 拉美国家美元化

拉美国家货币美元化的内涵，从经济学角度来解释，就是通常所说的“货币替代”现象。“货币替代”是指一国居民因对本币的币值稳定失去信心，或本币资产收益率相对较低时发生的大规模货币兑换，从而外币在价值储藏、交易媒介和计价标准等货币职能方面全部或部分地替代本币。在经济易发生动荡的拉美国家，为寻求本国经济的稳定增长，早在20世纪70年代就开始实施美元化政策使美元具有和本国货币同等的法定货币资格，由此形成了特有的美元区域化现象。北美自由贸易协定（North American Free Trade Agreement，NAFTA）的政策制定者早就提议在西半球建立美元集团，而NAFTA的贸易伙伴们在许多贸易中已经大量使用了美元。根据统计，已经有包括阿根廷、秘鲁、乌拉圭、厄瓜多尔、墨西哥、多美尼加等多个国家已成为高度或中度美元化国家。

地区经济一体化是拉美经济“美元化”的重要动因。随着经济全球化的发展，拉美国家为适应经济全球化的需要，不断加强区域内联系与合作，以增强抵御外来冲击的能力。南方共同市场、安第斯共同体、美洲自由贸易区等经济协作体的建立，就是这种合作的体现。地区经济一体化，特别是贸易一体化推动了货币一体化。当贸易关系加强时，同主要的经济伙伴分享一种共同货币自然会带来利益，因为利用汇率差别转移资本的成本会变得更高。2005年，美洲自由贸易区的建立加强了拉美同占统治地位的美国市场的贸易联系，并加速了这个地区的“美元化”。

3. 非洲区域货币合作

非洲的货币合作最早起源于殖民地时期，当时，法属殖民地和英属殖民地的各类国家群体联合进行了共同的货币制度安排。当时实行的货币制度安排主要采取两种方式。

（1）英属殖民地国家的货币钉住英镑，并由英镑支持当地政府的作用是极其有限的殖民行政当局凭借在英国政府储备投资的利息而获得领地特权收入。

（2）法属殖民地的法郎也是钉住宗主国法国的法郎且殖民地的货币发行最终是由法国财政部的可兑换性保证和对政府借贷融资幅度的限制来支持的。非洲法郎区形成了世界上独一无二的货币、经济和文化区域是当时世界上唯一一个融合不同发展水平国家的真正的地区性货币体系。非洲法郎区货币合作的模式是在原法属殖民地的法郎联盟逐渐扩展基础上组成了非洲法郎货币联盟。该种模式的特征是，从技术层面上讲，法郎区是一个具有内外联系的货币体系；从政治层面上讲，法郎区则是各成员国政府所支持的合法组织。

11.4.3 区域货币合作给我们的启示

从区域货币合作理论和以上实践的历史回顾，我们可以得到以下启示。

1. 宏观经济政策协调是区域货币合作稳步推进的保障

欧洲、非洲单一货币的实践使区域货币合作由汇率合作上升到了统一货币管理的阶段。区域货币稳定的前提是经济趋同和政策协调。这是货币联盟取得成功的关键，也是欧元对国际货币制度改革的最大启示。从欧洲货币联盟的运行机制上看，它具有布雷顿森林体系所完全没有的强有力的、超国家的宏观经济政策协调权。这种协调权由欧洲央行和欧盟委员会承担。这是以欧元为中心的统一汇率制度运行的基本保证。亚洲货币合作必须借鉴其经验，建立具有国际主义精神、能牺牲各个国家局部利益从而确保全局利益的超国家机构；制定、执行统一的货币政策和区域结构政策；协调、监督各国的宏观经济政策。

2. 欧元的出现纠正了布雷顿森林体系过分强调全球性货币合作而忽略了区域性货币安排的弊端

它启示我们：全球范围的货币合作可能从区域货币合作和货币一体化迈开实质性步伐，从而为全球货币的统一奠定基础。区域货币合作可以有效地抑制投机资金的冲击。欧元的产生突破了以往国际货币合作仅限于汇率合作的传统观念和做法，使创新后的货币体制更富有效率。而从欧洲货币一体化的实践看法、德两大主要国家起了十分关键的作用。必须有几个主要国家的支持，这对当前尚处于起步阶段的亚洲货币合作来说是一个有益的启示。亚洲在推进货币合作进程中，应该加强该地区两个经济强国——中国和日本之间的合作，以发挥主要国家的作用。

3. 区域货币所产生的影响是深远的

首先，它预示着国际货币体系将成为以美元、欧元等少数货币的新格局，以致汇率风险主要集中在美元与欧元之间。其次，它导致了货币主权这一传统的国家主权要素从国家主权中分离出来。再次，它暗含着经济全球化的归宿终将为两极化或三极化而非多极化。

4. 非洲区域货币汇率合作给我们的启示

一项国际经济、金融制度安排不仅仅是个经济问题同时也是个政治问题。一项制度协议即使在经济上合乎逻辑且能够带来共同利益成员国的政治实力和意愿也会将在很大程度上决定它是否能够正常而有效地运行。换言之，如果缺乏政治意愿并相互协调与配合，在现实中就很可能会出现囚徒困境，即建立在理性基础上的博弈最终将导致非最优甚至是糟糕的结果。

本章小结

（1）汇率是指一国货币用另一国货币表示的价格，或以一个国家的货币折算成另一国货币的比率。

（2）购买力平价理论说明在长期中一国货币的对外汇率，主要是由两种货币在其各自国内所具有的购买力决定的。影响本国产品相对于外国产品需求的因素主要有 4 个，即相对价格水平、贸易壁垒、对本国产品相对于外国产品的偏好以及生产率。

（3）按照资产需求理论的理解，在短期内影响人们对本币资产和外币资产需求的因素是两种资产之间相对的预期回报率。两种货币资产之间相对的预期回报率决定了两种货币之间的交易或兑换，从而决定了汇率。这类因素包括国内利率、外国利率和预期未来汇率。国内利率同均衡汇率同向变动，外国利率同均衡汇率反向变动，预期未来汇率同均衡汇率同向变动。而预期未来汇率的影响因素即长期汇率的影响因素，包括相对物价水平、贸易壁垒、进出口和生产率。

（4）汇率制度也叫汇率安排，就是指一国货币当局对本国汇率变动的基本方式所作的一系列安排或规定。汇率制度分为固定汇率制和浮动汇率制两类。固定汇率制度是指两国货币具有法定兑换比率且基本保持固定，现实汇率只能围绕该比率在很小的范围内上下波动的汇率制度。浮动汇率制是指现实汇率不受平价的限制，随外汇市场供求状况变动而波动的一种汇率制度。按照汇率浮动的形式，可分为单独浮动、联合浮动、钉住浮动等。现行的人民币汇率制度是以市场供求为基础、参考一篮子货币进行调节、有管理的浮动汇率制度。

（5）汇率波动主要是指汇率水平波动，汇率水平波动必然引起经济的变化，从影响范围来看可以简单分为对国内经济影响及对国际经济的影响。汇率波动是国与国之间价格的联动反应，那么从小范围看必然会引起一国的贸易进出口、外国直接投资、国民收入的波动；从大范围来看则将引起全球性范围的经济变化，这个将引发全球性的金融危机、债务成本和证券成本。

（6）最优货币区是这样一种区域：在此区域内一般的支付手段或是一种单一的共同货币，或是几种货币，这几种货币之间具有无限可兑换性其汇率在进行经常交易和资本交易时互相钉住保持不变，但是区域内国家与区域以外的国家之间的汇率保持浮动。

（7）欧洲货币一体化是欧洲联盟（前身为欧洲共同体）即欧洲地区进行货币一体化并形成通用

货币——“欧元”。

（8）货币替代是指一国居民因对本币的币值稳定失去信心，或本币资产收益率相对较低时发生的大规模货币兑换，从而外币在价值储藏、交易媒介和计价标准等货币职能方面全部或部分地替代本币。

关键概念

汇率一价定律；购买力平价；长期汇率；短期汇率；汇率制度；固定汇率制度；浮动汇率制度；汇率波动；汇率波动对国内经济影响；汇率传导；汇率波动对国际经济影响；最优货币区；欧洲货币一体化；拉美国家美元化；非洲区域货币合作

复习思考题

（1）如果中国物价水平相对于美国上涨了 6%，根据购买力平价理论，以美元表示的人民币价值会发生怎样的变动？

（2）影响长期汇率变动的主要因素有哪些？怎么影响？

（3）如果美国宣布提高关税，那么美元汇率会怎样变化？

（4）影响短期汇率变动的主要因素有哪些？怎么影响？

（5）如果美国的国内利率上升，那么美元汇率会怎样变化？

（6）浮动汇率有哪些形式？

（7）比较浮动汇率制度与固定汇率制度的优劣。

（8）简述中国汇率波动对中国经济的影响，举例说明中国和美国、英国、日本汇率变化造成的影响的异同。

（9）在未来有可能在亚洲形成最优货币区吗？有可能存在“亚元”吗？

第12章 金融危机与金融监管

【学习目标】

（1）熟悉金融危机的概念及其类型。

（2）理解货币危机模型。

（3）熟悉金融监管的目标及原则。

（4）理解金融监管的必要性。

（5）了解银行监管的主要内容。

（6）了解资本市场监管的主要内容。

2008年的金融危机给世界经济带来重大的不利影响，扰乱了人们的日常生活秩序。2008年的金融危机不具有偶发性，因为自18世纪以来，金融危机总是在不同时期以不同的面貌影响着我们的生活。要防范金融危机，避免它所带来的损失，必须加强从各个方面金融监管。

12.1 金融危机

12.1.1 金融危机的概念

关于金融危机的定义，不同的学者、金融机构对其有着不同的解释，但目前较为权威的是《新帕尔格雷夫经济学大辞典》给出的定义。在《新帕尔格雷夫经济学大辞典》中，金融危机被定义为"全部或大部分金融指标——资产（证券、房地产、土地）价格、商业破产数、短期利率以及金融机构倒闭数——在短时间内急剧、超周期的恶化"。这个定义是从金融指标的变化来理解金融危机，当全部或者大部分金融指标在短时间内出现急剧、超周期的变化时，就认为发生了金融危机。从金融指标来看，金融危机出现在银行体系、房地产市场、证券市场甚至是土地市场。而《金融大辞典》中是这样定义金融危机的："资本主义金融制度的混论和动荡，主要表现是：强制清理旧债；商业信用剧烈缩减；银行资金呆滞；存款者大量提取存款；部分金融机构连锁倒闭；有价证券发行锐减；货币严重短缺；借贷资金缺乏，市场利率急剧提高，金融市场动荡不安。"该定义将金融危机归根于资本主义金融制度的动荡和混乱，把金融危机与意识形态联系在了一起，否认客观经济规律，但其阐述的金融危机的表现形式与《新帕尔格雷夫经济学大辞典》中定义基本一致。

随着各国经济的开放，国际资本流动加速，金融危机的表现形式也不仅仅局限在国内范围，开始具有明显的外向型特征，表现为外部经济的不平衡。简而言之，金融危机是指一国货币出现持续的贬值或升值、金融市场动荡、金融机构倒闭、借贷资金枯竭等系列经济萧条现象，且这些萧条现象通过多种渠道迅速传导至其他国家和地区，造成局部性或全局性的经济金融指标的恶化。

12.1.2 金融危机的类型

根据IMF在《世界经济展望1998》中的分类，金融危机大致可以分为以下4类。

1. 货币危机

人们丧失了对一国货币的信心，大量抛售该国货币，从而导致该国货币的汇率在短时间内急剧贬值的情形。

2. 银行危机

由于某些原因导致人们对银行失去信心，从而大量挤提存款，银行的流动性不足，不能如期偿付债务。一家银行的危机发展到一定程度，可能波及其他银行，从而引起整个银行系统的危机。

3. 外债危机

一国政府不能按照预先约定的承诺偿付其国外债务，从而导致对该国发放外债的金融机构遭受巨大的损失。

4. 资本市场危机

人们丧失了对资本市场的信心，争先恐后地抛售所持有的股票或债券等，从而使股票或债券市场价格急剧下跌的金融现象。

现实中真正发生的金融危机，往往并不是这4种表现形式其中的一种，而是多种危机融合在一起，形成系统性金融危机。系统性金融危机是指银行、汇率和资本市场等主要金融领域都同时爆发危机，从而对实体经济产生较大的破坏性影响。

12.2 货币危机理论

在西方金融学界关于固定汇率制度崩溃以后的金融危机研究中，比较成熟的有第一代、第二代和第三代货币危机理论。

12.2.1 第一代货币危机理论

第一代货币危机理论由克鲁格曼在1979年提出。他认为，政府过度扩张的财政货币政策是导致经济基础恶化、引发对固定汇率投机攻击并最终引爆危机的基本原因。货币危机的根源在于政府的宏观经济政策与稳定汇率制度之间的不协调。当政府追求的宏观经济政策与稳定的汇率制度之间不协调时，理性的投机攻击就会发生。大量的政府财政赤字迫使央行增发货币以为其融资，货币供应量的超额发行会导致本币贬值，公众会增加对外币的购买。随着政府持续地为财政赤字融资，在理性的投机攻击之下，不管初始的外汇储备规模有多大，总有一天外汇储备会耗竭，固定汇率迟早会崩溃。

第一代货币危机模型较好地解释了20世纪七八十年代的货币危机，认为危机的根源在于宏观经济基础变量的恶化——过度扩张的货币与财政政策、实际汇率升值、经常项目恶化等。

12.2.2 第二代货币危机理论

1992年～1993年爆发的欧洲货币体系危机中诸多现象无法由第一代货币危机模型给予满意的解释。当金融危机发生时，部分国家拥有大量外汇储备，宏观经济政策并没有表现出与汇率政策之间的不协调。为了解释这次危机，学者们提出了第二代货币危机模型。第二代货币危机模型强调多重均衡和危机的自促成性质——投机者的信念和预期可能导致政府捍卫或放弃固定汇率。

第二代货币危机模型认为政府维护汇率的过程是一个复杂的政策选择过程，维护汇率稳定是一个政策目标抉择的成本收益权衡过程。政府维护汇率的收益体现在 3 个方面：一是政府相信维护汇率稳定有助于促进贸易和投资；二是该国可能有严重的通货膨胀历史，因而把固定汇率看作是控制国内信用的一个手段；三是汇率的稳定也可能被看成是维护该国荣誉的象征或者是存在着国际经济合作的承诺。政府最终放弃固定汇率的原因在于某些因素使得维护固定汇率成本的代价十分高昂：一种可能是政府存在严重的财政赤字，希望通过通货膨胀来减轻这一负担；另一种可能是国内存在严重的需求不足，经济萧条要求政府采取扩张性政策，而扩张性政策和固定汇率制度相抵触。政府是否捍卫固定汇率取决于政府对维护汇率所产生的成本收益的权衡，当市场预期汇率贬值时，捍卫固定汇率的成本将大大增加，最终将促使政府放弃固定汇率制度。

当政府内外政策不协调时，投机者预期汇率最终会贬值，就会提前抢购外汇，结果是国内的经济状况提前恶化，政府维护汇率的成本增加，货币危机提前到来，因而预期的作用使得货币危机具有自促成的性质。

12.2.3 第三代货币危机理论

1998 年爆发的亚洲金融危机，第一代和第二代货币危机理论并不能给出合理的解释——这次危机既不像第一代货币危机模型所指的那样归因于政府财政出了问题，也不完全像第二代货币危机模型所分析的那样，是由于这些国家不当的宏观经济政策取向所致。因此，一些学者试图提出新的理论模型来对此加以解释，这就产生了第三代货币危机理论模型。

在新兴市场经济国家中，普遍存在着政府对借款提供隐含担保的现象，政府官员们也与各种金融活动有着千丝万缕的联系。这样，金融机构认为，在它们出了问题是，政府是不会坐视不管的。在这种背景下，金融机构通常会无所顾忌地对外大量借债，贷款也就不够谨慎，致使大量资金投资于一些高风险也可能是高回报的非生产部门，于是产生了“过度借款综合征”，即金融机构过量的风险贷款急剧膨胀。风险贷款的增加推动了资产价格的上升，使金融机构的资产负债表看起来比实际上好得多。只要整个资金链没有崩溃，这一过程将得到维持并不断循环。然而，金融泡沫脱离实体经济的膨胀不可能永远持续下去，当某种外来扰动因素出现时，金融泡沫就会突然破灭，并通过支付链条传导到整个金融体系。此时，资产价格急剧下降，金融机构的大量风险贷款几乎立刻变成巨额不良贷款。当危机发生到一定程度，政府因无能力而可能被迫撤除其隐含担保，使金融机构再融资的能力进一步下降，一些金融机构被迫破产，并促使资产价格进一步下跌。这种恶性循环便导致了金融危机的发生。

12.3 金融监管

12.3.1 金融监管的定义及目标

金融监管是指一国（或地区）政府或其代理机构对金融机构所实施的各种监督和管理，包括对金融机构市场准入、业务范围、市场退出等方面的限制性规定，对金融机构内部组织机构、风险管理和控制等方面的合规性、达标性的要求，以及一系列相关的立法和执法体系及过程。

政府实施金融监管是为了社会公众利益而对市场过程的不适合或低效率的一种反应，是纠正金融市场垄断性、外部性、传染性、脆弱性等所引起的市场失灵的制度安排。金融监管包括金融监督和金融管制两方面，其中，金融监督侧重于复杂的日常行为，而金融管制则侧重于具有同一性规范的编制。

一个国家或地区实施金融监管的目的即是为了保证金融机构和金融市场健康的发展，从而维护公众的利益，推动金融和经济的发展。金融监管的目标概括来讲就是金融监管行为所要达到的最终效果。监管目标可以分为基本目标和具体目标两种，世界各国由于历史背景、发展程度以及采用的监管组织体制存在较大差异，具体的监管目标也会有所不同，但是监管的基本目标大体是一致的，通常被分为以下三大目标体系。

1. 维护金融体系的安全与稳定，保证金融市场的正常运转

维护金融体系的安全与稳定，是各国金融监管者的共识，也是金融监管的首要目标。金融机构作为货币资金融通和信用经营的特殊的机构，具有很大的风险性，而且对整个经济体系有牵一发而动全身的影响。任何一家金融机构的运营一旦出现严重问题，都有可能引起连锁性反映，导致金融、经济秩序的混乱，给社会公众和整个国民经济带来灾难性的后果，甚至引发金融经济危机。

2. 保护存款人与投资人的利益

存款人的存款是银行贷款的来源，是银行得以生存的保障，保护存款人利益实质就是维护银行的信贷基础。作为金融市场参与主体的投资人是资金的输出方，属于各种金融交易中的信息弱势群体，他们的利益也应该受到监管保护。维护金融体系的稳定与保护存款人、投资者利益两个目标之间存在着密切的关联。维护金融体系的稳定是保护存款人和投资者利益的前提；同时保护存款人和投资者利益，又能够促进金融体系的安全与稳定。

3. 维持金融市场的公平竞争

市场经济是竞争性经济，竞争在很大程度上可以实现资源的优化配置。但是，竞争经济更需要公平、有序的竞争环境加以保障。良好、公平的竞争环境能够促使金融机构在竞争的基础上提高效率，但是金融市场的风险性较大，恶性竞争很容易发生。这必然会降低市场竞争效率，甚至引起金融市场的混乱，加剧市场风险。

12.3.2 金融监管的必要性

对于金融监管必要性的研究，主要的理论有金融脆弱说和公共利益说。

1. 金融脆弱说

银行及其他金融机构由于3个方面的原因而存在较大的脆弱性：短借长贷和部分准备金制度导致了金融机构内在的非流动性；在资产负债表中，主要是金融资产而不是实物资产、主要是金融负债而不是资产净值，这在金融机构之间存在着相互依赖的网络；存款合同的等值和流动性形成了在萧条时期提取存款的激励。由于银行业较高的杠杆率，资产又多配置给不透明的、非流动的、比较困难的市场，所以在存款人与银行之间信息严重不对称的情况下，加剧了公众预期的不确定性；并且，银行之间的拆借及其支付系统使它们的财务更紧密地缠绕在一起，使得银行的支付困难产生交叉影响。即：一家银行对另一家银行的违约会影响到该银行承担另一家银行的责任，从而使任何一家银行的困难甚至破产都会很快传播到其他银行。另外，银行经营失败涉及的利益相关者众多，发生较快，所以银行业的确存在着较高的脆弱性和传染性；一旦金融恐慌引发挤兑，很容易出现连锁的“技术性破产”。对此有著名的银行挤兑模型，其根本思想是银行作为一种金融中介机构，其基本功能是将不具流动性的资产转化为流动性的资产。但是，正是这种功能本身使银行容易遭受挤兑。

2. 公共利益说

金融市场同样存在失灵，从而导致金融资源的配置不能实现“帕累托最优”。金融监管作为一种

公共产品，是一种降低或消除市场失灵的手段。金融市场失灵主要表现在自然垄断、外部效应和信息不对称等方面。

（1）自然垄断

许多学者的研究都表明，某种规模经济可能存在于银行业：规模越大，则成本越低，收益越高。这意味着它具有一定的自然垄断倾向。金融部门的垄断可能造成价格歧视、寻租等有损资源配置效率和消费者利益的不良现象，对社会产生负面影响，也可能会降低金融业的服务质量和有效产出，造成社会福利的损失。所以，应该通过监管消除垄断。

（2）外部效应

外部效应是指提供一种产品或劳务的社会费用（或利益）和私人费用（或所得）之间的偏差。在金融中介过程中存在风险与收益的外部性，存在监督、选择信贷的外部性，存在金融混乱的外部性；尤其是银行业作为一个特殊行业，其破产的社会成本明显地高于银行自身的成本。另外，个别银行的破产因多米诺骨牌效应，有可能导致整个银行系统的崩溃而引发金融危机，从而需要政府监管来消除这些外部性，防止多米诺骨牌效应的发生。

（3）信息的不完全和不对称

如果在金融市场上，信息是完全的，则资金盈余者可以判断潜在的借款人是否值得信任、他们将资金投入运作后是否能产生预期的效益、到期归还本息是否有保障等。但在现实运行中，金融市场的表现则是一个信息不对称、不完全的市场，形成了存款人与银行、银行与贷款人之间的信息不对称，由此产生了“柠檬问题”（又称“柠檬原理”，是信息不对称理论的重要组成部分），即金融市场中的逆向选择与道德风险问题；进而造成金融市场失灵。信息不对称程度越大，逆向选择与道德风险问题就越严重，市场失灵也就越明显。

12.3.3 金融监管的原则

金融监管的原则是金融监管主体在监管的过程中所应遵守的基本行为准则，主要包括以下 4 项监管原则。

1. 依法监管原则

虽然各国的金融管理体制不同，但是在依法管理上是一致的，依法监管是各国都在严格执行的原则。这个原则包括两方面的含义：一方面，金融机构必须依法接受国家金融管理当局的监督管理，另一方面，国家金融管理当局实施监管也必须依法。遵循这一原则的前提是一国完善的金融监管法律、法规，我国在《银行业监督管理法》《保险法》《证券法》3 部法律中都承认了这一原则。

2. 适度监管原则

适度监管指行政权力对金融市场的介入应该控制在合理范围内，金融管理的重心在于创造适度竞争上，目的是为了恢复、纠正和弥补市场功能的不足。国家监管要做到监管适度与合理竞争的结合，既能保证金融创新的良好环境又能防止过度恶性竞争引起的金融垄断。金融监管要遵循金融市场规律，设定适度的风险控制制度，形成和保持金融业适度竞争的环境和格局。

3. 效率监管原则

金融监管的效率原则包括经济效率和行政效率两方面的内容。经济效率指金融监管要通过规范、引导的方式来提高金融业的整体效率，不能压制金融创新和金融机构间正当竞争的展开。行政效率指金融监管以最小成本达到最大化的监管目标和效果。金融监管的效率原则要求监管主体的结构模式应该简洁协调而且必须采用合理合法的方式进行，尽可能地节约监管资源，最大限度提高监管效率。

4. 共同监管原则

这一原则主要是针对金融机构的跨国经营制定的，是金融、经济、信息全球化趋势下的必然要求。特别是对于大型跨国金融杠杆机构，对其监管只能在母国和东道国的共同努力下才能完成。母国和东道国之间要达成一致的双边监管协议，建立沟通与协调机制，做到信息共享以及监管行为协调的一致，才能实现对跨国经营的有效监管。

12.3.4 银行监管

银行监管指政府对银行的监督与管理，即政府或权力机构为保证银行遵守各项规章、避免不谨慎的经营行为而通过法律和行政措施对银行进行的监督与指导，主要包括市场准入监管、资本监管、风险评级等。

1. 市场准入监管

银行机构的市场准入包括 3 个方面：一是机构准入，二是业务准入，三是高级管理人员准入。市场准入应当遵循公开、公平、公正、效率及便民的原则，其主要目标是：保证注册银行具有良好的品质，预防不稳定机构进入银行体系；维护银行市场秩序；保护存款者的利益。

2. 资本充足性管制

资本充足性是指银行的资本应保持既能经受还帐损失的风险，又能正常运营，达到盈利的水平。这是衡量一家银行业务经营情况是否稳健的一个重要标志。资本充足性包含两方面的含义：其一，银行资本能够抵御其涉险资产的风险，即当这些涉险资产的风险变为现实时，银行资本足以弥补由此产生的损失；其二，对于银行资本的要求应当适度，如果过高会影响金融机构的业务开展及其资产的扩张。因此，资本充足性管制是控制金融机构破产可能性的一种工具。

对于银行的资本充足性管制，现在已有了一个国际性的标准。巴塞尔银行监管委员会于 1988 年 7 月公布了《关于统一国际银行资本测量和资本标准的报告》，简称《巴塞尔协议》，统一了国际银行业的资本充足性标准。它将资本分为了核心资本和附属资本两个部分。核心资本主要由其实收资本和公开储备两部分构成，其中，实收资本包括已发行和缴足的普通股和永久性非累积性优先股。附属资本主要包括为公开储备、资产重估储备、普通准备金或一般贷款损失准备等。

在对商业银行资本进行分类的基础上，《巴塞尔协议》规定了商业银行的资本充足性管制——商业银行的资产比率不得低于 8%，其中核心资本至少达到 4%的标准，附属资本不得超过核心资本的总额。2004 年又通过了新的巴塞尔资本协议，对原有的资本监管进行修改和完善的同时，引入了银行监管相辅相成的三大支柱：最低资本要求、监管当局的监管、市场约束。

新巴塞尔协议的资本要求变化表现在以下几个方面。

（1）拓展了风险范畴，强调全面风险管理，即在计算信用风险和市场风险的同时，还要考虑操作风险。新协议提高了信贷损失风险资本框架的敏感度，要求对风险高的借款人采用更高的资本；强调应对包括利率风险、股票风险、外汇风险、商品风险和期权价格风险等在内的市场风险加以特别关注。

（2）改进了风险的计量方法，提出了标准法和内部评级法两类风险评估方法。标准法需要借助外部评级机构确定资产风险权重，计算最低资本要求；内部评级法采用银行内部评级，确定资本要求。

（3）扩大了资本约束范围。新协议对诸如金融组织形式、交易工具等的创新提出了相应的资本约束对策。

新巴塞尔协议认为对银行内部各类风险的有效监督检查十分重要，因而强化了各国金融监管当局的职责。巴塞尔委员会希望监管当局担当起以下三大职责。

（1）全面监管银行资本充足状况。监管当局应当根据银行所处的市场的性质、收益的可靠性和有效性、银行的风险管理水平以及以往的风险化解记录等多方面来判断银行是否达到充足率的要求；根据银行风险状况和外部经营环境的变化，提出最低限度的资本金要求；在资本规模低于最低要求时，进行适当的干预。

（2）培育银行的内部信用评估体系，鼓励银行使用基于内部信用评级的风险计量方法，及时检查银行的内部评估程序和资本战略，使银行的资本水平与风险程度合理匹配。

（3）加快制度化进程。商业银行必须向监管当局提交完备的资产分类、内部风险评估制度安排等。至于监管方法，新协议仍然强调现场检查和非现场检查二者并用的主张。

新巴塞尔协议强调以市场的力量来约束银行，认为市场的约束可以推动银行合理、有效地配置资源并全面控制经营风险。为了使市场约束发挥应有的作用，新协议要求银行公开披露全面的信息，以使市场参与者对银行所从事的各项业务以及控制风险的各项手段有充分的认识和了解，能更好地对银行作出区分。所谓全面信息披露，就是不仅要披露风险和资本充足状况的信息，而且要披露风险评估和管理过程、资本结构以及风险与资本匹配状况的信息；不仅要披露定性的信息，而且要披露定量的信息；不仅要披露核心信息，而且要披露附加信息等。另外，对信息披露本身也要求监管机构加强监管，并对银行的信息披露体系进行评估。

3. 风险评级

CAMELS 国际通用银行的评级内容包括：资本充足性（C）、资产质量（A）、管理水平（M）、盈利状况（E）、流动性（L）。综合评级是在 CAMELS 五大要素评级结果的基础上得出的，评级结果以 1～5 级表示，数字越大表明级别越低和监管关注程度越高。进行风险评级对中国的银行监管具有重要意义：一是有利于提高监管的系统性和全面性；二是有利于提高监管的持续性，改变当前监管随意和缺乏连续性的问题；三是有利于提高监管的针对性，将评级结果作为监管机构确定监管重点、实施分类监管、配置监管资源的基本依据。

12.3.5 资本市场监管

资本市场监管主要包括证券发行审核、信息披露、证券交易行为管理及对资本市场机构的监管。

1. 证券发行审核

证券发行审核制度是各国对证券发行实行监督管理的重要内容之一，是证券进入市场的第一个也是最重要的门槛，是国家证券监督管理部门对发行人利用证券向社会公开募集资金的有关申报资料进行审查的制度。证券发行审核的主要目的是为了保护投资者、确保公正和透明的市场以及减少系统风险等。证券发行审核应当遵循以下 3 条原则。

（1）公开原则

公开原则是证券法的基本原则，也是证券发行审核的原则，包括两个方面：证券发行人向公众披露有关信息资料，即证券发行人应及时、真实、充分和完整地向社会公开能够影响投资者决定的一切信息资料；监管者的监管标准公开，处罚结果向社会公布。证券发行人的信息披露制度是信息公开原则的基础。

（2）公平原则

公平有不同的内涵，在证券法律中，公平的价值判断标准是应该向投资者倾斜。这是因为在投资者和证券发行人这进行交易的双方，存在着事实上的不平等。由于发行在占有信息、财力、人力等其他资源方面具有比投资者尤其是中小投资者有更多的优势，所以这两者的交易地位或交易能力是不平等的。正是这种不平等的存在，所以才有必要运用公平原则，来平衡发行人与投资者之间的差距。

（3）公正原则

对于什么是证券法中的公正原则，理论界争议颇大。从一般意义上说，法律上讲的公正可以从两个角度来理解：其一，实体公正，是社会各种资源、社会合作的利益和负担的分配正义问题；其二，程序公正（诉讼正义），是社会争端和冲突的解决的正义问题。

2. 信息披露

为了降低由信息不对称引起的道德风险和逆向选择，政府通常会要求资金短缺这披露相应的必要信息。上市公司信息披露是公众公司向投资者和社会公众全面沟通信息的桥梁。投资者和社会公众对上市公司信息的获取，主要是通过大众媒体阅读各类临时公告和定期报告。投资者和社会公众在获取这些信息后，可以作为投资抉择的主要依据。

3. 证券交易行为管理

对证券交易行为的管理，主要包括两个方面：一是限制证券交易市场的垄断；二是禁止证券交易中的欺诈行为。

（1）限制证券交易市场的垄断

大多数国家都把对证券市场垄断的管理列为证券交易管理中的重要内容，通过各种法规明确规定：严禁操纵市场信息的传递，操纵和垄断证券市场的价格，以及对各种证券不实或错误的申报；严格限制并不改变证券所有权的纯粹买空卖空的交易，以及与一个经纪人签署买进某种证券的同时又与另一个经纪人签订卖出等量的同种证券的对冲投机行为；对投资者购买或申报某一上市公司的股票数量作出一定的限制，收购某上市公司的股票达到一定的比例必须向市场公告等。

（2）禁止证券交易中的欺诈行为

各国的证券交易法都列有专门的反欺诈条款，用以防止证券交易中的欺诈行为。对采用各种手段、阴谋或计谋去进行欺诈活动；为了使注册申请通过，有意谎报或漏报任何必要的内容；在购买或销售证券的过程中，在行动上或整个业务过程中对某人采用欺诈或欺骗行为等，都作为违法行为来加以严厉处理。

4. 对资本市场机构的监管

对资本市场机构的监管，除了设立的审批和业务范围的限制外，最重要的是流动性和风险的控制。在分页管理体制下，证券公司不得从事商业银行和保险业务。为了防止侵害客户的利益，证券公司不得挪用客户保证金和证券，各国都禁止证券经纪和自营业务混合操作。为了保证公平竞争，证券公司不得以自己在交易中的优越地位，限制某一客户的业务活动，以达到排除竞争者的目的等。同商业银行一样，对证券公司也有资本、资产负债比例方面的控制，以尽可能地化解和防范证券公司经营的风险。

12.3.6 保险监管

保险监管是指一个国家对本国保险业的监督管理。一个国家的保险监管制度通常由两大部分构成：一是国家通过制定保险法律法规，对本国保险业进行宏观指导与管理；二是国家专门的保险监管职能机构依据法律或行政授权对保险业进行行政管理，以保证保险法规的贯彻执行。保险监管的主要内容有资产负债监管、保险资金运用监管、保险交易行为监管等。

1. 资产负债监管

根据各自保险责任的特点，承保人通常直接或间接持有不同数量的金融工具。持有任何一种资产组合都会给公司的技术准备和偿付能力带来相应的风险，承保人有必要对这些风险进行监控、衡量、报告和控制，主要包括市场风险、信用风险、流动性风险、运营风险和法律风险。监管机构可通过对保险公司的资产种类及其运用程度、资产负债比例等的具体限制，从法律方面制约其投资政策和投资程序，也可以从质量方面提出要求。

2. 保险资金运用监管

保险资金是指保险公司的资本金、保证金、营运资金、各种准备金、公积金、公益金和未分配盈余资金等。保险资金的运用也受到了监管当局的严格限制，保险资金不得用于设立证券经营机构，禁止投机或者用短期拆借资金投资高风险和流动性差的资产。保险资金参与衍生产品交易，仅限于对冲风险，不得用于投机和放大交易。

3. 保险交易行为监管

保险公司在进行交易是必须遵循以下原则：诚实原则；熟练、认真和勤奋原则；审慎原则；向客户披露信息原则；向客户获取信息原则；客户利益原则；接受监管原则；投诉处理原则；管理和控制原则。在中国，《中华人民共和国保险法》《中华人民共和国外资管理条例》和《保险公司管理规定》《保险经纪公司管理规定》《保险代理机构管理规定》《保险公估公司管理规定》等监管规章中对保险人和保险中介人行为监管有明确具体的要求。保险监管核心原则要求监管机构应确保保险公司及中介公司在开展业务时具有足够的知识、技能和诚信。

专栏12.1

欧债危机

2009年10月20日，希腊政府宣布当年财政赤字占国内生产总值的比例将超过12%，远高于欧盟设定的3%上限。随后，全球三大评级公司相继下调希腊主权信用评级，惠誉将希腊信贷评级由A-下调至BBB+，前景展望为负面；标准普尔将希腊的长期主权信用评级由A－下调为BBB+；穆迪2009年12月22日宣布将希腊主权评级从A1下调到A2，评级展望为负面。欧洲主权债危机率先在希腊爆发。

2009年12月23日，希腊通过2010年度危机预算案。希腊政府计划削减财政赤字，开始增发国债筹资。2010年1月14日，希腊承诺将把2010财年赤字减少145亿美元。2010年1月26日，希腊发售5年期国债筹资113亿美元。2010年1月30日，受累希腊财政危机欧元兑美元创6个月新低。三大评级公司继续下调希腊主权信用评级，迫使希腊向欧盟和国际货币基金组织（International Monetary Fund，IMF）申请援助。欧洲央行、IMF等一直致力于为希腊债务危机寻求解决办法，但分歧不断。欧元区成员国担心无条件救助希腊可能助长欧元区内部“挥霍无度”并引发本国纳税人不满。同时，欧元区内部协调机制运作不畅，致使救助希腊的计划迟迟不能出台，导致危机持续恶化。2010年5月2日，希腊救助机制启动，欧盟与IMF提供总额达1 100亿欧元。2010年5月3日，德内阁批224亿欧元援希计划，这是欧盟、IMF等主导的范围更大范围的援助计划的一部分。2010年5月10日，欧盟批准7 500亿欧元希腊援助计划，IMF可能提供2 500亿欧元资金救助希腊。2010年9月7日，欧元区财长批准为希腊提供第二笔贷款，总额65亿欧元。2011年6月29日，希腊议会通过了为期5年的财政紧缩方案。这为欧元区出台新一轮救助方案奠定了坚实的基础。2011年7月27日，标普下调希腊评级至CC，展望为负面。标普认为欧盟的希腊债务重组计划是“廉价交换”，看似希腊债务交换和展期选项“对投资者不利”，希腊债务重组相当于“选择性违约”。

随后，希腊主权债务危机开始向其他欧洲国家蔓延，葡萄牙、西班牙、爱尔兰、意大利等国接连爆出财政问题，德国与法国等欧元区主要国家也受拖累。2011年11月19日，西班牙财政部发行的新一轮十年期国债收益率超过7%的警戒线，拉响西班牙债务危机警报。2011年11月21日，匈牙利政府向国际货币基金组织和欧盟提出金融援助的申请。2011年11月25日，葡萄牙主权评级遭惠誉降至垃圾级别，即由BBB-调降1级至BB+，前景展望为负面。同日，穆迪下调匈牙利本外币债券评级一个级别至Ba1，是垃圾级中最高一级，前景展望负面。该国目前在标准普尔和惠誉的评级均是投资级别中最低一级。穆迪称，欧洲的债务危机正在威胁全部欧洲主权国家的信贷情况，意味即使Aaa评级的德国、法国、奥地利和荷兰都有危险。

2012年9月6日晚，时任欧洲中央银行行长马里奥·德拉吉（任期2011年1月1日至2019年10月31日）正式宣布，在二级市场上，欧洲央行（European Central Bank，ECB）将以严格的条件约束推出无限量购买欧元区成员国主权债券的"直接货币交易（Outright Monetary Transactions，OMT）"计划。根据该计划，欧洲央行随时准备着在二级市场上买入政府债券。欧洲央行宣布OMT是为了对付让欧元区有崩溃之虞的南欧主权债务的恐慌性抛售。曾经因为担忧欧元区崩溃而升高到不可持续水平的西班牙和意大利债券收益率在欧洲央行宣布OMT后大幅下降，并在此后持续走低。2013年12月16日，爱尔兰退出欧债危机纾困机制成首个脱困国家，欧债危机似乎也悄悄结束了。

本章小结

（1）金融危机是指全部或大部分金融指标超过经济承受能力的急剧恶化。金融危机分为 4 类：货币危机、银行危机、债务危机和资本市场危机。系统性金融危机是银行、汇率和资本市场等所有金融领域都同时爆发危机，从而对实体经济产生较大的破坏性影响。

（2）关于国际金融危机的研究，较成熟的有三代货币危机理论。第一代货币危机理论主要集中于财政政策与固定汇率之间的矛盾上。第二代货币危机理论则强调危机的自促成性质。第三代货币危机理论认为新兴市场国家政府为金融机构提供的隐含担保，使这些国家产生了过度借贷综合征，导致金融资产价格大幅度上升，但金融资产价格的上升是不可维持的，一旦金融资产价格开始下跌，金融危机就爆发了。

（3）金融监管就是政府通过制定一系列规则，并授权相应的机构来执行这些规则，从而规范参与金融活动的各方的行为。在世界各国，金融都是收到政府监管最严的领域之一。金融监管的目的是为了保证金融交易的公平、公正和效率，化解金融风险和防范金融危机。金融监管的原则是金融监管主体在监管的过程中所应遵守的基本行为准则，主要包括依法监管、适度监管、效率监管、共同监管等 4 项原则。

（4）对于不同的金融业务领域，金融监管的具体内容是有所差异的。但所有的金融领域都有进入管制、流动性和风险控制的监管等。对商业银行的金融监管的主要内容包括进入管制、资本监管、风险评级等；资本监管的主要内容包括发行审核、信息披露、证券交易行为监管和对资本市场中介机构的监管等；对保险的监管主要包括资产负债监管、保险资金运用监管和保险交易行为监管等方面。

关键概念

金融危机；货币危机；债务危机；金融监管；巴塞尔协议；骆驼评级

复习思考题

(1) 什么是金融危机？金融危机有哪些类型？
(2) 分别说明三代货币危机的主要内容。
(3) 为什么需要金融监管？
(4) 银行监管的主要内容有哪些？
(5) 简述《巴塞尔协议》资本充足性管制的主要内容以及巴塞尔新资本协议的三大支柱。